U0531269

2014年度教育部人文社会科学研究规划基金项目
"《诗纬》整理与研究"（14YJA751001）结项成果

本书出版得到武汉大学文学院"双一流"学科建设经费资助

曹建国 著

天地之心

《诗纬》研究

中国社会科学出版社

图书在版编目（CIP）数据

天地之心：《诗纬》研究／曹建国著. —北京：中国社会科学出版社，2021.11

ISBN 978-7-5203-9338-6

Ⅰ.①天… Ⅱ.①曹… Ⅲ.①纬书—研究—中国 Ⅳ.①B222.05

中国版本图书馆CIP数据核字（2021）第230302号

出版人	赵剑英
责任编辑	郭　鹏
责任校对	刘　俊
责任印制	李寡寡

出　版	中国社会科学出版社
社　址	北京鼓楼西大街甲158号
邮　编	100720
网　址	http://www.csspw.cn
发行部	010-84083685
门市部	010-84029450
经　销	新华书店及其他书店
印　刷	北京明恒达印务有限公司
装　订	廊坊市广阳区广增装订厂
版　次	2021年11月第1版
印　次	2021年11月第1次印刷
开　本	710×1000 1/16
印　张	27.5
插　页	2
字　数	405千字
定　价	158.00元

凡购买中国社会科学出版社图书，如有质量问题请与本社营销中心联系调换
电话：010-84083683
版权所有　侵权必究

序

曹建国教授长期从事于汉代谶纬之学研究，《天地之心：〈诗纬〉研究》大著，是其阶段性研究结晶，其艰辛与成就，来之不易，我所深知，令人敬服。作者的有关学术积累、理论构架、创意开拓，曾多次和我交流商讨，既让我惊喜，同时又为其超强的艰难工作而担心。

早在20世纪80年代初，"文化大革命"刚结束不久，我接受复旦大学编撰《中国文学通史》的任务，其中汉代及南宋部分，由我负责。为了开拓学术视野以增添新意，我曾想在汉代儒家诗论中，除《礼记·乐记》《毛诗序》及三家诗论外，增加《诗纬》诗论一节。但在具体写作中，确实困难重重，一时难以准确把握与突破。因为要通《诗纬》，就必须对汉代的谶纬之学有所了解与研究，而谶纬之学多通于神秘之学，人或以之为旁门左道，多有不屑。又谶纬还与天文历算、地理人文、奇门遁甲、星相干支、《京房易传》《焦氏易林》之学相关联，上自天上神道设教，下至人生鸡毛蒜皮，无不兼综包括。又历代史书中的《天官书》《天文志》《五行志》《封禅书》《符瑞志》《律历书》及《乐书》等，汉纬都与之关系密切。这些都是专门之学，学习之途，若乏名师指路，岂能轻易入门，遑论登堂入室而撰文立说！加以"文化大革命"刚结束不久，时极"左"思想惯性仍在潜行，谈论谶纬术数之学，人或以为宣扬封建迷信，岂不危哉殆矣！思之再三，只能知难而退，舍之不置。时过境迁，后来环境条件允许，但勇气已失，精力消退，只能成为自己的一个心病而无可奈何

序

了。现在，几十年后，这一缺陷已由我的学生曹建国弥补完成，睹书思人，兴奋可知，可谓长江后浪推前浪，实是值得庆幸！很高兴建国大著的出版。

建国大著，富学术含量，值得我们一读。

第一，提供了目前最堪依据而具学术质量的《诗纬》文本，为今后进一步的深入研究，建立了坚实的文献基础。汉纬大多早已亡佚，赖明清人士大量辑佚之功，略见其貌。《诗纬》也是如此，所辑多断章残简，同一条文，不同的人所辑多有不同，文字多有讹误。这与古人称引原书并不严格科学有关。古人称引，严格逐字称引者有之；但更多为意取节录，甚或不顾及原文的前后次序；有时嫌其啰嗦重复，则擅自删改者有之；有时以为原文拗口，又可添字擅改以顺畅文句者有之；这样一来，欲见原文原貌难矣。前人辑佚，参差不一，真伪莫辨。而要研究《诗纬》，必先寻找尽可能可靠的文本。若缺乏文字可靠文本，则其所研究，可能多臆测妄断，失却科学事实的根基。为克服这一缺陷，建国在《诗纬》的校与注两方面，用心良苦，成效卓著。对前贤的辑佚资料，搜罗宏富而力求完备，并加精心汇校汇注，若有自己的感悟心得，则下案语，识断谨慎而精严，实事求是中见己新意。这样，通过作者努力爬梳剔抉，精心比较，现存《诗纬》辑佚文本，已基本可靠可读。其所校注，功夫深而价值高，其学术质量，已超越前贤而站在时代的学术前沿。

第二，从宏观角度，把《诗纬》研究安放到汉代经学昌明兴盛的大环境中作动态的研究，全面考察了《诗纬》与经今文学派的鲁、齐、韩三家《诗》学及汉代谶纬之学的复杂关系。本书征引文献丰富，言必有据，令人目不暇接。有了事实依据，自然令人信服。

第三，揭示了学习和研究《诗纬》的学术价值。《诗纬》是汉儒的重要学术文献，它不仅涉及诗学与文学，同时涉及经学与哲学。汉人提倡经世致用，依经立义，并建立了经学博士制度。汉儒经学的影响很大，可说是无处不在。而《诗纬》，正是汉儒对于

《诗》与文学的一种经学阐释。如果离开当时的经学背景来侈论古《诗》的文学性，当然很难合乎思想实际。在这方面，建国勇敢突破今人研究模式的樊笼，直抉心肝，把汉代《诗经》学与《诗纬》作关联性的研究，安放到汉代大的思想潮流中，去作深入一层的缜密考察与反思。其研究的观念与方法，灵活辩证，富有全局性、系统性、前沿性，从而推动了对于汉代的《诗》与诗学的进一步深入研究。不仅是宏观之识，即在微观研究方面，作者的考量也很细致缜密。如对《诗纬》配诗问题，指出了今文三家《诗》，在诗篇编排方面，可能与古文学派的《毛诗》存有差异。这提醒我们，如果完全按照《毛诗》篇序来理解《诗纬》配诗，可能出差错而扞格不通。类似创见，给人以启迪。

第四，指出《诗纬》研究的价值。《诗纬》是纬书，大讲三期、四始、五际、六情、十二律，其中难免披有神秘的外衣。但揭开神秘外衣后，又可见到一些特定的真实价值。《诗纬》认为，《诗》通天人，表现"天心"，大抵以阴阳消息和五行顺逆，来"反复其道"，以此来附会人的情性之善恶，社会治政之兴衰。《诗纬》与《毛诗序》，具体论证有异，但论其精神实质并无二致。为什么《毛诗序》有价值，而《诗纬》研究就没有意义呢？又，后来齐梁刘勰《文心雕龙·原道》篇："文之为德也大矣，与天地并生者"，也认为"文"表"天心"，因而提出"道心惟微，神理设教。光采玄圣，炳耀仁孝"，其大旨也通于《诗纬》。当然，《文心雕龙》中另有《正纬》之篇。人们理解题旨，大多指出《正纬》之"正"，义为纠正、纠偏，对汉代纬书抱批评否定的态度。这一说法，有一定道理，但并不尽然。在《正纬》篇中，刘勰指出汉纬"真虽存矣，伪亦凭焉"，因此要求对纬学去伪存真，以见其价值，只要"芟夷谲诡"，即可"采其雕蔚"，"事丰奇伟，辞富膏腴，无益经典，而有助文章。是以后来辞人，采摭英华"，后来的文学家，可汲取纬书的浪漫精华。这岂是一笔否定的态度？因此，刘勰又在《序志》篇中，提出了后人创作，应"酌乎纬"的主张，并把《正纬》篇纳

序

入"文之枢纽"的五篇之中,作为人们学习的榜样。因此,对汉纬要端正态度,指出思想发展的正确之路,这是我对《正纬》的又一解。这是否属老人的痴语胡话?不敢自以为是,求正于方家和广大读者。

以此代序,聊以塞责。

蒋 凡

二零二一年九月十七日

于海上半万斋

目 录

上编　《诗纬》与汉代《诗经》学关系研究

第一章　《诗纬》研究史述略 …………………………………（3）
第二章　《诗纬》解题及其文献流布研究 ……………………（24）
第三章　论《诗纬》的情性《诗》学观 ………………………（50）
第四章　汉代《鲁诗》与谶纬 …………………………………（87）
第五章　汉代《齐诗》与谶纬 …………………………………（123）
第六章　汉代《韩诗》与谶纬 …………………………………（146）
结语　《诗纬》研究之展望 ……………………………………（166）

下编　《诗纬》校注

凡例 ………………………………………………………………（175）
《诗纬》总论 ……………………………………………………（176）
《诗含神雾》校注 ………………………………………………（179）
《诗推度灾》校注 ………………………………………………（290）
《诗纪历枢》校注 ………………………………………………（347）
泛引《诗纬》校注 ………………………………………………（389）
其他纬书《诗》说辑存 …………………………………………（406）
清河郡本《诗纬》辑存 …………………………………………（414）

主要参考文献 ……………………………………………………（416）
后记 ………………………………………………………………（428）

上编

《诗纬》与汉代《诗经》学关系研究

第一章 《诗纬》研究史述略

谶纬称得上是中国古代最具神秘意味的思想言说方式。如果论其渊源,谓之源于上古也未为过。① 然若以谶书、纬书衡之,则张衡谓之出现于哀平之际当最为有据,正所谓"书始出于西汉,道大行于东都"②。如以价值功能论,刘师培谓其有补史、考地、测天、考文、征礼以及博物、多闻等多重意义。③ 如以思想背景或知识体系论,则谶纬书中既有各种占测手段,也有神秘莫测的无理据言说。事实上狭义的谶书就是以果求因的预言,故张衡谓之"不占之书"。纬书在其出现伊始便受到不同阶层的关注,人们出于各种目的制作各种纬书。但总的说来,它似乎和政治预测有更密切的关系。无论是王莽热衷的符命之书,还是光武帝感兴趣的《河图》类纬书,如《河图赤伏符》之类。渐次,纬书似乎和经书产生了关联,于是我们看到光武帝颁布天下的八十一篇中有"六艺四九"。李贤注《后汉书·樊英传》时,列出包括《孝经》在内的七经纬名目共计三十五种,其中和《诗经》有关的纬书有三种。④

在各类纬书中,和文学关系最为密切的当属《诗纬》。因为《诗纬》涉及汉代《诗经》学的阐释,并且其自身也涵括意义深邃的诗

---

① 刘师培《谶纬论》曰:"世之论谶纬者,或谓溯源于孔氏,或谓创始于哀平。吾谓谶纬之言,起源太古。"邬国义、吴修艺编校:《刘师培史学论著选集》,上海古籍出版社2006年版,第210页。
② 姜忠奎:《纬史论微》,上海书店出版社2005年版,第8页。
③ 邬国义、吴修艺编校:《刘师培史学论著选集》,上海古籍出版社2006年版,第210—214页。
④ 范晔:《后汉书》,中华书局1965年版,第2721页。

学文论话语。与此同时，《诗纬》又是内容丰富的语料库，亦即刘勰所谓"事丰奇伟"。因此，研究文学的人都非常关注《诗纬》。但就现代学术话语体系中的《诗纬》研究而言，我们的许多研究成果事实上并没有真正切近《诗纬》，许多的结论似是而非或简单重复。如何研究《诗纬》并解释其学理价值，仍是我们亟待解决的问题。而如何吸收利用先贤的研究成果，也是我们需要慎重处理的问题。

第一节 明清时期的《诗纬》研究

如果我们以时间断限，《诗纬》的研究大约可以分为明清时期、民国时期、20世纪后半段和新世纪以来这四个阶段。关于《诗纬》研究，我们最远可以追溯至孔颖达。对于包括《诗纬》在内的纬书，孔颖达呈现出模糊的态度。故其一方面曰"纬候之书，人或不信"[①]，再者曰"纬不可尽信"[②]。同时，他在《毛诗正义》中大量征引了纬书的说法，对《诗纬》也多有采信，如他论"诗"有三义。[③] 宋代思想界对谶纬基本上是排斥性态度，欧阳修等人甚至主张从经疏中剔除谶纬材料。[④] 在这种情况下，纬书的艰难处境可想而知。就《诗纬》而言，宋代的公私书目中已不见其踪迹。王应麟开明清辑佚学之先声，他在《困学纪闻》卷三《诗》中选录了几条《诗纬》佚文，并称"五际"说本于《齐诗》。[⑤]

到了明清时期，随着纬书辑佚学的兴起，对《诗纬》的研讨也越来越多。在纬书辑佚中，渐有学者对纬书佚文进行疏解，其中孙瑴的《古微书》可以称得上是创例性著作，影响很大。就《诗纬》而言，孙瑴对作为纬书的《诗纬》总体特征以及《诗纬》三种的篇目意义

[①] 孔颖达：《毛诗正义》，十三经注疏本，中华书局1980年版，第445页。
[②] 孔颖达：《毛诗正义》，十三经注疏本，中华书局1980年版，第445页。
[③] 孔颖达：《毛诗正义》，十三经注疏本，中华书局1980年版，第262页。
[④] 欧阳修：《论删去九经正义中谶纬札子》，《欧阳修全集》，中华书局2001年版，第1707页。
[⑤] 王应麟著，栾保群等校点：《困学纪闻》（全校本），上海古籍出版社2008年版，第438页。

都做了解释。如他论《诗纬》"其名益裔，其词益诡"，论"含神雾"曰"濛濛漠漠，而倚于神"①。后来赵在翰解释《诗纬》总名及各篇名的含义时，明显受到了孙瑴的影响。如赵氏释"含神雾"亦曰"天运人事，统诸神灵，以言其象，氛雾冥冥"②。不仅如此，孙瑴对《诗纬》佚文分条阐释，其方法是大量征引与佚文相关的文献资料，以求帮助理解，很少甚至不发表自己的意见。如《诗纬》言风土音声之关系，他便征引《淮南子·地形训》《管子·地员篇》等相关文献。他的这一方法对后来的《诗纬》阐释有着很大的影响。孙瑴之后，赵在翰在他的《七纬》中对部分纬书佚文进行疏解。于《诗纬》条目，赵氏共阐释了其中的 18 条。此外，赵氏还对每一种纬书总的题旨以及具体篇目的内涵作了阐释，如对《诗纬》以及"含神雾""推度灾""纪历枢"等内涵分别解读。赵氏对《诗纬》的解释中，最能给人以启发的是揭示出《诗》《易》之间的关系，即所谓"《诗》通《易》轨"者也。从某种意义上说，这算是对黄道周的"《易》，日也。《诗》，月也。《春秋》，舍也"③观点的进一步展开。此外，赵在翰还对一些纬书佚文文献讹误进行了辨证。后来，马国翰《玉函山房辑佚书》、黄奭《通纬》中的《诗纬》部分，以及陈乔枞《诗纬集证》都受到了孙瑴、赵在翰的影响，他们自己的《诗纬》辑佚或研究著述中多直接抄录孙瑴或赵在翰的有关《诗纬》疏解文字。

当然，明清时期作为《诗纬》研究的黄金时期，出现了多种专门研讨《诗纬》的著述，例如迮鹤寿的《齐诗翼氏学》、陈乔枞的《诗纬集证》《齐诗翼氏学疏证》等。纵观纬书研究史，有关《诗纬》的研究基本上都围绕两个重要的问题展开。一是《诗纬》与《齐诗》的关系，二是《诗纬》配诗的问题。关于《诗纬》与《齐诗》的关系，由于《汉书·翼奉传》中翼奉说"闻五际之要《十月之交》篇"，④而翼奉是后苍的弟子，学的是《齐诗》，而"五际"又是

---

① 孙瑴：《古微书》，商务印书馆 1939 年版，第 429 页。
② 赵在翰辑，钟肇鹏、萧文郁点校：《七纬》，中华书局 2012 年版，第 17 页。
③ 黄道周撰，翟奎凤点校：《三易洞玑》，中华书局 2014 年版，第 315 页。
④ 班固：《汉书》，中华书局 1962 年版，第 3173 页。

上编　《诗纬》与汉代《诗经》学关系研究

《诗纬》中一个特别重要的观念,所以《诗纬》研究者都自然而然地将《诗纬》归入《齐诗》。从王应麟《诗考》直至当下,这个观点仍占据主流位置。在明清纬书阐释学中,《诗纬》即《齐诗》更是不容置疑。如陈乔枞认为"夫齐学湮而《诗纬》存,则《齐诗》虽亡而犹未尽泯也。《诗纬》亡,而《齐诗》遂为绝学矣"①。顺着这一思路展开,便有迮鹤寿的《齐诗翼氏学》和陈乔枞的《齐诗翼氏学疏证》二书。迮鹤寿,字兰宫,江苏长洲人,博览群集,尤嗜经学,兼明算学。他的《齐诗翼氏学》重点在于以历数,用值岁、积年二术,将《诗》篇分系阴阳八部。迮氏之前,黄道周作《三易洞玑》,将《易》《诗》《春秋》三者与数术配合,相互参比以解说。即以《杂卦》为序,中分乾坤上下三十二卦,上为《诗》之五际,下为《春秋》之三轨,以《易》《诗》《春秋》合推际会之终始,其说详见《三易洞玑·杂图经下》。他的《诗》篇分配依据或为《易》,或为历律,又或为天象,飘忽不定,令人难以琢磨,是故李光地斥其术"杂博欺人"②,"使石斋复生,令他句句作解,恐亦不能"③。但他以《易》说《诗》,以《诗》证《易》的思路对后来说《诗纬》者不无影响,其导夫先路之功亦不可没。比如他分配《诗》篇,认为《诗》之系年"与《易》轨日至退历相值"④,这对迮鹤寿八部阴阳相乘配诗法有影响。事实上,迮氏的八部阴阳相乘法就是通过八部之阴阳进退来配诗,但八部进退全以前后两部之阴阳关系决定,其中戌部以"数穷而止"又为特例,⑤而每一部所配诗篇之多寡也不一致。缘此,后来研究《诗纬》配诗的人对迮氏多有非议。如刘师培谓其:"弗谙历数,其值岁、积年二术,稽验前历,靡一合符。所云大小数进退,尤为恢诞。顾亦溯源阴阳,寓名历术,强析戌、辰为二谊。语云'不知

---

① 陈乔枞:《诗纬集证·自叙》,续修四库全书第77册,上海古籍出版社2002年版,第761页。
② 李光地:《榕村语录》,陈祖武点校,中华书局1995年版,第523页。
③ 李光地:《榕村续语录》,陈祖武点校,中华书局1995年版,第674页。
④ 黄道周撰,翟奎凤点校:《三易洞玑》,中华书局2014年版,第325页。
⑤ 迮鹤寿:《齐诗翼氏学》,续修四库全书第75册,上海古籍出版社2002年版,第9页。

而作'，斯之谓欤！"① 尽管如此，连鹤寿《齐诗翼氏学》还有许多自己的独到见解，如他论《诗纬》配诗专主二《雅》，《诗纬》有佚句，《文王》《鹿鸣》不为始，等等。后来邵瑞彭作《齐诗钤》，排序《诗》篇，便采纳了连氏"《文王》《鹿鸣》不为始"的意见。

　　陈乔枞的《齐诗翼氏学疏证》并非是对连鹤寿《齐诗翼氏学》的解疏，而是对《汉书·翼奉传》中一些重要表述的注解。换句话说，亦即对翼奉《诗》学的阐释。他的方法大抵是征引相关文献对《翼奉传》原文以及张晏、孟康等人的注进行解释，和《诗纬集证》相类。如《翼奉传》记载翼奉语曰："《诗》之为学，情性而已。五性不相害，六情更兴废。观性以历，观情以律。"② 针对这句话，陈乔枞广引《礼记·月令》《白虎通》《五行大义》《后汉书·郎顗传》，以及孙星衍等人的观点，证明何谓情、性，何谓五行、五性，何谓六律、六情，以及五性如何配五藏、六情如何配六府，等等。在《齐诗翼氏学疏证·自叙》中，陈氏自叙其疏解翼氏《诗》学的目的在于存续《齐诗》。因为陈氏认为《齐诗》宗旨有三，即"四始""五际""六情"。故《齐诗翼氏学疏证》卷上重点阐释"六情"，卷下重点阐释"四始""五际"。然而，姑且不论《齐诗》之"五际"是否即是《诗纬》之"五际"，但其说"四始""五际"配诗既主于孔广森，又主于黄道周，就难免有扞格之处。

　　《齐诗翼氏学疏证》之外，陈乔枞还有《诗纬集证》四卷，专门疏证《诗纬》佚文。《诗纬集证》采取逐条注解的方式，核心宗旨仍然是《诗纬》即《齐诗》说。无论是《诗纬》辑佚还是文献校勘，《诗纬集证》都有较大的价值。就《诗纬》辑佚而言，除了见于《玉烛宝典》以及日本人汉籍文献中征引的《诗纬》材料外，其余《诗纬》佚文几乎都见于是编。在文献辨析方面，陈乔枞不仅校订文献文字方面的错讹，对文献归属的辨析也很有见地。如《太平御览》卷

---

① 刘师培：《连鹤寿〈齐诗翼氏学〉书后》，《刘申叔遗书》，江苏古籍出版社1997年版，第1305页。
② 班固：《汉书》，中华书局1962年版，第3170页。

一引"雌生戌仲，号曰太始"谓出自《易纬乾凿度》，① 而陈氏依据《广雅音义》判断该条佚文当出自《诗纬推度灾》。《乾凿度》或亦有该条佚文，而陈氏推断《推度灾》也当补上该条确属有见地。陈氏《诗纬集证》影响比较大，唯一觉得遗憾的是，他对《诗纬》内涵的发明稍显不足，于推数之法也未尝真正措意。

除了《诗纬》辑佚书和《诗纬集证》这类专书之外，论《诗纬》与《齐诗》关系，以及讨论《诗纬》"四始""五际"含义者，尚大量见于明清以来的经学总论性著述或《诗经》注释之书中，如陈启源、程瑶田、孔广森、陈寿祺、蒋湘南、魏源、皮锡瑞等。大家普遍关注的核心问题仍然是《齐诗》《诗纬》的关系，以及《诗纬》"际""始"的含义。大多数学者肯定《诗纬》及其"四始""五际"说的价值，但也有学者对此持鄙薄态度。如程瑶田首先质疑了《诗纬》的价值，曰："据奉所言，学《齐诗》，闻五际之要，虽未详陈五际推法，然曰'天地以道视圣人，而知王治之象；圣人以经视贤者，而知人道之务'。经之所陈，皆'列终始，推得失，考天心，以言王道之安危'。于是详论灾异之所致，由于'阴气之盛'，宜损阴气以应天救时。此皆言人事之戾，以召天灾，欲转天心，须自修慝，尊经崇道，义正辞严。斯亦不必推五际之术，而慎斯以往。虽五际之要，宁复有过焉者乎？学者果于经义研究而精通之，是五际之所从出者，已了然于心矣，抑又何多求乎？"② 其言下之意，"五际"说亦出于经义，或并无超越经义之处，故不必节外生枝而旁求"四始""五际"等学说。其次他认为"五际"等《诗纬》学说多讹脱，其意义也晦暗难明，"未经讲习，终难了然"。但总体来说，程氏认为《诗纬》"际""始"之说"义亦浅近，不若《诗序》浑指者之精深"③。这一点范家相、黄中松等持大致相同之观点，如黄中松认为"毛氏之

---

① 李昉等：《太平御览》，中华书局1960年版，第2页。
② 程瑶田：《通艺录·修辞余钞·〈困学纪闻〉论"四始五际"书后》，《程瑶田全集》第三册，黄山书社2008年版，第340—341页。
③ 程瑶田：《通艺录·修辞余钞·〈困学纪闻〉论"四始五际"书后》，黄山书社2008年版，第342页。

说有合乎诵《诗》闻国政之义,而又不流乎穿凿附会",所以《毛诗》独存,理或宜然。①

而关于"四始""五际"配诗,除上举黄道周、连鹤寿、陈乔枞之外,孔广森、魏源以及黄以周等俱有说,其中孔广森说影响最大。其《经学卮言》言《诗纬》"始、际之义,盖生于律",其配诗则遵循古乐三诗一终之规则,即一辰分孟仲季,分配三首诗。其间或有不合者,"容三家《诗》次不尽与毛同"②。孔氏之后,陈乔枞《诗纬集证》及《齐诗翼氏学疏证》说"际""始"配诗,全主孔说。蒋湘南、黄以周亦复如是,其对"际""始"配诗之不合者,理由亦如孔说。可以说,自黄道周以来,基本上皆主律历以配诗,而魏源《诗纬》配诗说自然亦主于律历,如《诗古微·四始义例》曰:"汉时古乐未湮,故习《诗》者多通乐。此盖以《诗》配律,三篇一始,亦乐章之古法。特又以律配历,分属十二支而四之,以为'四始',与'三期'之说相次。"③但《诗古微·中编五·〈小雅〉答问上》之说四始、五际配诗之要旨则稍稍不同。魏氏认为,以际始之阴阳盛衰变化,正对应周王室兴衰变迁之历史。"五际亥、子、丑、寅、卯、辰、巳七宫,皆取文、武诗,而无成、康之诗;午、未、申、酉、戌五宫,皆取宣王诗,而无幽、平之诗。成、康者,治之极,而非治之始际。幽、平者,乱之极,而非乱之始际。故善观天人者不观于天人之极,而观于天人之际。知微知彰,其知际之谓也。大哉,际乎!知《诗》之五际者,其知作《易》之忧患乎?"④正所谓察微见著,履霜知冰,此《诗纬》"际""始"价值之所在。如此一来,《诗纬》"际""始"配诗就不仅仅是音律的问题了,而是寓含着周王室兴衰变化的历史。

---

① 黄中松:《诗疑辨证》,陈丕武、黄海珊点校,广西师范大学出版社2018年版,第7页。
② 孔广森:《经学卮言》,张诒三点校,中华书局2017年版,第64—66页。
③ 魏源:《诗古微》,岳麓书社2004年版,第186页。
④ 魏源:《诗古微》,岳麓书社2004年版,第481页。

上编 《诗纬》与汉代《诗经》学关系研究

第二节 晚清民国时期的《诗纬》研究

晚清民国时期，《诗纬》研究方兴未衰，出现了一系列重要的研究成果，主要有胡薇元《诗纬训纂》、廖平《诗纬新解》、陈汉章《诗学发微》、刘师培《〈齐诗·国风〉分主八节说》《〈齐诗〉大、小〈雅〉分主八节说》、邵瑞彭《齐诗铃》等。总体上说，这一时期还是延续晚清以前的《诗纬》研究思路，重点也还是在对《诗纬》"四始""五际"及配诗的研究。而且需要说明的是，这一时期的一些研究成果有可能发端甚或成书于晚清时期，比如廖平的《诗纬》研究。而之所以将这些人放在这一时期，主要出于两方面考虑，首先是他们的《诗纬》相关著述刊布在晚清民国时期，而在刊布之前曾经过修改。其次则考虑到他们的生平，他们的卒年都在这一时期。

胡薇元，字孝博，北京大兴人，工诗善书，著有《诗纬训纂》。据胡氏学生萧端洁所言，今存《诗纬训纂》非完帙。其内容主要依据陈乔枞《诗纬集证》删减而成，很少有他自己的观点，且文字多讹误。也正因为如此，廖平在为胡氏书所写序言中，一方面称赞有加，但也稍微批评胡氏书"共只一百九条，未免繁简不合"，若能从《春秋》《尚书》《礼》三纬中钩稽有关《诗纬》佚文，"当较此三卷倍蓰，更有厚望焉"[①]。

廖平，字旭陔，后改字季平，四川井研人，近代经学大师。廖氏一生治学凡六变，即一变为平分今、古，二变为尊今抑古，三变为学分大（统）、小（统），四变为学分天、人，五变为合天、人、大、小为一，六变为合天、地、人为一。廖平把六艺分为天人两大块，其中《尚书》《春秋》《礼》属于人学，《诗》《易》《乐》为天学，人学主六合之内，天学主六合之外。人学为天学之基始，而天学是人学之极致。廖平既视《诗》为天学，其说《诗》尚微言大义，重师法

[①] 胡薇元：《诗纬训纂·序》，玉津阁丛书甲集，民国初年版。

条例，主会通群经，明经史之分。① 详细说解见其《今文诗古义疏证条例》。就《诗纬》而言，廖平尤其认为《诗纬》是《诗》的秘密纬言，《诗纬》常以天星神旨说《诗》。所以其《诗纬新解》尤其重天星神旨，注文多列星名、神名，尤喜以《山经》《楚辞》说《诗》，甚至将之视为《诗》之别传。如他解《诗推度灾》之"阳本为雄，阴本为雌，物本为魂"曰："阳本为雄：天。阴本为雌：地。北斗雌、雄二神，即天乙、太乙。《春秋演孔图》：'天运三百岁，雌雄代起。'物本为魂：人。"并总结说："《诗》主游魂，《周南》'魂何吁矣'，《召南》'之子魂归'，皆以魂为言。"其解说《诗纬》大都类此，虽有时看似荒诞不经，但却寓含廖氏推阐儒家内学《诗》义的用世之心。盖廖平认为，公羊学所倡导的"素王说""三统说""中外说""文质说"，无不源于孔门《诗》学。而孔门《诗》学的微言密旨，无不在《诗纬》，所谓"精微义例，全在纬候"。缘此，廖平于"四始、五际、六情之义，以及篇什配用之理"推阐儒家内学的《诗》学要义，也为我们处理现实问题提供了另一种内学思路的可能性。② 然正如蒙文通所言，廖平学术之根在于《春秋》学和礼学，③也就是廖平所谓人学部分，故天学究竟非其长处。尤其是言《诗纬》者需精通《易》学与历算，能究灾异之故，明五胜之原，而廖氏于此似不能胜任。故其说《诗纬》亦多牵强之处，所谓"及学益宏远，世之讥笑亦因之"者也。④

陈汉章，字云从，浙江象山人，近代著名经学史家、教育家，于《诗纬》研究著有《诗学发微》。《诗学发微》，初名《齐诗表微》，更名《齐诗发微》，最后定名为《诗学发微》。是书专说《诗纬》，从"齐诗表微""齐诗发微"等称名中，可以窥测陈氏对《诗纬》的定

---

① 廖平：《诗说·前言》，潘林校注，华东师范大学出版社2017年版，第1—6页。
② 刘小枫：《"诗言志"的内传解释：廖平的〈诗纬〉新解与中国的现代性问题》，《安徽大学学报》2018年第3期。
③ 蒙文通：《井研廖季平师与近代今文学》，见氏著《经史抉原》，巴蜀书社1995年版，第104—115页。
④ 蒙文通：《经史抉原》，巴蜀书社1995年版，第109页。

位。全书分为《总考》《考四始》《考五际》《考五性》《考六情》《附论》等部分，对《诗纬》佚文的重要条目和核心术语进行阐释分析。陈氏对自己的书很自信，认为除"五际六情，犹未得于诗义"外，"余则无敢多让，世之弘博硕学者，其亦有所取于斯欤"。诚然，陈氏是编于《诗纬》多有发明，如《春秋演孔图》："诗含五际六情，绝于申。"《文选》李善注引宋均注："申，申公。"① 以"申"为"申公"肯定有误，陈寿祺等都已经指出了。但陈汉章不仅指出其误，并指出"申公"当为"申仲"，即亥仲起数，而绝于申仲，其说可从。解释"四始"，陈氏谓"四始"寓王者维新之象，一新天下之耳目，并将"四始"结合所配诗进行了分析，将魏源"际""始"观念又推进一步。又，《诗纬》说"四始"与数术家"五行"说之始、壮、老配位不同，陈氏对此进行了解释，他从五行相生，五行之间的母子关系入手进行分析。例如，火始于寅，木生火，故火始为木始。循环类推，无一不符，并推断"四始"为"六情"之本。其说很有启发性，并且可备一说。类似这样的独到见解，在《诗学发微》中尚有一些。《诗纬》最为核心的问题便是配诗，在《诗学发微》中，陈汉章评价了黄道周、连鹤寿、孔广森等人的配诗方法，大体上接受孔广森的说法，即"四始"主律，故"四始"配诗依二《雅》及十二辰顺序顺推。但他认为"五际""三期"推诗与"四始"顺推不同，当逆推。但正如他批评连鹤寿配诗论数有大数，有小数，有奇数，有偶数，或进一步，或退一步，或如本数无进无退，然"皆以意说之，辗转求合，绝无依据"，他自己又何尝不是呢？如他说"数变《小雅》不变《大雅》"，以及以三首笙诗算作一篇，这些根据在哪里，他同样也没有明确的交代。需要提出来的是，陈氏配诗采纳了连鹤寿"《鹿鸣》《文王》不为始"说，这与后来邵瑞彭的意见倒是不谋而合了。② 根据陈汉章《诗学发微》后面所附的书信可知，他曾委

---

① 萧统编、李善注：《文选》，上海古籍出版社1986年版，第772页。
② 陈汉章：《诗学发微》，《陈汉章全集》第一卷，浙江古籍出版社2014年版，第137—176页。

第一章 《诗纬》研究史述略

托顾震福将《诗学发微》呈给王先谦,王先谦在回信中对陈氏大加赞赏,认为陈书"贯彻律吕象数,非博雅不辨,信其必传"云云。而根据邵瑞彭《齐诗铨》交代,顾震福以及曾国藩的孙子曾广钧都有研究《诗纬》的专书,惜皆不传。

皮锡瑞,字鹿门,湖南善化人,近代著名学者,精通今文经学经义。在《经学通论·论"四始"之说当从〈史记〉所引〈鲁诗〉,〈诗纬〉引〈齐诗〉异义亦有可推得者》中,他首先征引文献记载"四始""五际"之说,再以孔广森、魏源之说论其配诗依据,最后断以己意。其核心要旨为《诗纬》"四始"并非汉代《齐诗》学"四始"之正传,而当为别传。而"五际"缺位,他认同连鹤寿之说,以为当补戌位。① 蒙文通谓皮氏为能远绍二陈,近取廖平以治今文经学者,"近世经师惟皮鹿门一人而已"②。但就《诗纬》研究而言,皮锡瑞和廖平态度迥异。

刘师培也曾问学于廖平,受到廖平古文经学的影响。关于《诗纬》,刘师培著有《〈易〉卦应〈齐诗〉"三基"说》《〈齐诗·国风〉分主八节说》《〈齐诗〉大、小〈雅〉分主八节说》等文。《〈齐诗·国风〉分主八节说》根据《太平御览》中所引《含神雾》"邶、鄘、卫、王、郑,此五国者,千里之城,处州之中"③等方国应律材料,参以《北堂书钞》《玉烛宝典》,推《诗纬》之义,以齐、魏诸《风》分主八节,而郑、卫等五国《风》位当中央土,不与八节相应。《〈齐诗〉大、小〈雅〉分主八节说》则以《诗纬》"四始""五际"配诗对应八节,即四正、四维,亦即四分、四至。但《诗纬》说"八节"应该包括冬至,即子位,而实际上《诗纬》说阴阳终始交会及消息变化时,都没有涉及子位。刘师培也注意到了这一点,他认为应该是纬书有缺,故"其分主冬至之篇,今不可考"。《风》《雅》主八节外,刘师培还讨论了《诗纬》"三基"说。他也采信

---

① 皮锡瑞:《经学通论》,中华书局1954年版,第13—15页。
② 蒙文通:《经史抉原》,巴蜀书社1995年版,第105页。
③ 刘师培:《〈齐诗〉大、小〈雅〉分主八节说》,《刘申叔遗书》,江苏古籍出版社1997年版,第1321页。

上编　《诗纬》与汉代《诗经》学关系研究

"三十年管一辰"说,但他读"基"为"始",而不读为"期",此说与孔广森、陈乔枞不同。并且说到十二辰配诗,他只取《鹿鸣》之什、《嘉鱼》之什、《鸿雁》之什和《文王》之什,共四十篇,即"《齐诗》二《雅》配三基,《文王》什外,只计《鹿鸣》三什。诸诗篇第弗尽符毛,然卷什各诗,或非违异。三诗一辰,厥数三十有六。所余四诗,疑亦《周易》四正卦之方也"①。此外,刘师培指出清人配诗取笙诗六首为谬,这一点很有见地。依据传世文献记载,并结合海昏侯墓出土《诗经》牌记等出土文献来看,汉代今文三家《诗》本确实只取三百零五篇,而无六首笙诗。

邵瑞彭,字次公,浙江淳安人,工诗词,尤精历算之学。邵氏作《齐诗钤》,连载于《儒效月刊》。② 邵氏认为,《诗纬》的学术根基在于"五行十二辰",四始、五际等说也因之而兴起,推之也通于《易》象,即所谓六日七分及卦爻主岁。关于"四始""五际",他以为"四始"为水、木、火、金四行之始,"五际"为五行之际。缘此,他对《纬书》佚文予以辨证,认为《祈父》不当在酉,而当在戌。而《鹤鸣》当在酉,《诗纬》脱落,故其依次补之。据此,则完整"五际"当表述为"卯,《天保》也。酉,《鹤鸣》也。戌,《祈父》也。午,《采芑》也。亥,《大明》也"。邵氏之所以做出如此判断,源自其推辰配诗之法。邵氏以辰、诗相配,取迮氏"《诗纬》配诗专主二《雅》"说和"《鹿鸣》《文王》不为始"说,即将十二辰,每辰分孟仲季三节,与《小雅》《大雅》计103篇相配。具体配诗,邵氏使用了两种方法,一种是以辰配诗,推演三次,103篇变为309篇,一节十年,共3090年。如此则《天保》在卯,《鹤鸣》在酉,《祈父》在戌,《鸿雁》在申,《嘉鱼》在巳,《采芑》在午,《大明》在亥,《四牡》在寅,"四始""五际"配诗皆应其辰位。另一种方法是以诗配辰,辰取三十六而《诗》分周循环,而积年360。推满九

---

① 刘师培:《〈易〉卦应〈齐诗〉"三基"说》,见《刘申叔遗书》,江苏古籍出版社1997年版,第1304页。
② 邵瑞彭:《齐诗钤》,《儒效月刊》第二卷第五期,1946年;第二卷第六、七合刊,1946年;第二卷第八、九期合刊,1947年。

第一章　《诗纬》研究史述略

周，得3240年。去除自酉仲至寅孟无诗可配，计150年，亦得3090年，"四始""五际"之配诗亦各应其辰。邵次公分辰配诗，协乎《易》象，合乎《三统历》，故为人所推崇。蒙文通曰："纯就齐学而言，惟淳安邵次公（瑞彭）洞晓六历，于阴阳三五之故，穷源竟流，若示诸掌，自一行一人而外，魏晋及今，无与伦比。此固今世齐学一大师，而廖师（案：指廖平）实非齐学之巨擘。然邵氏实亦袭清儒之前功，而后有此创获，事亦与廖师同。夫学安有不百年积之而可一朝偶致者耶！由邵氏之说，则足以周知诸纬派别异同、源流、先后之故，所系至大，可资之以处理秦汉各派之学说。齐学之为用若何不必言，而古有齐学，其根柢则若是。是以齐学言，则邵氏《齐诗铃》之作，其深合齐学家法，固优于廖师也。"① 能得蒙文通如此推崇，则邵氏研究自然有其超越前人之处，亦可谓名实相副。

此外，又有任传薪作《齐诗说》，谓《诗纬》本托谶纬，乃陋说而非经义。其追述《诗纬》（案：即任氏所谓"齐诗"）渊源，谓其源于吕望，成于管子，盛于驺衍五德终始学说，而辕固生《诗》说本之。其说"五际"之午酉卯戌亥，取《管子·幼官篇》之五和时节治和气、八和时节治燥气、七和时节治阳气、九和时节治湿气、六和时节治阴气分别对应戌、卯、午、酉、亥。此外，他也提到"四始""五际"所代表之阴阳变化、六情等观念与《管子·枢言篇》《戒篇》等关系，以及《齐诗》和《管子·水地》《四时》《五行》《地员》的关系，认为这四篇是"治《齐诗》的要籍"。任氏指出《齐诗》与《管子》之间的关系，也可以指示包括《齐诗》在内齐学的思想渊源，这一点值得注意。同时，他认为治《齐诗》当先研读日辰以及本情、合情、刑情、冲情、钩情之理，也能给人启发。② 此外，沈曾植论《诗纬》"五际"，虽只言片语，也颇能给人以方法学之启示。③

---

① 蒙文通：《经史抉原》，巴蜀书社1995年版，第107页。
② 任传薪：《齐诗说》，《制言月刊》第五十一期，1939年，第8页。
③ 沈曾植：《海日楼札丛》，钱仲联辑，上海古籍出版社2009年版，第35页。

上编　《诗纬》与汉代《诗经》学关系研究

第三节　20世纪后半段的《诗纬》研究

　　1949年至80年代，大陆学术界基本上视谶纬为迷信或荒诞之说，对包括《诗纬》在内的谶纬学说及其佚文基本上持否定态度，也很少论及。只是在历史、哲学思想史的著作中间或涉及谶纬。

　　1980年到2000年，人们的思想逐渐多元，对谶纬的态度也慢慢变得开放起来，接受度也在逐步拓宽。与此同时，一些思想史著作开始将谶纬纳入研究领域，如任继愈主编《中国哲学发展史》就专设《纬书综述》一章。甚至一些汉代专门史会讨论谶纬对某种专门史发展的影响，如许结《汉代文学思想史》。尽管主要还是批评性意见，或斥之为神学妖孽，或目之为封建迷信，但相对于束之高阁已经是不小的进步了。这其中需要提到三本书，即河北人民出版社1994年翻译出版的日本学者安居香山和中村璋八编辑之《纬书集成》、1994年上海古籍出版社影印出版的明清纬书辑佚书合编《纬书集成》（缺杨乔岳《纬书》）、1995年辽宁教育出版社出版的钟肇鹏《谶纬论略》。前两书基本上解决了纬书文献问题，后者则高屋建瓴地对纬书的种类、思想、流变作了精辟归纳总结。有了上述研究基础，方有此后中国大陆渐兴的纬书研究。与此同时，中国台湾学者和日本学者在纬书研究中投入了很大的精力，也取得了较为丰硕的成果。

　　就《诗纬》研究而言，上述著述在讨论谶纬时间或涉及《诗纬》，如钟肇鹏《谶纬论略》介绍了《诗纬》三篇，夏传才《诗经研究史概要》论三家《诗》学也在讨论《齐诗》时涉及《诗纬》。单篇论文没有一篇直接以《诗纬》为标题的，而是在《齐诗》中讨论《诗纬》，比如王洲明《汉代〈齐诗〉传授的特点》，[1] 此外就是在讨论《文心雕龙·正纬》时涉及《诗纬》，如徐公持《〈正纬〉篇衍

---

[1] 王洲明：《汉代〈齐诗〉传授的特点》，《山东大学学报》1995年第2期。

— 16 —

说》。①但这样的文章也不多，内容也相对简单。这一时期，日本学者安居香山在其《纬书形成的研究》中专门讨论了《诗纬》和《齐诗》的关系，而在安居香山、中村璋八共同编著的《重修纬书集成·解说》中，还重点讨论了《诗纬》文献有关问题，其中也涉及《诗纬》产生的时代，大体上他们认为《诗纬》的产生年代可能比较晚，因为《诗纬》篇目不见于隋代以前的文献。②但这其中可能存在误判，因为曹魏代汉时，大臣在劝进曹丕受禅的上书中就提到了《推度灾》，同时《宋书·符瑞志》《礼志》也提到了《推度灾》。③而中国台湾一直是谶纬研究的重镇，就《诗纬》研究而言，林金泉《〈诗纬〉星象分野考》（《成功大学学报》第21卷，1986年）、《〈齐诗〉之三基四始五际六情说探微》（《成功大学学报》第20卷，1985年）、糜文开《齐诗之五际六情》、江乾益《齐诗翼氏学述评》（《第二届〈诗经〉国际学术研讨会论文集》，语文出版社1996年版）等，皆称为"齐诗"，也多从律历天文入手，基本上承袭了清人研治《诗纬》的路数。这其中林金泉用力最勤，其《〈齐诗〉之三基四始五际六情说探微》比较有创获，尤其是他花了大量的篇幅来讨论"三期"，并讨论"三期"与"四始""五际"之间的关系。在对每一个具体问题的讨论中，都通过仔细的年代学排比的方式来彰显《诗纬》概念的内涵。但就其配诗而言，似乎也没有摆脱清人，尤其是孔广森的影响。而《〈诗纬〉星象分野考》则采取演绎类推的方法，证明《诗纬》的星象分野与《史记·律书》《甘石星经》同出一源。在此基础上，他试图还原《诗纬》星象。而关于分野，《诗纬》分野实际上仅仅配十三国《风》，而不言《周南》《召南》。所以《诗纬》分野并非实际地域之反映，而和岁星运行及历法三正密切相关。最后其

---

① 徐公持：《〈正纬〉篇衍说》，《文学评论》1991年第6期。
② 安居香山著，杨曾文译：《纬书形成问题和纬书思想研究的动向》，《孔子研究》1986年第2期。安居香山、中村璋八：《纬书集成》，河北人民出版社1994年版，第45—48页。
③ 陈寿撰，裴松之注：《三国志》，中华书局1959年版，第70页。沈约：《宋书》，中华书局1974年版，第776页。

得出结论,认为《诗纬》之星象分野乃是本《礼记·王制》之政治体制为理想,是阴阳五行家"天人合一"观念影响下之产物。如此,林氏之论或启端于廖平之经学思想。

第四节 新世纪以来的《诗纬》研究

到了21世纪,大陆学术界对《诗纬》的研究突然呈现出一派繁荣的景象。我们检索知网等数据库,大约可以检索出近百篇论文,另有一部《诗纬》研究专著。概括起来,这些研究成果主要涉及以下三个方面:

第一,对《诗纬》"四始""五际"等核心观念的阐释。关于"四始"。周延良《〈诗纬泛历枢〉"四始"之说考原》(《东方丛刊》2004年第1辑)指出,《诗纬》"四始"和《周易》、历法有关,然后列举了孙毂、陈启源、黄中松、范家相关于"四始"的说法。谭德兴、杨光熙《〈齐诗〉诗学理论新探》认为"四始""五际"反映了《齐诗》对社会发展规律的探索,"五性""六情""十二律"则和《齐诗》的情志诗学理论有关。孙蓉蓉《四始说考论》讨论了汉代诗经学的"四始",尤其是《齐诗》(即《诗纬》)"四始",主要是以阴阳盛衰对应商周政治兴衰,而后又讨论了《文心雕龙》中的"四始"说。姜广辉、邱梦艳《〈齐诗〉"四始五际"说政治哲学的揭秘》(《哲学研究》2013年第12期)认为,"四始""五际"不是一种《诗》学阐释理论,而是一种政治哲学表达,所配七首诗只是史例,目的是为了揭示政治改革和政治革命的时机规律。关于"五际"。上揭谭德兴、姜广辉等人的文章中涉及"五际"者,皆视"五际"为政治说解模式。郜积意《齐诗"五际"说的"殷历"背景:兼释〈汉书·翼奉传〉中的六情占》(《台大文史哲学报》第六十八期,2008年)认为"五际"说和《诗纬》的"殷历"背景有关。其根据有:其一,"五际"说所见于《汉书·翼奉传》和《诗纬纪历枢》,此二者历法背景最有可能是《殷历》。其二,根据颜师古《汉书注》引孟康释"五际"为"阴阳终始际会之岁",则"五际"之支辰有可能指岁名。其三，《易纬乾凿度》所载文王受命入戊午蔀二十九年及《稽览图》载"殷历"所排古史之年代，推成王即位在丁亥年，与"亥，《大明》也"相合，知孟康之说有据。其四，"五际"说还包括"戌，《十月之交》也"。而《汉书·翼奉传》所引《十月之交》篇，与汉元帝初元二年（甲戌）相合。所以，五际之支辰有可能为年名，而诗篇则分属周王各年。文章还附带解释了《汉书·翼奉传》中的六情占。但《诗纬》配诗能否按照历史年代学依据来分配，是历史学的考量还是数术的依据，实难以遽论。张峰屹《翼奉〈诗〉学之"五际"说考释》（《郑州大学学报》2008 年第 1 期）在讨论"五际"说政治兴衰史观的基础上，特别强调"五际"说和文学无关，而是经学说解路径。又有曹建国《诗纬二题》（《文学遗产》2010 年第 5 期）主张区分《齐诗》翼氏学之"五际"和《诗纬》之"五际"，结合匡衡说《诗》大体可以推测，《齐诗》五际主于人伦纲常。任蜜林《齐〈诗〉"五际"说新探》（《云南大学学报》2018 年第 5 期）区分《齐诗》和《诗纬》间关系，在此基础上认为《齐诗》"五际"说与律历、性情等思想有着密切关系，其具体内容应该指仁、义、礼、智、信"五性"，而《诗纬》"五际"则是五个辰位，表示阴阳兴衰之变。他认为《齐诗》"五际"说之根本在阴阳，而《诗纬》则在五行。关于"天地之心"。曹建国《诗纬二题》（《文学遗产》2010 年第 5 期）强调，《诗纬》之"天地之心"说实际上是沟通天人而言的。就天而言，诗是天道反映；就人而言，诗是人情性的反映。换言之，诗既不是单纯的天道，也不是纯粹的人为，而应是沟通天人，亦即诗通天人。徐兴无《释"诗者，天地之心"》（《岭南学报》第三辑，2015 年 6 月）论述自汉儒自董仲舒起，改造战国以来道家等诸子学说中的"天心""天地之心"等观念，强调宇宙的道德禀性，又以儒家经典配合阴阳五行推算天道，占测天心，言说灾异，"六经"遂转为政治数术。故《齐诗》与《诗纬》创言"诗者天地之心"，赋予《诗三百》以宇宙意义，又以"四始""五际""六情"之说，依孟京《易》学之例，以《诗三百》为律历，占知《诗》中之"天心"，推测风俗性情。"天心""天地之心"渐而流为两汉以降政治、学术、宗教之话语，至刘勰《文心雕龙》，以"天地之心"为"道心"，建构"文心"之观念，于文学形上学理论贡献至大。曹建国《〈诗纬〉三基、四始、五际、六情说探微》（《武汉大学学报》2006年第4期）认为，《诗纬》以"天地之心"解《诗经》，提出了"三基""四始""五际""六情""十二律"等阐释范畴，以对应阴阳五行的变化，作为王政变革的依据。总的来说，"三基""四始""五际"说《雅》诗，"六情""十二律"说《风》诗。李菲《齐诗考隅》（《鹅湖月刊》476期，2015年2月）考论了有关《诗纬》的一些疑难问题，指出《齐诗》（《诗纬》）研究之难不在于字句考辨，而在于特殊的知识背景和术语内涵，需打通先秦两汉政治思想变迁之脉络，究极秦汉方术之学及阴阳五行数术之理，方才可能有所突破。

第二，《诗纬》与《齐诗》的关系。关于这一问题，清代学者已经开始有所讨论，虽然绝大多数清代学者将《齐诗》和《诗纬》视为同一，但也有学者试图将二者区分开来，如程瑶田。进入新世纪以来，学术界的主流观点仍然等同《齐诗》与《诗纬》。但与此同时，也有学者开始提出一些不同于传统学术史的看法。郑杰文在《齐派今文经学与谶纬关系的初步考察》（《齐鲁学刊》2003年第5期）一文中比较了《齐诗》《诗纬》关于"四始""五际"的材料，认为谶纬解《诗》受到了《齐诗》的影响，似乎主张不混同《齐诗》与《诗纬》。曹建国《〈诗纬〉论〈诗〉》（《香港中文大学中国文化研究所学报》第44辑，2004年）较早指出《诗纬》和《齐诗》应区别对待，充其量只是受到《齐诗》翼氏学的深刻影响。后来王长华、刘明《〈诗纬〉与〈齐诗〉关系考论》（《文学评论》2009年第2期）则比较详细地讨论了《诗纬》与《齐诗》之间的关系。通过对汉代《齐诗》学与《诗纬》文献进行比较，王长华等指出翼奉的《齐诗》学其实是《齐诗》中特立独行的一支，而《诗纬》则是在翼奉《齐诗》学基础上进一步发展的产物，其在神学道路上较之翼奉《齐诗》学走得更远，几乎堕入了不可知的神秘境界。因此《诗纬》在说解《诗经》方面已经逸出了《齐诗》范围，它与《齐诗》并非一而二、二而一的关系，而是两种不同的学说，因此学术界通行的引《诗纬》

论《齐诗》的做法是不正确的。上引任蜜林比较分析《齐诗》"五际"和《诗纬》"五际"之间的不同，则显然也是将二者区分开来的。

第三，《诗纬》的价值。这一问题，大抵涉及以下几个方面。一是《诗纬》的《诗》学阐释价值。事实上，所有关于《诗纬》的讨论都会或多或少地涉及《诗纬》解经或解《诗》的问题，也包括从经学史的角度梳理《诗纬》和《齐诗》乃至今文经学之间的关系。但具体到解《诗》观念，刘毓庆先生的《由人学到天学的〈诗〉学诠释——〈诗纬〉诗学研究》（《文学评论》2005年第6期）值得关注。在文中，刘先生认为现当代学者视《诗纬》为"妖妄之辞"是不合理的，这是评论者站在精英文化与现代科技时代所给予的知识背景与立场上做出的错误判断。这一判断遮蔽或忽视了《诗纬》所依附的迥异于精英文化的世俗文化知识体系，这一知识体系正是《诗经》产生时代的观念与世俗文化背景。而正是在这一知识体系中，诗与天道相通。而《诗纬》的意义指向显然是背离了人伦道德方向，而走向了通向天道的神秘之域。它在原始世俗文化的背景还原中理解诗，从而减少了在理性支配下对原始诗作的"合理"误读，而获得诗与宗教情感相联系的一份真实感受。刘先生提出要重视《诗纬》产生和适用的知识背景，确乎为精辟之论。但视谶纬知识背景为迥异于精英文化的世俗文化知识体系则不无可商，在笔者看来这一判断或许正好相反。其认为《诗纬》完全走上天道而背离人伦，似乎也和《诗纬》乃至谶纬的思想观念及价值取向不甚吻合。关于《诗纬》解《诗》，曹建国《〈诗纬〉论〈诗〉》具体讨论了《诗纬》对一些《诗》篇的解释，如"《关雎》知原"。在该文中，他也提到了《诗纬》中公共知识和专门知识的分类问题，即有些知识和思路适用于所有的纬书，而有些知识则明显带有专经之纬的特征。此外，孙蓉蓉《论〈诗纬〉对〈诗经〉的阐释》（《求是学刊》2011年第1期）也提到《诗纬》对《诗经》中的篇义、诗句的揭示、阐释和引用等诸多层面，都表现出纬学的特点。

二是《诗纬》的文学价值。纬书中和文学关系最为密切的当属

《诗纬》，也主要因为经书中要数《诗经》最具文学特质。论《诗纬》的文学价值，大家最关注的便是《诗纬》的文论价值。首先是《诗纬》表述中的文论话语，尤其是关于《诗》的论述。曹建国在《〈诗纬〉论〈诗〉》中讨论了《诗纬》中文论话语与汉代四家《诗》诗学观的同一性，以及《诗纬》对刘勰《文心雕龙》的影响。张峰屹《谶纬佚文的文艺观念》（《文学遗产》2014 年第 6 期）则从文艺发生论、文艺思维方式、文艺功用论以及性情论、地域文艺论等角度，讨论了谶纬文献中与文艺理论密切相关的材料，并认为这是汉代文论思想不可缺少的一部分。王洪军《"天地之心"与谶纬〈诗〉学理论的会通》（《文学遗产》2015 年第 6 期）从《易》学的角度，探究汉儒天人之道哲学阐释对汉代经典阐释的影响。而《诗纬》的"天地之心"以及"四始""五际"表述正是汉儒运用阴阳五行运转阐释经典的理论范式。其次是《诗纬》与汉魏六朝文论之间的关系，上揭诸文中已间或涉及此一议题，而专论《诗纬》对汉魏六朝文论之间的关系则涉及《文心雕龙》，如前揭徐公持论《文心雕龙·正纬》文，以及孙蓉蓉《论诗纬对〈文心雕龙〉诗论的影响》（《东南大学学报》2004 年第 4 期）、《〈诗纬〉与汉魏六朝文论》（《文艺研究》2007 年第 9 期）等；涉及"物感说"等六朝文论观念，如黄金鹏《纬书与汉魏六朝文论》（《北京大学学报》1999 年第 4 期）、曹胜高《论谶纬学说的文学价值》（《廊坊师范学院学报》2001 年第 3 期）；古代的诗谶观念，如吴承学《谣谶与诗谶》（《文学评论》1996 年第 2 期）；文学地理学观念，如陈叙《试论〈诗〉地理学观念在汉代的发生》（《南京社会科学》2006 年第 8 期）。文论价值之外，大家也讨论了《诗纬》对文学创作的影响及其文学鉴赏的价值，这一点基本上都围绕刘勰论纬书"事丰奇伟，辞富膏腴。无益经典，而有助文章"之论断而展开，以讨论包括《诗纬》在内的纬书语典价值，同时也包括对《诗纬》中一些富有文学色彩的佚文语段的鉴赏，如徐公持《论〈诗纬〉》（《求是学刊》2003 年第 3 期）。

三是《诗纬》的政治以及文化价值。汉代经学的基本价值取向是为了施用于现实政治，这一点纬学也不例外，所以讨论汉代经学、纬学最终都将会导向政治学阐释。在上举各篇讨论《诗纬》之"四始""五际"等论文中，都会涉及《诗纬》的政治价值，即借《诗经》说解服务汉代政治，比如谭德兴《〈齐诗〉四始五际与汉代政治》（《贵州文史论丛》2000 年第 5 期）、姜广辉《〈齐诗〉"四始五际"说政治哲学的揭秘》等。而关于《诗纬》的文化价值，学界讨论最主要的方面还是和音律、历法有关，如郜积意《齐诗"五际"说的"殷历"背景：兼释〈汉书·翼奉传〉中的六情占》。

第四，《诗纬》研究史。这方面主要涉及两点，一是从整体性角度综述《齐诗》或《诗纬》研究史，如胡建军《近二百年"齐诗"研究述评》（《长春大学学报》2007 年第 5 期）。二是对专人《诗纬》研究成果的评价，如黄开国《〈诗古微〉对〈齐诗〉四始五际的发明》（《杭州师范大学学报》2012 年第 3 期）认为魏源说《齐诗》（即《诗纬》）四始是和五际说一起解说的，强调"革命"是魏源说"四始""五际"的要害，也是其时代价值所在。并且他也批评了魏源不加分析地维护《齐诗》的怪诞之说，认为这是魏源说《齐诗》的不足。此外尚有对陈乔枞、廖平、刘师培等人的《诗纬》评述论文，不赘引。

《诗纬》作为汉代纬书一种，既关乎汉代思想研究，也关乎汉代《诗经》学以及中国古典文学研究。明清以来学者对于《诗纬》研究用功最勤，成果也相对较多，但仍然有许多问题需要讨论。与此同时，基本文献也需要整理。总之，《诗纬》研究还有许多工作要做。

第二章 《诗纬》解题及其文献流布研究

汉光武帝中元元年,"起明堂、灵台、辟雍,及北郊兆域。宣布图谶于天下"。① 光武帝所宣布的图谶共八十一篇,其中《河》《洛》谶四十五篇,《七经》纬三十六篇。根据《后汉书·樊英传》李贤注,《诗》纬有三,即"《推度灾》《记历枢》《含神务》"。② 《隋书·经籍志》记载《诗纬》十八卷,在纬书中算是比较多的。但由于历代禁毁,除《易纬》相对完整外,其他纬书已经残缺殆尽,而《诗纬》也只剩下区区二百多条。如果合并佚文并去掉重复、误辑的佚文,《诗纬》佚文将更少。我们今天所见《诗纬》残文皆为明清学者所辑,至安居香山、中村璋八《重新纬书集成》而总其成。尽管明清学者在纬书辑佚方面成就非凡,存在的问题也较多。那么《诗经》纬三种名义如何?其内容大致有何特征?自汉代以来《诗纬》文献如何流布?明清学者的纬书辑佚存在哪些问题?本章将对上述这些问题进行探究。

第一节 《诗》纬篇目释义

何谓《诗纬》?这需要从纬书说起。而要讨论什么是纬书,首先要明确何谓谶。《说文》:"谶,验也,有征验之书,《河》《洛》所出书曰谶。从言,韱声。"根据段玉裁注,其中"有征验之书,《河》

---

① 范晔:《后汉书》,中华书局1965年版,第84页。
② 范晔:《后汉书》,中华书局1965年版,第2721页。

第二章 《诗纬》解题及其文献流布研究

《洛》所出书曰谶"出自《文选》李善注所引《说文》。① 李善注左思《魏都赋》和贾谊《鹏鸟赋》，皆有"《河》《洛》所出书曰谶"文。② 汉末刘熙《释名》："谶，纤也，其义纤微而有效验也。"③《一切经音义》卷九引《三苍》："谶，秘密书也，出《河》《洛》。《说文》：谶，验也，谓占后有效验也。"④ 这与李善注张衡《思玄赋》引《苍颉篇》同。⑤《广雅》等训释与此大体相同。"纤"可训"细""少"，而"谶"和"验""纤"声皆相近，故谶有验、细微和少等诸义。《后汉书·李通传》："夫天道性命，圣人难言之，况乃亿测微隐，狷狂无妄之福，污灭亲宗，以觖一切之功哉！"李贤注："微隐谓谶文也。"⑥ 据此，我们大概可以得出两点意见：一、谶言是一种预言性的文字，其语义模糊而且字数不多。二、谶和《河图》有关。

谶是神秘预言自毋庸多言，而谶与《河图》关系则需略加申说。"河图"首见于《尚书·顾命》，当是一种宝石类的东西，并具有祥瑞的属性。也就是说，当河出"图"时，它会被当作受命的祥瑞。此或正如陈槃所说，作为宝石的河图上的各种图案、线条给人一种解释的空间，如同龟卜的象。那么，"河图"实际上就成为一种特殊的占卜，卜算的是王朝命运。《尚书璇玑钤》："《河图》，命纪也，图天地帝王终始存亡之期，录代之矩。"⑦ 句中的"图""录"皆是动词，"矩"则是法度、规律的含义。根据《尚书璇玑钤》的定义，《河图》就是王朝兴代、朝政治纲等方面的内容。又，《春秋命历序》："《河图》，帝王之阶，图载江河山川州界之分野。"⑧ 这表明《河图》和分野有关。分野的实质是星占，而这也可解释为什么今存《河图》文

---

① 段玉裁：《说文解字注》，上海古籍出版社1981年版，第90页。
② 萧统编，李善注：《文选》，上海古籍出版社1986年版，第268、604页。
③ 刘熙撰，毕沅疏证，王先谦补：《释名疏证补》，中华书局2008年版，第212页。
④ 徐时仪：《一切经音义三种校本合刊》，上海古籍出版社2008年版，第1311页。
⑤ 萧统编，李善注：《文选》，上海古籍出版社1986年版，第663页。
⑥ 范晔：《后汉书》，中华书局1965年版，第577页。
⑦ 萧统编，李善注：《文选》，上海古籍出版社1986年版，第1652页。
⑧ 郦道元注，陈桥驿校正：《水经注校正》，中华书局2007年版，第3页。

◈ 上编 《诗纬》与汉代《诗经》学关系研究

本中有大量星占类内容。并且我们不难推测，解释这些宝石图案的文字便成为古老的《河图》《洛书》。而在这些古《河图》《洛书》的基础上，大量新的谶书被制作出来。汉代桓谭曰"谶出《河图》《洛书》，但有兆朕而不可知。后人妄复加增依托，称是孔丘，误之甚也"①，又曰"今诸巧慧小才伎数之人，增益图书，矫称谶记"②，说的就是这么回事。

在东汉晚期之前，谶书并无纬名。所以《后汉书》等记载的汉代诏令、奏疏等文献中，几乎称"谶"不称"纬"。张衡所上《请禁绝图谶疏》中，十二次言及"谶"，其中也包括《诗谶》，此外尚有《春秋元命包》等专名，以及"不占之书""八十篇""图书"等异称，但一次都没有说到"纬"。明确属于汉代人自我表述中称纬的例证主要有以下几条：其一，灵帝熹平四年，五官郎中冯光、沛相上计掾陈晃上书言历，其曰："历元不正，故妖民叛寇益州，盗贼相续为害。历当用甲寅为元而用庚申，图纬无以庚申为元者。近秦所用代周之元。太史治治历中郭香③、刘固意造妄说，乞与本庚申元经纬有明文，受虚欺重诛。"④ 其二，蔡邕在为他人撰作的碑志中，称赞他人时，往往称赞其人精晓"图纬"，如《郭有道碑》称郭有道"考览六经，探综图纬"⑤。其三，郑玄《诫子书》自称"博稽六艺，粗览传记，时睹秘书纬术之奥"⑥。其四，荀悦《申鉴·嫌俗》："世称'纬书，仲尼所作也'。"⑦ 其五，《曹全碑》中记载曹全很小的时候便"甄极毖纬"，该碑立于汉灵帝中平二年。准此，则谶纬意义的"图

---

① 朱谦之：《新辑本桓谭新论》，中华书局2009年版，第18页。
② 范晔：《后汉书》，中华书局1965年版，第960页。
③ "治治历中"当作"治历郎中"。见曹金华《后汉书稽疑》，中华书局2014年版，第1305页。
④ 司马彪：《续汉书志》，见《后汉书》，中华书局1965年版，第3037页。
⑤ 萧统编，李善注：《文选》，上海古籍出版社1986年版，第2501页。
⑥ 范晔：《后汉书》，中华书局1965年版，第1209页。但此"纬术"云云，或当指占星术之类，与前"秘书"相对。
⑦ 荀悦：《申鉴》，丛书集成初编本，商务印书馆1937年版，第15页。

第二章 《诗纬》解题及其文献流布研究

纬"之名当起于东汉末年,最早或不会早于桓、灵时。① 也正因为这个缘故,早期的谶书大概只是预言类内容,故张衡称其为"不占之书",并有别于律历、风角、音占等学问。但随着与经书的关系日渐密切,谶书或谶纬书中方术内容逐步增多,并和经义结合,两者一起构成今天所见纬书佚文献的主要内容。

就《诗纬》三种来看,其情形也大抵如此。在《后汉书·樊英传》注文中,李贤列举了《七纬》名录,其中《诗》纬有三:《推度灾》《记历枢》《含神务》。但李贤注与《隋书·经籍志》记载又似乎有些差异。《隋书·经籍志》云:

> 孔子既叙六经,以明天人之道,知后世不能稽同其意,故别立纬及谶,以遗来世。其书出于前汉,有《河图》九篇,《洛书》六篇,云自黄帝至周文王所受本文。又别有三十篇,云自初起至于孔子,九圣之所增演,以广其意。又有《七经纬》三十六篇,并云孔子所作,并前合为八十一篇。而又有《尚书中候》、《洛罪级》、《五行传》、《诗推度灾》、《氾历枢》、《含神务》、《孝经勾命决》、《援神契》、《杂谶》等书。②

推测《隋书·经籍志》"而又有"云云,似乎《诗推度灾》等书不在《七经纬》三十六篇之数。《隋志》所说的"《七经纬》三十六篇"同样见于《后汉书》,《张衡传》有"八十篇何为不戒"之语,③ 李贤注云:"《衡集》上事云:'《河洛》五九,《六艺》四九,谓八十一篇也。'"④ 所谓"《六艺》四九"即指《七经纬》三十六篇。而李贤列出的《七经纬》名录只有三十五篇。据《隋志》及李贤注,知

---

① 王铁:《汉代学术史》,华东师范大学出版社1995年版,第214—217页。
② 魏征等:《隋书》,中华书局1973年版,第941页。
③ 范晔:《后汉书》,中华书局1965年版,第1912页。
④ 范晔:《后汉书》,中华书局1965年版,第1913页。

上编 《诗纬》与汉代《诗经》学关系研究

《尚书中候》确实不在"七纬"之数。① 此外，就李贤列《孝经纬》两种：《援神契》《钩命决》，如以《隋志》，则均不在"七纬"之内。《孝经正义》既列《孝经纬》，又列《钩命决》，且不说《孝经钩命决》，似乎《孝经纬》与《钩命决》是两种不同的书。《毛诗正义》孔疏引《含神雾》等书，前面均加"诗纬"二字，似乎《含神雾》等分别只是《诗》纬的一种。尤其是《召南·鹊巢》，孔颖达认为郑玄笺"维鹊有巢，维鸠居之"是本《推度灾》为说，其曰："《诗》纬主以释此，故依而说焉。"② 明显是以《推度灾》为《诗》纬。何以《七经纬》又单列具体纬书名，或正如徐兴无所说，"这些都是别本单行者"，而《七经纬》中的《诗纬》只是类名。③ 明清以来纬书辑佚单列《诗纬》于《推度灾》等之外，目的只是将无法归类的《诗纬》类佚文条目放在一起，或者只是照录文献，实为不得已之举。

《诗纬》三种，《推度灾》篇名古来没有文字的差异。《含神雾》则另有《含神务》《含神纽》等称名，据实推名，当以"含神务"为确。"务"即事，"含神务"即怀神之事，藏神之事。《山海经》郭注"天不足西北，无有阴阳消息，故有龙衔火精以往照天门中"引作"《含神务》"，④《文选·辩命论》李善注引"大电绕枢，照郊野，感符宝，生黄帝"，曰出《含神务》。⑤ 后人或崇其神秘，故谓之"含神雾"。《诗纬》三篇中，以"氾历枢"称名最为淆乱，或曰"汎历枢"，或曰"记律枢"，或曰"泛历枢"，或曰"纪历枢"，或曰"记历枢"。责名问实，或当为"纪历枢"。纪，或为纪年之单位，十二年为一纪。或为古历法纪年之单位，一纪一千五百二十年。因为古历

---

① 徐兴无认为《尚书中候》是"七经纬"中的一篇，见其《谶纬文献与汉代文化构建》，中华书局2003年版，第6—8页。但古籍中每每纬、候并称，意义有异。如《后汉书》卷一百十二上《方术列传》"纬候之部"，李贤注曰："纬，七经纬也；候，尚书中候也。"故以《尚书中候》为"七经纬"之一，似有不妥。
② 孔颖达：《毛诗正义》，十三经注疏本，中华书局1980年版，第284页。
③ 徐兴无：《谶纬文献与汉代文化构建》，中华书局2003年版，第7页。
④ 《山海经》，郭璞注，《正统道藏》第21册，文物出版社等1988年版，第842页。
⑤ 萧统编，李善注：《文选》，上海古籍出版社1986年版，第2353页。

第二章 《诗纬》解题及其文献流布研究

法十九年为章,四章为蔀,二十蔀为纪。谶纬善说三百年计历改宪,实际三百四年改元。《易乾凿度》载孔子曰:"至德之数,先立木金水火土德,合三百四岁。五德备,凡一千五百二十岁,大终复初。其求金、木、水、火、土德日名之法,道一纪七十六岁,因而四之,为三百四岁。以一岁三百六十五日四分乘之,凡为十一万一千三十六;以甲为法除之,余三十六,甲子始数立。立算皆为甲,旁算亦为甲,以日次次之,母算者,乃木、金、火、水、土德之日也。德益三十六,五德而止。六日名甲子,木德,主春,春生,三百四岁。庚子,金德,主秋,成收,三百四岁。丙子,火德,主夏,夏长,三百四岁。壬子,水德,主冬,冬藏,三百四岁。戊子,土德,主季夏,至养,三百四岁。六子德四正,四正:子、午、卯、酉也。而期四时,凡一千五百二十岁终一纪。五德者,所以立尊号,论天常,志长久。"① 缘是故,岁、月、日、星辰、历数为五纪。《尚书·洪范》:"五纪。一曰岁,所以纪四时。二曰月,所以纪一月。三曰日,纪一日。四曰星辰,二十八宿迭见以叙气节,十二辰以纪日月所会。五曰历数。历数节气之度以为历,敬授民时。"孔颖达曰:"凡此五者,皆所以纪天时,故谓之'五纪'也。"② "纪历枢"当以形近而讹为"氾""汜""泛""记"。本着实事求是的原则,本书在表述中一律称"纪历枢",而古人引文则一仍其旧。

关于《诗推度灾》等书名的含义,孙瑴《古微书》、赵在翰《七纬·诗纬叙目》等有释。孙瑴解释"《含神雾》"名义曰:"书既神矣,奠之以雾,又纽之曰含,理固有元乔茫昧不可解者(按:"元"当为"玄"之讳文)。濛濛漠漠,而倚于神,其可想乎!"③ 赵在翰曰:"天运人事,统诸神灵,以言其象,氛雾冥冥。"④ 又曰:"图箓之神,祯祥之降,曰《含神雾》。"⑤ 这些解释都着眼于"雾",强调

---

① 安居香山、中村璋八:《纬书集成》,河北人民出版社1994年版,第56—57页。
② 孔颖达:《尚书正义》,十三经注疏本,中华书局1980年版,第189页。
③ 孙瑴:《古微书》,丛书集成初编本,商务印书馆1939年版,第429页。
④ 赵在翰:《七纬》,钟肇鹏、萧文郁点校,中华书局2012年版,第752页。
⑤ 赵在翰:《七纬》,钟肇鹏、萧文郁点校,中华书局2012年版,第746页。

《含神雾》纬文之神秘性氛围。但如果说神秘氛围，其实所有纬书都有此特征。故《含神务》当强调"神"之事，尤其是《诗》中《生民》《玄鸟》写后稷、契的感生，为其他圣王的无父感天生提供了经典支持，而《含神务》内容重点也在于此。廖平理解当最为切近，其曰："《含神雾》所言多与《山经》、《楚词》、《淮南》同，也足证《诗》为天学。"①

孙𣪍解释"《推度灾》"曰："汉儒穷经，多主灾异。故《尚书》则有《五行传》，董仲舒、刘向、京房部而汇之。及刘歆作《三统历》以《易》与《春秋》天人之道，其说曰：'经元一以统始，《易》太极之首也；春秋二以目岁，《易》两仪之中也。于春每月书王，《易》三极之统也。于四时虽无事必书日月，《易》四象之节也。时月以建分至启闭之分，《易》八卦之位也。'而独无及于《诗》者，逮翼奉受《齐诗》，始得'五际'、'六情'之说，以行灾异，而其术竟无传矣。《汉志·艺文》亦不存其目，纬书所列《推度灾》，则或《齐诗》授受之遗。惜其不著耳。"②赵在翰解释《推度灾》曰："午酉卯子，《诗》通《易》轨，推诸天度，失则灾起。"③又曰："历数之运，际始之道，曰《氾历枢》。"④按：以《推度灾》为言灾异之书，当无误。《诗纬》说四始、五际皆出《推度灾》，《毛诗正义》所引《诗纬》解诗，多出自《推度灾》，如《十月之交》等亦以言灾异为主。

又，孙𣪍谓"《纪历枢》"为《氾历枢》，曰："凡历生于律，律生于声，声生于诗，则诗之为律历根枢，固矣。作历者，《三统》、《四分》皆知取诸《易》，取诸《春秋》，而了不及《诗》。岂知《诗》之有四始、五际，亦如《易》之有九问，《春秋》之有十端。而《泰》、《否》升沈，皇王箓运，动必关焉。则其谓之汜历枢，非

---

① 廖平：《诗说》，潘林校注，华东师范大学出版社2017年版，第17页。
② 孙𣪍：《古微书》，丛书集成初编本，商务印书馆1939年版，第449页。
③ 赵在翰：《七纬》，钟肇鹏、萧文郁点校，中华书局2012年版，第752页。
④ 赵在翰：《七纬》，钟肇鹏、萧文郁点校，中华书局2012年版，第746页。

爽也。"① 赵在翰曰："永言律本，运谱历轨，泛览五际，其枢在水。"② 又曰："历数之运，际始之道，曰《氾历枢》。"③ 其与历法关系密切自不待言，然则"氾"字何谓？就是"氾览"的意思吗？故如上文所言，"氾"当为"纪"之讹，也和历算有关系。

总之，就其称名而言，《诗纬》与其他纬书一样，和阴阳五行、推历占星等有关，正所谓"察躔象以纪星辰之度，推始际以著历数之运，征休咎以合神明之契"④，只不过三种《诗》纬之间各有侧重而已。

第二节 宋以前《诗纬》文献的流布

文献并没有关于《诗纬》文献造作或流布起始时间的明确记载。《史记·三代世表》中，褚先生引《诗传》曰："汤之先为契，无父而生。契母与姊妹浴于玄丘水，有燕衔卵堕之，契母得，故含之，误吞之，即生契。"司马贞《史记索隐》曰："出《诗纬》。"⑤ 据此，似乎西汉中期前后便有《诗纬》，而褚先生能征引之。其实不然。据原文，则褚先生所引《诗传》内容较之《史记索隐》所标注的《诗纬》内容丰富，所以两者并非一回事。其次，司马贞所谓"出《诗纬》"，只是强调契母简狄浴于玄丘水这件事也见于《诗纬》。既不是说褚先生所引《诗传》是《诗纬》，也不是强调褚先生所引《诗传》出自《诗纬》，因为褚先生时期极大可能并无成型的纬书文献。而司马贞所以要将褚先生所引《诗传》与《诗纬》关联起来，更主要是出于个人对纬书的偏好。⑥

---

① 孙瑴：《古微书》，丛书集成初编本，商务印书馆 1939 年版，第 460—461 页。
② 赵在翰：《七纬》，钟肇鹏、萧文郁点校，中华书局 2012 年版，第 752 页。
③ 赵在翰：《七纬》，钟肇鹏、萧文郁点校，中华书局 2012 年版，第 746 页。
④ 陈乔枞：《诗纬集证》，《续修四库全书》第 77 册，上海古籍出版社 2002 年版，第 761 页。
⑤ 司马迁：《史记》，中华书局 1959 年版，第 505—506 页。
⑥ 徐兴无：《〈文选〉李善注引纬考论：兼论谶纬与汉魏六朝文学的关系》，《西北师大学报》2013 年第 4 期。

上编　《诗纬》与汉代《诗经》学关系研究

我们相信中元元年，光武帝宣布图谶于天下时，《诗纬》文献业已定型，但文献记载第一次提到《诗纬》要到汉顺帝时期。因灾异屡见，顺帝于阳嘉二年征问郎𫖮，并使对尚书问，郎𫖮陈七事，提到《诗氾历枢》文。① 大约同时，张衡上《禁绝图谶疏》，也提到《诗谶》曰："凡《谶》皆云黄帝伐蚩尤，而《诗谶》独以为'蚩尤败，然后尧受命'。"② 较之今存《诗纬》佚文，《诗纬》唯《含神雾》言受命，则张衡所引的这条佚文或出《诗含神雾》。但终汉之世，文献并未提及《诗推度灾》。待曹魏代汉，群臣劝进曹丕，苏林、董巴奏疏引《诗推度灾》"庚者更也，子者滋也，圣命天下治"，"王者布德于子，治成于丑"③。至此，《诗纬》三种皆见征引。

在很大程度上，分经各纬命运可谓休戚与共。在汉代，纬书的地位很高，甚至可以决经之优劣短长。三国时期，纬书的地位可能还是比较尊崇。不仅曹丕代汉寻求纬书支撑，日常国家大典也多依傍纬书。如魏文帝黄初中，护军蒋济依纬书而议封禅。曹丕虽表面上以"吾何德之修，敢庶兹乎"而拒绝，但却也表彰蒋济之言华美，并且暗地里命高堂隆"草封禅之仪"。只是不凑巧，因为高堂隆病卒致使封禅未果。④

但到了晋代，纬书的地位下降，谓之一落千丈也未尝不可。在两晋的政治生活中，纬书几乎不发声。经过司马师、司马昭等几番清洗，不仅曹髦被杀，忠于曹魏政权的政治势力也被诛杀殆尽。所以司马炎代曹魏水到渠成，以至于他连做做样子都不愿意。自然也不会像曹丕那样需要朝臣反复征引纬书劝进，以申明天意不可违。

不仅如此，司马氏政权似乎也不相信纬书。以封禅为例。太康元年九月庚寅，尚书令卫瓘、尚书左仆射山涛、右仆射魏舒、尚书刘寔、司空张华等奏封禅事，以为"云覆雨施，八方来同，声教所被，达于四极"，即便是"古《河图》《洛书》之征，不是过也"，于是

---

① 范晔：《后汉书》，中华书局1965年版，第1065页。
② 范晔：《后汉书》，中华书局1965年版，第1912页。
③ 陈寿：《三国志》，中华书局1959年版，第70页。
④ 房玄龄等：《晋书》，中华书局1974年版，第654—655页。

第二章 《诗纬》解题及其文献流布研究

奏请封禅。反反复复几次奏请，都被晋武帝拒绝。一者曰"今逋寇虽殄，外则障塞有警，内则百姓未宁，此盛德之事，所未议也"，再者曰"今阴阳未和，刑政未当，百姓未得其所，岂可以勒功告成邪"，"虽荡清江表，皆临事者之劳，何足以告成。方望群后思隆大化，以宁区夏，百姓获乂，与之休息"，"方当共思弘道，以康庶绩，且俟他年，无所复纷纭也"。最后告诫群臣"所议诚列代之盛事也，然方今未可以尔"，终不肯依纬书而封禅。① 故登基伊始，于泰始三年宣布"禁星气谶纬之学"②。自是之后，谶纬屡遭科禁。

依时间为序。咸康二年，石季龙"禁郡国不得私学星谶，敢有犯者诛"③。前秦苻坚"禁《老》、《庄》、图谶之学"④，此或与其扶持儒学的政策相关。《隋书·经籍志》记载，宋大明中，始禁图谶，梁天监以后，又重其制。此南朝禁谶，而北朝亦不遑多让。魏太武帝拓跋焘在太平真君五年下诏称，"愚民无识，信惑妖邪，私养师巫，挟藏谶记、阴阳、图纬、方伎之书……非所以一齐政化，布淳德于天下也"⑤。而孝文帝拓跋宏太和九年诏书称"图谶之兴，起于三季。既非经国之典，徒为妖邪所凭。自今图谶、祕纬及名为《孔子闭房记》者，一皆焚之。留者以大辟论"⑥。"一皆焚之"应该算是比较彻底了。隋朝统一南北朝，在其短短37年的历史中，有过两次禁谶举措。一是开皇十三年制诏，令"制私家不得隐藏纬候图谶"⑦。待到杨广继位，"炀帝即位，乃发使四出，搜天下书籍与谶纬相涉者，皆焚之，为吏所纠者至死"⑧。

不仅谶纬书籍遭禁毁，一些通晓图谶的人也受到打击。建安二十

---

① 房玄龄等：《晋书》，中华书局1974年版，第655—657页。
② 房玄龄等：《晋书》，中华书局1974年版，第56页。在此之前，建安二十二年，"科禁内学及兵书"，算是第一次国家行为对纬书进行禁止。
③ 房玄龄等：《晋书》，中华书局1974年版，第2765页。
④ 房玄龄等：《晋书》，中华书局1974年版，第2897页。
⑤ 魏收：《魏书》，中华书局1974年版，第97页。
⑥ 魏收：《魏书》，中华书局1974年版，第155页。
⑦ 魏征等：《隋书》，中华书局1973年版，第38页。
⑧ 魏征等：《隋书》，中华书局1973年版，第941页。

二年，朝廷"科禁内学及兵书"，而吉茂皆有又匿不送官。被收监后，吉茂告诉其他人曰"我坐书也"①。更有甚者，或因此送命。前秦苻坚因谶杀王彤，②又因尚书郎王佩读谶而杀之，"学谶者遂绝"③。

相对于图谶禁毁以及部分谶纬传播遭遇不幸，纬书自身定位变化的影响更大。众所周知，自汉光武帝颁布图谶于天下，只是八十一篇之外及新造图谶在禁止之列，而八十一篇则可以合法存在。不仅如此，汉代的谶书被称为"内传""内学""经谶""祕经"等，说明其地位甚高，高到甚至可以以谶决经。但建安二十二年前后宣布"禁内学"则别具深意。就吉茂讥讽苏则可以推断，他可能与曹魏政权不合作。④如此，建安二十二年吉茂不将"内学"纬书送官显然是一种政治姿态。不难想见，这次科禁的内学和光武帝颁布的八十一篇关系密切，甚至可能就是八十一篇。而八十一篇对于汉朝，尤其对于光武帝开创的东汉王朝来说具有非凡的意义，是其政权合法性的天命证据。而建安时期对于八十一篇的科禁，显然意在颠覆这一套汉代政权的天命理论，取而代之，一套新的理论或者已经建立起来，即曹魏代汉的天命言说。这一点，征诸群臣劝进曹丕所引谶书不难猜测。如此，曹魏时期纬书的内容已经发生了巨大变化，八十一篇或许遭受巨大破坏。就如光武帝校订王莽图谶一样，一套论证曹魏政权合法性的新的图谶知识代替了八十一篇，或者代替了八十一篇的一部分内容。这样，晋武帝禁止星气谶纬之学的举措也就不难理解。

除了内容的变改，纬书的性质也在发生变化。简言之，纬书由依附经书的内学逐步变成方术之学。齐梁时人阮孝绪精通目录之学，作有目录学著作《七录》。阮氏《七录》已亡佚，但《七录》序及目录则存于《广弘明集》中，可凭此一窥纬书类属之变迁。《七录》著录纬谶部三十二种，四十七帙，二百五十四卷。谶纬于《七录》属

---

① 陈寿：《三国志》，中华书局1959年版，第660页。
② 房玄龄等：《晋书》，中华书局1974年版，第2910页。
③ 司马光编著，胡三省音注：《资治通鉴》，中华书局1956年版，第3271页。
④ 陈寿：《三国志》，中华书局1959年版，第493页。

第二章 《诗纬》解题及其文献流布研究

《术技录》，与天文、历算、五行、卜筮、杂占、刑法、医经、经方、杂艺等同属一录。据《南史》本传记载，阮孝绪家多藏纬书。

> 武帝禁畜谶纬，孝绪兼有其书，或劝藏之。答曰："昔刘德重淮南《秘要》，适为更生之祸，杜琼所谓不如不知，此言美矣。"客有求之，答曰："己所不欲，岂可嫁祸于人。"乃焚之。①

据此，谓阮孝绪精擅纬书当为有据，那么他对纬书归部的判断也非随意之举。并且根据《隋书·经籍志》及《七录序》，王俭《七志》中图纬在《阴阳志》，说明阮氏对纬书性质的判定也是赓续旧说。翻检《隋书·经籍志》大抵可知《七录》"纬谶部"录书大体状貌，甚至《隋志》通记亡书在内的三十二种谶纬，也有可能就是《七录》"纬谶部"。迻录于下：

《河图》二十卷（梁《河图洛书》二十四卷，目录一卷，亡。）
《河图龙文》一卷
《易纬》八卷（郑玄注。梁有九卷。）
《尚书纬》三卷（郑玄注。梁六卷。）
《尚书中候》五卷（郑玄注。梁有八卷，今残缺。）
《诗纬》十八卷（魏博士宋均注。梁十卷。）
《礼纬》三卷（郑玄注，亡。）
《礼记默房》二卷（宋均注。梁有三卷，郑玄注，亡。）
《乐纬》三卷（宋均注。梁有《乐五鸟图》一卷，亡。）
《春秋灾异》十五卷（郗萌撰。梁有《春秋纬》三十卷，宋均注；《春秋内事》四卷，《春秋包命》二卷，《春秋祕事》十一卷，《书、易、诗、孝经、春秋、河洛纬祕要》一卷，《五帝钩命诀图》一卷。亡。）

---

① 李延寿：《南史》，中华书局1975年版，第1895页。

— 35 —

上编 《诗纬》与汉代《诗经》学关系研究

《孝经勾命诀》六卷（宋均注。）

《孝经援神契》七卷（宋均注。）

《孝经内事》一卷（梁有《孝经杂纬》十卷，宋均注；《孝经元命包》一卷，《孝经古祕援神》二卷，《孝经古祕图》一卷，《孝经左右握》二卷，《孝经左右契图》一卷，《孝经雌雄图》三卷，《孝经异本雌雄图》二卷，《孝经分野图》一卷，《孝经内事图》二卷，《孝经内事星宿讲堂七十二弟子图》一卷，又《口授图》一卷；又《论语谶》八卷，宋均注；《孔老谶》十二卷，《老子河洛谶》一卷，《尹公谶》四卷，《刘向谶》一卷，《杂谶书》二十九卷，《尧戒舜、禹》一卷，《孔子王明镜》一卷，《郭文金雄记》一卷，《王子年歌》一卷，《嵩高道士歌》一卷。亡。）

括号内附注梁时纬书，其中《孔老谶》《刘向谶》《王子年歌》显然都属于杂谶，其佚文或保存在魏晋南北朝时期的史书中，属于这一时期的新造谶书，内容与经书完全无涉。而《隋书·经籍志》《旧唐书·经籍志》《新唐书·艺文志》将纬书归在经部，且不录杂谶。这标志着隋唐与南北朝时期人们对纬书体认的差异。

正因为魏晋以后纬书类属方术，而时人又多新造谶书，这应该是纬书屡遭禁毁的重要原因。一般来说，禁毁纬书有两种途径：一是直接焚毁，如上引拓跋宏诏令天下将纬书"一皆焚之"，隋炀帝搜天下纬书"皆焚之"便是。二是不准民间私相授受，也不准民间私藏纬书，有则上交官府，如上举吉茂、阮孝绪例。在这种情况下，如遇兵戎战火，则典籍散亡，而纬书尤其严重。《晋书·戴若邈传》记载其上晋元帝疏：

自顷国遭无妄之祸，社稷有缀旒之危，寇羯饮马于长江，凶狁鸱张于万里，遂使神州萧条，鞠为茂草，四海之内，人迹不交。……今末进后生目不觌揖让升降之仪，耳不闻钟鼓管弦之音，文章散灭，图谶无遗，此盖圣达之所深悼，有识之所嗟叹也。①

其所以特意提到"图谶无遗"，盖以私家无纬书之故也。

总之，自汉至唐，纬书亡佚，十不存一。这一点，征诸《隋书·经籍志》便可清晰明了。事实上，《隋书·经籍志》关于典籍的记载分为两个层次。关于《隋书·经籍志》成书及其参考书目，历来颇有分歧。②综而言之，较为合理的说法是：一是隋代藏书，应该主要参考柳顾言《隋大业正御书目录》；一是梁朝书目，主要参考的是阮孝绪的《七录》。③对比两者就会发现，《隋志》记载隋代纬书书目共13部，92卷。而实际留存的只有89卷，因为郑玄注《礼纬》三卷亡佚。而更为关键的是，梁时纬谶书大多亡佚或残缺。到了开元时期，亡佚的篇卷越来越多，《旧唐书·经籍志》和《新唐书·艺文志》著录的书目和篇卷较《隋志》又减了不少。到了两宋时期，各类公私书目，除《易纬》外，其他纬书大多亡佚而不见著录。

今日所见纬书佚文大多存于唐宋时人所编撰的类书、占书以及注疏中。就《诗纬》而言，我们以相对较为完备的日本学者安居香山、中村璋八编纂的《重修纬书集成》为对象统计，以类书如《北堂书钞》《艺文类聚》《初学记》《太平御览》《玉海》等最多，共引63次；占书如《开元占经》引43次，《乙巳占》1次；史书及注如《史记》引13次，《路史》引11次，《汉书》《后汉书》《三国志》《宋书》《魏书》也有征引；四时阴阳类文献如《玉烛宝典》引32次，《五行大义》引3次；此外，郭璞《山海经》注引6次，李善《文选》注引9次，王应麟的《困学纪闻》引7次。值得关注的是，经疏类文献引证次数并不多，《毛诗正义》引12次，《礼记正义》引3

---

① 房玄龄等：《晋书》，中华书局1974年版，第1848—1849页。
② 具体可参张固也《〈隋书·经籍志〉所据"旧录"新探》，《古籍整理研究学刊》1998年第3期。
③ 朱彝尊云："《隋书》始勒成《经籍志》，附著《七录》之目于下，经典藉是略存。"见氏著《经义考》，四部备要本，中华书局1989年版，第1505页。

— 37 —

次。总体给人的印象是,不论是何种书征引,内容多涉及阴阳历占,功用大多指向祥瑞灾异。如《艺文类聚》5次引《诗纬》,其中岁时2,祥瑞2,杂文1;《玉海》引6次,其中祥瑞5,天文1。这反映了后世对《诗纬》的定位,广而言之便是对纬书的定位,也是纬书参与后世思想建构的功能和价值体现。

第三节 明清时期的《诗纬》辑佚

明清时期是我国古籍辑佚的黄金期,纬书辑佚也成就非凡,名家辈出,名作纷呈。今对《诗纬》辑佚成就之大者,略作申说。

宋王应麟在《困学纪闻》卷三《诗》中选录了几条《诗纬》佚文,并称"五际"说本于《齐诗》。[①] 推测王应麟的目的,多半是出于学术主张的表达,与辑佚关系不大。而有意识存录纬书的当为元末明初人陶宗仪,他的《说郛》录存有少许纬书佚文。《说郛》有百卷本和百二十卷本两大系统。一般认为百卷本《说郛》成于陶宗仪之手,根据杨维桢序推断,其成书当在元末。目前大家常用的百卷本《说郛》是经张宗祥整理的所谓涵芬楼本,此外国图藏明弘治十三年抄本的版本价值是很高的,且为张宗祥所未见。[②] 百卷本《说郛》卷二《古典录略》引《含神雾》2条,另在《孝经援神契》引文中夹引《含神雾》佚文1条,共计3条。《说郛》百二十卷本旧题"天台陶宗仪纂,姚安陶珽重辑",但实际上此书可能在明末就已重编刊刻,其内容、卷次等都和百卷本《说郛》差别甚大。[③] 百二十卷本《说郛》收纬书35种,其中《诗纬》两种,分别是《含神雾》11条,《纪历枢》13条。有趣的是,百卷本《说郛·含神雾》的两条不在其

---

① 王应麟著,栾保群等校点:《困学纪闻》(全校本),上海古籍出版社2008年版,第438页。

② 沈畅:《明弘治十三年钞本〈说郛〉的重新发现及其文献价值——兼论原本〈说郛〉的版本系统》,《中国典籍与文化》2009年第1期。

③ 渡边幸三:《说郛考》,中译本收入应再泉等编《陶宗仪研究论文集》,浙江人民出版社2006年版,第302—337页。

第二章 《诗纬》解题及其文献流布研究

中。尤其可见,《说郛》意在存古,并非刻意辑佚。正是存古的目的让他们变得有点漫不经心,所以大量错误的出现也就在所难免。

真正的纬书辑佚应该始于明人孙瑴,他的《古微书》是严格意义上的纬书辑佚学著作。据其《古微书略例》,《古微书》原本由四部分组成:《删微》,辑图谶;《焚微》,辑先秦佚书;《线微》,辑汉晋间笺疏;《阙微》,辑三代以上补阙文。而今存者仅《删微》①。《古微书·删微》卷二十三至二十四辑《诗含神雾》《诗推度灾》《诗汎历枢》,并各为解题。《古微书》辑《含神雾》32 条,《推度灾》19 条,《汎历枢》(《纪历枢》)13 条,并且孙瑴为大多数的《诗纬》佚文作了疏解。

《集纬》十卷,明末刻本,内题杨履圆辑,杨祥团订,杜士芬较,杨乔岳编,杨太玄参,当成于众手,而以杨履圆出力最多。该书现知藏中国国家图书馆和日本国立公文书馆,而读者罕见此书。该书辑《诗纬》三种,其中 35 条,《推度灾》11 条,《汜历枢》(《纪历枢》)16 条。每种纬书题名下"汉南阳宋均未庠注",但有些注文并非出自宋均手,如对简狄吞燕卵生契事的质疑。值得注意的是,该书《诗纬》内容和《说郛》百二十卷本《诗纬》多有重合。

概言之,明代及其以前的纬书辑佚处于起步阶段,不仅内容缺讹较多,体例也有待完善。一个最为显著的例子是,明代纬书辑佚皆不注出处,对后来的纬书辑佚书校勘产生了较大的消极影响。

到了清代,纬书辑佚学大兴,《诗纬》存世佚文的辑佚也渐趋穷尽。殷元正辑,陆明睿增订《集纬》(不分卷)成书于清乾隆年间,②是清代首部纬书辑本。此书未经刊刻,仅以抄本形式流传。但不同抄本,内容多有差别。如中国国家图书馆藏抄本四册,影印本编者题名《纬谶候图校辑》③ 所辑《诗纬》条目:《推度灾》19 条,《纪历枢》

---

① 孙瑴:《古微书》之《古微书略例》,商务印书馆 1939 年版。
② 该书辑成时间约当乾隆二十一年至乾隆三十八年间,详细考证参见张学谦《谶纬辑佚学史研究与谶纬文献新辑》,北京大学博士后出站报告,2020 年。
③ 北京图书馆古籍出版编辑组:《北京图书馆古籍珍本丛刊》第三册《纬谶候图校辑》,书目文献出版社 1988 年版。

20条，《含神雾》40条，《含文候》1条，《诗纬》5条。而上海图书馆藏观我生斋抄本《诗纬》条目：《推度灾》14条，《纪历枢》20条，《含神雾》38条，《含文候》1条，泛引《诗纬》条，其中"阳本为雄"条，《纬谶候图校辑》归入《推度灾》。推测这种差异产生的原因，应该是由抄写者所造成。或是因为抄写者态度马虎所致，或是抄写者有意识选择的结果。另外，上述列举的《含文候》不确，所引条目出《含神雾》，陈寿祺、陈乔枞父子已有辨正。而《集纬》于三种《诗纬》细目之外单列泛引《诗纬》，专门辑文献征引《诗纬》文献而细目不详者，对后世纬书辑佚颇有启发意义。不仅如此，批校者也会对文本面貌产生影响。如国图本有陈寿祺、陈乔枞父子的校补，而上图本则有张锡恭的批校，这些对我们研究《诗纬》辑佚史及其价值都有帮助。

南京图书馆藏佚名辑《七经纬》，不分卷，有丁丙跋记。根据张学谦的研究，该书为钱大昭所辑。该书辑《诗纬》：《含神雾》30条，《推度灾》18条，《汜历枢》6条，泛引《诗纬》7条。书名《七经纬》，不辑《河》《洛》纬及《论语》谶，这对赵在翰《七纬》辑佚有影响，故丁丙跋记称"赵氏辑本由此增益"。

赵在翰《七纬》堪称纬书辑佚史上的名著佳构，对后世纬书辑佚及研究产生了较大的影响。赵氏书是以孙瑴《删微》为基础辑佚，新辑部分入补遗。该书最先刊刻于嘉庆九年，后得阮元襄助补入《开元占经》和《五行大义》中的纬书佚文，并于嘉庆十四年补刻新辑佚文，又以修版或改刻的方式将《五行大义》《开元占经》作为出处添入同时见于他书的佚文条目下。赵氏秉持"纬自纬，谶自谶"的观念，不辑《河》《洛》纬文及《论语谶》，亦不采辑《中候》佚文，严格按照《后汉书·樊英传》李贤注立目，并且每一条佚文尽可能注明出处，态度谨严。书中有赵氏本人及其朋友李大瑛、杨应阶的疏文，对纬书研究及文献考辨皆有裨益。但赵氏《易纬》收入《乾坤凿度》及《易乾元序制记》两部宋人伪造书显然不妥，不收《河》《洛》纬、《中候》及《论语谶》也不无可商。

第二章　《诗纬》解题及其文献流布研究

说到赵在翰《七纬》，就不能不提顾观光的《七纬拾遗》。尽管《七纬拾遗》未能补充《七纬·诗纬》条目，但该书的辑佚理念颇多可取之处，尤其是不用宋以后的文献，体现顾氏使用基本文献的审慎态度。

马国翰《玉函山房辑佚书·经编纬书类》是在孙瑴《古微书》的基础上展开的，各篇前均保留了孙瑴的解题"贲居子曰"。当然，马国翰也对孙瑴的纬书辑佚进行了补充，对一些篇目不明的佚文断其归属，对佚文进行归并整合。就《诗纬》辑佚而言，马氏《玉函山房辑佚书》较之《古微书》不仅有量的增加，更有质的提升。我们以《诗纪历枢》为例，《古微书》辑了13条，马国翰辑了22条。"杓为天狱，主天杀也"出《诗含神雾》，[①] 孙瑴将之辑入《纪历枢》，马国翰则更正为《含神雾》。此外，一些细节也做了调整，如佚文的分类排序。但总体上说，《玉函山房辑佚书》纬书辑佚在辑本文献的运用以及佚文规模方面仍有很大的拓展空间，和后来者也无法比拟。

黄奭是清代辑佚大家，辑佚成就斐然。其纬书辑佚见于两部书，一曰《汉学堂丛书》，一曰《黄氏逸书考》。黄奭生前，其所辑佚书仅有试印本，光绪十九年，其子黄澧重新编目刊印，题名《汉学堂丛书》，其中纬书辑佚凡56种。1925年，王鉴增补旧版并刊印，题名《黄氏逸书考》。1934—1937年间，朱长圻在王鉴的基础上再次修补刊印，但《通纬》则保持不变。《黄氏逸书考》较《汉学堂丛书》更加完备，其中纬书辑佚无论是书目种类还是单本辑文数量都较《汉学堂》本完备丰富。就《诗纬》辑佚而言，《黄氏逸书考》分《诗纬》（泛引）《含神雾》《推度灾》《纪历枢》四种，其中泛引《诗纬》24条，《含神雾》74条，《推度灾》41条，《纪历枢》24条，超过此前任何一本辑佚纬书。其长处在多，其短处也在多，因多而滥，于此书为始。

[①] 徐坚：《初学记》，中华书局1962年版，第493—494页。李昉等：《太平御览》，中华书局1960年版，第2878页。

乔松年的《纬捃》也是在孙瑴《古微书》基础上广泛搜求，并检核出处，所以无论是规模还是准确度都远远超出《古微书》。搜罗纬书佚文之外，该书最后两卷《古微书订误》《古微书存考》，乃专门针对《古微书》而作。正因为其佚文数量、准确度以及编排都胜过此前辑佚纬书，所以日本学者安居香山、中村璋八《重修纬书集成》才采用此书作为底本。《纬捃》存《诗纬》四种，即泛称《诗纬》（7条）、《含神雾》（35条）、《推度灾》（16条）、《氾历枢》（21条）。但它往往将相同的内容合为一条，如地域音律类（齐地处孟春之位）。但《纬捃》也有不尽如人意之处，文献参考方面，许多重要的清人纬书辑本没有参考，如殷元正、赵在翰、张惠言、孔广林、马国翰、陈乔枞等人的辑本都未参看。他订正《古微书》的讹误，却没有参考钱熙祚的校本。

前述诸家皆遍辑诸纬，而陈乔枞《诗纬集证》、胡薇元《诗纬训纂》、廖平《诗纬新解》等专研《诗纬》。从辑佚的角度看，陈乔枞的《诗纬集证》几乎涵括了除《玉烛宝典》外当时他所能见到的所有资料，可谓详备。就文献的准确性来说，大抵也可称精审。他对文献的辨析很有见地，补辑一些佚文也多有据。当然，百密一疏，《诗纬集证》也偶有失校之处。于此不赘述。

20世纪以来，先后有顾颉刚和朱师辙欲重辑纬书。[①] 其中朱师辙欲编《纬综》，资料今存浙江省图书馆《七经纬书》，七种五十一册，大概是以马国翰辑本为底本，部分条目有补充，有些佚文有校记。但很可惜的是，他们最终都未能成书。就纬书辑佚来说，目前较为完备的当属日本学者安居香山、中村璋八所辑《重修纬书集成》。此书辑佚分两步，1959—1964年完成《纬书集成》的油印本八册，后经过修订，于1971—1992年完成《重修纬书集成》的出版工作。中译本1994年由河北人民出版社出版，由栾保群、吕宗力

---

① 顾颉刚著，顾洪、张顺华编：《顾颉刚文库古籍书目》，中华书局2011年版，第763页。朱师辙：《纬书释名序》，见顾颉刚《顾颉刚读书笔记》，中华书局2011年版，第67页。

第二章 《诗纬》解题及其文献流布研究

等翻译。① 该书以乔松年的《纬捃》为底本,再吸纳明清时期其他学者的纬书辑佚成果。并且在中国学者辑佚的基础上,补充了日本汉文典籍中保留的纬书材料,分别命之为"中佚书",如《玉烛宝典》,"日佚书",如"《革命勘文》"。就纬书辑佚而言,存世佚文已搜罗殆尽,《诗纬》亦然。

除日本学者的《重修纬书集成》,山东大学董治安主编的《两汉全书》中也有《两汉谶纬文献》,主要以朱长圻所刊刻《黄氏逸书考》为底本,再利用安居香山的《重修纬书集成》等加以订补。但因为收录在《两汉全书》中,不便使用,故暂时尚难以取代安居氏所编书,《重修纬书集成》仍是目前使用最为广泛的纬书文献。

尽管明清以来学者在纬书辑佚方面耗尽心血,也取得了非凡的成就,但同时也存在诸多的问题。关于安居香山、中村璋八《重修纬书集成》的得失,学界已有评价,② 于此不再专门论述。而纵观整个纬书辑佚史,纬书辑佚主要存在以下几个方面的问题。因为纬书辑佚作为一个知识系统,其存在的问题一般来说是整体性的,而不专门针对某一专纬,故下面论述不再单独就《诗纬》展开。需要强调的是,我们尽可能以《诗纬》为例来展开论述。

第一,错辑、误辑和漏辑的问题。现存的纬书文献主要是明清学者从浩瀚的古籍中一条条辑佚出来,出现错辑、误辑自然难免。而安居氏《纬书集成》等主要依靠明清辑佚文献,但几乎没有将纬书佚文与出典文献覆核,导致错辑、误辑大量存在。错辑者多为文字错讹或不完整,误辑则多是把不是纬书的内容当成纬书辑录进来,或是把解释纬书的内容当成纬书正文辑录进来。归纳总结安居氏《纬书集成》中的错辑、误辑,大约存在以下四种情况:

一是原始文献有误者,后来的辑佚皆随之而误。如《玉烛宝典》卷六记载郑在"代已之地",而"代"为"戊"之误。《玉烛宝典》

---

① 该书中译本题名《纬书集成》,下文言及此书名,若非需要,并径称"纬书集成"。
② 钟肇鹏:《谶纬论略》,辽宁教育出版社1991年版,第267—276页。刘国忠:《评两部〈纬书集成〉》,《传统文化与现代化》1996年第3期。

卷六又引《诗推度灾》云"戊己正居魁中为黄地",是戊己对应中央土,这与郑为地轴大致相同。① 安居香山《重修纬书集成》不辨其误而照录,因而出错。②

二是原始文献无误,但明清学者辑录时出错,安居氏辑本也随之出错。这种情况比较常见,具体可分为以下几种情况。(一)把原本不属于纬书的材料误作为纬书文献辑了进来。如《纬书集成·河图括地象》:"昆仑有铜柱焉,其高入天,所谓天柱也。围三千里,周员如削。下有仙人九府治之,与天地同休息。故其柱铭曰:'昆仑铜柱,其高入天,员周如削,肤体美焉。'"③ 最先将此段文字辑入《河图括地象》者为孙瑴,孙氏不注出处,钱熙祚校订注曰出《水经注·河水注》,黄奭《通纬》承之。然翻检《水经注·河水注》,知孙氏所引文字不全,出处也不确。其原文为"昆仑有铜柱焉,其高入天,所谓天柱也。围三千里,圆周如削。下有回屋,仙人九府治。上有大鸟,名曰希有,南向,张左翼覆东王公,右翼覆西王母,背上小处无羽,万九千里,西王母岁登翼上,之东王公也。故其柱铭曰:'昆仑铜柱,其高入天,圆周如削,肤体美焉。'其鸟铭曰:'有鸟希有,绿赤煌煌,不鸣不食,东覆东王公,西覆西王母。王母欲东,登之自通。阴阳相须,惟会益工。'",并且注明出《神异经》。④ (二)甲文辑入乙本,张冠李戴。如《毛诗正义·十月之交》孔颖达疏引《中候摘洛戒》文:"昌受符,厉倡蘖,期十之世权在相。"又曰:"刻者配姬以放贤,山崩水溃纳小人,家伯罔主异载震。"⑤ 孙瑴辑入《诗纪历枢》。需要注意的是,古代文献对纬书名称的记载颇多混乱,尤其是具体篇目和泛称篇目者,如《诗纬》三篇或皆可泛称《诗纬》。另外,一些内容并不限于某些纬书,若见于多种纬书中,可称为"共

---

① 杜台卿:《玉烛宝典》,丛书集成初编本,第1339册,商务印书馆1939年版,第265—266页。
② 安居香山、中村璋八:《纬书集成》,河北人民出版社1994年版,第461页。
③ 安居香山、中村璋八:《纬书集成》,河北人民出版社1994年版,第1092页。
④ 陈桥驿:《水经注校证》,中华书局2007年版,第12—13页。
⑤ 孔颖达:《毛诗正义》,中华书局1980年版,第445页。

第二章 《诗纬》解题及其文献流布研究

享资源"。(三)辑佚文字存在某些字句误讹。如《古微书·河图括地象》:"瀛州多积石,名曰昆吾,炼之成铁,以作剑,光明如水晶。石盖铁卝也。"① 黄奭《通纬》录之。孙氏不注明出处,钱熙祚校订注曰出《史记·司马相如传》之《索隐》。然《索隐》曰:"《河图》云:'流州多积石,名昆吾石,炼之成铁,以作剑,光明昭如水精。'"② 姑且不论《河图》是否即《河图括地象》,但就文字比较,便有多处不同。如"流州"误作"瀛洲","水精"误作"水晶",且多出"石盖铁卝(矿)也"等文字。

三是原始文献不误,明清辑本也无误,但安居氏在转录时出错。如《尚书刑德放》:"尧知命表,稷、契赐姓子、姬。"③ 查乔松年《纬捃》无误,但安居香山引作"于"则误,当作"子",殷商姓。

四是安居氏日文本《重修纬书集成》无误,而中译本《纬书集成》文字或句读出错。这一点时贤论述详备,不再重复。

五是对前贤相关校勘成果吸纳不够。对于许多基本文献错误,前人已有辨析,比如乔松年对《古微书》的考订,孙诒让对《括地象》与《括地图》关系的考辨等,安居氏《重修纬书集成》都没有充分吸纳。

第二,对纬书佚文的复杂性认识不够,佚文信息展示存在模糊或缺失。古人征引文献比较随意,常依据征引的目的而改动文献,导致同一条佚文被不同文献征引时面貌各异,类书如《艺文类聚》可能和《五经正义》等经疏文献不同,经疏文献有可能和李善《文选》注不同。甚至同一人或同一书如多次征引同一条引文也会出现不同,如李善注《文选》引《河图括地象》"昆仑东南方五千里,名曰神州"堪称千差万别。而明清纬书学者辑佚纬书佚文,也可能会对佚文有改动,造成辑佚和出典文献对应不上的情况。而到了安居氏《纬书集成》,面对纷繁复杂的出典文献和辑佚文献,处理效果则不太理想,

---

① 孙毂:《古微书》,商务印书馆1939年版,第616页。
② 司马迁:《史记》,中华书局1959年版,第3005页。
③ 李昉等:《太平御览》,中华书局1960年版,第1667页。

— 45 —

尤其是对比较复杂的佚文处理。第一，安居香山《纬书集成》多数情况下依据《纬捃》给出一条正文，其他的多是标识出典文献，事实上不同的出典文献与正文并不相同。仅仅给出出典文献，读者并不能完全了解佚文的真实复杂状况。第二，安居香山给出的出典文献数目可能和实际的数目不符，比如上文提到的《河图括地象》佚文，安居香山只提到了12条出典文献中的9条。这自然会造成佚文信息大量流失，读者要想充分了解相关佚文信息，还是要去自己动手查阅资料，很不方便。如果遇到珍惜孤本等稀见文献，甚至只能望书名而兴叹。

第三，《纬书集成》对一些存疑文献处理不当，也降低了整理本的可信度。这一点主要针对清河郡本《纬书》而发。清河郡《纬书》来历不明，世人罕道。黄奭请陈逢衡校雠《汉学堂丛书·通纬》，因为陈氏熟悉清河郡本《纬书》，遂将其收入《汉学堂丛书·通纬》之中。后来遭遇太平天国战火，清河郡《纬书》原书失传。但清河郡《纬书》多独有之文，相当一部分文字抄录的是《淮南子》或《宋书·符瑞志》，并且几乎每条佚文都有郑玄或宋均注，甚至同条佚文二人皆有注。其注文偶尔可与典籍所见郑玄或宋均注复验者，清河郡本《纬书》郑玄、宋均注又与之不同。所以，我们基本上可以断定其为伪造之书。而安居氏《纬书集成》依据《汉学堂丛书》和《黄氏逸书考》，将清河郡本《纬书》录入不做任何区分，又将之视为出典文献，文献失真又乱了体例。《两汉全书·两汉谶纬文献》对清河郡本《纬书》的处理与《纬书集成》相类。

第四，大量纬书佚文有相关注释内容没有呈现。许多纬书佚文，古人有注，比如郑玄注，或明清辑佚学者的解释，甚至还有陈乔枞《诗纬集证》这样集辑佚、注说于一体的专书。这些都应该是纬书辑佚整理的对象，但安居氏《纬书集成》除保留部分纬书佚文的注说内容，或吸纳张惠言《易纬略义》和孙诒让《札迻》相关校记、解说，更大体量的纬书注说内容在现今的纬书整理中没有被充分利用，如孙瑴《古微书》、赵在翰《七纬》中的注说。但这些辑本中有些注文字数很多，对此需要留意，不能因为注文字数太多而影响编排和读者使用。

第二章 《诗纬》解题及其文献流布研究

第五，现今纬书整理成果在辑佚文献的时代性方面往往关注不够，尚有较大改进的空间。就纬书文献而言，除《易纬》外，其他皆亡佚于宋代以前。据此，辑佚《易纬》以外的其他纬书当依据汉唐文献，《易纬》可至宋元甚至到明代。这其中《太平御览》因为依据的是北齐《修文殿御览》，文献来源可能更早，自当例外。但明清以来纬书辑佚在这方面往往不够谨慎，未留心于出典文献的时代性，对晚出的明清文献中纬书材料不做辨析也一概辑入。甚至清河郡《纬书》这样的存疑文献或志怪小说《括地图》《外国图》等也一并纳入，片面地以"多""全"相炫惑。此外，将《说郛》《古微书》这样的辑佚文献直接作为史源文献，不仅学理上讲不通，也容易致误。这些都是重新整理纬书时要注意的问题，惟其如此才能最大限度地确保文献真实可靠。

第六，现今纬书整理对文献的版本问题关注不够，因而可能造成失误。辑佚文献的版本其实涉及两个层面的问题：一是出典文献的版本决定了辑录佚文是否可靠，比如安居氏《纬书集成》辑录《开元占经》用的是清恒德堂刊本，据日本学者佐佐木聪研究，相较于成化阁本和程明善本系统的刊本，恒德堂本质量较劣。故《纬书集成》使用恒德堂本《开元占经》常常出错。二是影印辑本选用的底本方面，如上古本《纬书集成》影印殷元正《纬书》用的是上图藏清代观我生斋钞本，版本不如北图所藏题名《纬谶候图校辑》的清钞本优良。

第七，现今整理本虽汇聚明清纬书辑佚之成果，然尚有诸多佚文漏辑，应予以增补。众所周知，安居氏《纬书集成》主要利用中国明清以来辑佚纬书，再增补"中佚""日佚"而汇成一编。然纬书辑佚非常复杂，所用典籍既浩繁，有所遗漏在所难免。不仅稀见典籍有所遗漏，如《武经总要》中尚有大量纬书佚文未被辑录。即便是习见典籍也有失收，如萧吉《五行大义》。又如唐李淳风《乙巳占》卷三辑录出题名《图纬降象河图》佚文近千字，所谓"图纬降象河图"或即"河图绛象"，佚文和目前所见《河图括地象》多重合。不仅如此，也有明清辑佚纬书已经辑录的佚文，而安居氏《纬书集成》失

上编　《诗纬》与汉代《诗经》学关系研究

收的情况，例见张以仁《纬书集成"河图"类针误》。还有考古新见纬书材料也应增补，如敦煌遗书中的《瑞应图》。此外，文献记载汉末郗萌集图纬谶杂占作《春秋灾异》，其书今亡佚，但《开元占经》《天文要录》《天地瑞祥志》等书中有大量郗萌占文。这些占文与其《春秋灾异》是什么关系，需要仔细研究，或于纬书佚文补辑有所裨益。《两汉谶纬文献》在安居氏《纬书集成》基础上稍有增补，但也没有倾力搜集，补辑状况也没有大的改观。即便是《诗纬》佚文相对存世较少，但仍可以予以补遗，比如大家熟知的张衡在《禁绝图谶疏》中引《诗》谶。

　　上述诸问题之外，还有一个问题专门针对《诗纬》，或者说在《诗纬》研究或文献利用中表现得尤为突出。在此，我们认为有一个问题需要提出来，并希望引起大家的注意。即上文看起来和汉代鲁齐韩毛，尤其是和《乐记》《毛诗序》表达相类的材料大多出自陶宗仪的《说郛》百二十卷本，而《说郛》征引这类佚文材料不注出处，所以我们不知《说郛》辑录的文献依据是什么。而这些材料看起来如此熟悉，而且如此正经八百，和《毛诗大序》太相似，就不能不让人怀疑。笔者觉得不能排除两种可能性：一是《说郛》误辑，《说郛》误辑的例子也很多，比如把《论语谶》《尚书中候》中的内容辑入《诗纬》。二是材料本身有误，尤其对《诗纬》的阐释。比如四始，《后汉书·郎顗传》曰"四始之缺"，李贤注以《关雎》为《国风》之始等等，这显然不是《诗纬》的说法。如果这样的误解内容舛入《诗纬》，自然也可能导致《说郛》出错。这一问题比较复杂，可能需要更多的证据和更加审慎的论证。但这又会导致另一问题的产生，即为什么会出现这样的情况？除了上引李贤注四始，还有宋均注六情。《初学记》卷二十一引《春秋演孔图》曰"《诗》含五际六情"。宋均注曰："六情即六义：曰风，曰赋，曰比，曰兴，曰雅，曰颂。"① 但这样的解释显然与纬书语境不符，孔颖达在《毛诗正义》

---

① 徐坚：《初学记》，中华书局1962年版，第500页。

第二章 《诗纬》解题及其文献流布研究

中以《左传》的"喜、怒、哀、乐、好、恶"解释"六情"。[①] 孔疏其实也似是而非,"六情"细目即是"喜、怒、哀、乐、好、恶",但内涵却与《左传》所说的不同,翼奉所说"六情"与《演孔图》"六情"关系更密切。但这样的正统解释为什么会出现在纬书语境中,并冲淡或取代纬书原本的知识话语色彩?是误解还是某种主观的努力而有意为之,其实也需要我们去仔细研讨。

[①] 孔颖达:《毛诗正义》,中华书局1980年版,第272页。

第三章 论《诗纬》的情性《诗》学观

　　情性是中国哲学史上一个非常重要的命题，并由此迁延辐射至中国文化的方方面面。对于汉代谶纬《诗》学来说，情性是最为核心的关键词之一。对《诗纬》产生重要影响的《齐诗》学者翼奉就有"《诗》之为学，情性而已"之说，[①] 而《诗纬》对于"何谓诗"的讨论也印证了这一点。并且在具体的《诗》学阐释实践中，《诗纬》采用了类比与还原的方式，在《诗》与天地阴阳之间建立一种匹配关系，以此构建新型的诗歌阐释模式，并对后代《诗》学与诗学都产生了重要影响。那么《诗纬》乃至整个谶纬学说的情性观如何？它又是如何借助这种情性学说在《诗》与天地之间建立起匹配关系的？《诗纬》情性观及其《诗》学阐释对后世经学以及文学产生了怎样的影响？学术界对此尚有争议。下面我们将围绕这些问题展开讨论。

第一节　情性与阴阳

　　熟悉中国文化史的人都知道，从先秦下至秦汉，关于"情性"的命题可谓人言人殊，众说纷纭。王充在《论衡·本性篇》中说："自孟子以下，至刘子政，鸿儒博生，闻见多矣，然而论情性竟无定是。"斯言诚然。是篇中，王充讨论公孙尼子、世硕、孟子、告子、荀子、

---

① 班固：《汉书》，中华书局1962年版，第3170页。

陆贾、董仲舒、刘向等关于性之善恶的观点。① 然而王充所论尚没有过多涉及情、性之关系，如情性是否一体，情性是否有内外之分、善恶之别、动静之异，等等。如果加上这些问题，则情性关系将更加复杂。

而纬书的情性论，如《白虎通·情性》引《孝经钩命决》："情生于阴，欲以时念也。性生于阳，以就理也。阳气者仁，阴气者贪。故情有利欲，性有仁也。"② 《五行大义》卷四引《孝经援神契》："性者人之质，人所禀受产；情者阴之数，内传著流，通于五藏。故性为本，情为末。性主安静，恬然守常；情则主动，触境而变。动静相交，故间微密也。"③《大雅·烝民》孔疏引《孝经援神契》亦曰："性者生之质，命者人所禀受也，情者阴之数，精内附著生流通也。""性生于阳以理执，情生于阴以系念。"④ 《太平御览》卷八八六引《孝经援神契》曰："情者魂之使，性者魄之使。情生于阴以计念；性生于阳以理契。"⑤ 凡此等等，皆可见其主要以阴阳论情性，并持性善情恶观。

纬书以阴阳论情性，显然是受到董仲舒的影响。王充《论衡·本性篇》言："董仲舒览孙、孟之书，作《情性》之说，曰：'天之大经，一阴一阳；人之大经，一情一性。性生于阳，情生于阴。阴气鄙，阳气仁。曰性善者，是见其阳也；谓恶者，是见其阴者也。'"⑥ 王充所引董仲舒情性论不见于今本《春秋繁露》，而今本《春秋繁露》之情性论也可与之相印证，如《春秋繁露·深察名号》之"身之有情性也，若天之有阴阳也"⑦，等等。但需要注意的是，董仲舒虽然有以阴阳属善恶之倾向，但善恶非为情性截然之区分。如董氏既

---

① 黄晖：《论衡校释》，中华书局1990年版，第132—143页。
② 陈立撰，吴则虞点校：《白虎通疏证》，中华书局1994年版，第381页。
③ 中村璋八：《五行大义校注》，日本汲古书院1998年版，第154—155页。
④ 孔颖达：《毛诗正义》，中华书局1980年版，第568页。
⑤ 李昉等：《太平御览》，中华书局1960年版，第3935页。
⑥ 黄晖：《论衡校释》，中华书局1990年版，第139—140页。
⑦ 苏舆：《春秋繁露义证》，中华书局1992年版，第299页。

曰"恶之属尽为阴,善之属尽为阳"①,亦曰"情性相与为一瞑,情亦性也"②。是故古今言董氏之人性论莫衷一是,盖未知其对人性之善恶实不持论,非谓性善,亦非谓性不善。甚或非谓性善情恶,因为情性可以为一,既可为一,何能区分善恶,故曰"谓性已善,奈其情何"③。所以,董氏并不排斥情,并确认情的存在合理性,"言人之质而无其情,犹言天之阳而无其阴也"④。

  董氏以阴阳比拟情性而不属意善恶,其目的何在呢?其意盖在于比附,亦即所谓天人相副。自战国末期始,诸子各家由相互抵制、攻评渐趋相互吸收、融合之势。如荀子思想虽以儒家为根基,却也接受了墨家、法家的某些观念。后世儒者批评荀子"大醇小疵","小疵"正是针对荀子思想中非儒思想而言。再如《吕氏春秋》,也是用儒家的思想变换了法家的观念,以期为统一的新帝国构建治国大纲。这样的思想融合趋势延宕以至汉代,无论是陆贾还是贾谊,思想都不能纯粹归属某一家。尤其是《淮南鸿烈》,这部时代大书尽可能地吸纳当时的一切有用的知识,上至精英思想,下至一般民间知识,无所不包,去完成一种全新的宇宙论建设。在这样的知识大融合的背景下,董仲舒作《春秋繁露》,把儒家的基本伦理观念和阴阳家的宇宙论结合起来,构建一种新型的宇宙图式,也就是所谓的"天人宇宙图式"⑤。

  关于阴阳观念以及天人感应等,我们也许可以溯至久远,能在先秦的典籍中找到相关的事例。但真正以具体的知识为对象,以真实世界中的可感材料为基础去探索人事和宇宙的关系却要等到阴阳家出现才成为可能。史华兹将阴阳家的宇宙的构建原则称为相关性宇宙论,或称为相关性拟人化宇宙论,并与宗教相区别。他认为阴阳家的相关性宇宙论基本假设是:在人类现象与自然现象的类同关系中,通过使人类关系向自

---

① 苏舆:《春秋繁露义证》,中华书局1992年版,第326页。
② 苏舆:《春秋繁露义证》,中华书局1992年版,第298页。
③ 苏舆:《春秋繁露义证》,中华书局1992年版,第298页。
④ 苏舆:《春秋繁露义证》,中华书局1992年版,第299页。
⑤ 李泽厚:《中国古代思想史论》,三联书店2008年版,第155页。

然界的循环、韵律及格式"看齐",以发现控制人类文明以及人类个体生命的手段。①阴阳家观察世界的切入点便是阴阳,他们将阴阳及其变化赋予分类功能,将大自然和人类世界之中发现的实体、过程和现象进行分类,发现或找到其背后的类比意义,并在大自然和人类世界之间建立对应的和"匹配"的关系。"五行"类乎阴阳,甚至中国古代的数字化表达都并非刻意于计数,而是强调数字的类化意义。如五行中的每一行都串联无数的具体事物,它们在五行的观念中被类化。

董仲舒正是沿着阴阳家开辟的方向,将宇宙与社会比附关系的分类进一步精细化。他的《春秋繁露》试图从《春秋》各种具体实例中推衍出天道与人事的关系。在他看来,无论是作为生物体的人还是作为社会观念的尊卑与伦常,都是阴阳与五行的世间推衍。《春秋繁露·人副天数》对人与天的关系有详细解说,如人身三百六十节象征一年的天数,人的头圆象天,发象星辰,耳目象日月,等等。同样,《春秋繁露》在许多篇节中论述了社会伦常与天道的关系。如"王者配天,谓其道。天有四时,王有四政,四政若四时,通类也,天人所同有也"②,又曰"予夺生杀,各当其义,若四时;列官置吏,必以其能,若五行;好仁恶戾,任德远刑,若阴阳",所以"王者不可以不知天"③。

董仲舒哲学思想的核心便是天人感应或曰天人相副,而这样的思想古已有之。那么,何以"天人感应"会成为他的哲学思想核心呢?换言之,他的天人学说与以往的天人学说有何不同呢?我们认为关键就在于他重新定义和调整了人、天关系,把人置于相对主动的地位,赋予人更大的灵活性。董仲舒非常明确地把儒家伦理观念与阴阳家的宇宙观结合起来,来构建他所谓的天人系统。关于天人关系,司马谈曾指出阴阳家的弊端曰"使人拘而多畏",因为阴阳家认为顺天则昌,逆天则亡,人是被动的。不仅阴阳家,先秦诸子大多如此,如孔、孟、老、庄、墨莫不强调以人合天,以人顺天,荀子批评庄子

---

① 史华兹:《古代中国的思想世界》,程刚译,刘东校,江苏人民出版社2004年版,第363—368页。
② 苏舆:《春秋繁露义证》,中华书局1992年版,第353页。
③ 苏舆:《春秋繁露义证》,中华书局1992年版,第467—468页。

"蔽于天而不知人"便是这个原因。但荀子及其学生韩非、李斯等又矫枉过正,夸大人忽视天,则漠视了对自然规律的遵循,似乎又过了头。董仲舒对上述两种天人观作了调整,他既肯定天的万物之主和凌驾一切的地位,也不认为人在天面前是轻微而无所作为的。他既肯定"天地之性人为贵"①,人能"下长万物,上参天地"②,也就充分肯定了人的自主性。无论是治国还是修身,成败由人。比如他强调"治乱废兴在于己,非天降命不可得反"③。他也重视对人性的教化意义,他说人性如禾,善如米,"性虽出善,而性未可谓善也。米与善,人之继天而成于外也,非在天所为之内也"④。甚至人的吉凶祸福也是人自身行为的结果,"有忧而不知忧者凶,有忧而深忧之者吉"⑤,这都是强调人的自主自为。正因为如此,在董仲舒的天人感应系统结构中,他非常重视人对天的作用,人能影响天,人事也能影响天意,而不再是简单的顺逆问题了。所以董仲舒把人纳入天的框架,亦即纳入阴阳五行框架中的目的在于天人相副,以人观天。如果纯粹强调天的主导作用,把人置于被动地位,那董仲舒实际上便和道家或阴阳家无别,也不能成为儒者宗、群儒首。只有把人置于天人关系中的核心地位,并贯穿儒家之仁义伦理,董仲舒才能把儒家思想观念和阴阳家的五行宇宙论配置起来,去构建类化并具配置性的结构系统。把一切归之阴阳,用阴阳统摄万端。如此,则人事,如人体、政制、赏罚,与自然,如天时、物候、天象,无论是类别的同形还是序列的同构都可以相互配合,彼此亦能影响。善政则天降祥瑞,恶政则天降灾异。人事与自然被归入一个相生相胜的结构系统中,万事以此推衍,帝国则以此行政。⑥

在这样一个帝国行政结构系统中,情性具有重要的地位。《春秋

---

① 班固:《汉书》,中华书局1962年版,第2516页。
② 苏舆:《春秋繁露义证》,中华书局1992年版,第466页。
③ 班固:《汉书》,中华书局1962年版,第2500页。
④ 苏舆:《春秋繁露义证》,中华书局1992年版,第311页。
⑤ 苏舆:《春秋繁露义证》,中华书局1992年版,第72页。
⑥ 李泽厚:《中国古代思想史论》,三联书店2008年版,第149页。

第三章 论《诗纬》的情性《诗》学观

繁露·正贯》:"明于情性乃可与论为政,不然,虽劳无功。"①《春秋繁露·符瑞》:"通百王之道,而随天之终始;博得失之效,而考命象之为,极理以尽情性之宜,则天容遂矣。"②而将情性归诸天,归诸阴阳,那么情性便成为可观察、可操控的因素。"天之副在乎人,人之情性有由天者矣"。如此便可以天、人互观,即"天有阴阳,人亦有阴阳。天地之阴气起,而人之阴气应之而起;人之阴气起,而天地之阴气亦宜应之而起,其道一也。"③如《左传》庄公十一年"秋,宋大水"。董仲舒认为鲁、宋两国连年交战于乘丘和鄑,百姓愁怨,阴气盛,故天以大水警告二国。相似例证甚多,《汉书·五行志》所引董仲舒对《春秋》灾异的解读皆可视为例证。

董仲舒的阴阳情性观对汉代情性学说产生了很大的影响,可以说汉代主阴阳情性说者,如刘向、萧望之、匡衡、翼奉等皆与董仲舒有一定的学术渊源。《汉书·儒林传》记载:

> 董生为江都相,自有传。弟子遂之者,兰陵褚大、东平嬴公、广川段仲、温吕步舒。大至梁相,步舒丞相长史,唯嬴公守学不失师法,为昭帝谏大夫,授东海孟卿、鲁眭孟。④

《儒林传》的记载基本上录自《史记·儒林列传》,只是东平嬴公昭帝时为谏大夫,《史记》未曾言及。而荀悦《前汉纪》、郑玄《六艺论》并记载东平嬴公受学于董仲舒,所言当有据。⑤ 东平嬴公既以《公羊春秋》授孟卿,孟卿又以礼、《春秋》授疏广、后苍。尽管孟卿《春秋》受自东平嬴公,礼受自萧奋,后苍礼受自孟卿,《诗》受自夏侯始昌,然学说之间相互之影响自不能免,故后苍以后的《齐

---

① 苏舆:《春秋繁露义证》,中华书局1992年版,第144页。
② 苏舆:《春秋繁露义证》,中华书局1992年版,第158页。
③ 苏舆:《春秋繁露义证》,中华书局1992年版,第360页。
④ 班固:《汉书》,中华书局1962年版,第3616页。
⑤ 荀悦:《前汉纪》,中华书局2002年版,第436页。徐彦:《春秋公羊传注疏》,中华书局1980年版,第2190页。

诗》学者皆与董仲舒学说有关。又据郑玄《六艺论》记载，眭孟弟子有严彭祖、颜安乐，而刘向乃颜安乐弟子。所以刘向也算是董仲舒的后学，这也是为什么《汉书·五行志》记载董仲舒、刘向解《春秋》灾异大多相同的原因。

第二节　谶纬语境中的情、性与《诗》

尽管董仲舒的阴阳情性观对谶纬学说产生了很大的影响，但具体到谶纬《诗》学，还应补上翼奉这一环。翼奉既承袭董仲舒学说，好阴阳历律，又专精于《诗》，故对谶纬《诗》学影响颇巨。《汉书·翼奉传》记载翼奉语：

> 诗之为学，情性而已。五性不相害，六情更兴废。观性以历，观情以律。①

说诗是情性之学，似与《诗大序》之"吟咏情性"说无异。但他将情性解释为五性、六情并和历律相关联，则显示出他以阴阳历律说《诗》的经学特色。②

那么何谓"五性"？颜师古注《汉书》引晋灼语：

> 翼氏五性：肝性静，静行仁，甲己主之；心性躁，躁行礼，丙辛主之；脾性力，力行信，戊癸主之；肺性坚，坚行义，乙庚主之；肾性智，智行敬，丁壬主之也。③

据《五行大义》引翼奉论五性，知晋灼所引有误，"肾性智，智行敬"

---

① 班固：《汉书》，中华书局1962年版，第3170页。
② 据《汉书·匡衡传》记载，匡衡说《诗》也主于阴阳情性，如其以《诗》始于《国风》乃是"原情性而明人伦也"，又曰"天人之际，精祲有以相荡"等等，可见后苍及其后学说《诗》之特色。
③ 班固：《汉书》，中华书局1962年版，第3171页。

第三章 论《诗纬》的情性《诗》学观

当作"肾性敬，敬行智"。翼氏将五性、五藏、五行等相关联，而其所谓"甲己主之"云云，则基于五藏匹配六府。《五行大义》引《黄帝内经·素问》曰："皮应大肠，其荣毛，主心。脉应小肠，其荣色，主肾。筋应胆，其荣爪，主肺。肉应胃，其荣唇，主肝。腠理、毫毛应三焦、膀胱，其荣发，主脾。"甲己何以主肝呢？因为"肉应胃，其荣唇，主肝者。胃能消化五谷精气为肉，五谷从口而入，故荣润在唇。肝是木之藏，仁而能生；胃是土府，故以相配。甲己所主也"，余皆类此。① 将五藏与六府相配，亦五行生六气，五性生六情之义也。

再看何谓"六情"？据《汉书》本传载翼奉语，即：

> 北方之情，好也；好行贪狼，申子主之。东方之情，怒也；怒行阴贼，亥卯主之。贪狼必待阴贼而后动，阴贼必待贪狼而后用，二阴并行，是以王者忌子卯也。《礼经》避之，《春秋》讳焉。南方之情，恶也；恶行廉贞，寅午主之。西方之情，喜也；喜行宽大，巳酉主之。二阳并行，是以王者吉午酉也。《诗》曰："吉日庚午。"上方之情，乐也；乐行奸邪，辰未主之。下方之情，哀也；哀行公正，戌丑主之。辰未属阴，戌丑属阳，万物各以其类应。②

据上述所言，知翼氏"六情"学说主于阴阳，阴为恶而阳为善。作为一种知下的占术，六情说以辰为占，亦即翼奉所说"师法用辰不用日"。然辰有正邪，其区分大抵以西、南为正，而东、北为邪，其说本于五行。据孟康引《翼氏风角》，水触物无不容受，故为贪狼，其位申、子、辰；③ 木受水而生，又子、卯相刑，故为阴贼，其位亥、卯、未；火性严猛，其气清明精耀，以礼自整，故为廉贞，其位寅、午、戌；金为宝物，见之者喜，又金以利刃加于万物，故宽大，其位

---

① 中村璋八：《五行大义校注》，日本汲古书院1998年版，第109—110页。
② 班固：《汉书》，中华书局1962年版，第3168页。
③ 即水形于申，盛于子，穷于辰，故曰"申子主之"。他皆放此。

巳、酉、丑。木落归本，水流归末，各得其所，故乐，辰为水穷，未为木穷，故曰"辰未主之"；火自刑于午，金自刑于酉，故当廉洁宽大之誉。然盛时自刑，穷则无所归，故哀，戌为火穷，丑为金穷，故"戌丑主之"。又十二辰配六位，故正邪自分，即南方巳午、西方酉戌、东北寅丑为正，西南申未、北方亥子、东方辰卯为邪。再以辰之正邪来区分判断人的正邪，即其"执十二律而御六情"说。①

故翼氏情性说的根基在阴阳，关键在于以五行、六气统摄人的五性、六情。《五行大义》引翼奉语曰："五行在人为性，六律在人为情。性者，仁、义、礼、智、信也，情者，喜、怒、哀、乐、好、恶也。五性处内御阳，喻收五藏；六情处外御阴，俞收六体（笔者案：即六府）。故情胜性则乱，性胜情则治。性自内出，情从外来，情性之交，间不容系。"② 然有一点需要明确，即情、性相对，则性为阳而情为阴。如单言情、性，则情有阴阳，性亦有阴阳。③ 又晋灼引翼奉语曰："五行动为五音，四时散为十二律。"④ "五行动为五音"实即以五音配五行，可参《礼记·月令》。四时散为十二律，则是以十二律配十二月，以为王者治政之本。此皆前引翼奉"天地设位，悬日月，布星辰，分阴阳，定四时，列五行，以视圣人，名之曰道。圣人见道，然后知王治之象，故画州土，建君臣，立律历，陈成败，以视贤者，名之曰经。贤者见经，然后知人道之务，则《诗》、《书》、《易》、《春秋》、《礼》、《乐》是也。《易》有阴阳，《诗》有五际，《春秋》有灾异，皆列终始，推得失，考天心，以言王道之安危"之义。

尽管我们不认为翼奉《诗》学等同于汉代谶纬《诗》学，⑤ 但并不否认翼奉对于谶纬《诗》学巨大的影响。《诗纬》论《诗》皆着眼于天道，强调《诗》学为天人之学。这可以上溯至董仲舒，推衍至夏侯始昌或后苍之后的整个《齐诗》学，而显然以翼奉的影响最著。

---

① 班固：《汉书》，中华书局1962年版，第3168页。
② 中村璋八：《五行大义校注》，日本汲古书院1998年版，第154页。
③ 陈乔枞《齐诗翼氏学疏证》引孙星衍语，见《续修四库全书》第75册，第46页。
④ 班固：《汉书》，中华书局1962年版，第3169页。
⑤ 张玖青、曹建国：《〈诗纬〉论〈诗〉》，《中南民族大学学报》2007年第4期。

第三章　论《诗纬》的情性《诗》学观

《诗含神雾》曰：

> 诗者，天地之心，君德之祖，百福之宗，万物之户也。①
> 孔子曰：诗者，天地之心，刻之玉版，藏之金府。②

"天地之心"亦可称"天心"，亦即天地阴阳之消息与五行之顺逆。《周易·复》所以见"天地之心"，是因为它体现了"反复其道"的阴阳消长之道，体现了阴极则阳，阳极则阴的天地之道，类乎《老子》所谓"反者道之动"。若阴阳之消长、五行之运行合乎天道，则天降祥瑞以嘉奖。反之，则天降灾异以警示。《汉书·董仲舒传》曰："国家将有失道之败，而天乃先出灾害以谴告之，不知自省，又出怪异以警惧之，尚不知变，而伤败乃至。以此见天心之仁爱人君而欲止其乱也。"③ 又《春秋繁露》有《五行顺逆》篇，大抵言四时五行之顺逆，及祥瑞、灾异之呈现。如：

> 木者春，生之性，农之本也。劝农事，无夺民时，使民，岁不过三日，行什一之税，进经术之士。挺群禁，出轻系，去稽留，除桎梏，开门阖，通障塞。恩及草木，则树木华美，而朱草生；恩及鳞虫，则鱼大为，鳣鲸不见，群龙下。如人君出入不时，走狗试马，驰骋不反宫室，好淫乐，饮酒沈湎，纵恣，不顾政治，事多发役，以夺民时，作谋增税，以夺民财，民病疥搔，温体，足胻痛。咎及于木，则茂木枯槁，工匠之轮多伤败。毒水浐群，滩陂如渔，咎及鳞虫，则鱼不为，群龙深藏，鲸出见。④

然而不仅于此，"天地之心"于天道之外又可释为"人心"。《礼记·礼运》："故人者，其天地之德，阴阳之交，鬼神之会，五行之

---

① 李昉等：《太平御览》，中华书局1960年版，第2740页。
② 李昉等：《太平御览》，中华书局1960年版，第3572页。
③ 班固：《汉书》，中华书局1962年版，第2498页。
④ 苏舆：《春秋繁露义证》，中华书局1992年版，第371—373页。

秀气也","故人者，天地之心也，五行之端也，食味、别声、被色而生者也"。据此，则人禀阴阳五行而生，人之情性犹天地之阴阳。《礼记·礼运》篇或受阴阳家之影响，其说与董仲舒之阴阳情性观，以及翼奉之五性、六情说多相通之处。

"天地之心"说涵括天人，彰显《诗纬》以诗沟通天人的解经思路。《春秋说题辞》曰："诗者，天地之精，星辰之度，人心之操。"①"天地之精"是说天地间之精气，其涵括阴阳。"星辰之度"主要是日、月、五星以及二十八宿之类，如日食、月食及星占、分野等。而"人心之操"则指人心之所操持，与《诗纬》以"持"释诗相吻合，其所操持者乃人之情形。一言以蔽之，曰《诗》通阴阳情性，或曰《诗》通天人。此正如陈乔枞《诗纬集证》所说：

> 《诗》之为学，情性而已。情性者，人所禀天地阴阳之气也。天地之气，分为阴阳，列为五行。人禀阴阳而生，内怀五性、六情。仁义礼智信谓五性，喜怒哀乐好恶谓六情。六情所以扶成五性，性情各正，万化之原也。……身之有性情，若天之有阴阳。五性御阳，六情御阴，阴阳者，德刑之用。王者承天地，理阴阳，法五行，修五事，以成民之性而顺民之情者也。……《诗》正性情而厚人伦，美教化而移风俗，推四始之义，明五际之要。此圣人所以统天地之心，顺阴阳之理，慎德行之用，著善恶之归，为万物获福于无方之原，故纬言此以明之。②

说到《诗》通天人，《诗纬》的方法大抵是以阴阳之消长与五行之推移来附会人情性之善恶与政治之兴衰。为此，《诗纬》提出了一套说《诗》模式，即结合阴阳，以十二辰配合诗篇。其核心关键词为三期、四始、五际、六情、十二律，大体上可区分为二，即推历数，言

---

① 虞世南：《北堂书钞》，中国书店1989年版，第363页。佚文见诸《艺文类聚》曰"诗者天人之精，皇后之度"，见于《太平御览》作"天文之精，星辰之度"。文各不同，综合考量，今取《北堂书钞》引文。
② 陈乔枞：《诗纬集证》，《续修四库全书本》第77册，第797页。

灾祥，以说《雅》诗，"三期""四始""五际"是也；考音律，道性情，以说《风》诗，"六情""十二律"是也。

第三节　三期、四始、五际与《雅诗》

"三期"见于《后汉书·郎𫖮传》：

> 臣伏惟汉兴以来三百三十九岁。于《诗》三基，高祖起亥仲二年，今在戌仲十年。《诗氾历枢》曰："卯酉为革政，午亥为革命，神在天门，出入候听。"言神在戌亥，司候帝王兴衰得失，厥善则昌，厥恶则亡……臣以为戌仲已竟，来年入季……宜因斯际，大蠲法令，官名称号，舆服器械，事有所更，变大为小，去奢就俭，机衡之政，除烦为简。改元更始，招求幽隐，举方正，征有道，博采异谋，开不讳之路。①

李贤注曰："'基'当作'期'，谓以三期之法推之也。《诗氾历枢》曰：'凡推其数皆从亥之仲起，此天地之所定位，阴阳气周而复始，万物死而复苏，大统之始，故王命一节为之十岁也。'"②所谓"三期之法"，孔广森《经学卮言》谓："其法，以卅年管一辰，凡甲子、甲午旬首者为仲，甲戌、甲辰旬首者为季，甲申、甲寅旬首者为孟，率十年一移，故谓之三期。"并取古乐三诗一终之法，将之与《诗》篇相配。③孔广森解释"三期"推算之法是合理的，验之郎𫖮"汉兴以来三百三十九岁，于《诗》三基。高祖起亥仲二年，今在戌仲十年。……臣以为戌仲已竟，来年入季……"也符合。高祖起于亥仲二年，至戌仲十年恰好合339年之数。但我们并不赞成将推算三期之法视为"三期"之用，两者并不是一回事。"三期"之用当为"革命"

---

① 范晔：《后汉书》，中华书局1965年版，第1065—1066页。
② 范晔：《后汉书》，中华书局1965年版，第1066页。
③ 孔广森：《经学卮言》，中华书局2017年版，第63—66页。

上编　《诗纬》与汉代《诗经》学关系研究

"革运""革政",其中革命乃新朝受命,革运乃指王朝之兴衰,而革政则指王朝施政的变革。《诗纬》有"十周参聚,气生神明,戊午革运,辛酉革命,甲子革政"之说,宋均注曰:"天道三十六岁而周也,十周名曰王命大节。一冬一夏,凡三百六十岁一毕,无有余节。三推终则复始,更定纲纪,必有圣人改世,缘理者如此。十周名曰大纲,则乃三基会聚,乃生神明,神明乃圣人改世者也。周文王戊午年,决虞、芮讼;辛酉年,青龙衔图出河;甲子年,赤雀含丹书而至;武王伐纣,戊午日,军渡孟津;辛酉日,作《泰誓》;甲子日,入商郊。"① 可见无论是作为年还是日,戊午、辛酉、甲子都有特殊的意义。如果再区别以日、辰,则午、酉、子三者尤其关键。对应于十二辟卦图,子对应冬至、午为夏至、酉为秋分,也是一年中阴阳变化之大节。至于此"革命""革运""革政"与《诗纪历枢》所说的"革命""革政"有所不同,或因朝代不同,而数术家的说法有变以应时事。《诗纪历枢》所以说"凡推其数皆从亥之仲起"的原因,因为"高祖起亥仲二年"。也可能因为不同的数术家各持己说,如新城新藏就认为"后汉末叶以前,纬书传为秘密之家学,于是遂有时各家传承同一书名,而其内容相异者"②。当然,也有可能是因为纬书文献残缺所致。但无论如何,并不影响我们对于"三期"实质的理解。

再看四始。"四始"为汉代《诗》说之通义,鲁、齐、韩、毛四家说《诗》并有"四始"。据《史记·孔子世家》《汉书·匡衡传》《韩诗外传》卷五,③ 知汉代今文《诗》家以《关雎》《鹿鸣》《文王》《清庙》为《诗》之四始。而据《诗大序》及《郑志》,知《毛诗》以风、小雅、大雅、颂为《诗》之四始。④ 而《诗纬》另为新说,《诗纪历枢》以亥为水始,寅为木始,巳为火始,申为金始。五行本乎阴阳,

---

① 水上雅晴、石立善主编:《日本汉学珍稀文献集成·年号之部(第三册)·三革说》,上海社会科学院出版社2018年版,第742—743页。
② 新城新藏:《东阳天文学史研究》,沈璿译,中华学艺社1933年版,第101页。
③ 司马迁曾问学于孔安国,其所习《诗》或为《鲁诗》,故推《史记·孔子世家》所记"四始"为《鲁诗》说。匡衡从后苍受《齐诗》,故《汉书·匡衡传》所记"四始"为《齐诗》说。《韩诗外传》卷五所记有关"四始"内容自然为《韩诗》说。
④ 孔颖达:《毛诗正义》,中华书局1980年版,第272页。

第三章 论《诗纬》的情性《诗》学观

《诗纬》的四始说也以阴阳立论。《诗推度灾》曰"水立气周,刚柔战德"①,所以亥为水始。十二辟卦,子位对应复卦,亥位对应坤卦。从复卦一阳复始到坤卦六爻皆阴,阴阳循环一周,故曰"气周",又曰"刚柔战德"。余皆类此,寅应泰卦,象征天地交泰,故为木始;巳应乾卦,故为火始;申应否卦,阴气杀,草木改,故为金始。如果我们再解释简单点,四始对应的辰位正好都在二分二至的前一位,二分二至对应金木水火,它们成为金木水火之始是再正常不过的事情了,当然数术家给出的解释可以很玄乎其神。

最后看五际。"五际"说始于《齐诗》,翼奉说于《十月之交》闻师说"五际之要"可证。但《齐诗》"五际"说具体内容是什么,资料阙如,难以定论。将《诗纬》"五际"说等同于《齐诗》"五际"说并没有多少文献证据,所以宜持谨慎之态度。《汉书》颜师古注"五际"引应劭和孟康说异,也说明此问题之复杂。若汉代《齐诗》与《诗纬》"五际"说为一,当不至于此。但无论如何,《诗纬》的五际说与阴阳有关无可置疑。孟康注《翼奉传》"五际"引《诗内传》曰:"五际,卯、酉、午、戌、亥也。阴阳终始际会之岁,于此则有变改之政也。"② 所谓"终始""际会"皆据阴阳立论,与卦气说有关,岁亦非年之谓,乃阴阳消息之期也。依照《诗纬》的说法,在这些阴阳终始际会之期,都会有变改之政,亦即上引《后汉书·郎𫖮传》之《氾历枢》"卯酉为革政,午亥为革命,神在天门,出入候听"。郎𫖮说这样的话,大概是以汉朝的历史作为依据,比如高祖元年为亥仲二年,而元始四年为甲子当午仲,则王莽午仲三年居摄,六年代汉。

《诗推度灾》曰"建四始五际而八节通"③,这句话对于我们理解《诗纬》的四始五际十分关键。据此,则四始五际并非各自不相干,而是二而一的关系。所谓的"八节"即四分四至:春分、秋分

---

① 杜台卿:《玉烛宝典》,中华书局 1985 年版,第 340 页。
② 班固:《汉书》,中华书局 1962 年版,第 3173 页。
③ 李昉等:《太平御览》,中华书局 1960 年版,第 2740 页。

(分)、夏至、冬至（至）、立春、立夏（启）、立秋、立冬（闭），八节当八方，应八卦，合八音，司八风。《乐纬》云：

> 坎主冬至，乐用管。艮主立春，乐用埙。震主春分，乐用鼓。巽主立夏，乐用笙。离主夏至，乐用弦。坤主立秋，乐用磬。兑主秋分，乐用钟。乾主立冬，乐用枳敔。①

《易纬》云：

> 八节之风谓之八风。立春，条风至。春分，明庶风至。立夏，清明风至。夏至，景风至。立秋，凉风至。秋分，阊阖风至。立冬，不周风至。冬至，广莫风至。②

对此，《易纬通卦验》有更加详细的解释。而八节的关键在于，它让我们对所谓的"五际"或有新的认识。关于五际的五个辰位，孟康引《诗内传》曰卯、酉、午、戌、亥，郎𫖮引《诗纪历枢》曰卯、酉、午、亥再加上天门，其中天门位在西北，故宋均注曰天门在戌、亥之间。然而，天门在戌亥之间便引发了一个问题，孔颖达对《纪历枢》五际辰位的说解："然则亥为革命，一际也；亥又为天门，出入候听，二际也；卯为阴阳交际，三际也；午为阳谢阴兴，四际也；酉为阴盛阳微，五际也。"③ 以一辰当二际多少有点勉强，所以清人连鹤寿认为《诗纬》有佚句，并且改戌为辰。连鹤寿怀疑《诗纬》五际说有佚文可从，但他将泛义的"辰"理解为十二支之"辰"则大谬。④ 依据上文八节对应八方、八卦等，我们认为《诗纬》五际或是缺了子位，五际应该是冬至、春分、夏至、秋分、天门。补上子位不仅合乎上文

---

① 王应麟：《玉海》，江苏古籍出版社、上海书店1990年版，第1885页。
② 李昉等：《太平御览》，中华书局1960年版，第44页。
③ 孔颖达：《毛诗正义》，中华书局1980年版，第272页。
④ 连鹤寿：《齐诗翼氏学》，《续修四库全书》第75册，上海古籍出版社2002年版，第34页。

第三章　论《诗纬》的情性《诗》学观

"三期"有甲子的实际,也使四始的亥为水始落到了实处。

《诗纬》不仅发明了"三期""四始""五际",也为"四始""五际"等配上了具体的诗篇。"四始"配诗,《诗纪历枢》:"《大明》在亥,水始也;《四牡》在寅,木始也;《嘉鱼》在巳,火始也;《鸿雁》在申,金始也。"① "五际"配诗,《诗纪历枢》:"卯,《天保》也。酉,《祈父》也。午,《采芑》也。亥,《大明》也。"② 怎么理解《诗纬》对"四始""五际"的配诗,学术界尚有很大的争论,黄道周、孔广森、迮鹤寿、魏源、刘师培、邵瑞彭等说法各不相同。综合比较诸家之说,如果我们赞同以《雅》诗配十二辰,则邵氏比较圆融。其法有二:一是以辰配诗,用迮鹤寿"《鹿鸣》、《文王》不为始"例,以十二辰配二《雅》103 篇,辰各三节,推遍三次,则第一次《四牡》在寅,《天保》在卯,《嘉鱼》在巳,《鸿雁》在申,《鹤鸣》在酉③,《祈父》在戌;第二次《采芑》在午;第三次《大明》在亥。第二次以《诗》配辰,九周,所得结果与第一种推法相同。④

但这里有几个问题需要引起我们的注意。

第一,是不是所有的《雅》诗都能与一定的辰位相配。将所有的《雅》诗与辰位相配,最早始于明人黄道周《三易洞玑》,其后孔广森《经学卮言》、迮鹤寿《齐诗翼氏学》、陈乔枞《齐诗翼氏学疏证》、魏源《诗古微》等都曾将诗与辰位相配。但配诗有多寡之别,如黄道周曰"凡《诗》雅、颂、十五国皆自为始际",所以黄氏配《诗》贯诸《风》《雅》《颂》。⑤ 而孔广森言配《诗》只有《雅》诗而不及《风》《颂》,迮鹤寿则明言《诗》篇专用二《雅》。此外,

---

① 孔颖达:《毛诗正义》,中华书局 1980 年版,第 272 页。
② 孔颖达:《毛诗正义》,中华书局 1980 年版,第 272 页。
③ 《诗纬》有阙文,迮鹤寿已有是说。邵瑞彭同意《诗纬》有阙文说,但他认为《诗纬》所缺辰位为戌,配诗《鹤鸣》,又以酉配《祈父》,见《儒效月刊》第二卷第五期,1946 年。
④ 具体参看邵瑞彭《齐诗铃》,《儒效月刊》第二卷第五、六、七、八、九期,1947—1947 年。
⑤ 黄道周撰,翟奎凤整理:《三易洞玑》,中华书局 2014 年版,第 322—325 页。

上编　《诗纬》与汉代《诗经》学关系研究

配《诗》根据也各不相同。如黄道周以《易》为日，《诗》为月，《春秋》为舍，"在《易》则不见《诗》《春秋》，在《诗》则《易》《春秋》之道著矣"①，故其配《诗》，以《易》别其阴阳，以《春秋》系其年代。而孔广森则以为"际""始"皆生于律，以古乐三篇同奏，又与"三期"相配关联，区分三篇为孟、仲、季。可见明清以来学者将"三期""四始""五际"与《诗》相配，各持己见，盖因文献并无汉人将全《诗》或《雅》诗与辰位相配的文献记载。我们对此也应保持足够的警惕，但"四始""五际"配《诗》皆与《雅》诗相关则无可置疑。

第二，能否以今本《毛诗》的年代学来解释《诗纬》，甚至说我们能否或有必要以年代学为据解释《诗纬》。尽管我们相信汉代《诗》学有其一致性，但不可否认汉代今古文《诗》学之间的差别。尤其在具体诗篇的年代学方面，《毛诗》与三家诗有差别。如《十月之交》是《诗纬》阐释体系中非常重要的一首诗，但《毛诗》以为是幽王诗，而郑玄以为是厉王诗。在这种情况下，我们应该对以《毛诗》的年代学为依据得出的结论保持警惕。其次，我们是否一定要从年代学上为"四始""五际"的配《诗》寻找辰位依据。以《十月之交》为例，《国语》及《史记》都记载周幽王二年三山震，似与《十月之交》记载吻合。但依据纪年推断，幽王世没有戌年而十月为辛卯者。②

第三，我们不能忽视《诗纬》解《诗》与占的关系。学术界对于《诗纬》"四始""五际"的配《诗》常欲从诗歌内涵本身予以解释，探讨这些诗篇的《诗》学或政治内涵。如《大明》于"四始"为水始，于"五际"为亥、为革命。于是学者将其与殷商之亡和西周之兴联系起来，赋予其"革命"意义。甚或有学者从年代学入手，推出"《大明》在亥"合乎周成王丁亥年践祚即位。③ 因为《大明》

---

① 黄道周撰，翟奎凤整理：《三易洞玑》，中华书局2014年版，第315页。
② 邴积意：《两汉经学的历术背景》，北京大学出版社2013年版，第79—80页。
③ 邴积意：《两汉经学的历术背景》，北京大学出版社2013年版，第79页。

第三章 论《诗纬》的情性《诗》学观

内容甚明，叙述殷周革命，所以从商周历史角度解释尚可以说得过去。但其他的"际""始"配《诗》该如何解释？《天保》在卯之类有何年代学依据？泛泛而言其为君臣和谐，周王朝受到拥戴之诗，并作为配位依据，恐怕没有太大的说服力，因为在《诗经》中找到这样内涵的诗并不难。所以笔者认为，作为一种与占术有密切关系的说《诗》理论，在考虑其配《诗》根据或理由时，并不能忽视诸如物候、利忌、阴阳等方面的内容。我们还以《大明》为例。《大明》在亥，亥为阳水，为北方。水为五行之始，所谓"天以一生水于北方"①，"北方者，天之所终始也，阴阳之所以合别也"②。又"亥"于十二辟卦为十月，对应坤，纯阴，故为阳水、阳月，意为阴盛极则阳生，故《纪历枢》云："凡推其数，皆从亥之仲起，此天地之所定，阴阳气周而复始，万物死而复苏，大统之始。"③《易》曰"大明终始"，故《诗纬》系《大明》于亥位。又如《诗纬》以《鸿雁》配申，可能是基于物候的考虑。从自然界看，秋风起，大雁南飞，渐至萧条肃杀的严冬。所以《诗推度灾》："申者，伸也。伸犹引也，长也，衰老引长。"④ 又说："金立于鸿雁，阴气杀，草木改。"⑤ 故《诗纬》系之于申。如果以《鸿雁》附会周室始衰，显然不妥。周室之衰，或以为衰于康王缺德于房，⑥ 或以为衰于昭王南征，⑦ 或以为衰于周穆王征伐犬戎。⑧ 宣王号称"中兴"，实已经到了周王朝的晚期，与《鸿雁》喻始衰义不合。

总之，我们对于《诗纬》配《诗》应持谨慎态度，解释时也不能全本于《诗》旨，尤其是《毛传》的关系。在考虑到汉代《诗》

---

① 中村璋八：《五行大义校注》，日本汲古书院1998年版，第21页。
② 董仲舒《春秋繁露》之《阴阳终始》篇，见苏舆《春秋繁露义证》，中华书局1992年版，第339页。
③ 范晔：《后汉书》，中华书局1965年版，第1065页。
④ 中村璋八：《五行大义校注》，日本汲古书院1998年版，第11页。
⑤ 杜台卿：《玉烛宝典》，中华书局1985年版，第290页。
⑥ 《汉书·杜钦传》颜注引李奇语，见《汉书》，中华书局1962年版，第2670页。
⑦ 司马迁：《史记》，中华书局1959年版，第134页。
⑧ 事见《国语·周语上》和《史记·周本纪》。

说通义的前提下，也要考虑到《诗纬》配《诗》之诗占独特属性，尤其是阴阳比附关系。

第四节　六情、十二律与《风》诗

翼氏"六情"本为占，其所谓"诗之为学，情性而已"的"情性"也与我们常说的诗学之情性无关，是指天干地支。但翼氏说"六情散为十二律"，又说"观情以律"，这些都被谶纬学者所吸取，并和分野理论相结合，成为说解《风》诗之法。

《诗推度灾》：

> 邶国为结蝓之宿，鄘国天汉之宿，卫国天宿斗衡，王国天宿箕、斗，郑国天宿斗衡，魏国天宿牵牛，唐国天宿奎、娄，秦国天宿白虎，气生玄武，陈国天宿大角，邠国天宿招摇，曹国天宿张弧。[①]

宋均于邶国下注曰"谓营室星"，于鄘国下注曰"天津也"，于卫国下注曰"国分所宜"。赵在翰《七纬》曰："'结'宜作'蛣'，《本草》'蛣蝓'，《图经》云：'即蜗牛也，头有四角。'《广雅》云：'蜗牛，蜒蝓也。'陆佃《埤雅》云：'蜒蝓，入三十六种禽，是四种角之类，营室之精。'又郑卫同一宿，指新郑也。"[②] 天津即天潢，位于营室旁。斗衡为北斗七星之一，即玉衡。王国的天宿箕斗分属东方苍龙和北方玄武。白虎即参，属于西方。大角位于东方苍龙，《史记·天官书》："大角者，天王帝廷。"[③] 北斗杓端两星，其一为招摇。

又《诗含神雾》：

[①] 李淳风：《乙巳占》，丛书集成本，上海商务印书馆1936年版，第711册，第50—51页。
[②] 赵在翰：《七纬》，中华书局2012年版，第239页。
[③] 司马迁：《史记》，中华书局1959年版，第1297页。

第三章　论《诗纬》的情性《诗》学观

齐地处孟春之位，海岱之间，土地污泥，流之所归，利之所聚，律中太簇，音中宫、角。①

陈地处季春之位，土地平夷，无有山谷，律中姑洗，音中宫、徵。②

曹地处季夏之位，土地劲急，音中徵，其声清以急。③

秦地处仲秋之位，男懦弱，女高膫，白色［秀］身，音中商，其言舌举而仰，声清而扬。④

唐地处孟冬之位，得常山太岳之风，音中羽，其地硗确而收，故其民俭而好畜，此唐尧之所起。⑤

魏地处季冬之位，土地平夷。⑥

邶、鄘、卫、王、郑，此五国者，千里之城，处州之中，名曰地轴。⑦

郑，代己（案：当为"戊己"）之地也，位在中宫，而治四方，参连相错，八风气通。⑧

郑地处孟夏之位，律中仲吕，音中徵。⑨

《含神雾》这段文字主要保存在《太平御览》中，但《艺文类聚》《北堂书钞》也有保存。由于《诗纬》久佚，上述各书留存的佚文也互有不同，故需要加以辩证。《太平御览》说齐地音中宫角，而《北堂书钞》说齐地音中羽。⑩根据《吕氏春秋》及《礼记·月令》，孟

---

① 李昉等：《太平御览》，中华书局1960年版，第92页。
② 李昉等：《太平御览》，中华书局1960年版，第92页。
③ 李昉等：《太平御览》，中华书局1960年版，第101页。
④ 欧阳询：《艺文类聚》，上海古籍出版社1982年版，第48页。
⑤ 李昉等：《太平御览》，中华书局1960年版，第123页。
⑥ 李昉等：《太平御览》，中华书局1960年版，第123页。
⑦ 李昉等：《太平御览》，中华书局1960年版，第761页。
⑧ 杜台卿：《玉烛宝典》，丛书集成初编本，第1339册，第266页。
⑨ 虞世南：《北堂书钞》，中国书店1989年版，第430页。
⑩ 虞世南：《北堂书钞》，中国书店1989年版，第430页。

春之月音中角，故当依《太平御览》。根据《北堂书钞》，邶等五国律中南吕，曹地律中林钟，秦地律中南吕。《玉烛宝典》记载郑在"代己之地"，而"代"当为"戊"之误。《诗推度灾》云"戊己正居魁中为黄地"，即戊己对应中央土，这与郑为地轴大致相同。而《开元占经》记载"甲，齐；乙，东海；……己，韩"，战国时期的韩正当春秋时期的郑地。

这两段文字均涉及分野，古人就是把天上的星宿和地上的州、国或山川对应起来以占验吉凶，这就是分野观念。古代的分野最核心的观念是星土，《周礼》记载保章氏掌天星，"以星土辨九州之地，所封封域，皆有分星，以观妖祥"。郑玄注："星土，星所主土也。"①但星所主土也许和实际地理方位没有关系，而和该地域用以划分季节，推定农时的恒星有关，如参宿配赵，心宿配宋。或者和某国立国、受封时岁星所在的位置有关，如武王征商，岁在鹑火，因此以柳、星、张配周。这就是为什么《淮南子》等记载的分野中，星、土不能在实际地理中对应起来的原因。就具体的分野模式来看，古代文献记载了多种分野类型，主要的是十二次和二十八星宿分野，此外尚有干支分野、十二月分野、北斗分野、散星分野、九宫分野等。

就《推度灾》所涉及的分野模式来看，主要属于以《诗》国配二十八宿。但卫、郑、桧三国似乎又属北斗分野模式，斗衡是北斗的第五星，即玉衡。北斗于天宫属中宫，这和卫、郑、桧地处中州的位置相当。而桧国天宿招摇似乎又属于散星模式。《含神雾》的分野模式基本上属于十二月分野，这种分野模式见于《汉书·五行志》，后来《开元占经》引《荆州占》也有此分野类型。但以郑为"戊己之地"，则又属于干支模式。当然，不论是十二月分野还是干支分野，我们都可以将之替换为二十八宿分野。

比较《诗纬》和汉代以至魏晋时期文献记载的分野模式，我们会发现差异很大。甚至和《春秋元命包》中记载的分野比较，也有很大的差异。具体可以参见下表。

---

① 贾公彦：《周礼注疏》，中华书局1980年版，第819页。

汉魏文献记载二十八宿分野一览表

二十八宿	淮南子	银雀山汉简	马王堆帛书	史记天官书	汉书地理志	越绝书	春秋元命包（国）	春秋元命包（州）	汉书天文志	诗纬含神雾	诗纬推度灾	晋书天文志（国）	晋书天文志（州）	《史记正义》引《星经》（国）	《史记正义》引《星经》（州）
角	郑	郑		兖	韩（郑、陈）	韩（郑）		兖	沇	陈	陈	郑	兖	郑	兖
亢	郑	郑		兖	韩（郑、陈）	韩（郑）			沇	陈		郑	兖	郑	兖
氐	宋	魏	郑、魏、卫	兖	韩（郑、陈）		鲁	徐	沇			郑	豫	宋	豫
房	宋	魏		豫	宋			豫	豫			宋	豫	宋	豫
心	宋	魏		豫	宋				豫	齐		宋	豫	宋	豫
尾	燕			幽	燕	燕	燕	幽	幽	齐	王	燕	幽	燕	幽
箕	燕			幽	燕	燕	燕	幽	幽	齐	王	燕	幽	燕	幽
斗	越		齐	江湖	吴	越	越	扬	江湖	魏	魏	吴越	扬	吴越	扬
牛	吴		齐	扬	粤	吴	吴	扬	扬	魏		吴越	扬	吴越	扬
女	齐		齐	青	粤	齐	齐	青	青			齐	阳	齐	青
虚	齐		齐	青	齐	齐	齐	青	青	唐		齐	青	齐	青
危	齐		鲁	并		齐	齐	并	并			卫	井	卫	井
室	卫				卫	卫	卫		井		邯、郸	卫		卫	井

上编 《诗纬》与汉代《诗经》学关系研究

续表

二十八宿	淮南子	银雀山汉简	马王堆帛书	史记天官书	汉书地理志	越绝书	春秋元命包	汉书天文志	诗纬含神雾	诗纬推度灾	晋书天文志	《史记正义》引《星经》
壁	卫	卫	卫	并	卫	卫		并			卫	并
奎	鲁	鲁	燕	徐	鲁	鲁		徐	唐	唐	鲁	徐
娄	鲁	鲁	魏	徐	鲁	鲁		徐			鲁	徐
胃	魏	鲁	魏	徐	赵			徐			赵	冀
昴	魏		申	冀	赵	魏	赵	冀	秦		赵	冀
毕	魏		赵	冀	赵	晋	赵	冀	秦		赵	冀
觜	赵		赵	益	魏	参		益	秦		魏	益
参	赵		秦	益	魏	秦		益		秦	魏	益
井	秦	秦	秦	雍	秦		秦	雍	曹		秦	雍
鬼	秦	秦		雍	秦		秦	雍	曹		秦	雍
柳	周	周	西周	三河	周	周		三河		曹	周	三河
星	周	周	东周	三河	周	周		三河			周	三河
张	周	周	荆	三河	周	周		三河			周	三河
翼	楚	楚		荆	楚	楚	楚	荆	郑		楚	荆
轸	楚	楚		荆	楚		楚	荆	郑		楚	荆

第三章 论《诗纬》的情性《诗》学观

如何理解《诗纬》分野与《史记》《汉书》乃至《春秋元命包》的差异呢？笔者认为，一种可能性也许是因为《诗纬》文献残缺，文献传抄失误所致，比如《诗纬含神雾》中分野，《北堂书钞》和《太平御览》记载就有差异。还有一种可能性是《诗纬》分野就是和《史记》《汉书》等记载的分野不同，比如李淳风《乙巳占》就明确指出《推度灾》的分野和《淮南子》不同。所以不同，或是《诗纬》有意为之，其目的在于说解《诗》。如它把唐位调整到亥位，因亥有闭藏之意。律中应钟，《汉书·律历志》："应钟，言阴气应亡射，该藏万物而杂阳阂种也。"① 方位属北，"北行贪狼"，这样它就可以解释为什么《唐风》多俭。又如移秦于酉，因《秦风》多杀伐之音。移齐于寅，因寅有"物大、物多"之意；律中太簇，《汉书·律历志》②："太族：族，奏也，言阳气大，奏地而达物也。"方位属东，"东方之情，怒也。"何谓"怒"？《汉书·翼奉传》颜师古注引孟康语："东方木，木生于亥，盛于卯。木性受水气而生，贯地而出，故为怒。"③ 这样它就可以解释《齐风》为什么体式舒缓，泱泱有大国之风。而它之所以对陈位未作调整，因为陈处季春之为，律中姑洗。《乐叶图徵》云："岁气百川一合德，鬼神之道行，祭祀之道得，如此则姑洗之律应。"④ 姑洗应鬼神巫祭之事，与《陈风》正合，故《诗纬》未作调整。

总之，《诗纬》以"六情""十二律"结合分野说解《风诗》，与《汉书·地理志》以地理风俗民情说诗有相通之处，也并未从大的文化语境上违背汉代正统《诗》说言路。这是我们在考量《诗纬》时应该注意的地方，在此基础上，我们才能讨论《诗纬》说《诗》，及其对后代《诗》学的影响。

---

① 班固：《汉书》，中华书局1962年版，第960页。
② 班固：《汉书》，中华书局1962年版，第959页。
③ 班固：《汉书》，中华书局1962年版，第3168页。
④ 范晔：《后汉书》，中华书局1965年版，第3126—3127页。

上编 《诗纬》与汉代《诗经》学关系研究

第五节 《诗纬》说《诗》

关于这一问题，可以从两个方面切入，一是总论性的，涉及对《诗》的价值定位等问题；一是对具体诗篇的解说，涉及训诂、章句等方面。

先看总论性。纬书中有总论《诗》之语，涉及《诗》的诸多方面。如《诗纬》多次论到何谓《诗》的问题，《诗含神雾》云："诗者，天地之心，君德之祖，百福之宗，万物之户。"① 所谓的"君德之祖，百福之宗，万物之户"既与孔子之"迩之事父，远之事君，多识于鸟兽草木之名"定位相协，也和汉人以《三百篇》当谏书的用《诗》态度相关。而殊可注意者当为"天地之心"之语，因为在另一条《诗含神雾》佚文中再一次言及"天地之心"，其曰："孔子曰：诗者，天地之心，刻之玉版，藏之金匮。"② 何谓"天地之心"呢？或以为"天地之心"是指"诗非单纯人为，而是来自宇宙深处的一种声音"，从而彰显它的神秘意义。③ 其实不然。《周易·复》卦的《彖辞》曰："复，亨。刚反动而以顺行，是以'出入无疾，朋来无咎'。'反复其道，七日来复'，天行也。'利有攸往'，刚长也。复其见天地之心乎？"《彖辞》所说的"天地之心"乃是就"反复其道，七日来复"而言的，王弼注《周易》亦曰："复者，反本之谓也，天地以本为心者也。"④ 所以天地之心便是道，准确地说，就是天道。而《诗》则是天道的体现，上引《汉书·翼奉传》载翼奉语、《汉书·匡衡传》载匡衡语，皆可证。虽然翼奉、匡衡都强调《六经》是天道的反映，但天道的最终落脚点却是人道，所以翼奉说《六经》

---

① 李昉等：《太平御览》，中华书局1960年版，第2740页。
② "藏之金匮"或作"藏之金府"，如安居香山《纬书集成》。但其实当作"藏之金匮"，《后汉书·崔骃传》李贤注引《诗含神雾》便作"藏之金匮"，安居香山辑本当为因袭《太平御览》传抄之误。
③ 刘毓庆：《由人学到天学的〈诗〉学诠释》，《文学评论》2005年第6期。
④ 孔颖达：《周易正义》，十三经注疏本，中华书局1980年版，第38—39页。

第三章 论《诗纬》的情性《诗》学观

即人道之务,匡衡说《六经》通人道之正。甚至我们也可以认为"天地之心"就是"人",《礼记·礼运》:"人者,天地之心也,五行之端也,食味、别声、被色而生者也。"《诗》言天地之心,便是《诗》言人,《诗》言人心,言人志。所以就诗学之传统而言,《诗纬》的诗为"天地之心"说并没有背离"诗言志"这一诗学传统,只不过是"诗言志"的一种变相而已。关于这一点,还可以求证于同属纬书系统的《春秋说题辞》,其曰:"诗者,天地之精,星辰之度,在事为诗,未发为谋,恬澹为心,思虑为志,故诗之为言志也。"① 揭去"天地之精,星辰之度"这层神学外壳,其内核仍是"诗言志"。

此外,如《诗含神雾》认为诗有"敦厚之教,自持其心,讽刺之道,可以扶持邦家"的功用。② 论诗与时代的关系,《诗含神雾》也强调"治世之音温以裕,其政平;乱世之音怨以怒,其政乖。诗道然"③,表述与《礼记·乐记》《毛诗大序》等相同。凡此种种皆可证明,《诗纬》对《诗》的整体性把握并没有偏离传统的诗教伦理,只不过表述带有些神秘的色彩而已。

再看《诗纬》等对具体诗篇的解说。现有的《诗纬》文献中留存的《诗》说并不多,但内容涉及《风》《雅》两类诗歌。这与《诗纬》的四始五际、六情十二律等理论相吻合,或许可以推断《诗纬》并没有像鲁、齐、韩、毛那样对每一首诗进行系统化解释。

在对具体的诗篇说解中,《诗纬》主于阴阳,无论《风》《雅》皆是如此。这一点,我们从《诗纬》三篇的名称中也大抵可以看出。就《雅》诗而言,文献所见《诗纬》四始五际配诗皆主于阴阳,说已见上文,于此不赘述。我们再以《诗纬》说《十月之交》为例:

十月之交,气之相交。周十月,夏之八月。④

---

① 李昉等:《太平御览》,中华书局1960年版,第2740页。
② 成伯玙:《毛诗指说》卷一《解说》,日本内阁文库本。
③ 陶宗仪等编:《说郛一百二十卷》,上海古籍出版社1988年版,第218页。
④ 孔颖达:《毛诗正义》,中华书局1980年版,第445页。

及其食也，君弱臣强，故天垂象以见征。辛者正秋之王气，卯者正春之臣位。日为君，辰为臣。八月之日交，卯食辛矣。辛之为君，幼弱而不明。卯之为臣，秉权而为政。故辛之言新，阴气盛而阳微，主其君幼弱而任卯臣也。①

烨烨震电，不宁不令，此应刑政之大暴，故震雷惊人，使天下不安。②

百川沸腾，众阴进；山冢崒崩，人无仰；高岸为谷，贤者退；深谷为陵，小临节。③

十月震电，山崩水溢，陵谷变迁，民生日促。后二年，幽王为犬戎所逐。④

翼奉说这首诗体现了"五际之要"，缘此《诗纬》佚文多处言及之。但是否属于"五际"之一篇，我们还是要采取谨慎的态度。这涉及翼奉《齐诗》学和《诗纬》关系问题，暂不论。而《诗纬》所谓"五际"皆阴阳消息变改之期，于此当有变改之政。"十月之交，气之相交"便是说阴阳之气相交会，《淮南子》既云子午、卯酉为二绳，又曰："八月、二月，阴阳气均，日夜分平，故曰刑德合门。德南则生，刑南则杀，故曰二月会而万物生，八月会而草木死。"⑤ 故《诗纬》特意指出周正之十月当夏正之八月，于辰为酉，阴阳气相交。正秋之王气不敌正春之臣气，辛金本应该克卯木，今木反侵金，以此阴阳失序表征君臣失位、臣强君弱。由此可见，《诗纬》全以阴阳当位不当位和日辰之刚柔说《诗》。而日、辰两者中，又以辰为主，似乎遵奉翼奉"师法用辰不用日"之义。当然，阴阳失位最终

---

① 孔颖达：《毛诗正义》，中华书局1980年版，第445页。
② 李昉等：《太平御览》，中华书局1960年版，第2846页。
③ 孔颖达：《毛诗正义》，中华书局1980年版，第446页。"节"见同书第500页校勘记。
④ 此一条，黄奭《黄氏逸书考》曰出《开元占经》卷三九《填星占》之二。而翻检《开元占经》卷三九并未发现，安居香山曰恒德堂本《开元占经》也没有该条，未知黄氏何据。
⑤ 刘文典：《淮南鸿烈集解》，中华书局1989年版，第98页。

第三章 论《诗纬》的情性《诗》学观

体现在人情上，烨烨雷电终至人不宁不令。据此几段文字判断，知《诗纬》解诗既有章句疏释，也有篇旨归纳。由此也可见《诗纬》说《诗》内容之丰富，惜乎资料残缺，无缘窥全豹。《十月之交》之外，如《诗纬》说《小雅·采薇》《大雅·灵台》等亦是如此。

相较于《雅》诗，《诗纬》佚文保留说《风》诗的材料更多，如说《关雎》《鹊巢》《蒹葭》《蟋蟀》等。以《鹊巢》为例。《诗推度灾》曰："复之日，鹊始巢。"① 又曰："鹊以复至之月，始作室家，鸤鸠因成事，天性如此也。"② 于十二辟卦，《复》卦当十一月；于十二支，复为子位；于四启四闭，复属冬至。就《复》卦本身而言，坤上震下，代表一阳复始。而子与孳同，代表"阳气既动，万物孳萌"。冬至于四季当中，也代表阳气开始用事。《诗纪历枢》："子者孳也，天地壹郁，万物蓄孳，上下接体，天下治也。"宋均注："郁，温也。"③ 壹郁即氤氲，又作絪缊，元气混沌充塞貌。《说文》："壹，壹壹，《易》曰：'天地壹壹。'"所以子代表天地初判，阳气用事，此与《孝经援神契》"冬至，阳气动"④ 大体相同。而鹊以复至之日始作家室，是其天性如此，也符合冬至、子时"万物蓄孳，上下接体"之义。由鸟及人，《鹊巢》写国君积行累功以致爵位如鹊然，而夫人有均一之德如鸤鸠，两者正相匹配。与此同时，诗以鹊、鸠起兴，取鹊冬至日始做巢之天性，兴婚姻合天地壹壹，阳气始萌之义。这就为作为一首歌咏新婚出嫁的诗《鹊巢》找到了天道的依据。

再看《诗纬》对《关雎》的解释。《诗推度灾》："关雎知原，冀得贤妃正八嫔。"注曰："嫔，妇也。八妇正于内，则可以化四方矣。"⑤ "关雎恶露，乘精随阳而施，必下就九渊，以复至之月，鸣求雄雌。"⑥ 此当为《诗纬》对《关雎》的解说。原，本也，道也。婚

---

① 孔颖达：《礼记正义》，中华书局1980年版，第1383页。
② 孔颖达：《毛诗正义》，中华书局1980年版，第284页。
③ 杜台卿：《玉烛宝典》，丛书集成初编本，第1339册，第367页。
④ 李昉等：《太平御览》，中华书局1960年版，第131页。
⑤ 李昉等：《太平御览》，中华书局1960年版，第706页。
⑥ 杜台卿：《玉烛宝典》，丛书集成初编本，第1339册，第367页。

上编　《诗纬》与汉代《诗经》学关系研究

姻之道在于乐其德而不淫其色,故《毛传》曰关雎"挚而有别",尤后妃"说乐君子之德,无不和谐,又不淫其色,慎固幽深",《毛诗序》解《关雎》之义为"后妃之德",即"乐得淑女以配君子,忧在进贤,不淫其色,哀窈窕,思贤才,而无伤善之心"①。又,刘向《列女传·魏曲沃妇篇》:"夫雎鸠之鸟,犹未尝见乘居而匹处。"②《汉书·匡衡传》载匡衡语:"臣又闻之师曰:'妃匹之际,生民之始,万福之原。'婚姻之礼正,然后品物遂而天命全。孔子论《诗》以《关雎》为始,言太上者民之父母,后夫人之行不侔乎天地,则无以奉神灵之统而理万物之宜。故《诗》曰:'窈窕淑女,君子好仇。'言能致其贞淑,不贰其操,情欲之感无介乎容仪,宴私之意不形乎动静,夫然后可以配至尊而为宗庙主。此纲纪之首,王教之端也,自上世已来,三代兴废,未有不由此者也。"③《易林·晋之同人》:"贞鸟雎鸠,执一无尤。"④阐释诗义、解诗用语与《诗纬》都有相合之处。而所谓"恶露"则是称赏关雎能求偶于隐蔽处。《后汉书·张衡传》:"呦河林之蓁蓁兮,伟《关雎》之戒女。"⑤《后汉书·明帝纪》及《冯衍传》李贤注引《薛君韩诗章句》曰:"诗人言雎鸠贞洁慎匹,以声相求,隐蔽于无人之处。"⑥冬至于十二辟卦图正对应《复》卦,"复至之月"即十二月,所以《诗纬》之"以复至之月,鸣求雄雌"即是说婚期。其以秋冬为婚期,与《毛诗》《韩诗》同,与《白虎通》、马融、郑玄等异。⑦但需要注意的是,《诗纬》对诗篇的说解特别强调天地阴阳变化及其影响。《推度灾》说

---

① 孔颖达:《毛诗正义》,中华书局1980年版,第273页。
② 王照圆撰,虞思徵点校:《列女传补注》,华东师范大学出版社2012年版,第132页。
③ 班固:《汉书》,中华书局1962年版,第3342页。
④ 焦延寿撰,元无名氏注,马欣钦点校:《易林》,凤凰出版社2017年版,第463页。
⑤ 范晔:《后汉书》,中华书局1965年版,第1923页。
⑥ 范晔:《后汉书》,中华书局1965年版,第112、995页。
⑦《周礼·媒氏》疏引《韩诗传》:"迨,愿也。古者霜降迎女,冰泮杀止。"《毛传》注《陈风·东门之杨》:"男女失时,不逮秋冬。"故《韩诗》《毛诗》以秋冬为婚期。而《白虎通·婚嫁》:"娶必以春何?春者天地交通,万物始生,阴阳交接之时也。《诗》曰:'士如归妻,迨冰未泮。'"而马融则据《周官》,认为男女二月成婚。郑玄说《匏有苦叶》便是依据马融,曰:"二月可以昏矣。"

第三章 论《诗纬》的情性《诗》学观

"关雎知原",原者本也,这里所谓"本"也和天地阴阳消息、顺逆有关。所以《推度灾》解释《关雎》时一再强调《复》卦,曰"以复至之月,鸣求雄雌"。正如上文所说,复至之月阳气始萌,婚姻之道兴。故关雎"乘精随阳而施",万物"鸣求雄雌","窈窕淑女,君子好逑"亦便是阴阳施之于人而发为情性之自然。

值得注意的是,《诗纬》对一些《风》诗说解本之于物候。如说《驺虞》"彼茁者葭,一发五犯。孟春,兽肥草短之候"[1],说《蒹葭》曰"阳气终,白露为霜"[2]。又曰"蒹葭秋水,其思凉,犹秦西气之变乎"[3]。所谓物候其本亦在于阴阳,"孟春""西气"等代表的正是阴阳变化之义。

除了对《诗经》经义的解说,《诗纬》中还有一些比附经义的内容。以圣人感生为例,《诗含神雾》:

> 大迹出雷泽,华胥履之,生伏羲。[4]
> 大电光绕北斗枢星,照郊野,感附宝而生黄帝。[5]
> 瑶光如蜺贯月,正白,感女枢生颛顼。[6]
> 庆都与赤龙合昏,生赤帝,伊祁尧也。[7]
> 握登见大虹,意感而生舜。[8]
> 大禹之兴,黑风会纪。[9]
> 扶都见白气贯月,感生黑帝汤。[10]
> 大任梦长人感己,生文王。[11]

---

[1] 陶宗仪纂,陶珽重辑:《说郛》百二十卷本,上海古籍出版社1988年版,第219页。
[2] 李昉等:《太平御览》,中华书局1960年版,第61页。
[3] 陶宗仪纂,陶珽重辑:《说郛》百二十卷本,上海古籍出版社1988年版,第219页。
[4] 李昉等:《太平御览》,中华书局1960年版,第364页。
[5] 徐坚:《初学记》,中华书局1962年版,第202页。
[6] 徐坚:《初学记》,中华书局1962年版,第39页。
[7] 徐坚:《初学记》,中华书局1962年版,第202页。
[8] 李昉等:《太平御览》,中华书局1960年版,第377页。
[9] 李昉等:《太平御览》,中华书局1960年版,第381页。
[10] 李昉等:《太平御览》,中华书局1960年版,第388页。
[11] 李昉等:《太平御览》,中华书局1960年版,第396页。

> 含始吞赤珠，刻曰：玉英生汉皇。后赤龙感女媪，刘季兴。①

这些圣人感生神话，其源头当来自《大雅·生民》和《商颂·玄鸟》。前引《史记·三代世表》褚少孙引《诗传》：

> 汤之先为契，无父而生。契母与姊妹浴于玄丘水，有燕衔卵堕之，契母得，故含之，误吞之，即生契。后稷母为姜嫄，出见大人迹而履践之，知于身，则生后稷。②

褚少孙师从王式，而王式学《鲁诗》，故少孙所引《诗传》当为《鲁诗传》。③《诗纬》或者说谶纬作者用今文经学《诗》说，把这种感生神话由契与后稷推广至三皇五帝，再扩展至所有圣王，如刘邦。而其极致则扩大至所有天子，如《春秋演孔图》："天子皆五帝精宝，各有题序，次运相据，起必有神灵符纪，诸神扶助，使开阶立遂。"④与对经义较为纯粹的解说相比，这些比附经义的圣人感生说更关注现实的可操作性。如果结合其他纬书就能发现，在《诗含神雾》的三皇五帝感生神话中，暗含着五德终始的关系，如颛顼水德、尧火德、汤水德。确立这种谱系完整的五德终始关系，其目的就是为汉家尧后为火德的说法寻找依据，同时圣人感生也可赋予刘邦以神性。当然，更为紧要的是，随着远古的神话演变成现实政治神话，而且具有无限分蘖力，举凡天子或有天子野心之人皆可凭借契、后稷等经书中的帝王叙事新造一个感生神话，为自己的王位或谋求王位之举找到神圣性与合法性依据。如《东观汉纪》便记载光武帝刘秀之生，"有赤光，室中尽明如昼"⑤，替刘秀为天子寻找"神灵符纪"，借以赋予其以神

---

① 李昉等：《太平御览》，中华书局1960年版，第659页。
② 司马迁：《史记》，中华书局1959年版，第505页。
③ 据郑玄《驳五经异义》，汉代今文三家诗及《公羊春秋》都认为圣人无父，感天而生，与《毛诗》《左传》不同。纬书援引今文经学观点，或因为唐代时三家诗或亡或不传，所以司马贞《史记索隐》认为褚少孙所引《诗传》即《诗纬》。
④ 李昉等：《太平御览》，中华书局1960年版，第355页。
⑤ 刘珍等撰，吴树平校注：《东观汉记》，中华书局2008年版，第1页。

圣性。所以，纬书中比附经义的内容大多超出了经义的范围而陷入神秘不可说境界，有的便是谶语，如"代汉者，龙颜珠额"，①"昌受符，厉倡寱，期十之世权在相"② 之类。

第六节 《诗纬》之评价及其后世影响

关于这一问题，我们可以从三个方面展开讨论。

首先是《诗纬》与汉代《诗》学之关系。笔者认为，欲准确把握这一问题，需准确理解谶与纬的关系以及纬与经的关系。简单地说，谶就是神秘预言，故张衡称谶是"立言于前，有征于后"③。这一点在汉代字书中也可以得到证明，《说文》"验也"，《释名》"谶，纤也，其义纤微而有效验也"，皆可证。谶出现颇早，可以追溯到先秦之时。但直到西汉中期以前，这些谶语并不以"谶"名，而称之为"图"或"策"，如《史记》所载《鹏鸟赋》文曰："发书占之兮，策言其度。"④ 而《汉书》作"谶言其度"。《史记·武帝本纪》及《封禅书》记"汉兴复当黄帝之时，汉之圣者在高祖之孙"并称鼎书，而荀悦《汉纪》则称谶书。⑤ 故张衡说"图谶知成于哀、平之际"的意思是，图谶之称名于哀平之际始见于典籍，非谓图谶之学成于哀平之际。⑥

有谶方有纬，经、谶结合便是纬书。然而，这里有一个问题需要予以澄清：纬书出现的最初原因并不是学术史常说的以谶解经，而是谶纬作者用经来证谶，以证明谶的合法性。从郑兴、桓谭等人非谶来看，图谶之学起始并不受人重视，尤其是经学家往往斥其荒诞，非圣人之学。当此之时，谶纬作者便转而向儒家经典寻求支撑，诚如清人

---

① 李昉等：《太平御览》，中华书局1960年版，第1677页。
② 孔颖达：《毛诗正义》，中华书局1980年版，第455页。
③ 范晔：《后汉书》，中华书局1965年版，第1912页。
④ 司马迁：《史记》，中华书局1959年版，第2497页。
⑤ 荀悦：《汉纪》，张烈点校，中华书局2002年版，第226页。
⑥ 蒙文通：《经史抉原》，巴蜀书社1995年版，第85页。

上编　《诗纬》与汉代《诗经》学关系研究

徐养原说:"图谶乃术士之言,与经义初不相涉。至后人造作纬书,则因图谶而牵合于经义。"① 只是到了后来,尤其是光武帝刘秀宣布图谶于天下之后,谶的地位渐高于经,于是才有以谶解经,以谶决五经异同之事。所以纬书之中有解经之语,也有比附经义之谶语。如果要想准确评价纬书,必须要分别此二者,并区别对待之。

　　理解了谶、纬、经三者之间的关系,我们再来讨论《诗纬》和汉代《诗经》的关系。尽管谶纬《诗》学在根本上和汉代经学保持高度的一致性,但其作为神秘思潮和方术化的知识体系,与经学毕竟有悬隔。清代今文学家从扶持今文经学的立场出发,对包括《诗纬》在内的谶纬之学给予正面评价,如陈乔枞作《诗纬集证》,认为《诗纬》是"圣门言《诗》之微旨",是"《诗》学之馆锗",且"经""纬"无别,都有"顺阴阳以承天道,原性情以正人伦"之功,二者不同在于"经明其义,纬陈其数;经穷其理,纬究其象",所以"纬之于经,相得益彰"②。"五四"以来,学者对《诗纬》多负面评价,斥之为妖妄之言。近些年来,学者开始从学理层面研究《诗纬》的《诗经》学阐释理论和阐释价值。③ 但总体来说,这些研究并没有超出清代学者的研究,一些结论也不无可商,如有学者认为《诗纬》说《诗》已经背离人伦道德方向,走上通向天道的神秘之域。而王长华、刘明先生则认为《诗纬》"几乎堕入了不可知的神秘境界"。对此,笔者有不同的看法。概言之,以往的学术史将《诗纬》等同于《齐诗》,显然这是不合适的。《诗纬》与《齐诗》虽然关系密切,

---

① 徐养原:《纬候不起于哀平辨》,《清经解》,凤凰出版社2005年影印本,第10834页。
② 陈乔枞:《诗纬集证·自叙》,《续修四库全书》第77册,上海古籍出版社2002年版,第761—762页。
③ 大陆学者如谭德兴:《齐诗诗学理论新探》,《兰州大学学报》2001年第4期;徐公持:《论诗纬》,《求是学刊》2003年第3期;曹建国:《〈诗〉纬与汉代〈诗〉学关系论略》,《中国诗歌研究》第三辑,中华书局2005年版;刘毓庆:《由人学到天学的〈诗〉学诠释》,《文学评论》2005年第6期。中国台湾学者如林金泉:《齐诗学之三基四始五际六情说探微》,《成功大学学报》第20卷,1985年,《诗纬星象分野考》,《成功大学学报》第21卷,1986年;江乾益:《齐诗翼氏学述评》,《第二届诗经国际学术探讨会论文集》,语文出版社1996年版。

第三章 论《诗纬》的情性《诗》学观

《诗纬》的理论范畴以及《诗》学阐释都受到了《齐诗》的影响自毋庸赘言，如上举《诗纬》对《关雎》的说解与上举《汉书·匡衡传》所载匡衡论《关雎》并无二致。匡衡谓"闻之于师"，则此当为《齐诗》义。而匡衡说"后夫人之行不侔乎天地，则无以奉神灵之统而理万物之宜"，那么"侔乎天地"关乎阴阳顺逆，意为人的行为要与天地阴阳合德。《诗纬》受《齐诗》学影响颇巨，由此也可见一斑。至于《诗纬》受《齐诗》翼氏学的影响更是不争的事实，下文还要论及，暂不赘述。尽管如此，如欲等同《诗纬》与《齐诗》，尚缺少坚实的文献依据。

其次看《诗纬》对《诗经》学阐释之影响。当我们讨论汉代《诗》学影响时，当然不应该忽视谶纬《诗》学与整个汉代《诗》学之间的互动关系。两汉尤其是东汉的经学家大多通纬或和纬书有着很密切的关系。但就《诗》而言，后苍之后的《齐诗》学，尤其是翼奉这一派的学者大抵流入了纬学。《汉书》既然记载《诗》有翼氏学，可以想见他们解《诗》与谶纬的关系。更为主要的是《韩诗》，东汉以后《韩诗》学者与谶纬关系之密切远远超乎其他诗学派。[①] 东汉初《韩诗》最重要的传人是薛君，他的《韩诗薛君章句》见载于《隋书经籍志》。而学术史记载《韩诗》一直传至宋代，应该主要是薛君的《韩诗薛君章句》。而同时根据文献的记载，薛君在东汉初的时候曾经协助朝廷整理过谶纬的文本。这一经历对他的《诗》学阐释自然产生了影响，比如他以"应门失守"说《关雎》便是本之纬书。[②] 关于《鲁诗》学者以纬解《诗》，我们可以韦彪为例，他在汉章帝建初七年的一封贡举上书中征引《孝经纬》来议政。[③]

当然，利用纬书解《诗》最著者当属郑玄。关于郑玄与谶纬之关系，文献记载以及学人相关论述夥矣，毋庸赘言。我们特举郑玄以纬笺注《毛诗》一、二实例加以说明。如《鹊巢》"维鹊有巢，维鸠居

---

① 曹建国、张莉莉：《韩诗与谶纬关系新考》，《武汉大学学报》2015年第6期。
② 范晔：《后汉书》，中华书局1965年版，第112页。
③ 范晔：《后汉书》，中华书局1965年版，第917—918页。

之",毛传曰:"兴也。鸤,鸤鸠也,秸鞠也。鸤鸠不自为巢,居鹊之成巢。"毛传本鸤鸠习性为说,尚算平实。郑笺:"鹊之作巢,冬至架之,至春乃成,犹国君积行累功,故以兴焉。"下文还具体解释了兴义。尽管《礼记·月令》记季冬之月亦有"鹊始巢",但以冬至之月鹊始巢者当据《诗纬》为说。所以郑之"鹊之作巢,冬至架之,至春乃成",当是依《诗纬》说。又如《大雅·灵台》,毛序曰:"《灵台》,民始附也。文王受命,而民乐其有灵德,以及鸟兽昆虫焉。"郑玄笺释曰:"民者,冥也。其见仁道迟,故于是乃附也。天子有灵台者,所以观祲象,察气之妖祥也。文王受命而作邑于丰,立灵台。《春秋传》曰:'公既视朔,遂登观台以望,而书云物,为备故也。'"郑玄所谓"民者,冥也"云云,便是本《孝经援神契》为说。①

魏晋南北朝时期的《诗经》阐释是否有利用纬书者,文献残缺,难以遽下结论。但根据孔颖达《毛诗正义》上大量引用纬书来推测,魏晋南北朝注经亦当不讳用纬书材料。孔颖达注经不仅大量征引纬书材料,他对纬书的定位也只是"不可尽信"②,并非一律排斥,态度尚算公允。到了北宋,欧阳修等主张从思想层面清除谶纬的影响,删去五经注疏中的纬书内容,纬书注经方日趋衰微。

最后看《诗纬》对后世诗学之影响。纬书中蕴含丰富的文论思想,许多表述也有其合理性。如其以情性论诗,《春秋说题辞》曰诗"在事为诗,未发为谋,恬澹为心,思虑为志,故诗之为言志也"③。这其实就是"诗言志"的翻版,而且"未发""已发"之描述和《诗大序》论诗异曲同工。而《诗含神雾》曰:"诗者,持也。"④刘勰将之纳入《文心雕龙》,孔颖达视之为诗三训之一。尤其是刘勰在《文心雕龙》中专章讨论谶纬,更是极大地彰显了纬书的文论价值。而后

---

① 孔颖达:《毛诗正义》,中华书局1980年版,第524页。
② 孔颖达:《毛诗正义》,中华书局1980年版,第445页。
③ 虞世南:《北堂书钞》,中国书店1989年版,第363页。又见李昉等《太平御览》,中华书局1960年版,第2740页。
④ 孔颖达:《毛诗正义》,中华书局1980年版,第262页。

第三章 论《诗纬》的情性《诗》学观

世诗文批评中大量关于诗妖、诗谶的内容,甚至如《诗话总龟》专门设立《诗谶门》,可见其影响之甚。可以说这些都已经纳入传统中国文论话语体系,成为中国古典文论的组成部分。

当然,我们也应注意到谶纬观念对中国文论深层次的影响。中国古代文论从表述到理念都非常重视神秘的体验,这和谶纬有着密切关系,尤其和纬书所张扬的天道观有关。在中国古代文论话语中,不乏"味""妙悟""神思""天道"之类的重玄思和重神秘体验的范畴。我们应该注意到这些范畴和谶纬观念之间的关系,尤其是魏晋南北朝时期谶纬观念的活跃以及这一时期文人对谶纬文学价值的自觉认识。以神思为例,《乐动声仪》曰:"神守于心,游于目,穷乎耳,往乎万里而至疾,故不得而不速。从胸臆之中而彻太极,援引无题,人神皆感,神明之应,音声相和。"① 谁又能区分陆机、刘勰关于神思论述与此间的区别?而钟嵘《诗品》曰"气之动物,物之感人,故摇荡性情,形诸舞咏"②,萧子显《南齐书·文学传论》亦云"文章者,盖情性之风标,神明之律吕也。蕴思含毫,游心内运,放言落纸,气韵天成。莫不禀以生灵,迁乎爱嗜,机见殊门,赏悟纷杂"③,此和《诗纬》"蒹葭秋水其思凉,犹秦西气之变乎"④ 内核相通,同时也和谶纬以《诗》为天地之精,星辰之度,人禀阴阳情性,故心感而思,思而满,满而发之描述相契合。⑤ 许多学者论及魏晋南北朝时期物感说之兴盛与谶纬观念的关系,正着眼于此。与此同时,我们也不能忽视的是魏晋南北朝文论家思想观念中的纬学背景。有学者专门讨论过谶纬对刘勰及其《文心雕龙》的影响,阐发刘勰精神中深藏的纬的特质以及谶纬观念对于刘勰文论系统组织的诱发作用。⑥ 这是否与刘

---

① 李昉等:《太平御览》,中华书局1960年版,第3页。
② 曹旭:《诗品集注》,上海古籍出版社2011年版,第1页。
③ 萧子显:《南齐书》,中华书局1972年版,第907页。
④ 陶宗仪等编:《说郛三种·说郛一百二十》,上海古籍出版社1988年版,第219页。
⑤ 《乐纬动声仪》曰:"诗人感而后思,思而后积,积而后满,满而后作。"见《文选·四子讲德论传》引,见《文选》,上海古籍出版社1986年版,第2251页。
⑥ 邓国光:《〈文心雕龙〉"假纬立义"初探》,《文心雕龙研究》第3辑,北京大学出版社1997年版,第67—83页。

勰曾依从僧祐的经历有关呢？魏晋南北朝时期僧侣多通纬，汉译佛典及佛学论著中谶纬印痕也时时可见。僧祐的《弘明集》《出三藏记集》中就有大量与谶纬有关的内容，刘勰受谶纬影响也不足为怪吧。

  总之，作为汉代中后期的思想界盟主，后世虽遭禁毁也不绝如缕的谶纬学说，对中国传统文化影响至深远。而其将情性比附阴阳，并在人天之间建立相关性拟人化关系的努力至今也还在发挥作用。究其与文学关系而言，正所谓"民禀天地之灵，含五常之德，刚柔迭用，喜愠分情。夫志动于中，则歌咏外发"①。人禀阴阳，诗言天心。但如何清理后世情性说与谶纬阴阳五行观念之间的关系，实际上仍是一个有待深入探讨的问题。

---

① 沈约：《宋书·谢灵运传论》，见萧统编，李善注：《文选》，上海古籍出版社1986年版，第2217页。

第四章　汉代《鲁诗》与谶纬

两汉《诗经》学中，《鲁诗》学是充满争议性的话题。从大的方面来说，汉代《诗经》学中，《鲁诗》最先兴盛，两汉《诗经》之帝王师也多《鲁诗》学者，东汉熹平年间立石经于太学，《诗》石经也是本之《鲁诗》。然而吊诡的是，整个两汉时期，《鲁诗》似乎一直不温不火。西汉尤其是末期《齐诗》风头最劲，而东汉则《韩诗》最为显赫，汉末及魏晋以后又变成《毛诗》一家独大。如何理解这种现象，学者给出的解释也颇有分歧。[①] 而一些具体的问题，如《鲁诗》学者的构成，自明清学者辑佚汉代三家《诗》学遗说以来，现代学者虽多方检讨，[②] 但分歧一直存在。有些问题，学界还没有讨论或关注较少，如《鲁诗》与谶纬问题。凡此种种，皆有重新检讨之必要。缘此，本人不揣浅陋，欲在前贤时哲研究的基础上，对两汉《鲁诗》学的几个重要问题加以检讨，以期对汉代《鲁诗》学以及整

[①] 代表性成果，如中国台湾学者叶国良《诗三家说之辑佚与鉴别》，《"国立"编译馆馆刊》1980年第1期。香港学者张锦少：《王先谦〈诗三家义集疏〉研究》，香港中文大学博士学位论文，2007年。赵茂林《两汉三家诗研究》，巴蜀书社2007年版。王承略《论两汉〈鲁诗〉学派》，《晋阳学刊》2002年第4期。梁振杰《汉代今文〈诗〉学兴衰探微》，《山西师范大学学报》2007年第1期。刘毓庆、郭万金《汉代三家诗的命运变迁》，《山西大同大学学报》2010年第1期。俞艳庭《两汉政治与三家〈诗〉的命运》，《清华大学学报》2010年第5期。也有一些研究从更大的范围讨论了汉代《鲁诗》的兴衰问题，如跃进《"鲁学"解》，《齐鲁学刊》2008年第1期。马士远《鲁学研究的几个问题刍议》，《文史哲》2019年第3期。

[②] 代表性成果，如刘立志《汉代〈诗经〉学史论》，中华书局2007年版。张峰屹、黄泰豪《清人辑佚三家〈诗〉学佚文的方法和理据之检讨》，《长江学术》2016年第1期。马昕《对三家〈诗〉辑佚的系统反思》，《江苏师范大学学报》2017年第3期。

个汉代《诗经》研究有所裨益。

第一节　申公作《鲁诗》与"鲁诗"学派之得名

就目前学界研究来看，大家对《鲁诗》学派的人员构成及《诗》学边界的理解仍存在很大差异，其原因便是大家对何为"鲁诗"以及"鲁诗"派成立之时间起始的界定存在分歧。

其实，汉《诗》学者以及《诗》学佚文学派归属判定问题，始终伴随着三家《诗》之辑佚。根据文献记载，宋代学者开始在《诗经》注释中借鉴三家《诗》义，如董逌《诗故》、朱熹《诗集传》等。至王应麟作《诗考》，开始有意识地搜集文献所存汉代三家《诗》学之遗说及训诂。但遗漏颇多，故明清学者在王应麟基础上补辑三家《诗》佚文。这自然就会涉及这些佚文遗说的学派归类问题，尤其是对那些历史文献没有明确学派记载和师承关系的学者及其佚说。根据判断依据材料的性质，明清以来三家《诗》辑佚及其学派归属大致可以分为两种类型。其一是直接材料，比如《史记》《汉书》《后汉书》等对某位学者所属学派或明确的经目师承关系，或是对某些《诗》说材料学派归属的准确记载。其二是间接材料，也可称推论证据。根据学者研究，其推导依据大致有：1. 学缘关系中不同经目之间的类推，比如司马迁随孔安国学古文，于是推导司马迁也是孔氏的《诗》学弟子，学《鲁诗》。2. 亲缘关系，如班伯学《齐诗》，推导班固也传《齐诗》。3. 地缘关系，如文献阙载或语焉不详，则多采取鲁人归鲁学、《鲁诗》，齐人归齐学、《齐诗》的简单方法归类。4. 时代先后，因为《鲁诗》最先出，故先汉或西汉前期学派不明的学者或《诗》说皆归《鲁诗》，如对贾谊以及《尔雅》诗学性质的判定。与之相类，《韩诗》于三家诗最晚亡，故六朝以来引诗异于毛氏者，皆归《韩诗》。5. 与《诗》学相关的活动，这在对蔡邕《诗》学派别的判断中尤为显证，因为熹平石经《诗经》本之《鲁诗》，而蔡邕参与其事，故蔡邕归于《鲁诗》。6. 根据其人片段

第四章 汉代《鲁诗》与谶纬

《诗》说推断其诗学派别，如王充《论衡·谢短篇》有"康王缺德于房，大臣刺晏，故《诗》作也"语，① 和《鲁诗》家说同，故被归属《鲁诗》。7. 根据其人《诗》学风格推断其《诗》学属性，如凡涉猎阴阳灾异的均倾向于归属齐学或《齐诗》，清儒对谶纬诗学的处理便是如此。8. 根据某人对三家《诗》之褒贬态度推断其学派归属，如阮元《三家诗补遗》将班固归入《鲁诗》学派，叶德辉认可的理由便是《汉书·艺文志》中有"鲁最为近之"之赞语。9. 根据文字来判断其《诗》学派性，王应麟《诗考》有《〈诗〉异字异义》，但凡不同《毛诗》之文字或诗义，或归之某家，或泛言"三家"。

上述直接和间接证据中，依据直接证据做出的判断可以取信。② 如《汉书·儒林传》记载兔中徐公、鲁许生从申培学，而二人又授学昌邑王师王式，王式授薛广德，薛广德授楚人龚胜、龚舍，那么据此我们可以推断上述诸家都是《鲁诗》学者。但如果我们依据间接证据做出的判断，则需谨慎对待。比如以《诗》用字定其学派在明清三家《诗》辑佚学中十分流行，而参诸出土文献可知，早期书写文本中用字实际上非常随意。但说这些推导性间接证据全无价值，似乎也不能这样说。我们仍以文字为例，大家熟知郑玄在笺注《毛诗》的时候改了许多字，孔颖达也感慨《毛诗》"字与三家异者动以百数"③。郑玄之所以改字和孔颖达之所以强调《毛诗》与三家《诗》字数不同之数量，盖因文字不同导致了释义的变化，或者使释义难以

---

① 黄晖：《论衡校释》，中华书局1990年版，第562页。
② 有学者认为直接证据也不可信，比如《汉书》记载匡衡学《齐诗》，而《诗·烈祖》孔疏引许慎《五经异义》说"《诗》鲁说丞相匡衡以为殷中宗周成宣王皆以时毁"云云。（孔颖达：《毛诗正义》，中华书局1980年版，第621页）当然，不能绝对排除匡衡曾学《鲁诗》而文献阙载的可能性，但更大的可能性则是句中的"鲁"为"齊（齐）"之讹误，如陈寿祺所言。（陈寿祺：《五经异义疏证》，中华书局2014年版，第70页）当然，也不能排除另外一种可能性，即标点所导致的理解有误。这句话或可句读为"《诗》鲁说、丞相匡衡以为殷中宗、周成、宣王皆以时毁"，如此则涉及《鲁诗》庙制说。《汉书·韦玄成》传记载韦玄成论庙制，以为太祖庙世世不毁，其余则亲尽宜毁。匡衡为相，重申韦玄成之议。韦玄成学《鲁诗》，匡衡学《齐诗》，二者论庙制则同。所以，断句为"《诗》鲁说、丞相匡衡以为殷中宗、周成、宣王皆以时毁"不为无据。
③ 孔颖达：《毛诗正义》，中华书局1980年版，第273页。

理解。也就是说，当文字差异带来训诂的变化时，文字的差异便有了区分学派的意义。

在我们研讨汉代《鲁诗》传授及其影响时，上述所有的间接证据都会涉及。这其中又以《鲁诗》的年代学证据最为关键，因为它不仅只关涉《鲁诗》，也关系到《鲁诗》的界定，即何谓"鲁诗"，"鲁诗"之得名及其产生时代。由此也关系到另一个问题，即"《鲁诗》学"之确指。所以年代学问题，对《鲁诗》乃至整个汉代《诗经》学研究来说，都是最为重要的问题之一。

回顾《鲁诗》辑佚学诗，明代杨慎最先引入年代学证据。其《丹铅续录》说《诗·驺虞》引贾谊《新书·礼篇》之"驺者，天子之囿也；虞者，囿之司兽者也。天子佐舆十乘，以明贵也；贰牲而食，以优饱也。虞人翼五豝以待一发，所以复中也。人臣于是所尊敬者，不敢以节待，敬之至也。甚尊其主，敬慎其所掌职，而志厚尽矣。作此诗者，以其事深见良臣顺下之志也"，评曰："此《诗》说与毛氏异。汉世《诗》始萌芽，惟尚齐、鲁二家，韩氏晚出，毛氏最晚，此盖鲁说也。"① 到了清代，《鲁诗》辑佚学基本秉承此思路。如范家相《三家诗拾遗》不仅将贾谊归入《鲁诗》，也将伏生《尚书大传》之说诗归入《鲁诗》，理由是伏生是鲁人，与申公年代相仿佛。② 这一研究理路在臧庸又有了拓展，他的《拜经日记》卷四有"《尔雅》注多《鲁诗》"说，朱彝尊认为"《鲁诗》源于浮丘伯，《齐诗》源于辕固生"③，而陈寿祺、陈乔枞父子作《三家诗遗说考·鲁诗遗说考》，认为《荀子》等先秦、前汉书中所载《诗》说或为《鲁诗》所本，或当时只有《鲁诗》而悉数归入《鲁诗》。后来王先谦等欲扶助微学，将凡与《毛诗》不同者皆归入三家《诗》，作《诗三家义集疏》而集清代三家诗辑佚之大成。此举固然扩大了三家《诗》说之阵营，但也产生了一系列问题。尤其是《鲁诗》，辑佚内

---

① 杨慎：《丹铅续录》，丛书集成初编本，商务印书馆1936年版，第9页。
② 范家相：《三家诗拾遗》，四库全书本。
③ 朱彝尊：《经义考》，中华书局1998年版，第545页。

第四章　汉代《鲁诗》与谶纬

容最丰，但问题也最多，其中突出者便是模糊甚至抹去了《鲁诗》的界限。学者对清人辑佚学得失之检讨虽多，但实际研究中人们仍大多秉依清人之辑佚理念及结论，故此问题仍有深入讨论之必要。

首先我们需要追问的问题是，"鲁诗"最先见诸文献记载是不是说它就是先秦《诗》学的唯一传承？如果是这样的话，那么《齐诗》《韩诗》和先秦《诗》学有没有关系，有什么关系？由此再进一步追问，《齐诗》《韩诗》和《鲁诗》是不是也有承袭关系？很显然，我们不能将《鲁诗》视为先秦《诗》学的总代理。就荀子而言，文献记载他是浮丘伯的老师，但他也是大毛公毛亨的《诗》学老师。比较《韩诗外传》和《荀子》文本，我们也不能否认《韩诗》和荀子之间的关系。当然，我们可以从先秦两汉典籍成书的角度否认或淡化《荀子》文本和《韩诗外传》之间的关系，认为它们只是借助了相同或相类的文本片段，甚至和刘向整理书籍有关。但这也就证明了《荀子》或荀子的《诗》说具有公共文本性质，以所谓严格师承关系来狭隘界定《鲁诗》和荀子以及先秦《诗》学的关系并不合适。同样，对于《毛诗》和子夏以及荀子之间的传承关系，虽然班固在《汉书·艺文志》中用了"自谓"来表述，但我们并没有证据来证明《毛诗》造假，至少刘向、刘歆父子以及班固都没有证据来否定《毛诗》的说法。而《齐诗》和先秦《诗》学，尤其是和孟子、荀子《诗》学精神之间的关系也有明显的继承关系，辕固生贵民轻君、主张革命思想和孟、荀"诛放"精神一以贯之。① 据此不难看出，当汉代《诗》学重新兴起的时候，那些《诗》家面对着先秦时期之《诗》说旧说，各随所好而加以去取以成就各自《诗》学阐释。我们当然没有理由相信这一时期存在所谓严格的师承关系，甚至假设所谓的师法、家法。

其次我们需要考虑的是，汉初乃至整个汉代的《诗》说是否一定具有学派属性，也就是说，是否每一种《诗》说都要在学派中被定位或被定义。答案当然是否定的。以贾谊为例，自杨慎以后，人们都

---

① 蒙文通：《经史抉原》，上海人民出版社2006年版，第152—182页。

将其视为《鲁诗》传人。而通过仔细比较研判文献记载的贾谊《诗》说，人们发现他的《诗》学非鲁非毛，继承的是先秦"以诗为教"的官学传统。①

在前两个问题的基础上，我们方可以讨论"何谓《鲁诗》"这一问题。关于《鲁诗》之始传，《史记·儒林列传》曰：

> 申公者，鲁人也。高祖过鲁，申公以弟子从师入见高祖于鲁南宫。吕太后时，申公游学长安，与刘郢同师。已而郢为楚王，令申公傅其太子戊。戊不好学，疾申公。及王郢卒，戊立为楚王，胥靡申公。申公耻之，归鲁，退居家教，终身不出门，复谢绝宾客，独王命召之乃往。弟子自远方至受业者百余人。申公独以《诗》经为训以教，无传（疑），疑者则阙不传。②

班固《汉书·儒林传》记载与之大体相同。独《汉书·楚元王传》又载：

> 元王既至楚，以穆生、白生、申公为中大夫。高后时，浮丘伯在长安，元王遣子郢客与申公俱卒业。文帝时，闻申公为《诗》最精，以为博士。元王好《诗》，诸子皆读《诗》，申公始为《诗》传，号《鲁诗》。元王亦次之《诗》传，号曰《元王诗》，世或有之。③

根据《元王传》记载，则申公在为文帝《诗》学博士时创立《鲁诗》。对此学界也多采信，并无异词。但如果我们仔细讨覆《元王传》接下来对申公的叙事，就会发现其中或有扞格难通之处。其曰：

---

① 刘跃进：《贾谊〈诗〉学寻踪》，《周口师范学院学报》2003年第1期。后收入氏著《秦汉文学论丛》，凤凰出版社2008年版，第36—50页。
② 司马迁：《史记》，中华书局1959年版，第3120—3121页。
③ 班固：《汉书》，中华书局1962年版，第1922页。

第四章　汉代《鲁诗》与谶纬

> 高后时，以元王子郢客为宗正，封上邳侯。元王立二十三年薨，太子辟非先卒，文帝乃以宗正上邳侯郢客嗣，是为夷王。申公为博士，失官，随郢客归，复以为中大夫。①

考楚元王刘交薨于汉文帝元年三月，此时距离文帝即位仅六个月左右。如果申公随第二代楚元王刘郢客回楚国，那么他在文帝朝为博士也不会超过半年。所以我们猜想这是司马迁在《史记·儒林列传》不记载申公为文帝博士，而记载《韩诗》之韩婴为文帝博士的原因。要在如此短的时间内作《鲁诗》传，显然难度很大。更何况《史记·儒林列传》及《汉书·儒林传》都记载申公仅仅以《诗》的经文为诂训以传授，没有《诗》传。这一点校诸《汉书·艺文志》记载三家《诗》著述相符，《鲁诗》只有《鲁故》二十五卷，《鲁说》二十八卷，而《齐诗》《韩诗》皆有传，也和下文"汉兴，鲁申公为《诗》训故，而齐辕固、燕韩生皆为之传"相吻合。② 所以我们认为，《汉书·楚元王传》对申公的记载或有讹误不明之处，申公短时期为文帝《诗》学博士，当时年龄约40岁。其后为刘郢客及刘戊中大夫，时间约24年。后因谏刘戊与吴王刘濞通谋造反事，被胥靡之刑而归鲁。其作《鲁诗》当在其归鲁教授《诗》学之后。其时间约当汉景帝初年，申公其时约65岁。当然，申公不作《诗》传，并不表示整个汉代《鲁诗》都没有传。《汉书·艺文志》记载《鲁说》与传的关系，以及《鲁诗》传之制作，详下文。

综上所述，我们认为《鲁诗》成于申公之手，"鲁诗"学派的得名也源自申公。申公之前，世无《鲁诗》，也无"鲁诗"学派。

---

① 班固：《汉书》，中华书局1962年版，第1923页。
② 马瑞辰的《毛诗传笺通释·鲁诗无传辨》根据《汉书·楚元王传》《太平御览》卷二百三十二引《鲁国先贤传》以及何休《公羊传注》、班固《白虎通义》、《文选》李善注等皆引《鲁诗传》，断定《鲁诗》有传。但诸家引《鲁诗》传，并不一定证明此传一定出自申公之手。换句话说，后世见《鲁诗》传和申公作《鲁诗》传是两个层面的问题。

上编　《诗纬》与汉代《诗经》学关系研究

第二节　《鲁诗》传人通考

根据《史记·儒林列传》和《汉书·儒林传》记载，申公弟子有兰陵王臧、代人赵绾、鲁人孔安国、砀鲁赐、兰陵缪生、邹人阙门庆忌、鲁许生、免中徐公、瑕丘江公等，此外尚有周霸、夏宽以及徐偃。《汉书·儒林传》上文说《尚书》学传承，提到鲁人周霸，所以笔者颇怀疑周霸、夏宽等皆是鲁人。这样除赵绾的籍贯稍远以外，其余弟子的籍贯几乎围绕在曲阜周围。或许赵绾是申公为文帝博士时弟子，其余皆是归鲁之后的《诗》学弟子。这也有利于证明申公的《诗》学影响是他归鲁之后才确立起来的，与我们上文推导申公归鲁之后作《鲁诗》并创立"鲁诗"学派的结论相吻合。上文提到的申公这些弟子，除孔安国是《尚书》学博士外，其余皆为《诗》学博士，这有利于扩大《鲁诗》的影响。

申公弟子中，影响最大同时徒众最盛的是瑕丘江公，又称大江公。大江公传申公之《诗》学及《春秋谷梁》，其弟子最为著名的当属韦贤，有"《鲁诗》起于申公而盛于韦贤"[1]之说。韦贤为汉昭帝《诗》学老师，同时也兼通《礼》与《尚书》。因韦贤是楚王傅韦孟的五世孙，故有学者从韦孟追溯汉代韦氏《鲁诗》学的源头。其实这样的说法有泛化倾向，韦孟为楚元王傅，作有雅体四言诗《讽谏诗》，但均与严格意义上的《诗》学传承相去甚远。汉代韦氏《诗经》学长盛不衰，韦贤传子韦玄成，父子皆为丞相。韦贤长子韦弘为太常丞，太常丞是太常的副手，掌宗庙礼仪及教育，所以猜想他也当传家学，尤其是《礼》学。韦弘子韦赏也传《鲁诗》，汉哀帝为定陶王时，韦赏为太傅，后为大司马、车骑将军。此外，《汉书·韦贤传》记载韦贤弟子尚有义倩，曾为《诗》学博士。东汉以后韦氏《诗》学依然有授受，武荣碑记载武荣传《鲁诗学韦君章句》。[2] 韦赏

---

[1] 朱彝尊：《经义考》，中华书局1998年版，第545页。
[2] 洪适：《隶释·隶续》，中华书局1985年版，第139页。

第四章 汉代《鲁诗》与谶纬

之孙韦彪"好学洽闻,雅称儒宗"①,且以经学教授,或亦传《鲁诗》韦氏学。然韦彪族孙韦著,史书记载"持(治)《京氏易》《韩诗》"②,而非家传之《鲁诗》,或亦大势之所趋。

瑕丘江公之《诗》学弟子见诸史籍记载者,韦贤之外,尚有荣广,以及传其家学的博士江公。瑕丘江公兼传申公之《春秋谷梁》,因其为人口吃,故与公羊学家董仲舒辩难而不及之,由是《公羊》兴而《谷梁》凋敝。《汉书·儒林传》记载:"唯鲁荣广王孙、皓星公二人受焉。广尽能传其《诗》《春秋》,高材捷敏,与《公羊》大师眭孟等论,数困之,故好学者颇复受《谷梁》。"③博士江公,《汉书·儒林传》记载其"世为《鲁诗》宗","世为"当是据瑕丘江公为说。据《后汉书·卓茂传》记载,卓茂师事博士江公,"究极师法,称为通儒"④。

王式是申公第三代传人中最有影响的《鲁诗》学者。史书记载他问学于鲁许生和免中徐公,曾为《诗》学博士。因为招博士江公嫉恨,遂称病归家。其弟子见诸史籍者有山阳张长安、东平唐长宾、沛褚少孙、薛广德,由是《鲁诗》有张、唐、褚氏之学。其中张长安授兄子张游卿,张游卿以《鲁诗》授汉元帝,另有弟子琅邪王扶和陈留许晏,许晏为博士,并创《鲁诗》许氏学。而薛广德为《诗》学博士,讲论石渠阁,也曾以《诗》教授楚国,名弟子有龚胜、龚舍。另外,王式还有一个著名的弟子,即汉废帝刘贺。他是第二任昌邑王,继昭帝位作了27天皇帝便被霍光废黜,后来被封为第一代海昏侯,治所在今南昌。2011年其墓葬被发掘,其中出土有《诗经》简1200多枚,整理者认为是《鲁诗》。相信海昏侯墓中出土的《诗经》简对于我们研究汉代《鲁诗》学,以及整个汉代《诗经》学具有极大的价值。

以上这些《鲁诗》传人皆有清晰师承关系,此外尚有一些师承不

---

① 范晔:《后汉书》,中华书局1965年版,第917页。
② 范晔:《后汉书》,中华书局1965年版,第1747页。
③ 班固:《汉书》,中华书局1962年版,第3617页。
④ 范晔:《后汉书》,中华书局1965年版,第869页。

明的《鲁诗》传人。《后汉书·高诩传》记载,高诩祖高嘉"以《鲁诗》授元帝",父高容"少传嘉学,哀平间为光禄大夫"①。又,《后汉书·包咸传》记载包咸"少为诸生,受业长安,师事博士右师细君,习《鲁诗》《论语》",所以博士右师细君也是《鲁诗》传人。②《后汉书·李业传》记载,李业"少有志操,介特。习《鲁诗》,师博士许晃。元始中,举明经,除为郎"③,是许晃于西汉成哀年间为《鲁诗》博士,李业从其学。《后汉书·五行传三》注引《谢承书》曰:"陈宣子兴,沛国萧人也。刚猛性毅,博学,明《鲁诗》。遭王莽篡位,隐处不仕。"是陈宣也习《鲁诗》。④

新莽时期,《鲁诗》学者或隐处或逃亡,采取不合作态度。对此学者已有颇多研究,读者可以参看。⑤东汉以后,光武帝嘉奖《鲁诗》学者在新莽时期的高义,这在一定程度上促进了《鲁诗》的勃兴。如高诩传其家学,学《鲁诗》。新莽时期父子称盲而不仕新朝,光武即位,高诩位至大司农。卓茂不仕新莽,也不仕更始,光武即位拜为太傅,封褒德侯。此外如李业、包咸、陈宣不仕新莽,光武授李业谏议大夫,授包咸大鸿胪,陈宣谏议大夫,等等。

东汉以后明确见诸史书记载的《鲁诗》传人,上文提到的卓茂、包咸、高诩、李业、陈宣等,他们都历西汉、新莽以及东汉三朝。除此以外,还有魏应,"建武初,诣博士受业,习《鲁诗》",他在明帝永平初为《鲁诗》博士,"弟子自远方至,著录数千人",并参加白虎观会议,与诸儒讲论五经同异。⑥鲁恭,习《鲁诗》,"肃宗集诸儒于白虎观,恭特以经明得召,与其议",后来为《鲁诗》博士而"家法学者日盛"⑦。鲁恭弟弟鲁丕也传《鲁诗》,"以《鲁诗》《尚书》教授,为当世名儒","门生就学者常百余人,关东号之曰'五经复

---

① 范晔:《后汉书》,中华书局1965年版,第2569页。
② 范晔:《后汉书》,中华书局1965年版,第2570页。
③ 范晔:《后汉书》,中华书局1965年版,第2668—2669页。
④ 范晔:《后汉书》,中华书局1965年版,第3307页。
⑤ 王承略:《论两汉〈鲁诗〉学派》,《晋阳学刊》2002年第4期。
⑥ 范晔:《后汉书》,中华书局1965年版,第2571页。
⑦ 范晔:《后汉书》,中华书局1965年版,第873—882页。

第四章 汉代《鲁诗》与谶纬

兴鲁叔陵'"①。陈重、雷义,《后汉书·独行列传》记载,陈重"少与同郡雷义为友,俱学《鲁诗》《颜氏春秋》"②。李咸,《后汉书·胡广传》注引《谢承书》载:"咸字元卓,汝南西平人。孤特自立。家贫母老,常躬耕稼以奉养。学《鲁诗》《春秋公羊传》、三《礼》。"③ 李昺,见《后汉书·方术列传》,注引《谢承书》曰:"昺字子然,鄩人也,笃行好学,不羡荣禄。习《鲁诗》《京氏易》。"④ 蔡朗,传《鲁诗》,蔡邕《琅邪王傅蔡朗碑》:"(朗)以《鲁诗》教授,生徒云集,莫不自远并至。"⑤

传世文献外,出土东汉碑刻也记载了一些《鲁诗》学者,如上引传《鲁诗韦君章句》的武荣。此外,尚有鲁峻,字仲岩,山阳昌邑人,治《鲁诗》,兼通《颜氏春秋》。同时,碑文记载鲁峻的门生三百二十人,并给出了三十八个人的名字和籍贯。根据籍贯分散程度判断,鲁峻或许有太学授徒的经历。⑥

以上都是文献明确记载的《鲁诗》传人,当无疑议。此外尚有一些明清学者根据家族、师承、区域等因素推导出的《鲁诗》传人,如元王家族、司马迁、蔡邕等,尚需辨析。

楚元王刘交是汉高祖的弟弟,曾和申公、白生、穆生等一起跟随荀子弟子浮丘伯学《诗》。因为秦末天下动荡而学业未竟,故高后时期派其子刘郢客和申公一起又随浮丘伯学《诗》并完成了学业。当申公为《诗》诂训而作《鲁诗》时,元王也将自己的《诗》学编次为《元王诗》。只是它后来有没有传下去不能肯定,故班固说"世或有之"。要说《元王诗》和申公的《鲁诗》没有关系显然不切合实际,毕竟两人同时问学于浮丘伯。但要说两人《诗》学完全相同,甚至都归入申公的"鲁诗"学派显然也没有道理,否则二人的《诗》

---

① 范晔:《后汉书》,中华书局1965年版,第883—885页。
② 范晔:《后汉书》,中华书局1965年版,第2686页。
③ 范晔:《后汉书》,中华书局1965年版,第1511页。
④ 范晔:《后汉书》,中华书局1965年版,第2722页。
⑤ 蔡邕撰,邓安生校注:《蔡邕集编年校注》,河北教育出版社2002年版,第7页。
⑥ 毛远明:《汉魏六朝碑刻校注》,线装书局2008年版,第353—354页。

学就不需要分别称呼了。申公、穆生等初为楚国中大夫,掌论议。后来刘郢客命申公傅刘戊,但刘戊不好《诗》学。即便是刘戊好申公《诗》学,也不会形成刘交以来的元王家族《诗》学。因为元王尚有《元王诗》,诸子若读《诗》亦当读《元王诗》。当楚王刘戊参与谋反时,休侯刘富逃亡京师,申公返鲁,至此刘富一系所代表的元王文脉和申公所代表的"鲁诗"学派再无交集。刘富子刘辟彊"好读《诗》,能属文",辟彊子刘德"修黄老术",常秉持"老子知足之计"。正因为如此,刘德之子刘向当初似乎更喜欢淮南王刘安的那一套,并且把刘德治淮南王狱时隐匿的《枕中鸿宝苑秘书》视为珍宝,"幼而读诵,以为奇",当汉宣帝循武帝故事而"复兴神仙方术之事"时,当时还名叫刘更生的刘向"献之,言黄金可成",结果黄金没有成,刘更生也差点送了命。后来汉宣帝"初立《谷梁春秋》,征更生受《谷梁》,讲论五经于石渠",刘更生才转向了儒学,并更名刘向。① 由此追溯可见,刘向身上实在很少有家族《诗》学的影子,他的学术根基仍基于少年时的方术兴趣,所以后来才撰作《洪范五行传论》倡言灾异,又作和天文历算九道术②相关的《五纪论》,因为这些都和数术有关。学术史依据刘向所编之《说苑》《新序》《列女传》等书涉及《诗》本事的条目讨论刘向《诗》学派别及家法、师法等问题,但意见颇不统一。自南宋以来的主流意见视刘向为《鲁诗》传人,理由自然是以元王家族世传《鲁诗》,毋庸赘言。王引之又论刘向学《韩诗》,③ 马瑞辰赞同。④ 陈奂《诗毛氏传疏》调和两家,认为刘向兼采《鲁》《韩》,⑤ 向宗鲁同之。⑥ 全祖望认为刘向学问极博,故不能定其为何《诗》。对此余嘉锡认同,并详为论说。⑦ 今人

---

① 班固:《汉书》,中华书局1962年版,第1926—1929页。
② 九道术是一种根据月行疾速推算近点月的方法,详见《续后汉书·律历志》。
③ 王引之:《经义述闻》,上海古籍出版社2016年版,第431—432页。
④ 马瑞辰:《列女传补注序》,见王照圆《列女传补注》,《续修四库全书》第515册,上海古籍出版社2002年版,第663—664页。
⑤ 陈奂:《诗毛氏传疏》,商务印书馆1933年版,第89页。
⑥ 刘向撰,向宗鲁校证:《说苑校证》,中华书局1987年版,第3页。
⑦ 余嘉锡:《四库提要辩证》,中华书局1980年版,第556—560页。

第四章 汉代《鲁诗》与谶纬

吴正岚比较刘向《诗》学和汉代四家《诗》之同异后认为他不拘家法，兼采众说。① 黄梓勇赞同余嘉锡的意见，用吴正岚的论证方法，得出刘向偏向《鲁诗》的意见。② 而徐建委认为从刘向的《上封事》中几乎看不出刘向《诗》学之师法，但"如果非要据现有文献做出判断的话，还是接近于《齐诗》"，然后从刘向生活的年代、交往、学术风格等几个方面论述刘向与《齐诗》的关系。③ 上述诸说中，惟余嘉锡得其真谛。何哉？盖刘向编《说苑》《新序》《列女传》本志都不在于《诗》，他更主要是感于汉室江山受到了王氏外戚的威胁以及元、成以来汉室帝王的不作为，编这些书主要是以求谏言和复兴汉室。同时，整理图书工作以及他对《春秋》三传的博通，也为他编书提供了条件。要之，就刘向本来目的而言，编《说苑》等书非为学，但求合乎实用，正如余嘉锡所言："一书有一书之宗旨，……但求其合乎儒术无悖于义理足矣。至于其中事迹皆采自古书，苟可以发明其意，虽有违失，固所不废。"④《说苑》等书中的《诗》学材料都是战国秦汉间的杂说，和学术史塑造出来的所谓元王家族《诗》学无关，也不是什么师法的问题。如果我们拘泥于《诗》学派性来讨论刘向《诗》学，出发点便错了。

再看司马迁。学术史认为司马迁学《鲁诗》，理由是他曾向申公弟子孔安国问学。然孔安国也传古文《尚书》，司马迁正是和他学古文《尚书》。尽管如此，认为司马迁受到孔安国《鲁诗》学影响并非全无道理。当然，这个结论难以坐实，因为我们看到司马迁在《史记》中对"四始"的表述以及一些诗篇"美刺"的判断，反映的是汉代《诗》学的通说，很难断言某家某派。与其说他是《鲁诗》学者，不如说他表现出《鲁诗》倾向。比如《史记·十二诸侯年表》"周道缺，诗人本之衽席，《关雎》作"⑤，以《关雎》

---

① 吴正岚：《论刘向诗经学之家法》，《福州大学学报》2000年第2期。
② 黄梓勇：《刘向〈诗〉学家法研究》，《湖南大学学报》2008年第2期。
③ 徐建委：《〈说苑〉研究》，北京大学出版社2011年版，第188—196页。
④ 余嘉锡：《四库提要辩证》，中华书局1980年版，第554页。
⑤ 司马迁：《史记》，中华书局1959年版，第509页。

上编 《诗纬》与汉代《诗经》学关系研究

为刺诗,汉代立于中央朝廷学官的鲁、齐、韩无不如此。[①] 又如《史记》叙述《黄鸟》和《甘棠》本事,和《毛诗序》并无差别。但这只是一种历史化的叙事,我们不需拉《毛诗》作陪衬,因为司马迁是否知道《毛诗》存在都是一个未知数。所以在司马迁那里,《诗》更主要是关乎前朝和当代的历史叙事,其次才是《诗》学的问题。

　　同样情况还有蔡邕。关于蔡邕的《诗》学派别,学者已有相当多的讨论,对清人将其归于《鲁诗》提出了质疑。诚然,熹平石经的《诗经》文本用《鲁诗》本,而蔡邕曾参与其事,仅仅以此判定蔡邕为《鲁诗》传人理由确实稍显单薄。但和其他学人不同,蔡邕的经学成就斐然,其《诗》学必有所承传。传世蔡邕文,尤其是他的赋有大量涉《诗》内容。不仅关系到语典,也有一些对《诗》的理解,可见其精熟于《诗》。关键的问题是,如果蔡邕文赋用《诗》可称《诗》学,那么他到底主于何《诗》?就现有资料而言,这个问题可能难以有确切之结论。尽管蔡邕文涉及对《诗》的理解,如《述行赋》"甘《衡门》以宁神兮,咏《都人》而思归"[②],《青衣赋》"《关雎》之洁,不蹈邪非"[③]。但这些都看不出其《诗》学派性,如《衡门》"宁神"合乎四家《诗》学,而但就《关雎》之"洁"而言,人们也很难断定是对文本的理解还是悬置文本的文学性用《诗》。另外,讨论蔡邕《诗》不能避开《独断》中对《周颂》三十一篇的解说。笔者认为,如果我们区分《诗》的辞章义和乐章义,政治用诗与仪典用诗,就可以理解《独断》对《周颂》三十一篇的解说用的是乐章义和仪典义,其同于《毛诗》也不难理解,因为《诗序》对正风、正雅以及《周颂》的解说用的也都是乐章义和仪典义。但有一点可以肯定,蔡邕《诗》学倾向于今文《诗》学,这从《协和婚赋》"《葛覃》恐其失时,《摽梅》求其庶

---

① 王先谦:《诗三家义集疏》,中华书局1987年版,第4—8页。
② 费振刚等:《全汉赋校注》,广东教育出版社2005年版,第913页。
③ 费振刚等:《全汉赋校注》,广东教育出版社2005年版,第923页。

第四章 汉代《鲁诗》与谶纬

士"中可以看出。①"《葛覃》恐其失时"将《葛覃》解为思嫁的诗，和《毛诗》"归宁"说绝不一致，应是今文说。如果一定要在今文三家中为蔡邕做一个选择的话，蔡邕似乎更倾向于《鲁诗》。参与刊刻《鲁诗》虽不能作为绝对证据，但也不能完全漠视，作为辅助证据还是有一定说服力的。尽管在熹平石经的刊刻中，学术界对蔡邕起到了什么样的作用有争议，②但他一定是很积极推动其事。而且就参与其事的几个人的经学擅长来看，似乎蔡邕和《诗》的关系更密切。尽管我们不认为倡议刊刻石经的人能完全左右石经底本选择，但他们的建议一定会起到诱导性作用。而在酝酿选择底本时，每个学者的经学授受和经学取向应该会对其产生影响。也就是说，蔡邕等人动议《诗经》选《鲁诗》，应该可以代表他们的《诗经》学派倾向。

通过对清代三家《诗》辑佚学推导出来的三个代表性《鲁诗》学者分析，我们认为刘向感激时事之用《诗》，重在发明其意而采摘诗本事于古书，司马迁是史家之态度用《诗》，蔡邕则更主要是文学性的理解和用《诗》。尽管我们承认他们在某些点或细部具有《鲁诗》的倾向，想要坐实尚需更多直接证据。但需要说明的是，对于那些在诗文或奏疏中明确使用《鲁诗》说的汉代学者，如杜钦、《诮青衣赋》的作者张超，我们需要特别加以留意。我们甚至认为，这些人传承《鲁诗》的可能性最大。对此下文有论，于此暂不赘述。

以上我们对两汉文献记载《鲁诗》传人及其师承关系略作考论，总的印象是，西汉时期传承有序，而东汉则缺略不明。推考其原因，我们认为和学者依据文献及其作者的著述理念有关。以《汉书》《后汉书》为例，班固作为汉代学者，自然更习惯用汉代的经学思维方式作史，而范晔则未必，尤其是当他综合众书而加以去取时，稍有不慎，便会导致线索中断而前后无法延续。所以那种所谓西汉重师法，东汉重家法的说法也多半是因这种文献呈现方式所形成的印象，其真

---

① 费振刚等：《全汉赋校注》，广东教育出版社 2005 年版，第 938 页。
② 顾涛：《熹平石经刊刻动因之分析》，《史林》2015 年第 2 期。

实性其实是很值得推敲的。也正因为这个原因，我们目前看到的似乎东汉以后《鲁诗》不盛之呈现，也未必是实情。

第三节 《鲁诗》学"谨严"说析疑

关于《鲁诗》诗说特点，学术界多有论说，而多结之以"谨严"①或"保守"②。具体讨论多以小见大，如关于《鲁诗》韦氏学的讨论，学者或以"孝行""惕戒""礼用"契合《鲁诗》精神，③或以血缘与学缘的融合为背景讨论韦氏《诗》之嬗衍。④这些研究都抓住了《鲁诗》学的某些特点，但也有可商榷或可补充的地方。纵观两汉四百年历史，我们似乎很难用某种恒定的特点去定义经学或某派某家经学，通经致用与学随术变之互为表里才是汉代乃至传统经学的永久性本质。⑤就《鲁诗》而言，也难以独立于经学整体之外。

首先，我们来看《鲁诗》"谨严"的实际状况。关于《鲁诗》世守师说的问题，称赞者有之，诟病者亦有之，甚至认为这是导致《鲁诗》较早亡佚的原因。⑥但问题的关键是《鲁诗》果真能做到谨守师说吗？下面试作辨说。

学术史关于《鲁诗》谨守师说的印象当来自文献对申公及其《诗》说的记载。《史记·儒林列传》记载"申公独以《诗》经为训以教，无传（疑），疑者则阙不传"⑦，"传"下有一"疑"字，到底是没有《诗》传，还是不传疑，学术界还有争论。但《史记索隐》曰："申公不作《诗》传，但教授，有疑则阙耳。"⑧根据申公后学屡

---

① 王承略：《论两汉〈鲁诗〉学派》，《晋阳学刊》2002年第4期。
② 俞艳庭：《两汉政治与三家〈诗〉的命运》，《清华大学学报》2010年第5期。
③ 许结：《西汉韦氏家学诗义考》，《文学遗产》2012年第4期。
④ 王伟：《学缘与血缘互涉背景下两汉韦氏诗学精神嬗衍论析》，《求是学刊》2017年第4期。
⑤ 朱维铮：《中国经学史十讲》，复旦大学出版社2002年版，第13—17页。
⑥ 刘毓庆、郭万金：《汉代三家诗的命运变迁》，《山西大同大学学报》2010年第1期。
⑦ 司马迁：《史记》，中华书局1959年版，第3121页。
⑧ 司马迁：《史记》，中华书局1959年版，第3121页。

第四章 汉代《鲁诗》与谶纬

言"闻之于师具是矣"①"信以传信,疑以传疑",②且《汉书·艺文志》也没有记载《鲁诗》有传,我们倾向于申公不作《诗》传。

但申公不作《诗》传以及后辈学者的只言片语,未必一定能证明《鲁诗》学者都能谨守师说。事实上,根据文献记载,申公第一代弟子已有变师说之举。《史记·儒林列传》记载申公弟子"言《诗》虽殊,多本于申公"③,既言"殊"则《诗》说自然不同,但"本于申公"则师法未变或未大变。惟其师法未大变,故《汉书·儒林传》称申公弟子"皆守学教授",申公一代弟子也无"《鲁诗》××学"之称谓。到了第三代《诗》学弟子,《鲁诗》弟子或守或不守便因人而异了。比如韦贤学《鲁诗》,又学礼,后来便有《鲁诗》韦氏学。而同为申公三代弟子的王式,虽徒众颇盛,但式还能谨守师说。其回答弟子之数问,曰"闻之于师具是矣";其应对博士江公之挑衅,亦称"闻之于师"④。但他不讳言改师法,向其问学的张长安、唐长宾、褚少孙"问经数篇",所谓"数篇"大约超出了《鲁诗》。王式一面称"闻之于师具是矣",同时也让张长安等"自润色之"。颜师古注"自润色之"曰:"若嫌简略,任更润色。"⑤ 王式允许弟子变更增润师说的观点,与东汉时期《鲁诗》学者鲁丕所说一致。《后汉书·鲁丕传》:

> 时侍中贾逵荐丕道艺深明,宜见任用。和帝因朝会,召见诸儒,丕与侍中贾逵、尚书令黄香等相难数事,帝善丕说,罢朝,特赐冠帻履袜衣一袭。丕因上疏曰:"臣以愚顽,显备大位,犬马气衰,猥得进见,论难于前,无所甄明,衣服之赐,诚为优过。臣闻说经者,传先师之言,非从己出,不得相让;相让则道

---

① 《汉书·儒林传》载《鲁诗》学者王式语。班固:《汉书》,中华书局1962年版,第3610页。
② 《史记·三代世表》载《鲁诗》学者褚少孙语。司马迁:《史记》,中华书局1959年版,第505页。
③ 司马迁:《史记》,中华书局1959年版,第3122页。
④ 班固:《汉书》,中华书局1962年版,第3610页。
⑤ 班固:《汉书》,中华书局1962年版,第3611页。

上编 《诗纬》与汉代《诗经》学关系研究

不明,若规矩权衡之不可柱也。难者必明其据,说者务立其义,浮华无用之言不陈于前,故精思不劳而道术愈章。法异者,各令自说师法,博观其义。览诗人之旨意,察《雅》《颂》之终始,明舜、禹、皋陶之相戒,显周公、箕子之所陈,观乎人文,化成天下。"①

所谓"说经者,传先师之言,非从己出,不得相让",意谓说经者既传师说,也传己意。论难时所不能相让者唯先师之言,若是己意则相让无妨。对于承师说与出己意,《鲁诗》学者有清醒的认识。而变与不变,也只是相对的说法。无论是给《鲁诗》贴上"谨严"还是"顽固"的标签,都不合乎实际。试想,若《鲁诗》无变,又何以有《鲁诗》韦氏学、张氏学、唐氏学、褚氏学等诸多区别。

其次,我们来考察促使《鲁诗》变化的动因和条件。就汉代《鲁诗》学变化的条件来说,其守不守师说与改不改师法,很大程度上取决于《鲁诗》有没有传。试想,如果单纯为训诂,大概《鲁诗》学者想不守师说都很难,至少不会有太大的变动。只有增加传的内容,才能为其提供施展拳脚的空间。那么,《鲁诗》有没有传?如果有,它何时有传?

先看《鲁诗》是否有传。《汉书·艺文志》曰:"汉兴,鲁申公为《诗》训故,而齐辕固、燕韩生皆为之传。或取《春秋》,采杂说,咸非其本义。与不得已,鲁最为近之。"② 对于这句话,学术史的解读颇不一致。一种意见认为今文《齐诗》《韩诗》有传,而《鲁诗》无传。马瑞辰《毛诗传笺通释·鲁诗无传辨》专论《鲁诗》有传,可见在他《鲁诗》有传无传尚需辩解。赵茂林专研汉代三家《诗》学,其认为《鲁诗》质实的《诗》学特征之形成,以及"鲁最为近之"之评价也因为《鲁诗》主于训诂所致。关于这一问题,笔者虽认为申公本人不作《诗传》,但赞成汉代《鲁诗》有传。《艺文

---

① 范晔:《后汉书》,中华书局1965年版,第884页。
② 班固:《汉书》,中华书局1962年版,第1708页。

第四章 汉代《鲁诗》与谶纬

志》所谓"取《春秋》，采杂说，咸非其本义"乃是针对三家诗整体而言的。所谓"与不得已，鲁最为近之"当采自刘歆的观点，和刘歆的古学立场有关。对《鲁诗》"最为近之"评价的根据或在于《毛诗》，是以《毛诗》为参照而言的。①

那么《鲁诗》何时有的传呢？申公只为《诗》的经文作了训诂，不为《诗》传。《汉书·艺文志》记载经学注释典籍，或曰"××故"，或曰"××传"，这说明作为古籍注疏方法的训、诂与传有明显的差别。就其大概而言，"故训第就经文所言者而诠释之，传则并经文所未言者而引申之"②。《汉书·艺文志》记载齐、韩、毛三家皆有传，而《鲁诗》未见，盖刘向校书时，中秘藏书中《鲁诗》无传。但《鲁诗》《韩诗》有"说"。《墨子·经说上》："说，所以明也。"孙诒让曰："谈说所以明其意义。"③ 根据现在所能看到的《韩非子·储说》《说林》以及刘向所编《说苑》等，可以充当"说"的材料可以是说理性语言，也可以是具体的故事配合一些道理解说。缘此，"说"与"传"在本质上无差距或者差距并不大，所以《汉书·艺文志》说三家《诗》学阐释是"取《春秋》，采杂说"④，《鲁说》便可以视为"采杂说"。考之文献残留之《鲁诗》遗说可知，《鲁说》也当主于叙事。《汉书·杜钦传》记载杜钦上书引《诗》，其中"迹三代之季世，览宗、宣之飨国，察近属之符验，祸败曷常不由女德？是以佩玉晏鸣，《关雎》叹之，知好色之伐性短年，离制度之生无厌，天下将蒙化，陵夷而成俗也。故咏淑女，几以配上，忠孝之笃，仁厚之作也"。李奇注"佩玉晏鸣，《关雎》叹之"曰："后夫人鸡鸣佩玉去君所，周康王后不然，故诗人叹而伤之。"臣瓒曰："此《鲁诗》也。"⑤ 是以西汉之中后期，《鲁诗》已有类传之"说"，或即《艺文志》记载之《鲁说》二十八卷。我们甚至也不能排除在西汉中后期

---

① 胡朴安：《诗经》，商务印书馆1930年版，第68—69页。
② 马瑞辰：《毛诗传笺通释》，中华书局1989年版，第5页。
③ 孙诒让：《墨子间诂》，中华书局2001年版，第315页。
④ 班固：《汉书》，中华书局1962年版，第1708页。
⑤ 班固：《汉书》，中华书局1962年版，第2669—2670页。

有《鲁诗传》之可能性。《史记·三代世表》记载张先生与褚先生言圣人无父事，褚先生引《诗传》曰："汤之先为契，无父而生。契母与姊妹浴于玄丘水，有燕衔卵堕之，契母得，故含之，误吞之，即生契。契生而贤，尧立为司徒，姓之曰子氏。子者兹；兹，益大也。诗人美而颂之曰'殷社芒芒，天命玄鸟，降而生商'。商者质，殷号也。文王之先为后稷，后稷亦无父而生。后稷母为姜嫄，出见大人迹而履践之，知于身，则生后稷。姜嫄以为无父，贱而弃之道中，牛羊避不践也。抱之山中，山者养之。又捐之大泽，鸟覆席食之。姜嫄怪之，于是知其天子，乃取长之。尧知其贤才，立以为大农，姓之曰姬氏。姬者，本也。诗人美而颂之曰'厥初生民'，深修益成，而道后稷之始也。"① 这个褚先生即是褚少孙，王式的弟子，他所引《诗传》自然是《鲁诗传》。《鲁诗》既有《鲁说》《鲁诗传》，则申公之后传《鲁诗》者方有变通师说之可能性。

《鲁诗》有传只是《鲁诗》学者变通师说的一个方面，真正促使其变易尚需一定的内驱力，这个内驱力便是国家的经学制度和个人对利禄的追求。我们以汉代《鲁诗》学者韦贤、韦玄成父子宰相为例。韦贤因通经位至宰相，其子复以明经位至宰相，故邹鲁俗谚曰"遗子黄金满籝，不如一经"②。在汉代，《鲁诗经韦君章句》也有比较大的生命力，东汉末年的武荣尚传《鲁诗经韦君章句》便可证。但就是这样著名的《鲁诗》学者，似乎也很难坚持师说。谈起《鲁诗》韦氏学"礼用"的诗学特征，最典型的例子便是元帝永光年间论庙制。西汉庙祀烦渎，故时有罢废之议。永光四年，九月诏罢卫思后及戾园，十月罢宗庙在郡国者，又罢先后父母之奉祀，于是丞相韦玄成等七十余人回应元帝郊庙礼制改革的动议。据《汉书·韦玄成传》记载，玄成依据《礼记·祭义》之"王者禘其祖自出，以其祖配之，而立四庙"说，主张五庙制，故奏言"高帝受命定天下，宜为帝者太祖之庙，世世不毁，承后属尽者宜毁。今宗庙异处，昭穆不序，宜

---

① 司马迁：《史记》，中华书局1959年版，第505页。
② 班固：《汉书》，中华书局1962年版，第3107页。

入就太祖庙而序昭穆如礼。太上皇、孝惠、孝文、孝景庙皆亲尽宜毁，皇考庙亲未尽，如故"。玄成主张夏五庙制，而不用周之七庙制。表面上看来也理由充足，即"周之所以七庙者，以后稷始封，文王、武王受命而王，是以三庙不毁，与亲庙四而七。非有后稷始封，文、武受命之功者，皆当亲尽而毁。成王成二圣之业，制礼作乐，功德茂盛，庙犹不世，以行为谥而已"，实际上却是为了迎合好复古的汉元帝。但此事在朝廷上争议很大，大司马许嘉认为孝文帝宽厚仁慈，"宜为帝者太宗之庙"，廷尉尹忠又认为汉武帝改正朔，易服色，攘四夷，宜为世宗之庙。① 一时之间争执不下，于是元帝下诏：

> 盖闻王者祖有功而宗有德，尊尊之大义也；存亲庙四，亲亲之至恩也。高皇帝为天下诛暴除乱，受命而帝，功莫大焉。孝文皇帝国为代王，诸吕作乱，海内摇动，然群臣黎庶靡不一意，北面而归心，犹谦辞固让而后即位，削乱秦之迹，兴三代之风，是以百姓晏然，咸获嘉福，德莫盛焉。高皇帝为汉太祖，孝文皇帝为太宗，世世承祀，传之无穷，朕甚乐之。孝宣皇帝为孝昭皇帝后，于义一体。孝景皇帝庙及皇考庙皆亲尽，其正礼仪。②

而元帝口风一变，玄成等随之而变。故其上奏曰：

> 祖宗之庙世世不毁，继祖以下，五庙而迭毁。今高皇帝为太祖，孝文皇帝为太宗，孝景皇帝为昭，孝武皇帝为穆，孝昭皇帝与孝宣皇帝俱为昭。皇考庙亲未尽。太上、孝惠庙皆亲尽，宜毁。太上庙主宜瘗园，孝惠皇帝为穆，主迁于太祖庙，寝园皆无复修。③

---

① 班固：《汉书》，中华书局1962年版，第3118—3119页。
② 班固：《汉书》，中华书局1962年版，第3120页。
③ 班固：《汉书》，中华书局1962年版，第3120页。

上编　《诗纬》与汉代《诗经》学关系研究

原本韦玄成坚持夏礼五庙制，以殷六庙和周七庙为始封祖加受命君之变礼，故以文帝庙也在亲尽宜毁之列。但元帝诏书既认可文帝为太宗，韦玄成亦变改其说而"不能力持初议"①。其实韦玄成不仅首施两端，而且也变改师法，弃《谷梁》义而用《公羊》义。

欲明其究竟，需先明辨何谓汉代《鲁诗》诗说之根本。其主于礼用乎？主于《春秋》乎？

考汉代经学传人多兼经并治，少有专治一经者。就汉代《鲁诗》学者而言，据现有文献统计，其兼经情况如下。申公，《鲁诗》《谷梁春秋》；孔安国，《鲁诗》《古文尚书》，又从倪宽问《欧阳尚书》；周霸，《鲁诗》《田氏易》《尚书》；瑕丘江公，《鲁诗》《谷梁春秋》；荣广，《鲁诗》《谷梁春秋》；韦贤，《礼》《鲁诗》；韦玄成，《礼》《鲁诗》；褚少孙，《鲁诗》《谷梁春秋》；②博士江公，《鲁诗》《孝经》《谷梁春秋》；龚胜，《鲁诗》《欧阳尚书》；右师细君，《鲁诗》《论语》；包咸，《鲁诗》《论语》；鲁丕，《鲁诗》《尚书》；卓茂，《鲁诗》《礼》、历算；陈重、雷义，《鲁诗》《颜氏春秋》；李咸，《鲁诗》《春秋公羊传》、三《礼》；李昺，《鲁诗》《京氏易》；鲁峻，《鲁诗》《颜氏春秋》；武荣，《鲁诗》《孝经》《论语》《汉书》《史记》《左氏》《国语》。其他《鲁诗》学者或亦兼治，但文献阙载，存而不论。

就现有情况看，两汉《鲁诗》学者主要兼通《春秋》学。其中西汉《鲁诗》学者主要兼通《谷梁春秋》。东汉以后，光武帝立《公羊》严氏、颜氏两家而废黜《谷梁》和《左传》，故东汉《鲁诗》学者转而学《公羊春秋》。而《鲁诗》学者明言治礼者乃韦贤及其所创之《鲁诗》韦氏学。但治经学者无不明于礼，盖礼言制度，为一切学术之根本。而《谷梁》也一向被人许为"知礼"，传文中也很多以"礼"为据的论述。更何况对于汉代通经致用之经学术士而言，欲有

―――――
① 陈寿祺、皮锡瑞：《五经异义疏证　驳五经异义疏证》，王丰先点校，中华书局2014年版，第308页。
② 《史记·龟策列传》叙褚少孙语，但云其治《春秋》。但依据褚所补之《史记》十篇，可以推定褚氏所治《春秋》当为《谷梁春秋》。

第四章 汉代《鲁诗》与谶纬

所作为,必须辅以礼家之制度,否则就是空谈。① 故经学家之较量,必以礼制为武器。如《鲁诗》学者王式与博士江公有一次正面冲突:

> 式征来,衣博士衣而不冠,曰:"刑余之人,何宜复充礼官?"既至,止舍中,会诸大夫博士,共持酒肉劳式,皆注意高仰之。博士江公世为《鲁诗》宗,至江公著《孝经说》,心嫉式,谓歌吹诸生曰:"歌《骊驹》。"式曰:"闻之于师:客歌《骊驹》,主人歌《客毋庸归》。今日诸君为主人,日尚早,未可也。"江翁曰:"经何以言之?"式曰:"在《曲礼》。"江翁曰:"何狗曲也!"式耻之,阳醉遗地。②

博士江公所言之《骊驹》乃逸诗篇名也,见《大戴礼》,而王式所言《曲礼》在今本《礼记》,亦即小戴《礼》。而文献并未记载瑕丘江公及王式学礼,但他们谙熟于礼是显而易见的。至于博士江公故意吹《骊驹》以及问"经何以言之",明显属于挑衅,并非不知或无知。

所以就汉代《鲁诗》学者而言,其学派属性源自《春秋谷梁传》。是故,《鲁诗》学者常秉持《春秋谷梁》义以行事。《汉书·终军传》:

> 元鼎中,博士徐偃使行风俗。偃矫制,使胶东、鲁国鼓铸盐铁。还,奏事,徙为太常丞。御史大夫张汤劾偃矫制大害,法至死。偃以为《春秋》之义,大夫出疆,有可以安社稷,存万民,颛之可也。汤以致其法,不能诎其义。有诏下军问状,军诘偃曰:"古者诸侯国异俗分,百里不通,时有聘会之事,安危之势,呼吸成变,故有不受辞造命颛己之宜;今天下为一,万里同风,故《春秋》'王者无外'。偃巡封域之中,称以出疆何也?且盐铁,郡有余臧,正二国废,国家不足以为利害,而以安社稷存万

---

① 蒙文通:《经学抉原》,上海人民出版社 2006 年版,第 157 页。
② 班固:《汉书》,中华书局 1962 年版,第 3610 页。

民为辞，何也？"又诘偃："胶东南近琅邪，北接北海，鲁国西枕泰山，东有东海，受其盐铁。偃度四郡口数田地，率其用器食盐，不足以并给二郡邪？将势宜有余，而吏不能也？何以言之？偃矫制而鼓铸者，欲及春耕种赡民器也。今鲁国之鼓，当先具其备，至秋乃能举火。此言与实反者非？偃已前三奏，无诏，不惟所为不许，而直矫作威福，以从民望，干名采誉，此明圣所必加诛也。'枉尺直寻'，孟子称其不可；今所犯罪重，所就者小，偃自予必死而为之邪？将幸诛不加，欲以采名也？"偃穷诎，服罪当死。军奏"偃矫制颛行，非奉使体，请下御史征偃即罪"。奏可。①

徐偃是申公弟子，为博士，胶西中尉。因为他在巡行天下时，托言诏令让百姓"鼓铸盐铁"，酷吏张汤欲治其罪。徐偃便引《春秋》大义"大夫出疆，有可以安社稷，存万民，颛之可也"以辩解，让张汤"致其法，不能诎其义"。徐偃所言《春秋》大义见于今本《春秋公羊传》庄公十九年，曰："诸侯一聘九女，诸侯不再娶。媵不书，此何以书？为其有遂事书。大夫无遂事，此其言遂何？聘礼，大夫受命不受辞，出竟有可以安社稷利国家者，则专之可也。"②又，杜预《春秋左传集解》曰："无传。公子结，鲁大夫。《公羊》《谷梁》皆以为鲁女媵陈侯之妇，其称陈人之妇，未入国，略言也。大夫出竟，有可以安社稷、利国家者，则专之可也。结在鄄闻齐、宋有会，权事之宜，去其本职，遂与二君为盟，故备书之。"③《左传》此经文无传，故杜预引《公羊》《谷梁》为说，亦以大夫出境临事权衡利弊有专断之权，故褒之。所以《谷梁》虽无明文，但大夫出境有专权当为三家之通义。也正因为如此，所以终军才以子之矛攻子之盾，引《谷梁》"王者无外"以驳之。《谷梁春秋》僖公二十四年："冬，天

---

① 班固：《汉书》，中华书局1962年版，第2817—2818页。
② 徐彦：《春秋公羊传注疏》，中华书局1980年版，第2236页。
③ 孔颖达：《春秋左传正义》，中华书局1980年版，第1773页。

第四章 汉代《鲁诗》与谶纬

王出居于郑。天子无出,出,失天下也。"范宁集解:"王者无外,言出则有外之辞。"① 这样的表述数见于《谷梁传》,如昭公二十六年"周有入无出也"之范宁注。② 同样,《春秋》公羊家也持此义,《春秋公羊传》隐公元年曰:"冬,十有二月,祭伯来。祭伯者何?天子之大夫也。何以不称使?奔也。奔则曷为不言奔?王者无外,言奔,则有外之辞也。"③

而考之《鲁诗》学者之行事,亦可见其常常合乎《谷梁春秋》之精神。如学者所论《鲁诗》学者多谨守或曰保守,而纯谨正是《谷梁春秋》的特点。与之相对,《公羊春秋》常多诡怪非常之论。④ 有学者讨论《谷梁传》有"内鲁"情结,⑤ "内鲁"其实就是宗鲁。这一点在《鲁诗》学者身上有突出表现。兹举两例:《郊祀志第五上》:"群儒既已不能辩明封禅事,又拘于《诗》《书》古文而不敢骋。上为封祠器视群儒,群儒或曰'不与古同',徐偃又曰'太常诸生行礼不如鲁善',周霸属图封事,于是上黜偃、霸,而尽罢诸儒弗用。"⑥ 盖因汉武帝封禅只是取儒术文饰而已,其本质类乎降神,故徐偃说"不如鲁善",这与申公重力行而不尚文辞的纯谨观念是一致的。又,《汉书·儒林传》:"宣帝即位,闻卫太子好《谷梁春秋》,以问丞相韦贤、长信少府夏侯胜及侍中乐陵侯史高,皆鲁人也,言谷梁子本鲁学,公羊氏乃齐学也,宜兴《谷梁》。"⑦ 因为《谷梁》是鲁学,自信最能传儒家精义,故韦贤等径以"齐""鲁"分域作为判断依据,进言"宜兴《谷梁》"。

既然《鲁诗》学者以《谷梁春秋》义为根本,则韦玄成庙制之义就颇不合师法。前言韦贤受《鲁诗》学于瑕丘江公,而瑕丘江公尽传申公之《鲁诗》学与《谷梁春秋》学,则韦贤亦当如是。就其对宣帝

---

① 杨士勋:《春秋谷梁传注疏》,中华书局1980年版,第2404页。
② 杨士勋:《春秋谷梁传注疏》,中华书局1980年版,第2440页。
③ 徐彦:《春秋公羊传注疏》,中华书局1980年版,第2199页。
④ 蒙文通:《经学抉原》,上海人民出版社2006年版,第23页。
⑤ 秦平:《浅析〈春秋谷梁传〉的"内鲁"思想》,《齐鲁学刊》2007年第1期。
⑥ 班固:《汉书》,中华书局1962年版,第1233页。
⑦ 班固:《汉书》,中华书局1962年版,第3618页。

问《谷梁》《公羊》之优劣，亦可见其偏受《谷梁》之倾向。既然如此，则玄成不论是出于家法还是师法，其论庙制都应该持守《谷梁》义。而其实不然。《礼记·王制》："天子七庙，三昭三穆，与大祖之庙而七。"①《谷梁春秋传》僖公十五年："天子七庙。"范宁注："《祭法》曰：王立七庙，曰考庙、王考庙、皇考庙、显考庙、祖考庙；有二祧。"②据此，《礼记·王制》和《谷梁传》都认为天子七庙，且为定制。而《公羊传》则以为天子、诸侯五庙为定制，有合祭之礼。六庙、七庙乃变礼，因为为宗立庙无定制。《公羊》文公二年传曰："大祫者何？合祭也。其合祭奈何？毁庙之主，陈于大祖。未毁庙之主，皆升，合食于大祖。"何休解诂："毁庙，谓亲过高祖，毁其庙，藏其主于大祖庙中。"③《汉书·韦玄成传》记载玄成曰"祫祭者，毁庙与未毁庙之主皆合食于太祖"④，与《公羊传》同。又《公羊传》成公六年传曰："立武宫，非礼也。"解诂："礼，天子诸侯立五庙，受命始封之君立一庙，至于子孙。过高祖，不得复立庙。周家祖有功，尊有德，立后稷、文、武庙，至于子孙。自高祖已下而七庙。"⑤此较之上引玄成奏议，则玄成之议合乎《公羊传》及何休解诂之文。其前议五庙，主张文帝庙亲尽宜毁，设祖庙不设宗庙；后又从众议，以文帝为宗，持宗有德庙不毁之议，与《公羊》学者贡禹同风。凡此种种，皆可见韦玄成持天子五庙之古礼，后又依违时议，为宗立庙，持《公羊》说，非《谷梁》义，已变乱家法与师法矣。

综上所述，《鲁诗》既然与《齐诗》《韩诗》一样采《春秋》、杂说作《诗》说、《诗》传，其目的也都是为了合乎时需，自然也难逃学随术变之法则。所谓《鲁诗》谨严虽能反映部分之事实，却也不宜放大。那种所谓学风的谨严、治经的精粹等评价，也未必合乎《鲁诗》之真实状况。

---

① 孔颖达：《礼记正义》，中华书局1980年版，第1335页。
② 杨士勋：《春秋谷梁传注疏》，中华书局1980年版，第2497页。
③ 徐彦：《春秋公羊传注疏》，中华书局1980年版，第2267页。
④ 班固：《汉书》，中华书局1962年版，第358页。
⑤ 徐彦：《春秋公羊传注疏》，中华书局1980年版，第2292页。

第四章 汉代《鲁诗》与谶纬

第四节 《鲁诗》学与谶纬

汉代经学与谶纬的关系,一直是人们感兴趣的话题。就《诗》而言,《齐诗》与谶纬关系密切,人们甚至直接将谶纬《诗》学纳入《齐诗》学范畴。而《韩诗》自薛汉为东汉光武帝"校定图谶"以来,其与谶纬的关系也日益紧密。① 那么作为今文学的《鲁诗》与谶纬关系如何呢?

事实上,我们没有文献证明某人是专门授受谶纬《诗》学,而是通过他与谶纬学说的互动来审视其与谶纬之间的关系。

首先,我们来看文献所见《鲁诗》学者的涉谶遗说。《汉书·艺文志》记载《鲁诗》有《鲁故》二十五卷、《鲁说》二十八卷。《鲁故》内容当如颜师古注所说的"通其指义",而《鲁说》当类同于《诗》传。《汉书·楚元王传》记载申公为《诗传》,刘毓庆《历代诗经著述考》采纳马国翰意见,认为申公有《鲁诗传》。② 我们认为申公不作《诗传》,褚少孙引《诗传》当是申公后学所作,或即《鲁说》。武荣碑记载武荣传《鲁诗学韦君章句》,已佚。大抵从其所作诗可以推测其片段《诗》学义,如"仪服此恭,棣棣其则"之类。③ 又,其论天子诸侯庙制可以视作其《诗》说,以对应《鲁诗学韦君章句》中有关庙制的说解。此外,《太平御览》卷四九六引《陈留风俗传》记载许晏有《鲁诗许氏章句》,或有。而清代三家诗辑佚学所列《鲁诗》学者及其训诂多不可信。然就《史记》《汉书》等所记汉代《鲁诗》学者遗说,亦可见《鲁诗》与谶纬学说之关系。

《汉书·儒林传》记载褚少孙从王式学《鲁诗》,《鲁诗》有褚氏学。《史记·三代世表》记载张夫子和褚少孙的对话,文曰:

---

① 曹建国、张莉莉:《〈韩诗〉与谶纬关系新考》,《武汉大学学报》2015年第6期。
② 刘毓庆:《历代诗经著述考(先秦—元代)》,中华书局2002年版,第30—31页。
③ 班固:《汉书》,中华书局1980年版,第3113页。

张夫子问褚先生曰:"《诗》言契、后稷皆无父而生。今案诸传记咸言有父,父皆黄帝子也,得无与《诗》谬乎?"

褚先生曰:"不然。《诗》言契生于卵,后稷人迹者,欲见其有天命精诚之意耳。鬼神不能自成,须人而生,奈何无父而生乎!一言有父,一言无父,信以传信,疑以传疑,故两言之。尧知契、稷皆贤人,天之所生,故封之契七十里,后十余世至汤,王天下。尧知后稷子孙之后王也,故益封之百里,其后世且千岁,至文王而有天下。《诗传》曰:'汤之先为契,无父而生。契母与姊妹浴于玄丘水,有燕衔卵堕之,契母得,故含之,误吞之,即生契。契生而贤,尧立为司徒,姓之曰子氏。子者兹;兹,益大也。诗人美而颂之曰"殷社芒芒,天命玄鸟,降而生商"。商者质,殷号也。文王之先为后稷,后稷亦无父而生。后稷母为姜嫄,出见大人迹而履践之,知于身,则生后稷。姜嫄以为无父,贱而弃之道中,牛羊避不践也。抱之山中,山者养之。又捐之大泽,鸟覆席食之。姜嫄怪之,于是知其天子,乃取长之。尧知其贤才,立以为大农,姓之曰姬氏。姬者,本也。诗人美而颂之曰"厥初生民",深修益成,而道后稷之始也。'孔子曰:'昔者尧命契为子氏,为有汤也。命后稷为姬氏,为有文王也。大王命季历,明天瑞也。太伯之吴,遂生源也。'天命难言,非圣人莫能见。舜、禹、契、后稷皆黄帝子孙也。黄帝策天命而治天下,德泽深后世,故其子孙皆复立为天子,是天之报有德也。人不知,以为氾从布衣匹夫起耳。夫布衣匹夫安能无故而起王天下乎?其有天命然。"①

"无父感生"是汉代经学的一个著名话题,许慎《五经异义》曰:"《诗》齐、鲁、韩、《春秋公羊》说:圣人皆无父,感天而生。《左

---

① 司马迁:《史记》,中华书局1959年版,第504—506页。

第四章 汉代《鲁诗》与谶纬

氏》说：圣人皆有父。"许慎认可《左氏》，郑玄信奉今文。① 《毛诗》也认为圣人有父。但这个话题本身所反映的并不是今古文分域的问题，也和谶纬无关。尽管在纬书中圣人感生是常见的内容，但那只是谶纬吸收这样的说法而已。况且纬书本身也不一致，比如许慎就举例说《礼谶》云"唐五庙"，并不赞成圣人感天而生。② 而褚少孙所引《诗》传确实和谶纬关系密切，《索隐》注"汤之先为契，无父而生。契母与姊妹浴于玄丘水，有燕衔卵堕之，契母得，故含之，误吞之，即生契"曰"出《诗纬》"。③ 说《诗纬》中有这段文字是完全有可能的，因为"玄丘水"很显然预示殷商为水德，玄是水的颜色。而商为水德，既不合三统，也不合五行相克，合乎五行相生，这正是纬书禅让理论的基石。更为关键的是，以殷商为水德则可以直接推导出周为木德，汉为火德，说明它已经是比较成熟稳定的五行相生学说了。④ 但是说《诗纬》有这段内容和褚少孙直接引自《诗纬》是两回事，我们相信张衡的意见，即纬书出现在哀平之际。⑤ 当然，纬书出于哀平之际和此前就有谶言纬语也不矛盾，根据余嘉锡的考证，褚少孙为博士可能要到元成之际，他是完全有可能见到一些文本成形期的谶言。此外，在他所补《史记》中，我们也见到出自后来纬书的内容。如《史记·礼书》"步骤驰骋广骛不外，是以君子之性守宫庭也"⑥，所谓的"步骤驰骋广骛不外"即"三皇步，五帝骤，三王驰，

---

① 陈寿祺、皮锡瑞：《五经异义疏证　驳五经异义疏证》，中华书局2014年版，第473页。
② 陈寿祺、皮锡瑞：《五经异义疏证　驳五经异义疏证》，中华书局2014年版，第473页。
③ 司马迁：《史记》，中华书局1959年版，第506页。
④ 五行相生学说为了配合汉家尧后说，对古代的帝王和朝代多有去取。如董仲舒《三代改制质文》之"顺数五而相复"，便看不出和汉家尧后有关。按照董仲舒的理论要推导出汉家尧后，还需要处理少昊和秦的问题。
⑤ 学者常常以文献所见纬书中的只言片语证明纬书出现的时代，如《史记·自序》引"失之毫厘，差以千里"见于《易纬》，以此证明司马迁时代即有纬书。这其实是一种预设性论证逻辑所致，即一定是他书引纬书，而不是纬书引他书。而纬书其实是一种汇聚性文本，许多内容来自前代典籍。因此它的内容出现在它之前的文献中，一点也不奇怪。
⑥ 司马迁：《史记》，中华书局1959年版，第1173页。

上编　《诗纬》与汉代《诗经》学关系研究

五伯辇"，见于后来的《孝经钩命诀》。① 根据目前《史记》中所见褚少孙所补内容判断，褚少孙不仅精通数术，而且很喜欢数术的说法。比如在《三代世表》中他论霍氏，也引了《黄帝终始传》一段谣谶。根据褚氏所引《诗》传以及褚氏个人的喜好，我们至少可以推断《鲁诗》褚氏学吸收了许多谶的内容，也说明《鲁诗》学者并不排斥神秘语言。

　　东汉以后，谶纬之学大兴。虽然文献记载《鲁诗》学者并不多，但仍然可以看出他们对谶纬学说的吸纳。《后汉书·韦彪传》："是时陈事者，多言郡国贡举率非功次，故守职益懈而吏事寖疏，咎在州郡。有诏下公卿朝臣议。彪上议曰：'伏惟明诏，忧劳百姓，垂恩选举，务得其人。夫国以简贤为务，贤以孝行为首。孔子曰："事亲孝故忠可移于君，是以求忠臣必于孝子之门。"夫人才行少能相兼，是以孟公绰优于赵、魏老，不可以为滕、薛大夫。忠孝之人，持心近厚；锻炼之吏，持心近薄。三代之所以直道而行者，在其所以磨之故也。士宜以才行为先，不可纯以阀阅。然其要归，在于选二千石。二千石贤，则贡举皆得其人矣。'帝深纳之。"韦彪所引孔子语其实出自纬书，李贤注曰"《孝经纬》文"②。韦彪为韦赏之孙，所传当为《鲁诗》韦氏学，抑或即武荣所传之《鲁诗经韦君章句》。事实上，武梁祠汉画像中也有许多祥瑞图，并配上祥瑞榜题，可见武氏家族也深谙这种图谶之学。由此我们也可以推测东汉《鲁诗》韦氏学应该有谶纬背景，这一点也不难理解，因为在那种纬学大行其道的时代，一种经学学说不能迎合这种时代风尚，实在难以立足，更不要说传承了。

　　此外，作为东汉著名的《鲁诗》学者，鲁恭、鲁丕兄弟也谙熟图谶之学。《后汉书》本传记载鲁恭上书多次用《易》六日七分说，且暗引纬书。如"《易》十一月'君子以议狱缓死'"，"君子以议狱缓

---

① 《太平御览》卷七六引《孝经钩命诀》有此文。见李昉《太平御览》，中华书局1960年版，第355页。
② 范晔：《后汉书》，中华书局1965年版，第917—918页。

死"出《易·中孚》卦象辞,但称《中孚》卦为十一月则出《易稽览图》。①

其次,我们从《谷梁春秋》在东汉废黜官学地位的角度,来讨论《鲁诗》学者和谶纬之间的关系。正如上文所论,西汉《鲁诗》学者多持《谷梁春秋》义。但东汉光武帝建武四年立经学博士,《谷梁》黜落。《谷梁》何以黜落,诸家解释各异。或以为因《谷梁》偏古学,②或以为《谷梁》与拥戴王莽的刘歆关系密切,③或以为与《公羊》学者对光武帝施加影响有关。④而东汉贾逵则认为是因为《谷梁》"先师不晓图谶"所致。其说见《后汉书·贾逵传》:

> 臣以永平中上言《左氏》与图谶合者,先帝不遗刍荛,省纳臣言,写其传诂,藏之秘书。建平中,侍中刘歆欲立《左氏》,不先暴论大义,而轻移太常,恃其义长,诋挫诸儒,诸儒内怀不服,相与排之。孝哀皇帝重逆众心,故出歆为河内太守。从是攻击《左氏》,遂为重雠。至光武皇帝,奋独见之明,兴立《左氏》、《谷梁》,会二家先师不晓图谶,故令中道而废。凡所以存先王之道者,要在安上理民也。今《左氏》崇君父,卑臣子,强干弱枝,劝善戒恶,至明至切,至直至顺。且三代异物,损益随时,故先帝博观异家,各有所采。《易》有施、孟,复立梁丘,《尚书》欧阳,复有大小夏侯,今三传之异亦犹是也。又五经家皆无以证图谶明刘氏为尧后者,而《左氏》独有明文。五经家皆言颛顼代黄帝,而尧不得为火德。《左氏》以为少昊代黄帝,即图谶所谓帝宣也。如令尧不得为火,则汉不得为赤。其所发明,补益实多。⑤

---

① 范晔:《后汉书》,中华书局1965年版,第881—882页。
② 崔适:《春秋复始》,《续修四库全书》第131册,上海古籍出版社2002年版,第381页。
③ 武黎嵩:《春秋谷梁经传综合研究》,南京大学2011年博士论文,第34页。
④ 程苏东:《从六艺到十三经》,北京大学出版社2018年版,第303页。
⑤ 范晔:《后汉书》,中华书局1965年版,第1237页。

上编　《诗纬》与汉代《诗经》学关系研究

诸说当中，区分今古以定其学之兴衰最为无据。何哉？因为汉人其实并不特别在意今古，只在意有用与否，是所谓"通经致用"。而另外三说其实可以合观，关键在于如何理解贾逵的"先师不晓图谶"之所指。首先，汉代任何一门经学都可以发挥出图谶内涵，我们今天所见汉代纬书中并没有区分派别的纬书，如《春秋谷梁纬》、《韩诗纬》之类，所以某经之纬自可以贯通该经。其次，西汉后期以来的经学家自然都通谶纬，至少都明白谶纬是怎么回事。即以《谷梁》论，两汉之际的《谷梁》先师刘向、尹咸、翟方进哪一个能和图谶之学撇清关系？刘向通《洪范五行传》，为之作论，专言灾异，《隋书经籍志》还记有《刘向谶》一卷。尹咸与刘歆校书，负责校理方术类图籍，可见对谶纬也不会陌生。至于翟方进更不用说了，不仅本人精通星占之学，还曾授学刘歆与李寻。所以贾逵说《左氏》《谷梁》二家"先师不晓图谶"的意思显然不是指这二家先师不知道或不懂图谶，而是说二家先师不知道如何以《左氏》《谷梁》义去附会图谶，并从中申发出合乎时需的谶纬意义。这就是光武帝原本"奋独见之明，兴立《左氏》、《谷梁》"最后却又废黜二家的原因，也是贾逵极言《左氏》与图谶合的原因。

　　至于最终《左氏》大兴，而《谷梁》沦落的原因，则需要从学者，尤其是《鲁诗》学者的态度去考察。《左氏》虽不立学官，但有贾逵、许慎、郑玄这样的经学大师条贯其义并授徒不止。而《谷梁》学却无大师推而广之，贾逵虽通五家《谷梁》义，却只心存《左氏》。在东汉《谷梁》被排除在官学之外的变故中，《鲁诗》学者的态度尤其耐人寻味。原本在西汉时，《鲁诗》学者多兼通《谷梁》，这也是《鲁诗》的治学传统。可以当《谷梁》学因不善迎合时需而被废黜后，《鲁诗》学者多转治《公羊春秋》。关于《鲁诗》这种治学转向背后的原因，我们也可以从贾逵的话中觅得。他说《左氏》《谷梁》二家先师不晓图谶，言下之意自然是《公羊》先师晓得如何以图谶发挥《公羊》义以合时需。而《鲁诗》学者转治《公羊》，也正是看重这一点，这也可以反映东汉时期的《鲁诗》学与谶纬关系的一个真实侧影。

总之，就现有文献考察，《鲁诗》学和谶纬的关系也很密切。从大的方面来，汉代经学选取的阐释路径都一样，它们的用事之心也没有差别，差别只在程度深浅而已。如果学不能随术而变，其结果只能出局，就像《谷梁春秋》学那样。

第五节 个体经学兴起与《鲁诗》之衰亡

依照《隋书·经籍志》的说法，今文三家《诗》在汉代以后命运都不太好。《齐诗》亡于魏，《鲁诗》亡于西晋，而《韩诗》一直流传到唐代却无人授受。① 在我们追问为什么的时候，大家给出的答案则五花八门。或从政治学的角度考察，以为三家《诗》关注现实与政治，所以随着汉代政权的结束而失去了政治基础。那么，《毛诗》难道不是依附汉代政治，它也并没有一直游离于汉代社会政治之外。这显然说不过去，如果真是那样，《毛诗》可能等不到汉代结束就先退出了。或以为三家《诗》章句之学繁琐而遭士人厌弃，那我们实在想不清楚汉代官学中那么多士子都在干什么。我们从汉代文献记载中也可以看见，一些在野的经学家学徒动辄以千数，可见并不遭人厌弃。又或以为汉代今文经学的解经观念出了问题，但往往归因相同而结论相左。以《诗》学论，或以《鲁诗》纯正谨严而占据今文经学的主导地位，② 或以保守、不思进取、抱残守缺致使气力不竟而不过江东；③ 关于《齐诗》，或以为其以神怪迷信为王莽造势而盛极于新莽，④ 或以之为天命自信而继续称雄于东汉。⑤ 但归因三家诗何

---

① 魏征：《隋书》，中华书局1973年版，第918页。
② 王承略：《论两汉〈鲁诗〉学派》，《晋阳学刊》2002年第4期。
③ 梁振杰：《汉代今文〈诗〉学兴衰探微》，《山西师范大学学报》2007年第1期。刘毓庆、郭万金：《汉代三家诗的命运变迁》，《山西大同大学学报》2010年第1期。俞艳庭：《两汉政治与三家〈诗〉的命运》，《清华大学学报》2010年第5期。
④ 俞艳庭：《两汉政治与三家〈诗〉的命运》，《清华大学学报》2010年第5期。
⑤ 刘毓庆、郭万金：《汉代三家诗的命运变迁》，《山西大同大学学报》2010年第1期。

上编　《诗纬》与汉代《诗经》学关系研究

以《齐诗》最先亡，多将其和谶纬相关联而将其定位为怪力乱神。[①] 关于《韩诗》，或以为其解《诗》能兼顾《诗》作为文学的鲜活性与作为经学的经典性，因而具有了多重生存能力；[②] 或以为其能顺应形势兴言图谶而盛行于东汉。[③] 诚可谓一者以之生，一者以之死。但问题的关键是，贴近观察，真实情况或许并不是这样。比如《鲁诗》是否就是谨严或保守？汉代只有《齐诗》和谶纬关系紧密吗？何以证明《韩诗》在继续追讨《诗》之本义，《汉书·艺文志》之"咸非本义"又作何解？总之，我们或许可以归纳出许多的原因，但似乎都不能一以贯之。《鲁诗》之衰敝一定是另有原因，而且一定是整体的大变局。故论之者必先明汉魏经学之大势，再论专经之兴废。

皮锡瑞在《经学历史》中讨论了经学极盛之后中衰之缘由有四：一曰汉代后期经学章句的繁琐，二曰师法、家法流于繁滋而渐失其本，三曰学官今古混立导致"骋怪奇以钓名，恣穿凿以标异"，四曰郑学盛而汉学衰。[④] 四点如概括言之又可归为两点：一是繁滋，二是混同。就繁滋而言，汉人已有觉悟，文献多记载汉人删减师说。而阐释简练的古文经学最终胜出，也可证明汉人的选择。就混同来说，汉人似乎有意为之，并且官私兼有。从官学层面来说，皮锡瑞言前汉重视师法，后汉重视家法。[⑤] 而程苏东则考察分析曹魏时期不标师法的博士制度时追溯至东汉时期，即东汉时期今古混立常常是有某学传授，却无某学博士员。[⑥] 相比于官学，私学这种师法、家法混而为一甚至混而不论的情形或许更为普遍。我们今天在《后汉书》《东观汉记》等典籍中看到许多人以隐居教授，动辄千人。教授者常博通群经，其教学也不讲师法、家法，其门生亦复不讲家法、师法，遂代代相因。如大儒挚恂隐于南山，以儒术教授，马融从其学。而马融为世

---

① 夏传才：《诗经研究史概要》，中州书画社1982年版，第69—70页。洪湛侯：《诗经学史》，中华书局2002年版，第127页。
② 刘毓庆、郭万金：《汉代三家诗的命运变迁》，《山西大同大学学报》2010年第1期。
③ 俞艳庭：《两汉政治与三家〈诗〉的命运》，《清华大学学报》2010年第5期。
④ 皮锡瑞：《经学历史》，中华书局1959年版，第133—150页。
⑤ 皮锡瑞：《经学历史》，中华书局1959年版，第136页。
⑥ 程苏东：《从六艺到十三经》，北京大学出版社2018年版，第380—382页。

通儒,"教养诸生,常有千数"①,而一代大儒郑玄又从马融问学。后来郑玄也不乐仕宦,居乡教授,弟子自远方至者数千。无论是官学还是私学,其混同的结果不仅仅是师法、家法不明,而是有可能导致师法、家法的丧失,将学脉系于经学家个体。以往在师法、家法明晰的时代,学脉与一群人相互维系。而在经学家个体彰大的时代,学脉和一个人的命运维系在一起。皮锡瑞说郑学出而汉学衰固然是实情,但郑玄只是经学史上的一个极端个案,并且作为一种现象也是由来已久。我们都注意到东汉时期对经学名家的品评俗谚,如解经夺席之戴凭号称"解经无穷戴侍中"。这种士人风评现象到了东汉中后期越发普遍,如"五经无双许叔重"之许慎、"五经复兴鲁叔陵"之鲁丕、"关西孔子杨伯起"之杨震,等等。这种风评预示了学派经学向个体经学的转移,同时也打破了此前经学传承的稳定性,增加了不确定性,也使得曹魏以后官学博士设置发生巨变成为可能。

概言之,东汉末期经学由学派经学向个体经学转移,并且汉魏经学变局是整体性的大变迁,非一家一派之小变动。就《诗》而言,它们在东汉时期并立于学官,也当无盛衰高下之别。《鲁诗》既然能成为熹平石经刊刻的官方文本,地位自然不低。《齐诗》仍然代有传人,代有著述,也未见得如何衰落。《韩诗》更不用说,见于文献记载的《韩诗》传人及其著述便可见证其兴盛。但问题的关键在于,此时人们并不特别看重学派,而是看重传经人。而郑玄适逢其时出现改变并决定了汉代以后经学的命运,包括汉代《诗》学。郑玄喜欢《毛诗》,为其笺注,故《毛诗》立于学官。郑玄学过《韩诗》,又好用《韩诗》义改《毛诗》,故《韩诗》成为《毛诗》的必要补充,加之东汉后期《韩诗》学者人员众多,《韩诗薛君章句》一直代有传人,所以东汉以后《韩诗》还保存较为强大的适应能力而得以存续。郑玄不学《鲁诗》《齐诗》,但郑玄注《礼》当主要参考鲁学,包括

---

① 范晔:《后汉书》,中华书局1965年版,第1972页。

《鲁诗》。① 尤其是东汉熹平年间刊刻的石经文本，《鲁诗》为《诗》的祖本。正始石经只是补刻熹平石经，《诗经》仍其旧。故《鲁诗》文本借助石经得以存续，直至西晋灭亡。而《齐诗》和郑氏学关系最远，王肃也只好《毛诗》，他甚至连郑玄都不喜欢，更遑论其他《诗经》学派，所以《齐诗》最先亡佚也就不难理解了。

综上所述，我们对汉代《鲁诗》学之学人、承传及其《诗》说作了简单梳理，并讨论了《鲁诗》学和谶纬之间的关系。在此基础上，对汉代《鲁诗》学的一些问题和分歧作了尝试性回答。我们认为汉代申公之后才有《鲁诗》学，以此为前提检讨清人三家诗辑佚中的《鲁诗》辑佚，其中多有可商之处。比如司马迁、刘向、蔡邕等，谓之倾向于《鲁诗》或可，径谓之为《鲁诗》传人则尚嫌证据薄弱。关于《鲁诗》学特点，其根基在《谷梁春秋学》，但径谓之"保守"或"谨严"未免太主观化，需要具体问题具体分析。和汉代其他经学派别一样，《鲁诗》学者和谶纬关系也非常密切。《鲁诗》学者不仅在《诗》说中据谶引谶，而且在《谷梁》博士废黜之后，立刻转向了善说灾异的《公羊学》，体现出对时学的趋附和灵活的治学态度。故论《鲁诗》之亡应该放在汉魏经学大变局中去关照，则可见包括《鲁诗》在内的三家《诗》命运变化与经学大格局的变化保持高度的同步。

---

① 蒙文通《经学抉原》认为汉代《后氏礼》是鲁学。见氏著《经学抉原》，上海人民出版社2006年版，第23—24页。

第五章　汉代《齐诗》与谶纬

就汉代四家《诗》学研究而言，《毛诗》之外，学界用力最多的属《齐诗》学。然而讨论最多，误解往往也最深。关于《齐诗》与谶纬的关系问题，尤其如此。学界主流的意见似乎仍然将《齐诗》与《诗纬》视为二而一、一而二的关系。而在讨论何以《齐诗》最先亡佚缘由时，学界或以为其浸染谶纬而流入左道，或以为其倒向新莽而见弃于光武。而深入探究，这些结论或仍有可以商榷的地方。以其最先亡佚缘由论，若曰其浸染谶纬而致其衰微，则汉代经学门派究竟有谁能真正脱去与谶纬的干系？或曰其倒向新莽而致其衰亡，则汉末及新莽时期经学博士亦非《齐诗》一家而已。所以关于汉代《齐诗》学的研究，仍有许多值得深入发掘的地方，许多的学界"共识"也需要进一步反思。在笔者看来，"改制"与"革命"算是《齐诗》学的根本，其兴盛、衰废也皆与此密切相关。

第一节　两汉《齐诗》学人考述

汉代《齐诗》的创始人乃辕固，他在景帝朝为《诗》学博士，在武帝朝也曾短暂被征为贤良。文献没有记载辕固的《诗》说，但是从他与黄生争论汤武革命，鄙薄《老子》为"家人言"以及告诫公孙弘"无曲学阿世"等，大概可以探知其治学特色，亦可见其《诗》说奠定《齐诗》之根本。

辕固诸弟子中，夏侯始昌说《诗》最明。夏侯始昌学兼《诗》《书》，又善说《洪范五行传》。《汉书》本传记载，他曾因为准确地

上编 《诗纬》与汉代《诗经》学关系研究

预言了柏梁台灾日而得到了汉武帝的赏识。他曾以《洪范五行传》传授其族子夏侯胜，是为汉代《尚书》学中的"大夏侯尚书"。而"大夏侯尚书"的重要特征之一便是善说"五行灾异"，我们也由此不难想见夏侯始昌对《齐诗》学所产生的重大影响。

在夏侯始昌的《诗》弟子中，以后苍最为知名。《汉书·儒林传》记载后苍师事夏侯始昌，以通《诗》《礼》为博士，官至少府。《汉书·艺文志》记载《诗》有《齐后氏故》二十卷、《齐后氏传》三十九卷，一般认为是后苍所作。① 需要注意的是，后苍《诗》学与董仲舒《公羊春秋》学的交集。后苍《礼》学受自孟卿，而孟卿《礼》学受学于萧奋，但孟卿又传东平嬴公的《公羊春秋》，同学中有著名的公羊学学者睢孟。依据荀悦《汉纪》记载，东平嬴公受学于董仲舒。② 对此，郑玄《六艺论》也有相同的记载。③ 据此，则后苍也当受到了董仲舒的影响。加上他的《诗》学老师夏侯始昌的《洪范五行传》的学说，后苍《诗》学与阴阳五行学说的关系密切自不待言。《汉书》记载翼奉、匡衡之"闻之于师"的《诗》说，当可视为后苍《诗》学之孑遗。

与后苍大约同时的还有一位孙氏或荀氏，著有《齐孙氏故》二十七卷、《齐孙氏传》二十八卷。两书既然见载于《汉志》，可以想见其当时的影响以及其在《齐诗》传人中的地位。惜乎《汉志》不注著人名讳，汉代文献也没有记载西汉时期《齐诗》孙氏或荀氏传人，所以我们无法知道其具体事迹。比较具体卷数可知，这位孙氏或荀氏的《诗》学与后苍当有较大差别。

后苍弟子中以《诗》学教授的有白奇、翼奉、萧望之和匡衡。其中白奇受学于后苍，也以《诗》学博士教授萧望之。

萧望之《诗》受自后苍及同学博士白奇，又从夏侯胜受《论语》及《礼服》。望之以通经术而参议石渠阁，历官左冯翊、大鸿胪、御

---

① 杨树达：《汉书管窥》，湖南教育出版社2007年版，第168页。
② 荀悦：《前汉纪》，中华书局2002年版，第436页。
③ 徐彦：《春秋公羊传注疏》，中华书局1980年版，第2190页。

第五章　汉代《齐诗》与谶纬

史大夫、前将军等。又为太子太傅，以《论语》《礼服》授太子。望之有子八人，有名者萧伋、萧育、萧咸、萧由，其中萧伋尝称《诗》为父鸣冤，又有门下生曰朱云。

翼奉从后苍受《齐诗》，然又好阴阳历律，故以阴阳五行说《诗》。往者皆以翼奉《诗》为谶纬《诗》学，是说虽不尽然，然谶纬《诗》学受翼氏《诗》学影响自毋庸置疑。《汉书》本传称翼奉子孙皆以学在儒官，则《齐诗》翼氏学当以家学形式传承。

后苍弟子中匡衡《诗》说最明，也最传承师学。《汉书》本传记载，萧望之、梁丘贺诏问匡衡"对《诗》诸大义"，萧望之认为匡衡"经学精习，说有师道，可观览"①，可证。而《汉书》本传记载匡衡《诗》说十二条，算是最精粹的《齐诗》遗说而弥足珍贵。不惟如此，匡衡亦门徒众多。《汉书·儒林传》记载匡衡弟子中著名者有师丹、伏理、满昌，故《齐诗》学者门徒最盛者，后苍之外，非匡衡莫属。弟子之外，其子匡咸也传《齐诗》，元始三年为左冯翊。②《齐诗》翼、匡、师、伏之学，皆以家世传业著称，且多与匡衡有关。

在汉代《齐诗》学的第五代传人中，师丹位置最显赫，《汉书》本传称他"经为世儒宗，德为国黄耇，亲傅圣躬，位在三公"③。他治《诗》事匡衡，元帝和成帝时期两度为博士。哀帝朝，师丹曾代王莽为大司空，封高乐侯，徙大司空。哀帝欲为祖母傅太后、母丁姬上尊号，以削弱王氏专权。师丹依礼反对而被免官，也因此获知于王莽。故平帝继位，王莽复当权，赐丹爵关内侯。师丹虽非有心依附王氏外戚，但也无形中被归入王氏权力集团，所以《汉书》特意强调王莽败而师氏绝封。又据《汉书叙传》记载，班固伯祖父班伯少时从师丹学《诗》，又从郑宽中受小夏侯《尚书》，从张禹受《论语》，又与许商讲论异同。《叙传》记载班伯讽谏，引《诗》与《书》。但班氏非以经学传家，故明清以来三家诗辑佚学者以《齐诗》为班氏

---

① 班固：《汉书》，中华书局1962年版，第3332页。
② 班固：《汉书》，中华书局1962年版，第856页。
③ 班固：《汉书》，中华书局1962年版，第3509页。

家学，将《汉书》中的《诗》说归于《齐诗》，并没有太多的依据。

匡衡弟子满昌，一作蒲昌，曾任詹事，王莽时为讲《诗》祭酒，后触怒王莽而被免。满昌弟子见诸史籍者有三，琅邪皮容、九江张邯和扶风马援。其中皮容事迹不见史书记载，马援显名于东汉，张邯则得势于王莽朝。《汉书·王莽传》记载张邯事迹有二，一是参与复兴井田制，二是以符命解《易·同人》九三之"伏戎于莽，升其高陵，三岁不兴"①。

伏理受学匡衡，于是《齐诗》有伏氏之学。东汉以后，光大《齐诗》者，惟伏氏。据《后汉书·伏湛传》记载，伏氏乃汉代经学世家，其先祖伏生乃汉代《尚书》学的鼻祖。伏理为高密太守，以《诗》授成帝。伏理有子三人，长子名不显，次子伏湛，少子伏黯。湛少传父业，成帝时以父任为博士弟子，王莽时为绣衣执法，后队属正。光武时为大司徒，封阳都侯，后徙不其侯。《汉书》本传记载湛有子二人，曰伏隆、伏翕。然伏隆死，光武帝诏隆中弟咸收隆丧，则伏湛至少有子三人：伏隆、伏咸、伏翕。其中伏隆以节操闻，伏咸名不显，伏翕嗣袭父爵，并以学传家。伏翕死，其子伏光嗣；伏光死，其子伏晨嗣，史称伏晨笃好经学。伏晨子伏无忌博物多识，永和年间曾校订五经、诸子百家及艺术，元嘉中与崔寔等共撰《汉纪》。又采集古今，作《伏侯注》八卷，该书至唐时犹存。伏氏一门沿至东汉末年，至曹操诛杀伏皇后，一门获罪者数百人。至此则《齐诗》伏氏学绝，《齐诗》亦亡。

传伏理《齐诗》伏氏学者，伏湛之外，尚有伏黯。伏黯明《齐诗》，改定章句，作《齐诗解说》九篇。伏黯无子，以长兄子伏恭为后。伏恭一生为官显赫，为学昌明，削删其父《齐诗解说》之浮词，定为二十万言。史书记载，伏湛早年教授数百人，更始中为平原太守时，于天下惊扰间仍教学不辍。而伏恭为常山太守时，"敦修学校，教授不辍，由是北州多为伏氏学"②。也就是说，伏理开创的《齐诗》

---

① 班固：《汉书》，中华书局1962年版，第4170、4184页。
② 范晔：《后汉书》，中华书局1965年版，第2571页。

伏氏学，除家学传家外，外姓弟子也应该不少，但因文献阙载而不能明。

东汉时期的《齐诗》学，除伏氏一门外，尚有任末、景鸾，其中景鸾通《齐诗》《施氏易》，兼通《河洛》图纬。景鸾曾作《易》说与《诗》解，文句兼取《河》《洛》，名曰《易诗交集》，此外尚有《礼略》《月令章句》等。根据史书记载，景鸾治学杂取图谶，其《诗》学亦当如是。又三国时魏人隗禧曾为鱼豢讲齐、鲁、韩、毛四家《诗》义，"不复执文，有如讽诵"①。据此，则魏初《齐诗》尚存。

清代三家诗辑佚学将《齐诗》归入齐学，进而将齐学，尤其是《公羊》学者的《诗》说归入《齐诗》，如董仲舒；又将谶纬之学归入齐学，故将谶纬学者的《诗》说归入《齐诗》，如郎𫖮。但事实上，这样的推论并没有多少坚实的理据，其结论自然也难以成立。故本书不将董仲舒、郎𫖮等人视为《齐诗》学人，也不将班固等因家族关系而关联起来的学者视为《齐诗》传人。

第二节 《齐诗》"际""始"之内涵

以往学术界讨论《齐诗》治学或诗学内涵，多以《诗纬》之"四始五际"或班固《汉书·地理志》之风俗《诗》说来进行解释。但事实上，《诗纬》既不能视为《齐诗》（说详上文），班固也非《齐诗》学者。准此，则学术界关于《齐诗》之治学特色，实并没有真正予以深入讨论，而本书则希冀在此方面有所开拓。

《齐诗》的创始人辕固，《汉书·艺文志》称辕固与韩婴皆为《诗》作传，"或取《春秋》，采杂说，咸非其本义"②。荀悦《前汉纪》也记载辕固作《诗》内、外传，③《经义考》《汉书艺文志拾补》

---

① 陈寿撰，裴松之注：《三国志》，中华书局1959年版，第422页。
② 班固：《汉书》，中华书局1962年版，第1708页。
③ 荀悦：《前汉纪》，中华书局2002年版，第435页。

等因之。但颜师古注《汉书·艺文志》引应劭语曰："申公作《鲁诗》，后苍作《齐诗》，韩婴作《韩诗》。"①可见关于《齐诗》授受，汉人已有不能明之处。尽管我们见不到有关辕固的《诗》说材料，但其《诗》说之精粹仍历历可见。《史记·儒林列传》及《汉书·儒林传》记载，辕固与黄生在汉景帝面前争论汤武革命。黄生以君臣有上下之分，君主有过，臣下理应正言匡过以尊天子，而非诛而代之，故认为汤武为弑而非受命。而辕固则以桀纣暴虐，天下归心汤武，故汤武乃受命顺应天人而非弑。辕固贵民轻君、主张革命的思想可以溯源至孟、荀，与孟、荀"诛放"精神一贯。②就作为诸子的儒家精神而言，革命、禅让、素王本来就是三位一体不可分割的学说，此也是辕固说《诗》之精神主旨。辕固警示公孙弘"务正学以言，无曲学阿世"③，意在张扬儒家的批判精神，尤其是不要阿顺君权，这也和孟子天爵、人爵区分之内在精神一致。

辕固弟子中当以夏侯始昌对《齐诗》的影响最大。始昌善说五行灾异，以说柏梁台灾日受汉武帝的信任。就其精神实质而言，以五行灾异言说天道，只是为革命、诛伐等说找到一个巧妙的掩饰，为批判君王披上天道的外衣。辕固与黄生争论，最后以景帝"食肉不食马肝，不为不知味；言学者无言汤武受命，不为愚"而罢。④后来"学者莫敢明受命放杀"，也表明儒家"革命"论所受到的压迫，这是后世儒者变通方式，借祥瑞灾异干预政事的原因。

但笔者认为，真正为《齐诗》打上"齐诗"烙印的是后苍。汉初满怀济世之心的儒者继承孟、荀抑君权重民本思想，他们以革命、素王为精神核心，辅以礼家制度而欲有所为。后苍不仅从夏侯始昌学《齐诗》，也从孟卿学《礼》，亦当兼通大夏侯尚书和《公羊春秋》学，经学诚可谓融会贯通。后苍《诗》说见诸匡衡与翼奉奏疏，尚可得见一二。其《诗》学大体，言六经之本。翼奉曰："臣闻之于师

---

① 班固：《汉书》，中华书局1962年版，第1708页。
② 蒙文通：《经学抉原》，上海人民出版社2006年版，第152—182页。
③ 司马迁：《史记》，中华书局1959年版，第3124页。
④ 司马迁：《史记》，中华书局1959年版，第3123页。

第五章 汉代《齐诗》与谶纬

曰,天地设位,悬日月,布星辰,分阴阳,定四时,列五行,以视圣人,名之曰道。圣人见道,然后知王治之象,故画州土,建君臣,立律历,陈成败,以视贤者,名之曰经。贤者见经,然后知人道之务,则《诗》、《书》、《易》、《春秋》、《礼》、《乐》是也。《易》有阴阳,《诗》有五际,《春秋》有灾异,皆列终始,推得失,考天心,以言王道之安危。"匡衡亦曰:"臣闻六经者,圣人所以统天地之心,著善恶之归,明吉凶之分,通人道之正,使不悖于其本性者也。故审六艺之指,则人天之理可得而和,草木昆虫可得而育,此永永不易之道也。及《论语》、《孝经》,圣人言行之要,宜究其意。"翼奉、匡衡的表述都可以视为后苍之说,其要本在于将六经与天道相关联,以"天地之心"表之。六经既为天道循环之始终,且需待圣人方可发明彰显之,并由此辐射至社会各个层面。

归结到说《诗》。翼奉称"闻之于师",知"《诗》有五际",又曾"学《齐诗》,闻五际之要《十月之交》篇"。而匡衡亦"闻之于师",曰"妃匹之际,生民之始,万福之原"。据此可知,后苍以"际""始"说《诗》。

何谓"际""始"?概言之,儒家重"始"。据传孔子作《春秋》,首书"元年春王正月"。何以书"元"?《公羊春秋》:"元年者何?君之始年也。……元者,气也,无形以起,有形以分,造起天地,天地之始也。……《春秋》托新王受命于鲁,故因以录即位,明王者当继天奉元,养成万物。"① 也就是说,元气是天之始,而王是人之始。孔子以《春秋》当王法,上本乎天道,下启乎人道,体现天人合一思想。后来董仲舒在《春秋繁露》中进一步发挥了这一思想,其曰:"《春秋》何贵乎元而言之?元者,始也,言本正也。道,王道也。王者,人之始也。"② 其所谓"本正"乃本立道生之义,是《春秋》学大义之所系,而"重始"也是儒家的核心观念之一。故《说苑·建本》曰:"孔子曰:'君子务本,本立而道生。'夫本不

---

① 徐彦:《春秋公羊传注疏》,中华书局 1980 年版,第 2195 页。
② 苏舆撰,钟哲点校:《春秋繁露义证》,中华书局 1992 年版,第 100—101 页。

上编　《诗纬》与汉代《诗经》学关系研究

正者末必陷，始不盛者终必衰。诗云：'原隰既平，泉流既清。'本立而道生，《春秋》之义；有正春者无乱秋，有正君者无危国，《易》曰：'建其本而万物理，失之毫厘，差以千里。'是故君子贵建本而重立始。"①

对《诗经》而言，始即四始。此乃汉代《诗》说之通义，并被赋予高尚的意义。正如郑玄答张逸问所说，"人君行之则为兴，废之则为衰"，"始者，王道兴衰之所由"②。当然，汉代《诗经》学"四始"具体内容或有今古文之别。如《毛诗》以风、小雅、大雅、颂为四始，而今文《诗》以具体的诗篇为始，四始就是风、小雅、大雅、颂的第一首诗，《韩诗外传》卷五、③《史记·孔子世家》④都有相关表述。具体到《齐诗》之四始，证之《匡衡传》，知后苍所传《诗》学也是以《关雎》等具体诗篇为四始。《匡衡传》记载匡衡说《诗》曰："孔子论《诗》以《关雎》为始，言太上者民之父母，后夫人之行不侔乎天地，则无以奉神灵之统而理万物之宜。"⑤此可证。

际即五际，此最先见于《齐诗》，且据翼奉所言，知此为后苍《诗》学之新说。然则何谓"五际"？其说不一。《汉书·翼奉传》颜师古注引应劭语："君臣、父子、兄弟、夫妇、朋友也。"又引孟康语："《诗内传》曰：'五际，卯、酉、午、戌、亥也。阴阳终始际会之岁，于此则有变改之政也。'"⑥《后汉书》李贤注引孟康注又曰以卯、酉、午、戌、亥出自《韩诗外传》。⑦可见此问题之复杂。严格来说，上述三说均不能轻易否定。应劭曾作《汉书集解》，也精熟谶纬之学。若"五际"果如孟康所注，相信应劭不会不知。而征诸匡衡所言"闻之于师"之"妃匹之际"，再证之《匡衡传》所谓"妃后之际"，则应劭以人伦五端说《齐诗》"五际"或当有据。而《韩

---

① 刘向撰，向宗鲁校证：《说苑校证》，中华书局1987年版，第56页。
② 孔颖达：《毛诗正义》，中华书局1980年版，第272页。
③ 许维遹：《韩诗外传集释》，中华书局1980年版，第164页。
④ 司马迁：《史记》，中华书局1959年版，第1936页。
⑤ 班固：《汉书》，中华书局1962年版，第3342页。
⑥ 班固：《汉书》，中华书局1962年版，第3173页。
⑦ 范晔：《后汉书》，中华书局1965年版，第106页。

第五章 汉代《齐诗》与谶纬

诗》与《易》关系密切，东汉以后又和谶纬关系密切，所以李贤注亦可能并非空穴来风。① 上述三说中，人们一般都赞成孟康说法。根据翼奉说《诗》之"五际"与《易》之阴阳、《春秋》之灾异同为"列终始，推得失，考天心，以言王道之安危"之学，加之翼奉好阴阳律占，以情性说《诗》，匡衡说《诗》亦重"天人之际"，则孟康注虽非完全契合翼奉所谓"五际"之旨，但相去或不远。要之，以阴阳言"五际"亦当为后苍《诗》学之精旨。

翼奉说其闻之于后苍，明"五际"之要于《诗·十月之交》篇。根据下文翼奉说"人气内逆，则感动天地"云云，其所谓"五际之要"亦即汉代天人感应那一套学说。所以，笔者并不认为翼奉说《十月之交》如同后来大家所说的《诗纬》"五际"之一际。但结合下文翼奉借《十月之交》"知日蚀地震之效昭然可明"，知翼奉说《诗》确实在践行他所谓"《诗》之为学，情性而已"的《诗》学阐释理论。②《十月之交》曰："十月之交，朔月辛卯。"以翼奉师法用辰不用日解之，则"朔月辛卯"用辰位卯为说。卯为阴，为臣，位在东方，五行为木。木受水而生，又子卯相刑，故为阴贼，其位亥卯未（即生于亥，盛于卯，衰于未）。这就解释了《十月之交》之日食及地震之变，阴盛而阳弱，臣强主闇。准之《十月之交》，则翼奉上封事之初元二年天下有地震大水之灾异，其曰："今年太阴建于甲戌，律以庚寅初用事，历以甲午从春。历中甲庚，律得参阳，性中仁义，情得公正贞廉，百年之精岁也。正以精岁，本首王位，日临中时接律而地大震，其后连月久阴，虽有大令，犹不能复，阴气盛矣。"③ 其所以得出"阴气盛"的结论，全凭天干地支之排位顺序，以及"观性以历，观情以律""师法用辰不用日"等处理原则。其"律得参阳"，当如晋灼所言"木数三，寅在东方，木位之始，故曰参阳"④。而以"木盛于卯"言，则初元二年之灾异合乎《十月之交》诗所言

---

① 曹建国、张莉莉：《〈韩诗〉与谶纬关系新考》，《武汉大学学报》2015 年第 6 期。
② 班固：《汉书》，中华书局 1962 年版，第 3170—3173 页。
③ 班固：《汉书》，中华书局 1962 年版，第 3173 页。
④ 班固：《汉书》，中华书局 1962 年版，第 3174 页。

之情形。故初元三年武帝白鹤馆火灾，翼奉言："今白鹤馆以四月乙未，时加于卯，月宿亢灾，与前地震同法。"①

就《汉书》记载来看，匡衡说《诗》重"四始"，而翼奉说《诗》重"五际"。匡衡《诗》说虽亦言"际"，但似乎更重人伦，如"妃匹之际"，与翼奉说"五际"有显著的差异。那么何以皆师承后苍，而翼奉、匡衡关于"五际"的说法却有很大的不同呢？其实在汉代经学传授中，此亦非个别案例。盖汉代经师常有分经授徒之事，一部分公开讲授，一部分秘密传授。孟喜学《易》善说阴阳灾异，自云得之于本师田王孙，而同门梁丘贺等非之。及刘向校书，以为诸家说《易》"皆祖田何、杨叔、丁将军，大谊略同"②。李寻与郑宽中同师，宽中守师法以教授，而李寻则传《洪范》灾异。③甚或师有隐而不传之秘而学生不知，所以吕步舒不知其师董仲舒言灾异书而以为大愚。④翼奉既曰"《诗》有五际""闻五际之要《十月之交》篇"皆称"闻之于师"，又曰"师法用辰不用日"，可见后苍确实以阴阳五行说《诗》之"际""始"。但需要强调的是，匡衡并非完全不谙后苍阴阳五行之"际""始"意义，如他说"天人之际精祲有以相荡"和翼奉说《十月之交》为"五际之要"便是同样的意思。

作为一种《诗》学阐释理论，"始"乃是开端的意义。无论是鲁、齐、韩三家以《关雎》等四首诗为始，还是《毛诗》以四类诗为始，意义皆是如此。概言之，《关雎》等四首诗或《风》等四类诗乃人伦纲常和政治风教之开端，与先秦《诗》学仍有一贯之处。而"际"则强调终始变化之交汇，也就是翼奉所谓"列终始"之义，其重点强调的是动态化的变化。由于我们没有办法确知《齐诗》"五际"之所指，因而也难以论断其确切的内涵。但按照翼奉的说法，五际与阴阳、灾异一样，都是天道的彰显，而且是变动天道的彰显。翼

---

① 班固：《汉书》，中华书局1962年版，第3175页。
② 班固：《汉书》，中华书局1962年版，第3601页。
③ 班固：《汉书》，中华书局1962年版，第3605页。
④ 班固：《汉书》，中华书局1962年版，第2524页。

第五章 汉代《齐诗》与谶纬

奉提出"天道有常,王道亡常,亡常者所以应有常也"说,[①] 甚至主张汉朝迁都以更始,实际上就是后来的"再受命"。缘此,其说《诗》尤重《十月之交》,以之为"五际之要",实则"五际"的核心就是天意主导下的变革。诗中记载反常的天象与大地的异动,正与下文群小猖獗相符应,是阴胜阳之表征,并最终导致赫赫宗周之灭。但宗周虽灭,而周室未亡,原因便是因迁都而续命。

翼奉以中郎为博士,其子孙皆以学在儒官。其后学虽不明,但倡言阴阳革命的《诗》学主旨当可据论。班固将其与眭孟、京房、李寻等合传,其出发点也正在于此。终西汉之世,光大《齐诗》者乃匡衡及其后学。《汉书》记载匡衡《诗》说虽主于伦理纲常而几近正统,如其说《关雎》之义与《毛诗》并无本质分别。但这并不代表匡衡完全不谙天道,不言五行阴阳。其曰六经乃圣人所以统天地之心者,又曰"天人之际,精祲有以相荡",天人之间相互感发,都合乎《齐诗》革命及"际始"之义。匡衡及其后学开辟《齐诗》匡氏、师氏、伏氏学,师、伏之学虽泯而不传,但征诸其行事亦大体可知。师丹不阿顺哀帝及傅、丁外戚,满昌忤逆王莽而被免官,皆可见耿介之一面。哀平之际以及新莽朝初期,《齐诗》学者纷纷采取与王莽合作的态度。师丹见知于王莽,满昌为王莽《诗》学祭酒,张邯为新莽朝明学男,又以大长秋进封大司徒,伏湛与伏黯也都曾出仕于新朝。对于这些人与王莽的关系及与新莽朝的合作,不能简单地定性为贪图富贵或屈从于权势,而应深究其原委。若以苟且论之,则满昌何以要触怒王莽,伏湛也难留清名。概言之,我们与其说这些人是无节操的贰臣,还不如说他们试图通过与王莽的合作以求实现其盛世的乌托邦理想,是为民与为君理念的博弈结果。由此我们不难想见,他们正是继承了辕固以来《齐诗》学的精神主旨,同时也是他们《诗》学精神的具体实践。

[①] 班固:《汉书》,中华书局1962年版,第3176页。

上编　《诗纬》与汉代《诗经》学关系研究

第三节　《齐诗》与谶纬

　　《齐诗》与谶纬的关系是讨论《齐诗》无法回避的问题，许多关于《齐诗》的话题皆因此而发。学术界一般认为《诗纬》即《齐诗》，尤其是东汉以后。如陈乔枞《诗纬集证》曰："夫齐学湮而《诗纬》存，则《齐诗》虽亡，而犹未尽泯也。《诗纬》亡，而《齐诗》遂为绝学矣。"① 然而以《诗纬》为《齐诗》实有诸多疑端。最显而易见的问题是，如果《诗纬》与《齐诗》为一，则东汉时期显然应该有专门的《诗纬》学派。然而检诸文献，我们并没有看见专门的《诗纬》学派传人，太学也没有专门的图谶博士。大抵学人于专门之学外，兼通图谶而已。尽管东汉时期《齐诗》寥落，但尚有专门《齐诗》传人。如景鸾，《后汉书·景鸾传》：

　　　　景鸾，字汉伯，广汉梓潼人也。少随师学经，涉七州之地。能理《齐诗》、《施氏易》，兼受《河》《洛》图纬，作《易说》及《诗解》，文句兼取《河》《洛》，以类相从，名为《交集》。又撰《礼内外记》，号曰《礼略》。又抄风角杂书，列其占验，作《兴道》一篇。及作《月令章句》。凡所著述五十余万言。②

　　景鸾既然于《齐诗》之外，又受《河》《洛》图纬，则《齐诗》自与图纬不同。又，若以《齐诗》即《诗纬》，则东汉初年薛汉替光武帝校订图谶，其中《诗纬》岂不就是《齐诗》？然而薛汉传《韩诗》，作有《韩诗薛君章句》，如此则其又焉能校订《齐诗》？

　　所以，《诗纬》自《诗纬》，而《齐诗》自《齐诗》。而世人所以等同《齐诗》与《诗纬》，推测其因大抵有二。其一曰齐学与谶纬

---

①　陈乔枞：《诗纬集证》，《续修四库全书》第77册，上海古籍出版社2002年版，第761页。

②　范晔：《后汉书》，中华书局1965年版，第2572页。

第五章 汉代《齐诗》与谶纬

的关系。盖谶纬之学与齐学关系密切,因此便有齐学、谶纬合二为一的思路。如此,则谶纬即齐学,《诗纬》自然等同于《齐诗》。其二则源自翼奉《诗》学。作为《齐诗》重要的学人,翼奉善以阴阳说诗,有"《诗》之为学,情性而已"之论。[①] 与此同时,他又有"五际""六情"等理论。所以,人们便因此将谶纬《诗》视为《齐诗》之流裔。清代学者迮鹤寿、陈乔枞等专门以《诗纬》疏释《齐诗》翼氏学,其因正在于此。

诚然,作为汉代经学别子,谶纬确实与汉代齐学,尤其和董仲舒的《春秋公羊》学关系密切。如徐复观在论及纬书时说:"谶语是自古有之,而缘经以为纬书,则其端发自仲舒。而夏侯始昌的《洪范五行传》,京房之《易》,翼奉之《诗》,皆系由仲舒所引发。"[②] 盖齐学经典以《公羊传》为核心,辅以《齐诗》《齐论语》。齐学喜言天道,崇尚变革,故何休言《春秋公羊传》"多非常异义可怪之论"[③]。而董仲舒作为公羊学大师,其《春秋繁露》一书主要阐发其大一统的政治理想和天人感应的哲学思想。由于其书中多言天道,以孔子为素王,以《春秋》当新王,言改制,所以对后世阴阳五行之学影响很大,与谶纬学说的兴起关系也很大。但如果因此将谶纬视为齐学,甚或等同二者,则大谬不然。理当齐学自齐学,谶纬自谶纬。盖东汉以后各家学派大多经纬兼治,非独齐学为然。

再看翼奉。作为《齐诗》传人,翼奉好阴阳律占。他既说"诗之为学,情性而已",又说"观性以历,观情以律","师法用辰不用日"等,[④] 皆提示翼奉《诗》学和阴阳五行的关系。在《汉书》本传中,翼奉两次提到了《诗》,一是在其说六情时,引《小雅·吉日》"吉日庚午"说南、西之情。其二是说日食地震之灾异意义,引《小雅·十月之交》,用其"朔月辛卯"之文。此两例亦皆合乎上文翼奉对师门《诗》说的解释,用天干地支、阴阳律历说《诗》。就此意义

---

① 班固:《汉书》,中华书局1962年版,第3170页。
② 徐复观:《两汉思想史(第二卷)》,华东师范大学出版社2001年版,第221页。
③ 徐复观:《两汉思想史(第二卷)》,华东师范大学出版社2001年版,第2190页。
④ 班固:《汉书》,中华书局1962年版,第3170页。

而言，翼奉《诗》说，或曰汉代《齐诗》翼氏学与《诗纬》关系确实非常密切。无论是《诗》学观念还是《诗》说方法，对谶纬《诗》学都有很大的影响。但若因此判断《齐诗》即《诗纬》仍然有很大的问题。

首先，尽管翼奉《诗》学对《诗纬》影响很大，但如果完全据《诗纬》的有关学说上推翼奉《诗》说，显然并没有多少依据。比如《诗纬》的"四始"是本金、木、水、火为说，并配以具体《诗》篇。但征诸文献，并没有任何材料证明《诗纬》"四始"为《齐诗》或《齐诗》翼氏学之"四始"。翼奉没有言及"四始"，《汉书·匡衡传》记载匡衡言诗，大体关涉"四始"，但与汉代今文《诗》说并无区别，属于汉代《诗》说之通义。比如其以《国风》为《诗》始合乎《毛诗》，其以《关雎》为《诗》始又合乎今文韩、鲁。与此同时，萧望之言诗涉及《鸿雁》，也只是强调"上惠下"①，亦属于汉代《诗》学之通义，与《诗纬》以"《鸿雁》在申，金始也"完全无涉。而翼奉虽明确言及"五际"，且根据其说"六情"，以律历说《诗》，大体也可以相信翼氏"五际"和阴阳有关，体现《齐诗》之革命精神。但并没有根据证明翼奉所言《齐诗》"五际"和具体诗篇相配合，与《诗纬》说"五际"同。根据应劭注，甚至不排除汉代《齐诗》之"五际"有以人伦五端说之者。

其次，就算是《齐诗》翼氏学等同于《诗纬》，也不能以《齐诗》等同于《诗纬》。《齐诗》自后苍以后，有翼氏学、匡氏学、师氏学和伏氏学。《汉书》记载匡衡《诗》说材料较多，《齐诗》匡氏学大体符合汉代《诗》说。说已见上，不复赘述。师丹《诗》说未见，但班伯学《诗》于师丹。《汉书叙传》引班伯说《诗》曰"'式号式呼'，《大雅》所以流连也"②，推原诗人嗟叹哀时之心，亦汉代《诗》学之通义。故以翼奉《诗》学代汉代《齐诗》学，以此推阐《齐诗》与《诗纬》间等同之关系亦不尽妥当。

---

① 班固：《汉书》，中华书局1962年版，第3276页。
② 班固：《汉书》，中华书局1962年版，第4201页。

复次，正如上文所说，东汉时期，《齐诗》未亡，惟盛衰之别而已。无论是《齐诗》伏氏学还是马援、景鸾、任末皆传《齐诗》，而伏氏尚有专门解《诗》著述。而与之相应，我们并没有见到文献记载《诗纬》博士或专门《诗纬》学人。东汉整体上经学格局并没有改变，谶纬之学虽地位尊崇，但仍属于兼修之学。如郎𫖮精熟《诗纬》，而其以《京氏易》名家。不惟如此，东汉多精熟《七纬》者。如徐稺，《后汉书·徐稺传》李贤注引《谢承书》曰："稺少为诸生，学《严氏春秋》《京氏易》《欧阳尚书》，兼综风角、星官、算历、《河图》《七纬》、推步、变易，异行矫时俗，闾里服其德化。"[1] 又如樊英也是习《京氏易》，兼治《河》《洛》、《七纬》。[2] 若《河》《洛》、《七纬》等为专门之学，则一人学通《七纬》几乎是不可能的事。

综上所述，《诗纬》虽受齐学，尤其是《春秋公羊》学及《齐诗》翼氏学影响很大，但其理应与《齐诗》区分开来，甚至也要和《齐诗》翼氏学区分开来，这才符合汉代《诗纬》学说的实际。

第四节　《齐诗》之兴废

西汉时期，《齐诗》总体上与鲁、韩两家难分轩轾，而《鲁诗》稍强。以帝王师为例，武帝、昭帝、元帝、哀帝皆学《鲁诗》，而《齐诗》学者，萧望之以《论语》《礼服》授元帝，伏理以《诗》授成帝，师丹为哀帝师，《韩诗》唯有蔡义以《诗》授昭帝。尤其在西汉末年及新莽时期，《齐诗》学者多得重用。师丹见知于王莽，班伯亲近于王凤；伏湛为王莽绣衣执法，后队属正，伏黯于新莽朝数次出使，以功封子爵；满昌为王莽讲《诗》祭酒，张邯则先为明学男，后为大司徒。匡衡弟子及其后传皆至大官，一时间《诗》学之盛无出《齐诗》之右者。

然而东汉以后，《齐诗》盛极而衰，后继者也寥寥无几，以

---

[1] 范晔：《后汉书》，中华书局1965年版，第1746页。
[2] 范晔：《后汉书》，中华书局1965年版，第2721页。

《诗》学知名者除伏氏一门外,仅任末、景鸾、陈纪而已。马援虽学《齐诗》,却以武功著而不以经学显。《齐诗》何以快速衰落,且于今文三家《诗》中最先衰亡?古今颇多说解。或泛言道、法家之复兴与儒学之衰敝,抑或今文经学之衰落与古文经学之勃兴。① 而具体《齐诗》的衰落,或以为《齐诗》尤多诡怪非常之论,如傅斯年:"三家博士随时抑扬,一切非常异义可怪之论必甚多,遂可动听一时,久远未免为人所厌。而《齐诗》杂五行,作侉论,恐怕有识解者更不信他。"② 或以为于诡怪非常之外再加上章句繁多,夏传才:"《齐诗》内容的迷信成分日益妄诞驳杂,章句(逐章逐句解释文字)日益烦琐难学,这两个不治之症,使它失去上层建筑的作用,在三家诗中衰亡最早。"③ 而近年又有学者着眼于《齐诗》与新莽朝的关系,认为和《齐诗》得势于王莽朝有关。④

应该说,上述诸说皆有一定的道理,但又都有所偏颇。若以与阴阳五行或谶纬关系论,则此为汉代学术之共有特征。东汉以后的学者大多经纬兼治,以五经为外学,谶纬为内学。况且国家层面的提倡,诸家说经歧异甚或以谶绝经。就《诗》而言,《韩诗》学者薛汉能替光武帝校订图谶,《韩诗》与谶纬关系自然密切。但东汉时期《韩诗》不仅没有衰落,反而勃兴。

若以经学章句繁琐论,则章句繁多乃是东汉经学之通病。《汉书·艺文志》:"后世经传既已乖离,博学者又不思多闻阙疑之义,而务碎义逃难,便辞巧说,破坏形体;说五字之文,至于二三万言。"⑤ 班固所说的"说五字至于二三万言"乃是《尚书》学传人秦恭,其说"若曰稽古"四字用三万言,说《尧典》篇题两字则用了十余万言。而《后汉书》记载《尚书》学传人桓荣减省其师说文字至二三十万言,其子桓郁又减至十二万言。

---

① 赵茂林:《两汉三家〈诗〉研究》,巴蜀书社2006年版,第593—627页。
② 傅斯年:《诗经讲义稿》,中国人民大学出版社2004年版,第8页。
③ 夏传才:《诗经研究史概要》,清华大学出版社2007年版,第61页。
④ 王承略:《论〈齐诗〉与王莽的关系及其在东汉的命运》,《孔子研究》2001年第6期。
⑤ 班固:《汉书》,中华书局1962年版,第1723页。

第五章 汉代《齐诗》与谶纬

若就其与王莽朝关系而言，诚然，王莽当权及新莽朝，《齐诗》学者响应积极。与此同时，《鲁诗》学者皆避而不应征。又或以为同样的现象也出现在《书》夏侯氏与《公羊》颜氏，《尚书》夏侯学者如唐林、唐尊及《公羊》颜氏学者马宫、左咸等皆仕于新莽朝。有学者认为因此而导致东汉时期《尚书》夏侯衰而欧阳兴，《公羊》颜氏衰而严氏兴，与《诗》齐、鲁兴衰同例。① 但此说或不然。以《尚书》学为例，夏侯《尚书》学者贵显于新莽，而欧阳《尚书》也不遑多让。如平当学欧阳《尚书》，因此有《尚书》平氏学，但其子平晏为王莽朝四辅之一，封就新公。又欧阳高弟子地余讲论石渠阁，以《尚书》授元帝，其少子政为王莽讲学大夫。如此何以能以与王莽关系论《尚书》欧阳学、夏侯学在东汉时期兴衰？

并且就儒学士人出仕而言，有时是个人行为，间或与学派有关，当不可一概而论。如以龚胜不仕新莽得出《鲁诗》忠汉而鄙新，则同为《鲁诗》学者的龚胜之弟龚舍屡不应汉室之征或以病求免，岂不是《鲁诗》亦不合作于汉室？况且两汉时期学者一心向学而不应朝廷征召者比比皆是，此皆个人兴趣使然。光武中兴，并没有因学者出仕新莽而特加贬抑。如《齐诗》伏氏学之伏湛、伏黯皆仕于新莽，而伏湛及伏黯子伏恭亦显名于东汉。又，侯霸学《谷梁春秋》，仕于新莽，但光武时不仅官拜大司徒，封关内侯，且死后光武帝"亲自临吊"，盛赞其"积善清洁"，有"忠臣之义"②。而就《齐诗》学者出仕新莽而言，确实带有很强的学派属性，但也不能因此推断东汉以后学派的命运。亲近王莽者多当世大儒，如孔光、师丹、平当等，赞成王莽改制的经学派别也非某家某派。就算是《鲁诗》，新莽时期仍立于学官，而光武朝《齐诗》也赫然位于经学十四博士之列。所以仅以出仕新莽与否或与王莽关系之密疏而推衍学派兴衰之由，仍有许多问题不易解释，据此下结论也有片面之嫌。

所以上述诸说之外，《齐诗》之兴衰宜再加深究。在笔者看来，

---

① 王承略：《论〈齐诗〉与王莽的关系及其在东汉的命运》，《孔子研究》2001年第6期。
② 范晔：《后汉书》，中华书局1965年版，第902页。

《齐诗》兴衰皆与汉世"革命"精神之兴衰唇齿相依,诚可谓兴也"革命",衰也"革命"。上文已初步讨论齐学以及"齐诗"精神与革命之关系,这种革命的精神在西汉末年迅速膨胀,成为一股强大的政治文化力量。《公羊》学大师眭孟是董仲舒的再传弟子,其于昭帝时上书称:"先师董仲舒有言,虽有继体守文之君,不害圣人之受命。汉家尧后,有传国之运。汉帝宜谁差天下,求索贤人,禅以帝位,而退自封百里,如殷周二王后,以承顺天命。"① 依照蒙文通先生的观点,《韩诗》亦属于齐学。② 故学《韩氏易》的盖宽饶也主张禅代,其上书宣帝,大谈"五帝官天下,三王家天下,家以传子,官以传贤,若四时之运,功成者去,不得其人则不居其位"③。《齐诗》学者翼奉也有此论,但他劝元帝迁都以再受命。李寻学小夏侯《尚书》,他与夏贺良等相善,主张哀帝改元易号以再受命。此二说虽相对温和,但主张革命的精神未亏,而西汉末年传国信息也隐含其中。哀帝改号"陈圣刘太平皇帝",陈乃舜后,刘乃尧后,一身双祧以应再受命之政治预言。

在西汉末年的"革命"浪潮中,《左传》扮演了非常重要的角色。"汉家尧后"说虽出自眭孟之口,但出处则见于《左传》。《左传》昭公二十九年:"陶唐氏既衰,其后有刘累。"④ 此刘氏所以出。正因为如此,汉末的大学问家刘向、刘歆父子都非常重视《左传》,桓谭曾云:"刘子政、子骏、子骏兄弟子伯玉,俱是通人,尤珍重《左氏》,教授子孙,下至妇女,无不读诵。"⑤ 同时,刘向父子重视《左传》也可从《汉书·五行志》得到证明,该篇记载多条刘氏父子说《左传》灾异的材料。刘向据《左传》言灾异外,尤其重视对汉家尧后的记载,以此证明刘氏政权的合法性。而刘歆正好走向了另一面,他根据《易传》和《左传》,构造了一套帝王谱系,证明汉家尧

---

① 班固:《汉书》,中华书局1962年版,第3154页。
② 蒙文通:《经学抉原》,上海人民出版社2006年版,第89页。
③ 班固:《汉书》,中华书局1962年版,第3247页。
④ 孔颖达:《春秋左传正义》,中华书局1980年版,第2123页。
⑤ 桓谭撰,朱谦之辑校:《新辑本桓谭新论》,中华书局2009年版,第39页。

第五章 汉代《齐诗》与谶纬

后，以火为德运。其说见于《三统历谱》，附于《汉书·律历志》后。刘歆是王莽代汉的理论家，王莽自认舜后，为土德，应代汉而兴，依据的正是刘歆的理论。要知道刘歆在《三统历谱》中不仅证明了汉家尧后，而且通过历算，给出各王朝的年数，从而证明汉家"三七之厄"及传国之运。

刘歆以汉宗室之后而襄助王莽，并非完全出于私利或私人感情，确实有其信仰力量存在。而这种信仰力量及其对人心的巨大鼓动力，在当时许多名臣大儒身上都有所体现。诸人对王莽的颂赞，以及对王莽代汉的支持，可为证。具体来说，这涉及后世对王莽的评价。尽管班固在《汉书·王莽传》对王莽多鄙薄之词，似乎就是一个为了篡汉而处心积虑的阴谋家。但事实上仔细判断一些叙述则另有深意，如起始其折节恭谨，被服如儒生事；为辅政后，仍能"克己不倦，聘诸贤良"，其子犯罪也认罪伏法，等等。元始五年，因王莽不受新野田，吏民前后有四十八万七千五百七十二人，以及诸侯王、宗室等上书认为应该加赏王莽。想来这些不可能都是政治阴谋或谋利手段，只能说王莽至少在一定时期内确实受到了士民拥戴。其主导下的儒学复兴，例如广立诸学，起明堂、辟雍、灵台，恢复井田制等，都和自孟子以来倡言的治世理想相吻合。汉初儒家"天下为公"的革命理想，尚需一定的礼家制度作为辅助，这些礼家制度即是井田、辟雍、封禅、巡守、明堂等内容。而所有这些都可以在《汉书·王莽传》等记载的王莽行事中见到，所以王莽代汉既顺应了西汉末年"汉家尧后，有传国之运"的滔滔议论，又以实际的政治制度满足了当时儒家公天下的政治理想。在此意义上，天下士人膺服，甚至如刘歆以宗室之后也支持王莽，一切都在情理之中。

在此情况下，《齐诗》学者拥戴王莽完全可以理解为是一次"革命"实践。以井田制为例，此为儒家乌托邦治世理想之一重要支撑，孟子便数言井田事。汉末民生凋敝，豪强兼并之风炽烈，故秉承传统儒家治世理想之儒生又倡言井田，其中《齐诗》学者尤为积极。《汉书·食货志》记载：

上编　《诗纬》与汉代《诗经》学关系研究

哀帝即位，师丹辅政，建言："古之圣王莫不设井田，然后治乃可平。孝文皇帝承亡周乱秦兵革之后，天下空虚，故务劝农桑，帅以节俭。民始充实，未有并兼之害，故不为民田及奴婢为限。今累世承平，豪富吏民訾数钜万，而贫弱俞困。盖君子为政，贵因循而重改作，然所以有改者，将以救急也。亦未可详，宜略为限。"①

当事下公卿议时，丞相孔光、大司空何武等赞同，并对民田及奴婢的限数给出了具体意见，后来因为涉及权贵的利益而未能实行。②而王莽代汉后积极推行井田，曰："汉氏减轻田租，三十而税一，常有更赋，罢癃咸出，而豪民侵陵，分田劫假，厥名三十，实什税五也。富者骄而为邪，贫者穷而为奸，俱陷于辜，刑用不错。今更名天下田曰王田，奴婢曰私属，皆不得卖买。其男口不满八，而田过一井者，分余田与九族乡党。"③而"敢有非井田圣制，无法惑众者，投诸四裔，以御魑魅，如皇始祖考虞帝故事"④。为王莽具体实施推行井田制度的也是《齐诗》学者张邯，前有师丹建言，后有张邯助推，可见《齐诗》学者态度之积极。

王莽"动欲慕古，不度时宜"⑤，其失败自然难免。而包括《齐诗》在内的齐学儒生支持王莽代汉，并积极投身到王莽的复古实践中。那么，随着王莽的失败，《齐诗》等学者遭受打击自然难免。但这种打击主要不是来自外部的政治力量，还与其自身儒家革命精神的衰退与消解有关。

在两汉之际的天命竞夺中，代王莽而起的光武帝刘秀也不具备当然的政治合法性。虽然光武帝在河北已站稳脚跟，但对于诸将"上尊

---

① 班固：《汉书》，中华书局1962年版，第1142页。
② 班固：《汉书》，中华书局1962年版，第1142—1143页。
③ 班固：《汉书》，中华书局1962年版，第1143—1144页。
④ 班固：《汉书》，中华书局1962年版，第4111页。
⑤ 班固：《汉书》，中华书局1962年版，第1143页。

第五章 汉代《齐诗》与谶纬

号"之议始终犹豫不决，其最大的考量应该就是合法性的问题。而当他的同学强华献上《赤伏符》，中有"刘秀发兵捕不道，四夷云集龙斗野，四七之际火为主"①，便欣然从众登皇帝位。不仅关乎"刘秀"应谶的问题，"四七之际"代替了"三七之厄"，而"火为主"则说明天命未改，火德未衰。试想，对于一个同样借助符命起家的帝王来说，刘秀自然不会否定图谶的神圣性。但虽同为图谶，其性质则不能不变。如果说西汉末年及新莽时期图谶的核心命题是汉家尧后有传国之运，则光武时期的图谶重在强调汉家气数未尽。光武帝刘秀即位后既校订图谶，又宣布图谶于天下，想必做的正是这方面的工作。《华阳国志》记载光武帝与公孙述之间的书信往来，针对公孙述引谶书中"公孙"以主张受命合法性的问题，刘秀引谶书以驳，曰："《西狩获麟谶》曰'乙子卯金'，即乙未岁授刘氏，非西方之守也。'光废昌帝，立子公孙'，即霍光废昌邑王，立孝宣帝也。黄帝姓公孙，自以土德，君所知也。'汉家九百二十岁，以蒙孙亡，受以丞相，其名当涂高'，高岂君身邪？"②《后汉书·礼仪志》引《河图会昌符》曰："赤帝九世，巡省得中，治平则封，诚合帝道孔矩，则天文灵出，地祇瑞兴。帝刘之九，会命岱宗，诚善用之，奸伪不萌。赤汉德兴，九世会昌，巡岱皆当。天地扶九，崇经之常。汉大兴之，道在九世之王。封于泰山，刻石著纪，禅于梁父，退省考五。"③ 此前王莽及公孙述等运用谶书中孔子作《春秋》为赤制，以《春秋》十二公影射西汉十二帝，以证汉室气数已尽。而《河图会昌符》等言"赤帝九世"则应光武帝刘秀是刘邦的九世孙，所以《汉礼制度》以元帝次当第八，光武帝当第九。④ 总之，无论是"火为主"，还是"汉家九百二十岁""赤帝九世"，都否认了西汉末年汉家德运已转移的说法。这样所谓的"革命"便无从谈起，所以建武三十三年太尉赵憙上书

---

① 范晔：《后汉书》，中华书局1965年版，第21页。
② 常璩撰，刘琳校注：《华阳国志校注》，巴蜀书社1984年版，第475页。
③ 范晔：《后汉书》，中华书局1965年版，第3165页。
④ 范晔：《后汉书》，中华书局1965年版，第27页。

建言封禅称光武帝"拨乱中兴""修复宗庙"。① 不仅如此，光武帝也明言自己欲以"柔道"理天下。② 所谓的"柔道"乃谓以温和安抚之道治理天下，不主张对抗，自然也消解了儒家思想中锋芒的一面。东汉以后的儒家批判精神整体萎缩，以郎顗为例，其上封事引《诗纪历枢》，言"五际"。但最后又说："臣陈引际会，恐犯忌讳，书不尽言，未敢究畅。"③ 这和西汉时期，尤其是西汉末年儒生放胆直言不啻天壤之别。西汉时期，辕固言革命，翼奉等言际始，从不考虑会犯忌讳。不仅如此，班固和王充等著名的学者还特别强调儒家的颂汉职责，而王充怀疑关于古代圣王的记载的真实性，甚至一些归诸孔子和孟子的话也不一定站得住脚，认为汉代是最辉煌的时代。总之，东汉以后的儒学变得更加现实，甚至有点功利。

在这种政治文化生态中，西汉以来的儒家抑君为民的精神便失去了生存空间，乌托邦式的政治愿景和理想化的革命精神也急剧萎缩。他们要么选择更张改弦，与皇权合作；要么渊默自守，慢慢退出历史舞台。以《诗》为例，《鲁诗》一直谨守师说，故两汉时期皆波澜不惊。《韩诗》本齐学之党，但东汉以后选择与朝廷合作。薛汉为光武帝校订图谶，郅恽在新莽与光武朝的态度也判若两人。故《韩诗》东汉时勃然而兴，俨然有凌驾其他《诗》学之上的趋势。相反，《齐诗》则呈整体衰退趋势。《齐诗》翼氏学隐而不显，匡衡后学也残亡殆尽，不绝如缕者惟伏氏一门而已。或以为《齐诗》伏氏学所以屹立不倒，是因为伏氏自伏生以来以经学传家。实则不然。伏氏经学主张"清静无竞"，有"伏不斗"之称，④ 这才是东汉以后伏氏《诗》学或伏氏经学得以长盛不衰的原因。伏氏学不仅是《齐诗》学蜕变的经典个案，也是东汉以后儒学生态的写照。所以，笔者认为汉代《齐诗》衰落之重要原因，乃在于朝廷压制下儒学"革命"精神的衰微。

---

① 范晔：《后汉书》，中华书局1965年版，第3162页。
② 范晔：《后汉书》，中华书局1965年版，第68—69页。
③ 范晔：《后汉书》，中华书局1965年版，第1066页。
④ 范晔：《后汉书》，中华书局1965年版，第898页。

第五章　汉代《齐诗》与谶纬

总之，在汉代今文三家《诗》学中，《齐诗》最为特殊，关于《齐诗》的议题也最多。而笔者认为，《齐诗》和谶纬的关系也好，《齐诗》的兴衰亡佚也罢，一切都和本始以来的"革命"精神有关。无论是它最先接受阴阳五行学说，还是主动与王莽的合作，都是"革命"精神的内驱力主导下的结果。而它最先退出历史舞台也可以看作是它主动的选择，尽管有些无奈。由此我们可以想见，东汉以后，喜说阴阳灾异的夏侯《尚书》以及《齐论》为什么都走着和《齐诗》大致相同的道路。就算是齐学核心的《公羊春秋》也不得不让出很大的空间给《左传》，正如贾逵指责《公羊》任于权变，而《左传》合乎图谶。① 无怪乎范晔喟然而叹："郑、贾之学，行乎数百年中，遂为诸儒宗，亦徒有以焉尔。桓谭以不善谶流亡，郑兴以逊辞仅免，贾逵能附会文致，最差贵显。世主以此论学，悲矣哉！"② 诚哉斯言！

---

① 《后汉书·贾逵传》记载贾逵表彰《左传》合乎图谶曰："五经家皆无以证图谶明刘氏为尧后者，而左氏独有明文。五经家皆言颛顼代黄帝，而尧不得为火德。《左氏》以为少昊代黄帝，即图谶所谓帝宣也。如令尧不得为火，则汉不得为赤。其所发明，补益实多。"详见《后汉书》第1237页。

② 范晔：《后汉书》，中华书局1965年版，第1274页。

第六章　汉代《韩诗》与谶纬

在一般的学术史描述中,都会把《齐诗》和谶纬联系起来。尤其是清代的三家《诗》辑佚,几乎都是把《诗纬》归入《齐诗》。例如陈乔枞《诗纬集证·自叙》便认为"夫齐学湮而《诗纬》存,则《齐诗》虽亡而犹未尽泯也。《诗纬》亡,而《齐诗》遂为绝学矣"[1]。廖平在早些年作《诗经》与《易经》的注解,也认为《诗纬》属于《齐诗》学。而后来他作《诗纬新解》时,观点发生了变化,认为"《诗纬》者,《诗》之秘密微言也,每以天星神真说《诗》",与《齐诗》不完全是一回事。[2]但现代《诗经》学研究似乎并没有采纳廖平的意见,大多数学者仍然承袭清代学者的观念,把《诗纬》与《齐诗》等同起来,例如夏传才的《诗经研究史概要》。[3]当然,也不排除少数例外,如曹建国和王长华。[4]

不过,我们并不能完全割断《齐诗》乃至整个汉代《诗》学与《诗纬》,乃至广泛意义上谶纬之间的联系。事实上,在谶纬流行,尤其在以纬决经的东汉,任何一家学术都不能完全摆脱与谶纬之间的关联。然而就汉代《诗》学而言,如仔细排比便可知,东汉时期与谶纬关系更为密切的应该是《韩诗》,而不是学术史通常认为的《齐诗》。

---

[1]　陈乔枞:《诗纬集证》,载《续修四库全书》第77册,上海古籍出版社2002年版,第761页。
[2]　廖平:《诗说·前言》,潘林校注,华东师范大学出版社2017年版,第3页。
[3]　夏传才:《诗经研究史概要》,中州书画社1982年版,第74—75页。
[4]　曹建国:《诗纬论诗》,载《香港中文大学中国文化研究所学报》第24辑,2004年。王长华、刘明:《〈诗纬〉与〈齐诗〉关系考论》,载《文学评论》2009年第2期。

第六章 汉代《韩诗》与谶纬

第一节 《韩诗》学者通谶人物考

薛汉 薛汉可以说是整个东汉时期最著名的《韩诗》学者,不仅门徒众多,他的《韩诗薛君章句》也流传很广。《后汉书·儒林列传》有传,文曰:

> 薛汉,字公子,淮阳人也。世习《韩诗》,父子以章句著名。汉少传父业,尤善说灾异谶纬,教授常数百人。建武初,为博士,受诏校定图谶。当世言《诗》者,推汉为长。永平中,为千乘太守,政有异迹。后坐楚事辞相连,下狱死。弟子犍为杜抚、会稽澹台敬伯、钜鹿韩伯高最知名。①

钱大昕据《唐书·宰相世系表》称薛汉父名方丘,字夫子。② 而《隋书·经籍志》载《韩诗》二十二卷,薛氏章句。惠栋曰:"唐人所引《韩诗》,其称'薛君'者,汉也;称'夫子'者,乃方丘也。故《冯衍传》注有薛夫子章句是也。传不载汉父名字,后人以章句专属诸汉,失之。"③ 薛汉本传称其传父业,并且"尤善说灾异谶纬",则薛夫子极有可能也善说灾异图谶。考薛汉建武初为博士,则薛方丘、薛汉父子当为两汉之交人。其时图谶之学方兴,薛氏父子精于图谶亦在情理之中。据此以论,则薛方丘、薛汉父子皆通谶纬之学。

薛汉本传记载他的学生中著名者有杜抚、澹台敬伯和韩伯高。据《后汉书·廉范传》记载,廉范曾受学于薛汉。④《东观汉记》记载,尹勤曾学于薛汉,尹勤在延平元年受封为司空。薛汉弟子中,杜抚学问最显。《后汉书·儒林列传》有杜抚的传,据传文知杜抚定《韩诗章句》,另作《诗题约义通》,世称"杜君法"。不仅如此,杜抚亦弟

---

① 范晔:《后汉书》,中华书局1965年版,第2573页。
② 王先谦:《后汉书集解》,中华书局1984年版,第900页。
③ 王先谦:《后汉书集解》,中华书局1984年版,第900页。
④ 范晔:《后汉书》,中华书局1965年版,第1101页。

— 147 —

上编　《诗纬》与汉代《诗经》学关系研究

子千人，著名者如赵晔、冯良等。其中赵晔作《诗细历神渊》，蔡邕叹服，以为长于王充《论衡》。①

郅恽　郅恽，《后汉书》有传。据本传，郅恽字君章，汝南西平人。年十二丧母，及长受《韩诗》与《严氏春秋》，明天文历数。所谓《严氏春秋》之严氏乃严彭祖，《汉书·儒林传》记载他和颜安乐一起师事齐学大师眭孟受《公羊春秋》。② 故《严氏春秋》天生便有阴阳五行的基因，而郅恽的学说也难以摆脱其影响。据《后汉书·郅恽传》记载，"王莽时，寇贼群发，恽乃仰占玄象，叹谓友人曰：'方今镇、岁、荧惑并在汉分翼、轸之域，去而复来，汉必再受命，福归有德。如有顺天发策者，必成大功'"。于是他便上书王莽，曰："臣闻天地重其人，惜其物，故运机衡，垂日月，含元包一，甄陶品类，显表纪世，图录豫设。汉历久长，孔为赤制。"所以劝王莽退归臣位，还政于刘氏，与其师祖眭孟当初劝汉昭帝退位让贤如出一辙。尽管王莽大怒，但因为郅恽是根据谶纬立论的，"难即害之"，故而王莽派人告诉郅恽，让他装疯卖傻以免治其罪，这样双方都有一个台阶下。可郅恽偏偏不领情，说自己"所陈皆天文圣意，非狂人所能造"③。幸而后来遇天下大赦，他才得以免除牢狱之灾。

史称郅恽曾以《韩诗》教授太子，此太子乃废皇后郭后之子刘强，后徙封为东海王。

廖扶　据《后汉书·方术列传》记载，廖扶字文起，汝南平舆人。习《韩诗》《欧阳尚书》，专精经典，尤明天文、谶纬、风角、推步之术。教授弟子常数百人，有名者如汝南郡太守谒焕。

唐檀　唐檀，字子产，豫章南昌人。据《后汉书·方术列传》记载，其少年时游学京师，习《京氏易》《韩诗》和《颜氏春秋》，尤好灾异星占。檀著书二十八篇，名为《唐子》，亡佚。

公沙穆　公沙穆，《后汉书·方术列传》有传。穆字文乂，北海

---

① 范晔：《后汉书》，中华书局1965年版，第2575页。
② 班固：《汉书》，中华书局1962年版，第3616页。
③ 范晔：《后汉书》，中华书局1965年版，第1024—1025页。

胶东人，少贫贱，长习《韩诗》《公羊春秋》，尤锐思《河》《洛》、推步之术。曾为缯侯刘敞相，后迁弘农令。史书记载他为弘农令时，为消弭螟虫之害曾设坛作法，求得暴雨以去虫害。

武梁 武梁是著名的武梁祠墓主。洪适《隶释》卷六载《从事武梁碑》：

> 故从事武掾，掾讳梁，字绥宗。掾体德忠孝，岐嶷有异。治《韩诗经》，阙帻传讲，兼通《河》《洛》、诸子、传记。广学甄彻，穷综典□，靡不□览。州郡请召，辞疾不就。安衡门之陋，乐朝闻之义。诲人以道，临川不倦。耻世雷同，不窥权门。年逾从心，执节抱分，终始不贰，弥弥盖（益？）固。大位不济，为众所伤。年七十四，元嘉元年季夏三日，遭疾陨灵。呜呼哀哉！孝子仲章、季章、季立，孝孙子侨，躬修子道，竭家所有，选择名石，南山之阳，擢取妙好，色无斑黄。前设坛墠，后建祠堂。良匠卫改，雕文刻画，罗列成行。摅骋技巧，委蛇有章。垂示后嗣，万世不亡。其辞曰：懿德玄通，幽以明兮；隐居靖处，休曜章兮；乐道忽荣，垂兰芳兮；身殁名存，□□□□。①

刘宽 刘宽，字文饶，弘农华阴人。据谢承《后汉书》记载，刘宽少学《欧阳尚书》《京氏易》，尤明《韩诗外传》。星官、风角、历算等术皆究极师法，号为通儒。② 范晔《后汉书》有传。

郑玄 作为汉代贯通今古文经学的大家，先从第五元先学《京氏易》《公羊春秋》《三统历》《九章算术》，又从东郡张恭祖受《周官》《礼记》《左氏春秋》《韩诗》《古文尚书》。《后汉书》本传记载郑玄遍注群经，其中便有《中候》《乾象历》之类的纬书，而《隋书·经籍志》称郑玄曾注群纬。文献没有记载郑玄是从何人学习谶纬之学，张恭祖授予郑玄的学问除《韩诗》《礼记》外，其

---

① 洪适：《隶释·隶续》，中华书局1986年版，第74—75页。
② 范晔：《后汉书》，中华书局1965年版，第886页。

余皆为古文经学。相较而言，第五元先授郑玄谶纬之学的可能性比较大，究其实而言，《京氏易》原本等同纬书，而《公羊春秋》《三统历》《九章算术》也和谶纬之学关系密切。所以他跟随马融学习时，马融集诸生校订图谶，因为郑玄精于历算便让其助算。而我们也可以据此推断，当郑玄从张恭祖受《韩诗》时，应该已通晓谶纬之学了。

杜琼 杜琼，字伯瑜，蜀郡成都人。琼少学于任安，尽传安术。后来，杜琼出仕于三国时期的蜀国，任过中郎将、大鸿胪。据载，杜琼著有《韩诗章句》十余万言。杜琼既然问学于任安，当亦通晓谶纬。因为《后汉书·儒林列传》记载任安向杨厚学习图谶，并"究极其术"[①]，想来任安也应是一个通谶人物。而杜琼能尽传任安学术，也应该通谶纬之学。

何随 何随字季业，蜀郡郫人。治《韩诗》《欧阳尚书》，精研文纬，通晓星历，著《谭言》十篇。

第二节 《韩诗》说解与谶纬

《韩诗》通谶的学者，许多人都有《诗经》诠释之作。但这些著作大部分亡佚了，如杜抚的《诗题约义通》，赵晔的《诗细历神渊》等。诸家著述当中，保存最多的当属薛方丘、薛汉父子的《韩诗薛君章句》。《隋书·经籍志》著录《韩诗》学派的著述曰："《韩诗》二十二卷，汉常山太傅韩婴撰，薛氏章句。"那么这里提到的二十二卷《韩诗》应当就是《韩诗薛君章句》，或许它就是薛汉的学生杜抚所删定之《薛君章句》。马国翰根据新、旧《唐书》记载《韩诗》不提"薛君"或"薛氏"，断定《隋志》记载之《韩诗薛君章句》至此已经散佚。其实未必。一个显著的例子是《经典释文》《文选》李善注以及《艺文类聚》《太平御览》等在引用《韩诗》《韩诗薛君章句》时称名并不严格区分。例如

[①] 范晔：《后汉书》，中华书局1965年版，第2551页。

第六章 汉代《韩诗》与谶纬

《艺文类聚》卷4解释三月三日上巳节曰："《韩诗》曰：三月桃花水之时，郑国之俗，三月上巳，于溱、洧两水之上，执兰招魂续魄，拂除不祥。"① 这应该是对《溱洧》的解说。但相同的内容，《后汉书·袁绍传》李贤注却注明引自《韩诗薛君章句》。② 甚至同一本书征引相同内容，书名也会不同。同样对三月上巳节郑国之俗的解说，李贤注《后汉书·礼仪志》引差不多相同的内容却注明出自《韩诗》。③ 这样的情况在李善注《文选》时更为普遍，如李善注潘安《关中诗》"尸素以甚"和曹植《求自试表》"《诗》之'素餐'所由作也"，都征引了《韩诗》对《魏风·伐檀》的解说，但所注出处，一为《韩诗薛君章句》，一为《韩诗》。④ 另外，但凡陆德明《经典释文》所引《韩诗》，同样的内容李善注《文选》皆曰《韩诗薛君章句》。所以新、旧《唐书》列《韩诗》不言"薛君"或"薛氏"，并不能证明此《韩诗》不是《韩诗薛君章句》，更不能据此断言《薛君章句》已经散佚。到了宋初，李昉等人编纂《太平御览》，还大量征引《韩诗薛君章句》，证明此书宋初尚在流传。同时，根据唐宋人征引《韩诗》与《韩诗薛君章句》的情况，我们也可以推断，魏晋以来，尤其是唐宋间文献征引之《韩诗》大多应该是《韩诗薛君章句》的省称，而非韩婴之《韩诗》。

我们今天看到《文选》李善注、陆德明《经典释文》、欧阳询《艺文类聚》等书征引《韩诗薛君章句》绝大多数为词语训诂，其间看不出多少谶纬的影响或印痕。但这应该不是《韩诗薛君章句》的完整显现，因为单纯的词语训诂与经学诠释意义之"章句"体例不合。所谓章句，简言之便是首先分章析句（此即刘师培《国语发微》所说的"章句之体，乃分析经文之章句者也"。这里的"句"并非现代语言学意义上的句子，而是指语气的停顿），然后便根据分章析句

---

① 欧阳询：《艺文类聚》，汪绍楹校，上海古籍出版社1965年版，第62页。
② 范晔：《后汉书》，中华书局1965年版，第2382页。
③ 范晔：《后汉书》，中华书局1965年版，第3111页。
④ 萧统编，李善注：《文选》，上海古籍出版社1986年版，第939、1676页。

的结果，依照句、章之文意脉络对文辞训诂、句义和章旨进行辨析解说。焦循曰："既分其章，又依句敷衍而发明之，所谓'章句'也。章有其恉，则总括于每章之末，是为'章恉'也。叠诂训于语句之中，绘本义于错综之内。"① 所以章句之体皆有词语训诂、句义分析，此为汉代章句学之通义。这一点参诸王逸《楚辞章句》、赵岐《孟子章句》并不难理解。至于经传之合而为一或受马融之影响，"章恉"之归纳或为赵岐之独到发明，故其于《孟子章句·自叙》中特别提出"具载本文""章别其恉"二事。缘此，我们认为《韩诗薛君章句》除文辞训诂之外，定然有句义、文义之诠释与引申。这一点，我们尚可以从古文献中寻得蛛丝马迹，并于其中看出谶纬对薛君《韩诗》诠释的浸染。兹举几例：

其一，《后汉书·明帝纪》记载汉明帝永平八年，日食，汉明帝下诏让大臣"极言得失"。看过群臣奏疏以后，汉明帝又下了一道自责诏书。文曰：

> 群僚所言，皆朕之过。人冤不能理，吏黠不能禁；而轻用人力，缮修宫宇，出入无节，喜怒过差。昔应门失守，《关雎》刺世；飞蓬随风，微子所叹。永览前戒，竦然兢惧。徒恐薄德，久而致怠耳。②

明帝诏书中所谓"应门失守，《关雎》刺世"乃以谶纬说诗，并且用的是《韩诗》说。《春秋说题辞》曰："人主不正，应门失守。故歌《关雎》以感之。"宋均注曰："应门，听政之处也。言不以政事为务，则有宣淫之心。《关雎》乐而不淫，思得贤人与之共化，修应门之政者也。"③ 关于《关雎》诗旨，《毛诗序》以为是歌咏后妃之德的美诗。《鲁诗》认为是刺周康王迷恋女色之诗，《汉书·杜钦传》：

---

① 焦循：《孟子正义》，中华书局1987年版，第27页。
② 范晔：《后汉书》，中华书局1965年版，第111页。
③ 范晔：《后汉书》，中华书局1965年版，第112页。

第六章 汉代《韩诗》与谶纬

"迹三代之季世,览宗、宣之飨国,察近属之符验,祸败曷常不由女德?是以佩玉晏鸣,《关雎》叹之。知好色之伐性短年,离制度之生无厌,天下将蒙化,陵夷而成俗也。"李奇曰:"后夫人鸡鸣佩玉去君所,周康王后不然,故诗人叹而伤之。"臣瓒曰:"此《鲁诗》也。"①《后汉书·杨赐传》曰:"康王一朝晏起,《关雎》见几而作。"李贤注引晋灼《汉书音义》:"后夫人,鸡鸣佩玉去君所。周康王后不然,故诗人叹而伤之。此事见《鲁诗》,今亡失也。"②《齐诗》认为《关雎》关乎夫妇人伦之端始,《汉书·匡衡传》:"臣又闻之师曰:'妃匹之际,生民之始,万福之原。'婚姻之礼正,然后品物遂而天命全。孔子论《诗》以《关雎》为始,言太上者民之父母,后夫人之行不侔乎天地,则无以奉神灵之统而理万物之宜。故《诗》曰:'窈窕淑女,君子好仇。'言能致其贞淑,不贰其操,情欲之感无介乎容仪,宴私之意不形乎动静,夫然后可以配至尊而为宗庙主。"③匡衡从后苍学《齐诗》,其说《关雎》当然是《齐诗》义。《韩诗》说《关雎》首见于《韩诗外传》,其卷5第1章记载子夏问孔子"《关雎》何以为《国风》始"义,借孔子口说出《关雎》"乃天地之基地"的意义。④然而《韩诗外传》乃汇编之书,虽然也能看出韩婴对《关雎》之义的观点,但比之《内传》或有不同。《后汉书·冯衍传》"美《关雎》之识微兮,愍王道之将崩",李贤注引薛夫子《韩诗章句》曰:"诗人言雎鸠贞絜,以声相求,必于河之洲,蔽隐无人之处。故人君动静,退朝入于私宫,妃后御见,去留有度。今人君内倾于色,大人见其萌,故咏《关雎》,说淑女,正容仪也。"⑤是薛夫子《韩诗章句》认为《关雎》是刺世之诗,与《鲁诗》相类。而这相较于《韩诗外传》,也无疑更能代表《韩诗》的《诗》经说传统。

---

① 班固:《汉书》,中华书局1962年版,第2669—2670页。
② 范晔:《后汉书》,中华书局1965年版,第1777页。
③ 班固:《汉书》,中华书局1962年版,第3342页。
④ 许维遹:《韩诗外传集释》,中华书局1980年版,第164—165页。
⑤ 范晔:《后汉书》,中华书局1965年版,第995页。

上编 《诗纬》与汉代《诗经》学关系研究

回到汉明帝的《诗》说上来。当明帝说"应门失守,《关雎》刺世"的时候,李贤注一方面征引《春秋说题辞》表明明帝《诗》说与谶纬之间的关系,然后又征引《韩诗薛君章句》表明其《诗》说传统。《韩诗薛君章句》曰:"诗人言雎鸠贞絜慎匹,以声相求,隐蔽于无人之处。故人君退朝,入于私宫,后妃御见有度,应门击柝,鼓人上堂,退反宴处,体安志明。今时大人内倾于色,贤人见其萌,故咏《关雎》,说淑女,正容仪,以刺时。"① 有趣的是,薛汉乃薛夫子之子,《后汉书》本传说薛汉"少传父业"。比较《后汉书·冯衍传》引薛夫子说与《后汉书·明帝纪》薛汉说,大抵也可以看出他们父子间的承传。除了其中说应门的一段,其余几乎相同。而这段"应门"说当来自谶纬学说,与薛汉"善说灾异谶纬"的治学经历相应。同时也说明就谶纬学说而言,薛汉《诗》说之谶纬特色显然更甚于他的父亲薛夫子。

还有一事需要注意。郅恽曾授东海王刘强《韩诗》,恽通谶纬,其《诗》说浸染谶纬之说也在情理之中。不知明帝以谶说《诗》,是否与郅恽有关。

其二,东汉灵帝光和元年,有虹霓白日降于嘉德殿前。光禄大夫杨赐上书曰:

> 国家休明,则鉴其德;邪辟昏乱,则视其祸。今殿前之气,应为虹蜺,皆妖邪所生,不正之象,诗人所谓蝃蝀者也。于《中孚经》曰:"蜺之比,无德以色亲。"方今内多嬖倖,外任小臣,上下并怨,喧哗盈路,是以灾异屡见,前后丁宁。今复投蜺,可谓孰矣。案《春秋谶》曰:"天投蜺,天下怨,海内乱。"加四百之期,亦复垂及。昔虹贯牛山,管仲谏桓公无近妃宫。②

---

① 范晔:《后汉书》,中华书局 1965 年版,第 112 页。
② 范晔:《后汉书》,中华书局 1965 年版,第 1779—1780 页。

第六章 汉代《韩诗》与谶纬

杨赐这段上书集中征引了《易稽览图》《中孚经》《春秋演孔图》《春秋文耀钩》等纬书，以解说虹的政治预言功能。尤其是他征引诸纬书之前先引了《蝃蝀》，很显然他是以谶言解说《蝃蝀》。《毛诗》说《蝃蝀》曰："止奔也。"又曰："夫妇过礼则虹气盛。君子见戒而惧，讳之，莫之敢指。"而按照孔颖达的说法，所谓的"夫妇过礼"就是夫妇不以道结合而妄淫行夫妇之事。① 可见《毛诗》只是就夫妇之礼、婚姻之义为说。而《韩诗》不然。李贤注引《韩诗序》曰："《蝃蝀》，刺奔女也。蝃蝀在东，莫之敢指，诗人言蝃蝀在东者，邪色乘阳，人君淫佚之征。臣子为君父隐讳，故言莫之敢指。"② 与《毛诗》相比较，《韩诗》以阴阳五行说解，视虹为灾异之表征，完全是政治比附模式，与杨赐所引纬书没有差别。

文献并没有记载杨赐的《诗》学派属，只是记载他传习家业。而他祖父杨震从太常桓郁受《欧阳尚书》，他的父亲杨秉兼明《京氏易》，那么杨震可以认为是以《欧阳尚书》《京氏易》名家。但清代三家诗辑佚学认为杨赐学《鲁诗》，理由是他曾经和蔡邕一起共同刊定《鲁诗》石经。③ 其实，这样的判定并没有多大根据。退一步说，就算杨赐是《鲁诗》学者，他也可能在奏书中用《韩诗》，就如杜钦既用《鲁诗》又用《韩诗》一样。④ 而我们这样说的另一个理由是，杨赐此说与《易林》相同。《易林·蛊之复》："蝃蝀充侧，佞人倾惑，女谒横行，正道拥塞。"又《易林·无妄之临》与《震之井》与此相同。⑤《易林》的作者或以为是焦延寿，或以为是崔篆，其中大量引用《诗经》。有学者考证，《易林》说《诗》更接近于《韩诗》，而非学术史一般认为的《齐诗》。⑥ 所以，我们更倾向于杨赐说《蝃蝀》乃是本《韩诗》为说。

---

① 孔颖达：《毛诗正义》，中华书局1980年版，第318页。
② 范晔：《后汉书》，中华书局1965年版，第1781页。
③ 王先谦：《诗三家义集疏·序例》，中华书局1987年版，第7页。
④ 班固：《汉书》，中华书局1962年版，第2677页。
⑤ 徐传武、胡真：《易林汇校集注》，上海古籍出版社2012年版，第699、948、1900页。
⑥ 张玖青：《论〈易林〉的〈诗〉说》，载《文学评论》2010年第2期。

其三，张华《情诗》"巢居知风寒，穴藏识阴雨"，李善注："《春秋汉含孳》曰：'穴藏先知雨，阴瞖未集，鱼已噞喁。巢居之鸟先知风，树木摇，鸟已翔。'《韩诗》曰：'鹳鸣于垤，妇叹于室。'薛君曰：'鹳，水鸟。巢处知风，穴处知雨。天将雨而蚁出壅土，鹳鸟见之，长鸣而喜。'"① 李善所引《汉含孳》的内容也见于《春秋佐助期》，见载于《北堂书钞》。两者的不同在于，《北堂书钞》同时还有宋均的注："鱼，小鳞；鸰，小鸟。噞、翔，皆乱动也。"② 又《春秋说题辞》："鹤知夜半。"注曰："鹤，水鸟。夜半水位感其生气，则益喜而鸣。"③

通过以上三例，我们大抵可以看出《韩诗》说解所受谶纬之影响。不仅如此，一些《韩诗》学者著述的书名也可以说明这个问题。赵晔是薛汉的再传弟子，著有《诗细历神渊》。或以为《诗细历神渊》系两部书，即《诗细》和《历神渊》，其中《历神渊》又写作《诗神泉》。《三国志·虞翻传》裴松之注引《会稽典录》记载，初平末年，虞翻为会稽太守王朗功曹，其在对王朗问时说："有道山阴赵晔，征士上虞王充，各洪才渊懿，学究道源，著书垂藻，骆驿百篇，释经传之宿疑，解当世之槃结，或上穷阴阳之奥秘，下擸人情之归极。"④ 其中"阴阳之奥秘"云云，颇为耐人寻味，极有可能关乎谶纬之学。因为虞翻本人于前人注经，颇为重视谶纬之说。《三国志》本传裴松之注引《虞翻别传》记载，他在完成《周易》注后的上书中说："前人通讲，多玩章句，虽有秘说，于经疏阔。"⑤ "秘说"即谶纬之说，可见他对注经用谶纬之说的态度。王充的《论衡》中也有很多内容关涉到谶纬，尤其是汉代受命之说。⑥ 因此我们认为虞翻如此高度评价赵晔、王充的著述，一个非常重要的考量就是其中的"秘说"等神奇之说。清代惠栋曰："《经籍志》云，梁有有道征士赵

---

① 萧统编，李善注：《文选》，上海古籍出版社1986年版，第1369页。
② 转引自安居香山、中村璋八《纬书集成》，河北人民出版社1994年版，第823页。
③ 转引自安居香山、中村璋八《纬书集成》，河北人民出版社1994年版，第865页。
④ 陈寿：《三国志》，中华书局1959年版，第1325页。
⑤ 陈寿：《三国志》，中华书局1959年版，第1322页。
⑥ 龚鹏程：《汉代思潮》（增订版），商务印书馆2008年版，第197—239页。

晔《诗神泉》一卷，以历言《诗》，犹《诗纬》之《汎历枢》也。"①

至于郑玄以谶纬之学笺注《毛诗》，其中有多少涉及《韩诗》，抑或是秉持《韩诗》传统，因文献阙载，难以遽论，故不再讨论。但通过以上论述，已可以确证《韩诗》说解，尤其是东汉以后的《韩诗》说解与谶纬之学有密切关系。

第三节 《韩诗》以谶说《诗》之成因

在讨论了《韩诗》派通谶人物及其《诗》解中的谶纬因子之后，我们想追问的问题是，为什么《韩诗》学者如此热衷谶纬？以谶说《诗》的诠释特征对《韩诗》学派产生了怎样的影响？今文三家诗，《韩诗》最后亡佚，与此有没有关联？下面试作分析阐述。

首先我们看《韩诗》是如何热衷谶纬，这需要和同时代的其他《诗》学派别作一横向比较。为此，我们列一幅两汉三国时期《诗》学承传的图表。首先需要说明的是，下表数据主要依据唐晏《两汉三国学案》、②徐玉立《汉碑全集》③以及其他相关材料。

诗派	学者数	西汉	东汉	三国	文献确载通谶人数	亡佚时间	备注
鲁诗	60	44	16			西晋	司马迁、王逸、蔡邕、王符、徐干、高诱等诗学传授不明，或可不归入该诗派或归入其他诗派。如蔡邕从胡广受学，但胡广不是《鲁诗》学者。高诱从卢植受学，卢植自述从马融受古学，尝论《毛诗》当立博士。所以如果说卢植属《毛诗》，则高诱亦当归入《毛诗》学派

---

① 王先谦：《后汉书集解》，中华书局1984年版，第901页。
② 唐晏：《两汉三国学案》，中华书局1986年版。
③ 徐玉立：《汉碑全集》，河南美术出版社2006年版。

续表

诗派	学者数	西汉	东汉	三国	文献确载通谶人数	亡佚时间	备注
齐诗	26	16	10		2	三国	1. 齐学与《齐诗》有关系，但并不能等同，尤其不能将《公羊春秋》等同《齐诗》。所以把董仲舒、桓宽等归入《齐诗》派并没有多少道理。而班固归入其中也非常勉强 2. 按照张衡的说法，哀平之前不该有谶纬之士，但翼奉确实非常特殊。翼奉之外，还有景鸾
韩诗	64	12	48	4	10	两宋之交	1. 《两汉三国学案》记载蔡谊、蔡义实为一人 2. 根据《汉碑全集》与洪适《隶释》，增加孟孝琚、渡君、郎中马江、冯涣。郅恽授东海王刘强，廖扶授汝南郡太守谒焕，傅燮从刘宽学，王阜师从犍为杨定。据《后汉纪》补朱勃 3. 我们认为薛汉及其弟子皆当通谶，因为从薛汉→杜抚→赵晔这一承传中，可以看出一以贯之的学术传统 4. 《韩诗》通谶学者已见上文
毛诗	38	8	9	21	6	流传至今	《毛诗》通谶人物，其中郑玄分属韩、毛，尹敏学《毛诗》但并不以《诗》名家。除此之外，尚有贾逵、许慎、马融、尹珍
学派不明	14	3	10	1	2		1. 根据《汉碑全集》增加夏承、赵宽、潘乾等人 2. 通谶人物翟酺、隗禧

就表中的数据看，《韩诗》学者通谶人物最多，尤其多于今文鲁、齐两家。为什么？仅仅以汉代尤其是东汉学者迎合政治需求为由，似乎不足以完全深入地说明问题，笔者认为这或许是《韩诗》固有的

第六章 汉代《韩诗》与谶纬

学说传统。关于这一点,我们或许可以从《韩诗外传》找到一些旁证。兹举两例。

《韩诗外传》卷8:"三公者何?曰司马,司空,司徒也。司马主天,司空主土,司徒主人。故阴阳不合,四时不节,星辰失度,灾变非常,则责之司马。山陵崩竭,川谷不流,五谷不植,草木不茂,则责之司空。君臣不正,人道不合,国多盗贼,下怨其上,则责之司徒。"① 此是以灾异说《诗》。

《韩诗外传》卷8:"黄帝即位,施惠承天,一道修德,惟仁是行,宇内和平,未见凤凰,惟思其象。夙寐晨兴,乃召天老而问之曰:'凤象何如?'天老对曰:'夫凤之象,鸿前而麟后,蛇颈而鱼尾,龙文而龟身,燕颔而鸡啄,戴德负仁,抱中挟义。小音金,大音鼓。延颈奋翼,五彩备明。举动八风,气应时雨。食有质,饮有仪。往即文始,来即嘉成。惟凤为能通天祉,应地灵,律五音,览九德。天下有道,得凤象之一,则凤过之。得凤象之二,则凤翔之。得凤象之三,则凤集之。得凤象之四,则凤春秋下之。得凤象之五,则凤没身居之。'黄帝曰:'于戏!允哉!朕何敢与焉!'于是黄帝乃服黄衣,带黄绅,戴黄冕,致斋于中宫。凤乃蔽日而至。黄帝降于东阶,西面,再拜稽首曰:'皇天降祉,敢不承命!'凤乃止帝东园,集帝梧桐,食帝竹实,没身不去。《诗》曰:'凤凰于飞,翙翙其羽,亦集爰止。'"② 此又是以祥瑞说《诗》,其中黄帝与天老对话这样的情节也常见于纬书中。

《后汉书·郎𫖮传》:"四始之缺,五际之厄,其咎由此。"李贤注:"四始谓《关雎》为《国风》之始,《鹿鸣》为《小雅》之始,《文王》为《大雅》之始,《清庙》为《颂》之始。缺犹废也。《翼奉传》曰:'易有阴阳五际。'孟康曰:'《韩诗外传》云:"五际,卯、酉、午、戌、亥也,阴阳终始际会之岁,于此则有变改之

---

① 许维遹:《韩诗外传集释》,中华书局1980年版,第290—291页。
② 许维遹:《韩诗外传集释》,中华书局1980年版,第277—279页。

上编 《诗纬》与汉代《诗经》学关系研究

政。""① 但检查《汉书·翼奉传》就会发现，李贤所引孟康注与此不同。《汉书·翼奉传》曰："《易》有阴阳，《诗》有五际，《春秋》有灾异，皆列终始，推得失，考天心，以言王道之安危。"而关于何谓"五际"，应劭曰："君臣、父子、兄弟、夫妇、朋友也。"孟康曰："《诗内传》曰：'五际，卯、酉、午、戌、亥也。阴阳终始际会之岁，于此则有变改之政也。'"②

比较《汉书》《后汉书》所引孟康注，我们有以下几个疑问。一是孟康注中提到的《韩诗外传》和《诗内传》哪部书更准确？《诗内传》是一部什么样的书？对照《汉书·翼奉传》原文可知，李贤所谓"《易》有阴阳五际"引述并不准确。而颜师古除了引孟康注外，还引了应劭注。所以相对而言，我们倾向于颜师古所引孟康注（即关于"五际"的那段解释）是出自《诗内传》。那么《诗内传》是部什么样的书呢？笔者曾经认为《诗内传》是《诗纬》的别称，理由是纬书在汉代被称为秘经。③ 但仔细探究，这种说法其实有不周全之处。孟康并不是汉代人，而建安时期已经开始科禁内学，④ 他也许不会称《诗纬》为内传。而我们根据李贤注，认为这里的"内传"极有可能是《韩诗内传》。因为李贤的注释中，他解释"四始"用的不是《毛诗》的说法，应该采用的是《韩诗》的说法。那么他下文引述《韩诗外传》，要么是《韩诗传》，要么是《韩诗内传》。对照《汉书·翼奉传》孟康注，我们认为《韩诗内传》的可能性较大。但无论是《韩诗传》还是《韩诗内传》，这充满天道循环意味的说法都可证明《韩诗》原本的天学意味。后来纬书中关于"四始""五际"的内容很多。"五际"与"四始"理论一样，原本应该是《诗》家之通义，只是各家说解各不相同。《齐诗》"五际"关乎人情伦理，⑤ 而《韩诗》的"五际"理论则与阴阳五行有关。如果仔细探究，我们就不

---

① 范晔：《后汉书》，中华书局1965年版，第1069页。
② 班固：《汉书》，中华书局1962年版，第3172—3173页。
③ 曹建国：《诗纬二题》，载《文学遗产》2010年第5期。
④ 陈寿：《三国志》，中华书局1959年版，第660页。
⑤ 曹建国：《诗纬二题》，载《文学遗产》2010年第5期。

第六章　汉代《韩诗》与谶纬

能不考虑到《韩氏易》的问题。

史书记载，《韩诗》学派创始人韩婴不仅传《易》，而且《韩氏易》易道深微。《汉书·儒林传》记载涿郡韩生语，以为《韩氏易》深于《韩诗》，且韩婴特意专门传授。① 徐复观认为《韩氏易》之深体现在其申发战国末期盛行的天下为公的政治理念，并且认为这也是导致《韩氏易》不传的原因。② 事情或不尽然，《韩氏易》所谓"深"或许是深微、精微的含义，这正是汉代象数《易》学通行的特征。据此，则《韩氏易》与汉代其他学派的《易》学也没有太大的差别。《汉书》记载盖宽饶原本学《孟氏易》，后来喜欢涿郡韩生说《韩氏易》，便转而学《韩氏易》，或许因为《韩氏易》与《孟氏易》本来就有相通之处。史载孟喜得"《易》家候阴阳灾变书"③，而这与上文征引《韩诗外传》中的祥瑞灾异确实有相同之处。阴阳灾异说《易》之外，孟喜又有卦气说，这与上引《韩诗内传》的"五际"说相通。

此外，我们说《韩氏易》乃至《韩诗》有阴阳灾异乃至有卦气说的特征，还可以从《韩诗》学者偏喜《孟氏易》《京氏易》方面得到证明。统计汉代《诗》《易》兼修的学者，我们发现《韩诗》学传人相较于其他三家《诗》学传人，尤其偏好《京氏易》《孟氏易》。《韩诗》学者通《京氏易》者为唐檀、刘宽、傅燮、张纮、田君、杜乔、韦著等，通《孟氏易》者有夏恭、夏牙、胡硕、杜琼（任安通《孟氏易》，而琼尽传安术）等。相比较而言，《鲁诗》通《京氏易》者只有李郃，《齐诗》未见明确记载，《毛诗》通《孟氏易》的有许慎、尹珍，通《京氏易》的有王肃。从比较的结果不难看出，《韩诗》学派与《京氏易》《孟氏易》之间的关系。试想，这么多《韩诗》学者对《京氏易》《孟氏易》感兴趣，难道都是偶然的吗？我们认为，这极可能是二者的学术旨趣相近的结果。

---

① 班固：《汉书》，中华书局1962年版，第3614页。
② 徐复观：《两汉思想史》第3卷，华东师范大学出版社2001年版，第12页。
③ 班固：《汉书》，中华书局1962年版，第3599页。

上编　《诗纬》与汉代《诗经》学关系研究

所以，我们认为，《韩诗》学者热衷谶纬学说，既有时代因素，更有其学派自身的因素。《韩诗》中固有的阴阳灾异因子乃至与卦气说的相通暗合之处，才是《韩诗》学者《诗》、纬兼治的深层原因。

第四节　《韩诗》通谶之影响

唐晏根据两汉诗学传人的数目，得出了"《鲁诗》行于西汉，而《韩诗》行于东汉"的结论。① 单从人数来考量，似乎如此。但我们感兴趣的是为什么会呈现出这样的状况？这与谶纬有关吗？答案当然是肯定的。

整个西汉时期，《韩诗》学似乎并不怎么兴盛，并没有《韩诗》学者为帝王或诸侯王师。而同时的《鲁诗》，申公学生王臧曾经做过景帝的太子少傅，也就是汉武帝的老师。王式做过短命皇帝昌邑王刘贺的老师，高嘉和张游都以《鲁诗》授汉元帝，韦玄成和他的侄子韦赏则以《鲁诗》授汉哀帝。做过诸侯王老师的则有申公及其同门白生、穆生，韦孟和王式的学生唐生都做过楚王傅。《齐诗》学者伏理则授成帝。而西汉丞相中，《韩诗》学者只有蔡谊（或作蔡义），而《鲁诗》则有韦贤及其子韦玄成，《齐诗》则有匡衡。但就《汉书》记载详略而言，蔡谊显然非常简略。如果我们再把博士讲论石渠阁代表一种话语权争夺的话，《鲁诗》派参加的学者有韦玄成、薛广德、张生、刘向，《齐诗》学者有萧望之，而《韩诗》学者则未见文献记载。

但到了东汉以后，情况发生了变化，《韩诗》地位骤然变得显赫起来。以《诗》学教授来看，郅恽以《韩诗》授光武太子强。只是后来因为郭后被废，太子强被改封为东海王。汉明帝是否学《韩诗》，史无明文，但其诏书用《韩诗》义。召驯侍讲汉章帝，并以《韩诗》教授章帝诸王。顺帝梁皇后通《韩诗》，其父梁商受《韩诗》。至于东汉时期《韩诗》学者之众多，已见上文，不赘言。尤其

---

① 唐晏：《两汉三国学案》，中华书局1986年版，第299页。

第六章　汉代《韩诗》与谶纬

值得重视的是，建初四年，汉章帝下诏，令"太常，将、大夫、博士、议郎、郎官及诸生、诸儒会白虎观，讲议《五经》同异，使五官中郎将魏应承制问，侍中淳于恭奏，帝亲称制临决，如孝宣甘露、石渠故事，作《白虎议奏》"①。不言而喻，白虎通会议的目的就是为了决《五经》同异以确立经学标准，经说被取就表明其获得经学权威的地位。《白虎通义》四次称引《韩诗》，而其他《诗》派未见明确引述。凡此种种，我们可以推断东汉时期的《韩诗》相较于其他《诗》学派别具有更加尊崇的地位，甚至可以被视为《诗经》学官学中的官学。

这是为什么？如果说《鲁诗》兴起于西汉，《齐诗》西汉末尤其是在新莽时期更加得势，则《韩诗》为什么会取而代之？我们认为其中关键性的因素便是谶纬，而关键性的人物则是郅恽和薛汉。上文已经介绍，郅恽授《韩诗》兼通谶纬。而他最英勇的壮举当是以谶责王莽，要其还政于刘氏。这为他争取到很大的政治资本，也是他后来能成为太子师一个非常重要的原因。不仅如此，因为他是《韩诗》学者，他的行为当然也会为《韩诗》争得很大的利益。东汉时期能以《诗》教授于宫廷的只有《韩诗》学者，便能说明这个问题。

当然，更重要的是薛汉，他不仅通谶，而且还为光武朝校定图谶。翻检《后汉书》《后汉纪》《东观汉记》以及《八家后汉书辑注》，记载校定图谶次数最多的为《后汉书》。《后汉书》记载校定图谶次数有五次，其中苏竟与刘歆校定图谶当在新莽朝，而马融校定图谶当属私人行为，皆可不计。除此以外尚有三次，即薛汉校定图谶、尹敏校定图谶、班固与贾逵校定图谶。我们认为这三次中，尹敏和薛汉校定图谶当属于同一次，时间当在光武帝刘秀立国之初。《后汉书·尹敏传》记载：

> 帝以敏博通经记，令校图谶，使蠲去崔发所为王莽著录次比。敏对曰："谶书非圣人所作，其中多近鄙别字，颇类世俗之

---

① 范晔：《后汉书》，中华书局1965年版，第138页。

辞，恐疑误后生。"帝不纳。敏因其阙文增之曰："君无口，为汉辅。"帝见而怪之，召敏问其故。敏对曰："臣见前人增损图书，敢不自量，窃幸万一。"帝深非之，虽竟不罪，而亦以此沈滞。①

这段记载有两方面值得注意：其一是光武帝校定图谶的目的是为了除去与王莽有关的内容。王莽以符命一步步实现自己的政治野心，这其中崔发等人功莫大焉，崔发本人也被封为说符侯。与王莽类似，光武帝也是以符命起家，他自然深谙符命之于东汉朝的重要性。他之所以为儒者不信谶而大光其火，其原因就在于此，否定了符命也就等于否定了汉王朝再受命以及他本人受命的合法性。所以这不是那些儒生眼中所谓的学术问题，而是关乎他本人及其所建立朝代的政治命运的问题。也正因为如此，他要去除王莽符命的印痕，以保证自身的唯一合法性。后来，他颁布图谶于天下，正是对其唯一合法性的再度强调。

其二是尹敏不信谶，他的增益行为也只能看作是另类的劝谏，光武帝"深非之"云云正是基于尹敏不信谶而做出的反应。但与尹敏不同的是，薛汉信谶且擅长谶。这很关键。因为在为东汉王朝争得唯一合法性的同时，薛汉校订图谶也为自己的学说和学派获得了绝对的话语权。试想，王朝颁布的图谶便是出自薛汉等人之手，那么他们的图谶说解当然具有绝对的权威。而薛汉以此来说《诗》，他的《诗》说会怎样呢？当然是最权威也最符合当下政治需求的说解。这也能帮助我们理解为什么后来薛汉因为牵涉到楚王事被诛，但他的《韩诗章句》却仍然有极大的市场。可以说，薛汉作为东汉时期最著名的《韩诗》学者，为《韩诗》在东汉的兴盛立下了汗马功劳，而其中最为关键的便是他掌握了谶纬这一绝对的话语权威。这也是《韩诗》在东汉以后仍能兴盛流传下去的一个重要原因，尽管有点像身不由己的学术惯性在起作用。

可惜的是，尹敏不信谶，也不以《毛诗》名家。所以尹敏虽然是

---

① 范晔：《后汉书》，中华书局1965年版，第2558页。

《毛诗》学者，大概也不会借助图谶以助益《毛诗》。相比之下，贾逵借助谶纬学说为《左传》争地位，就比尹敏聪明许多。而后来的《毛诗》著名学者，除贾逵外，还有许慎、马融、郑玄等，无不精通谶纬，并将之运用于他们的经学说解中，自然对《毛诗》的兴盛起到了很大的促进作用。

以上我们从人物、《诗》说、缘由及其影响等几个方面讨论了《韩诗》与谶纬之间的关系。概言之，东汉经学各家各派无不有通谶者，但面有宽有窄，人数有多有少，程度也有深有浅。就《诗》学言，《韩诗》在东汉时期借助薛汉校订图谶获得权威地位，使之成为东汉《诗经》学官学中的官学。即便是古文《毛诗》兴起，它也以巨大的学术惯性向前延续了很长一段时间。当然，这一问题非常复杂，比如《齐诗》看似因为谶纬而亡，实则不然。对此，我们另章讨论，在此不赘述了。

结语　《诗纬》研究之展望

纵观自宋王应麟，尤其是晚清以来的《诗纬》研究，成果颇为丰硕。一是《诗纬》的佚文搜罗殆尽，且经孙毂、陈乔枞等多方检讨，《诗纬》文献也已基本可读。二是对于《诗纬》的基本观念及学理依据也有充分的研究，如"四始""五际"、阴阳、五行、干支等；对于一些基本论题也多有讨论，如《诗纬》配诗问题、《诗纬》与《齐诗》以及整个汉代《诗》的关系，以及《诗纬》研究价值等。但我们在看到已有成就的同时，也应该承认我们对《诗纬》的研究还很不够。有的问题还有很大的分歧，而有的问题还讨论得很不充分，甚至还没有涉及。概括起来，关于《诗纬》研究，我们接下来的研究主要可以从以下三个方面展开。

第一，基本文献的校理。从事任何的学术研究，文献都是基本前提和保证。如果文献的真实性不能得到保障，学术研究便会受到根本性制约。而与大多数纬书文献一样，《诗纬》文献也历经漫长辑佚过程。而在此过程中，《诗纬》辑本也出现了许多讹误，如归类的问题、文字错讹的问题，等等。兹举一例。《初学记》卷二十一引《诗纬推度灾》曰："建四始五际而节通。卯酉之际为革政，午亥之际为革命，神在天门，出入候听。"[①] 但《后汉书·郎𫖮传》记郎𫖮奏疏，中有"卯酉为革政，午亥为革命，神在天门，出入候听"句，与《初学记》引文相较，无首句"建四始五际而节通"，"卯酉""午

---

① 徐坚：《初学记》，中华书局1962年版，第500页。

结语 《诗纬》研究之展望

亥"下无"之际"二字,并且谓出自《诗氾历枢》。① 《五行大义》卷四引"卯酉之际为改政"一句,"革"作"改"。②《毛诗正义》孔颖达疏引郑玄《六艺论》"郑以《汎历枢》云'午亥之际为革命,卯酉之际为改正。辰在天门,出入候听'"云云,③ 又引"神"为"辰"。《太平御览》卷六〇九《学部三》引作"建四始五际而八节通,卯酉之际为革政,午亥之际为革命","节通"作"八节通",又没有最后两句。④《困学纪闻》卷三《诗》引《推度灾》只取《太平御览》引文首句"建四始五际而八节通",谓"午亥之际为革命,卯酉之际为改政。辰在天门,出入听候"出《氾历枢》,且语序不同。又引"神"作"辰","候听"作"听候"。⑤《天中记》卷三七引文同《初学记》,但"节"作"八节"。⑥《唐类函》卷一〇一依《初学记》引文,故两者悉同。⑦

由于文献记载的佚文歧说纷纭,导致明清纬书辑佚也去取不定,以致众说纷纭。陶宗仪《说郛》谓出自《坤灵图》,陈乔枞疑其误。孙瑴《古微书》、赵在翰《七纬》引文基本同《初学记》,但"节"皆作"八节",均谓出《纪历枢》。陈乔枞《诗纬集证》于《推度灾》仅辑录"建四始五际而八节通",其余则归入《纪历枢》。马国翰《玉函山房辑佚书》依《初学记》,但"节"作"三节",廖平《诗纬新解》与之同。乔松年《纬捃》依《太平御览》等,引"节"作"八节",安居香山、中村璋八《重修纬书集成》同之,黄奭《通纬》辑文同《初学记》,但注出处谓出自清河郡本纬书。由于所辑佚文不同,其解说也自然各不相同。比如"节",或引作"八节",又或引作"三节"。陈乔枞引作"八节",故以八卦说之。廖平引作

---

① 范晔:《后汉书》,中华书局1965年版,第1065页。
② 中村璋八:《五行大义校注》,日本汲古书院1998年版,第136页。
③ 孔颖达:《毛诗正义》,中华书局1980年版,第272页。
④ 李昉等:《太平御览》,中华书局1960年版,第2740页。
⑤ 王应麟:《困学纪闻》,栾保群、田松青、吕宗力等校点,上海古籍出版社2008年版,第438页。
⑥ 陈耀文:《天中记》卷三七,光绪听雨山房本。
⑦ 俞安期:《唐类函》卷一〇一,明万历刻本。

"三节",则又以"三期"对应"三节"。

就目前所见纬书辑佚文献来说,笔者认为我们很难判断《后汉书》与《初学记》之间谁对谁错。因为除《初学记》外,《五行大义》同样也将"卯酉之际为改政"① 当作《推度灾》佚文,而郑玄《六艺论》显然认同郎𫖮的说法。双方之间各执一词又互不相让,所以比较稳妥的做法是两存。此外,"节""八节""三节"的问题,或许"八节"说比较可取,即"四始""五际"对应八卦,也对应一年的四分四至。"辰""神"问题,当依《后汉书》及《初学记》记载,作"神",而"辰"则不辞。同时,郎𫖮、宋均的解说也可以为"神"提供文献证据。其实这样的问题在《诗纬》乃至整个纬书文献辑佚中,并不鲜见。如何能从纷纭众说中辨析真伪,做到去取有据,则需要我们广览文献,综合考量。

第二,已展开论题的深化。正如上文所说,明清以来,有关《诗纬》的许多议题已经引起学人的关注及比较充分的讨论,如"四始""五际"。但自20世纪后半期以来,人们对《诗纬》的关注主要集中在文学性方面,并且多是简单地比附,其他方面似乎很少关注。这导致许多关于《诗纬》的讨论议题的研究还停留在晚清民国学人的水平甚至远远滞后于他们的研究,如关于"四始""五际"配诗的研究。如何深化已展开的《诗纬》议题,是我们需要认真思考和对待的问题。比如《诗纬》和《齐诗》的关系。区分《诗纬》和《齐诗》,承认两者之间关系密切,但不把它们等同起来,这在一定程度上是对《诗纬》研究的深化。但承认二者有同有异是一回事,如何真正辨析同异则是另一回事。目前学术界大体上认为《诗纬》和《齐诗》翼氏学关系密切,但研究却没有跟上。清人迮鹤寿和陈乔枞都有关于翼奉《诗》学的研讨,尽管他们都是把翼奉《诗》学等同于《诗纬》,但他们从《五行大义》等数术文献中找到大量和翼奉学说相关资料,这对我们理解《齐诗》翼氏学有很大的帮助。但就目前学术界关于翼奉《诗》学的研讨,很少有人利用这些材料,或者

---

① 中村璋八:《五行大义校注》,日本汲古书院1998年版,第136页。

结语 《诗纬》研究之展望

没有很好地利用这些材料。比如有学者以阴阳定义翼奉《诗》学，以《五行》定义《诗纬》诗学，这肯定是不合适的。因为据《汉书》所载翼奉奏事和《五行大义》所引《翼氏风角》来看，翼奉精通五行之学。况且，在汉代学术体系中，阴阳、四时、五行等学说早已糅合成一体之说，而彼此相通。所以如何真正理解翼奉《诗》学，在此基础上进一步辨析《齐诗》和《诗纬》之间的关系，仍然是一个没有得到很好解决的问题。笔者认为，或许我们可以把匡衡《诗》说作为后苍《诗》学的参照，把《诗纬》作为另一个参照，在此中间地带去理解翼奉《诗》说。

又如目前学术界比较关注《诗纬》的文学研究，但大多流于浅表性比附，并且重复劳作，并没有真正接触到《诗纬》的实质性方面。我们认为，究其本质而言，《诗纬》是纬学，而非《诗》学。其所谓说《诗》解《诗》，都是从占术的角度切入的，《诗》篇只是占例或辅助性说明而已。从这一角度出发，我们才可以理解何谓《诗纬》之"诗者，天地之心"说。"天地之心"是战国秦汉之际的普遍性观念，但"天地"的意义未必只有一种恒定内涵。它可以是泛泛所指，也可以是具体而微；它可以是普适意义的道德抽象，也可以是特定知识背景下的万物主宰。所以如何打开我们的思路，深化已展开的《诗纬》论题并逐步推向深入，仍是我们需要下力气去探究的问题。

第三，遮蔽议题的展开。就目前谶纬研究整体状况而言，大家最为关注的是纬书的政治建构企图和政治阐释功能。正因为如此，有学者忧虑当前谶纬研究中的政治文化史阐释套路，而主张关注纬书中的知识性内容，还原其方士之学的本来面目。[①] 具体到《诗纬》研究，亦复如是。我们纵观明清以来的《诗纬》研究，大约20世纪以前，人们普遍关心的是《诗纬》核心观念的剖析，如"四始""五际"及其如何配诗问题。自20世纪后半期以来，人们对《诗纬》的关注似

---

① 具体论述详参余欣《方术·谶纬·杂占：〈龙鱼河图〉新证》，纬书研究工作坊"纬书研究的文献与方法问题"，浙江大学人文高等研究院，2018年4月，浙江杭州。

乎主要集中在"四始""五际"配诗的阐释学价值，且多在政治语境中展开。但这样的研究确实面临诸多的困境和无奈，比如"四始""五际"配诗，是配《诗》311篇还是305篇，是专配二《雅》还是只是在四分四至之"八节"配诗，是每"始际"配一篇共八篇还是每"始际"分仲季孟分别配诗共二十四篇。已有研究仍聚讼不已，迄今并未达成共识。尤为需要注意的是，我们从政治史的角度为《诗纬》配诗或对《诗纬》配诗进行解释，所有的依据都来自汉代《毛诗》学，其间扞格之处应该引起我们的重视与警惕。缘此，我们认为从数术角度解读《诗纬》之"四始""五际"或许不失为一种打开思路的方法。沈曾植尝论"午亥之际"云："《齐诗》五际，以午亥为一际。诗家历代称引，无有释其义者。尝依五行家例作图观之，则式正与十二辰六害之式相反。六害为君臣父子悖德之极端则反之，而午亥之际为革命，乃革其悖德之害耳，固与卯酉革正之旨不异。又《京房易传》，八卦坤起亥，震起午。以坤震起午亥论，则午亥之际乃复卦也。午亥复，巳子讼，辰丑鼎，寅卯损。以此义释《齐诗》，庶五际之学可立。"[①] 这能否成立暂且不论，但不断打开新思路却是有价值的。

第四，研究理念的更新。《诗纬》和众多纬书一样，都是重辑的残篇。《隋书·经籍志》记载《诗纬》十八卷，梁时十卷，而《旧唐书》记载只有三卷，虽然《新唐书》记载宋均注《诗纬》十卷，郑玄注《诗纬》三卷，而自宋以来已亡佚大半，十不剩一了。面对这样的一部残缺文献，我们该如何有效地展开研究呢？是努力恢复《诗纬》的原貌，探究其整个的《诗》学阐释体系，还是具体到佚文条目回到其次生语境去展开，也是我们不得不面对的问题。目前学术界研究《诗纬》多试图重建《诗纬》阐释体系，或许并非明智或可取之策略。与其贪多务全而虚构空中楼阁，倒不如在其次生语境中探究具体条目的内涵。因为正是这一内涵使其参与知识生产和意义建构，同时也使其得以在新的意义世界中找到自己的位置。与此同时，我们

---

① 沈曾植：《海日楼札丛》，钱仲联辑，上海古籍出版社2009年版，第35页。

也可以在新的知识语境中去印证《诗纬》的价值及其部分之意义。

总之，关于《诗纬》研究，我们还有很多工作要做，研究思路和研究方法也需要不断调整，基本文献也还需要整理，包括前贤的研究成果也需要清理消化。惟其如此，我们才有可能找准关键点，深化和拓展《诗纬》乃至整体谶纬研究。

下编

《诗纬》校注

凡　例

一、《诗纬》辑佚，以日本学者安居香山、中村璋八《重修纬书集成》较为完备。故本书所列佚文条目及顺序，主要依照安居香山、中村璋八之《重修纬书集成》。

二、纬书佚文往往被多部古籍征引，引文繁简也各不相同。我们兼顾佚文出处文献之年代先后及引文之繁简，选取最古或最完备佚文作为基本文献，年代较晚者或较简略者作为参校文献，将其差异以校文形式录出。明清以来学者辑佚录文之失误，也附以校记。安居香山、中村璋八《重修纬书集成》所辑日佚文献中的《诗纬》条目若受制于文献，则不出校。

三、补遗部分附于《重修纬书集成》所列佚文后，以［补遗］单独标识。

四、《重修纬书集成》承黄奭《通纬》之不谨，将清河郡本纬书一并揽入。但清河郡本纬书出处不明，所列佚文大多真伪莫辨。故凡清河郡本纬书佚文单独列出，附于文后，以资参考。

五、文献记载《诗纬》篇目有三，曰《含神雾》《推度灾》《纪历枢》。三种《诗纬》名目含义，明清学者或有解说，以［解题］附于相应《诗纬》名下。

六、历代学者《诗纬》注释，依照时代先后分别列出。

七、如果笔者间或有所心得感悟，则以［案语］附于最后。

《诗纬》总论

孙瑴：魏博士宋均所注《诗纬》十八卷，而《隋志》云《七经纬》八十一篇之外，别有《诗杂谶》，则《含神雾》《推度灾》《汎历枢》皆谶类也。其必有闳秘而不传者，故其名益矞，其词益诡。

赵在翰：《诗纬》，《隋志》题魏博士宋均注十八卷，《七录》云十卷。其目俱存，与《后汉·樊英传》注同。《隋志》又有《诗杂谶》，孙瑴谓《含神雾》《推度灾》《汎历枢》皆谶类，非也。其次弟，首明五行之运，天人之应，曰《推度灾》。历数之运，际始之道，曰《汎历枢》。图录之神，祯祥之降，曰《含神雾》。汉儒翼奉、郎𫖮之说多出于此，盖《齐诗》所本也。单辞只句，莫见全书，哀合残编，亦凤一毛，虬一甲矣。

陈乔枞：《诗纬》，《隋书·经籍志》载魏博士宋均注，十八卷，《七录》云十卷。其目曰《推度灾》，曰《汎历枢》，曰《含神雾》，皆察躔象以纪星辰之度，推始际以著历数之运，征休咎以合神明之契。其间天运循环终始之理，人事兴衰得失之原，王道治乱安危之故，靡不包罗，囊括兼综而条贯之。告往知来，圣门言《诗》之微旨有线未绝端，赖乎是。汉儒如翼奉、郎𫖮之说《诗》，多出于纬，盖齐学所本也。郑君笺《诗》，于《十月之交》篇主纬说，《六艺论》亦据而用之。魏晋改代，齐学就湮；隋火之余，《诗纬》渐佚。间有存者，或与杂谶比例齐观，学者弃置勿道，书遂尽亡。夫齐学湮而《诗纬》存，则《齐诗》虽亡而犹未尽泯也。《诗纬》亡，而《齐诗》遂为绝学矣。曩者先大夫尝辑三家《诗》佚义，以《诗纬》多齐说，其于《诗》文无所附者，亦补缀之以次于齐，所以广异义，扶微学也。比乔枞撰述齐、鲁、韩《遗说考》，窃惟三家，《齐诗》先亡，最为寡证，因著《齐诗翼氏学》二卷，发明《齐诗》之学宗旨有三：一曰四始明五行之运也，二曰五际稽三期之变也，三曰六情著十二律之本也。夫顺阴阳以承天道，原性情以正人伦。经明其义，纬陈其数；经穷其理，纬究其象。纬之于经，相得益彰。谓非《诗》学之錧鎋，而学者之所宜钩考欤？明孙瑴蒐辑逸纬为《古微书》，谓《推度灾》诸篇皆谶类，而不知《隋志》所录又有《诗杂谶》，固区别而为二也。近世陆明睿增订殷元正《集纬》，于三篇外列《含文候》之目，而复不知《路史》注所引即为《含神雾》之讹也。余同年生赵子在翰重纂《七纬》，仍《隋志》著录之旧，而《诗纬》佚文仍多遗漏，且以孔氏《诗正义》语羼入《氾历枢》中，亦失之疏。乔枞不揆梼昧，网罗散佚，视各家辑本，增十之三。揭所据依，加以考订，成《诗纬集证》三卷。其旧书所引未详篇目者，别成一卷，都为四卷，附于《齐诗》，亦敬承先大夫遗训，以寻齐学之坠绪云尔。

胡薇元：自生民以来，历圣相传之道至孔子而集大成，其大义著于经，其微言播于七经纬三十六篇中。盖七十子各守师说，周秦以来，以为纬候占验之书得免焚弃。《汉书·李寻传》"五经六纬"之言出于哀平之世，至光武笃信之。诸儒习为内学，郑康成注《周礼》《礼记》引《易》《书》《乐》《春秋》《孝经》，礼家说皆纬候也。《后汉·樊英传》注七经纬自《稽览图》至《说题辞》，只三十五篇，不知所亡何篇。薇元按：所失系《孝经纬左方契》一篇。《诗纬含神雾》《氾历枢》《推度灾》三篇。薇元于诸经纬皆有训纂，辛亥西安之乱，尽失其稿。今取《诗纬》三篇，纂集诸书及魏宋氏均、福州陈氏乔枞之说，参以愚意，著之于篇。

廖平：《诗纬》者，《诗》之秘密微言也，每以天星神真说《诗》，今略举其文以示大概，未能详尽。

余十年前成《诗》《易》全经新注并疏，当时尚囿于大小学说，以齐《诗》多祖纬候，详于天学，故于《诗》注题曰"齐诗学"。自丙午以后，天人之说大定，二经旧稿未及追改，亦不敢示人。自《尚书》《周礼》修改略备,《皇帝疆域考》陆续刊板,乃推及《诗》《易》。先于《楚辞》《列》《庄》《山经》《淮南》《灵》《素》,各有门径,乃归而求于《诗》《易》。因请精华补正此篇,以示程途。行远自迩,升高自卑,一定程度也。每怪世说《老》《庄》,译佛藏,皆与进化公理相背,遂流为清谈寂灭,生心害政,以致儒生斥为异端。苟推明世界进退大例,则可除一人长生久视之妄想、有法无法之机锋。庄生曰"大而无当","游于无有",《诗》曰"众维鱼矣,兆旧作'旐'维旟矣"。此固非一人一时之私意所可侥幸者。荀卿曰"《诗》不切",其斯为不切乎?

《诗含神雾》校注

【解题】

孙瑴《古微书》：书既神矣，奠之以雾，又纽之曰含，理固有玄（笔者案：原文作"元"，为"玄"之讳文，皆改为"玄"。下放此）奇茫昧不可解者。濛濛漠漠，而倚于神，其可想乎！

赵在翰《七纬》：天运人事，统诸神灵，以言其象，氛雾冥冥。

马国翰《玉函山房辑佚书》：贾居子（笔者案：即孙瑴）曰：书既神矣，奠之以雾，又纽之以含，固有玄奇茫昧不可解者。濛濛漠漠，而倚于神，其可想乎！

胡薇元《诗纬训纂》：所谓含神雾者，孙瑴《古微书》以为纬既神，以奠之以雾，又组之以含，极言其玄奇茫杳，莫可名言之妙焉耳。

廖平《诗说》：《含神雾》所言多与《山经》《楚词》《淮南》同，也足证《诗》为天学。

  天地东西二亿三万三千里，南北二亿一千五百里，天地相去一亿五万里。

——《山海经》卷九郭璞注

【汇校】

《开元占经》卷四引作"南北二亿三万一千五百里"，《太平御览》卷三六引作"天地相去亿五万里"。明清纬书辑佚无异词。

【汇注】

孙瑴：《淮南子》："东方之极，自碣石过朝鲜，贯大人之国，东

下编 《诗纬》校注

至日出之次，扶木之地，青土树木之野，太皞、句芒之所司者，万二千里。南方之极，自北户乌孙之界，贯颛顼之国，南至委火炎风之野，赤帝、祝融之所司者，万二千里。中央之极，自昆仑东绝恒山，日月之所道，江、汉之所出，人民之野，五谷之宜，龙门、河、济相贯，以息壤堙鸿水之洲，东至于碣石，黄帝、后土之所司者，万二千里。西方之极，自昆仑绝流沙、沈羽，西至三危之国，石城金室，饮气之民，不死之野，少皞、蓐收之所司者，万二千里。北方之极，自九泽穷夏海之所极，北至令止之俗，① 有冻寒积雪雹霰凛润群冰之野，颛顼、玄冥之所司者，万二千里。"

陈乔枞：案《开元占经》引《诗含神雾》"一千"上有"三万"二字，"天地相去"下无"一"字。《太平御览·地部一》引"天地相去"句同。据《河图括地象》曰"八极之广，东西二亿三万三千里，南北二亿三万一千五百里"，则有"三万"二字者是也。刘昭《续汉书·郡国志》注引《山海经》："禹使大章步自东极至于西垂，二亿三万三千三百里七十一步，又使竖亥步南极至于北垂，二亿三万三千五百里七十五步。"与《淮南·地形训》文同，而于（案：当作"与"）《诗纬》及《河图》所说里数微异。今本《山海经》佚其文，无可考矣。又《淮南·天文训》云："天有九野，九千九百九十九隅，去地亿五万里。"今本《淮南》误倒作"五亿万里"，此从《开元占经》所引订正。与《诗纬》说合。九野者，中央曰钧天，其星角、亢、氐；东方曰苍天，其星房、心、尾；东北方曰变天，其星箕、斗、牵牛；北方曰玄天，其星须女、虚、危、营室；西北方曰幽天，其星东壁、奎、娄；西方曰颢天，其星胃、昴、参、东井；南方曰炎天，其星舆鬼、柳、七星；东南方曰阳天，其星张、翼、轸。《尚书考灵耀》说与《淮南》略同。

胡薇元：《山海经》："禹使大章步自东极至于西陲，二亿三万三千三百里七十一步，又使竖亥步南极至于北陲，二亿三万三千五百里七十五步。"与《淮南子·地形训》同。今《山海经》无此文，见刘

---

① 俗，《淮南子》作"谷"。刘文典《淮南鸿烈集解》，中华书局1989年版，第186页。

昭《续汉书·郡国志》所引《山海经》，与《诗纬》《河图》异（按：当作"里"）数微异。《尚书纬考灵耀》说与《淮南子》同。此条见《开元占经》四。

　　　　天不足西北，无有阴阳消息，故有龙衔精以往照天门中。
　　　　　　　　　　　　——《山海经·大荒北经》郭璞注

【汇校】
　　道藏本《山海经》郭注引"含神雾"作"含神务"，"天"作"天下"，"火"作"火精"，"中"下有"者也"。《文选》卷十三谢惠连《雪赋》李善注引《含神雾》"阴阳"下无"消息"，"以"下无"往"字，"中"下有"也"字。洪兴祖《楚辞补注》引《含神雾》"无"下无"有"字，"以"下无"往"字。明清以来纬书辑佚，《古微书》引"火精"作"烛"。《纬捃》引"火精"作"精"，云引自李善注。

【汇注】
　　孙瑴：《广雅》："东方有鱼焉如鲤，六足，鸟尾，其名曰鲐。南方有鸟焉，三首六目，六足三翼，其名曰鹫鸼。西方有兽焉如鹿，白尾，马足，人手，四角，其名曰獾如。北方有民焉，九首蛇身，名曰相繇。中央有蛇焉，人面豸身，鸟翼蛇行，其名曰化蛇。此五方异物也。"
　　陈乔枞：《山海经》引"有龙衔精"，脱"火"字，考《文选》注引作"衔火精"，无"往"字，洪兴祖《楚辞注》同，据以补正。《大荒北经》云："西北海之州，赤水之北，有章尾山，有神人面蛇身而赤身，长千里，直目正乘，其瞑乃晦，其视乃明，不食，不寝，不息，风雨是谒，是烛九阴，是谓烛龙。"《淮南·墬形训》云："烛龙在雁门北，蔽于委羽之山，不见日，其神人面龙身而无足。"高诱注曰"委羽，北方山名，龙衔烛以照太阴，盖长千里，视为昼，瞑为夜，吹为冬，呼为夏"云。
　　胡薇元：《山海经》引此云"龙衔精"，无"火"字。《文选》

注引无"往"字，洪兴祖《楚辞注》同。《淮南·地形训》："烛龙在雁门北，蔽于委羽之山。"高诱注："委羽北，有龙衔烛以照太阴，视为昼，瞑为夜，吹为冬，呼为夏。"此条见《文选·雪赋》注。

案：道藏本"下"为"不"之讹，正文中的"不"当为"下"之校正文字而混入。王逸、高诱皆作"衔烛"，或汉人无"衔火精"之说。李善引《含神雾》当是据郭璞注，故郭注当为"衔火精"。乔松年《纬捃》引"火精"作"精"，云出自李善注。乔说不确。

　　　　日月扬光者，人君之象也；风云列势者，将帅之气也，声容具之。

　　　　　　　　　　　　　　　　　——《说郛》

【汇校】

此条最先见于《说郛》百二十卷本，但没有注明出处。《纬捃》《通纬》"云"作"雨"，《诸经纬遗》《集纬》"云"作"雪"。《重修纬书集成》同《纬捃》。

【汇注】

陈乔枞：《春秋潜潭巴》曰："王者德象日，光所照无不及也。君臣和，得道叶度，则日月大光明，天下和平，上下俱昌。"《礼斗威仪》云："人君乘金而王，其政平，则月多耀。"《汉书·李寻传》云："《易》曰：'悬象著明，莫大乎日月。'夫日者，众阳之长，辉光所照，万里同晷，人君之表也。月者，众阴之长，销息见伏，百里为品，千里立表，万里连纪，妃后、大臣、诸侯之象也。"《后汉书·郎𫖮传》云："风者号令，天之威怒。"《春秋说题辞》云："云之为言运也，含阳而起，以精运也。"将帅立威于外，运谋制胜，故上应风云之象。《开元占经》云："凡鸣条以上，怒风起止，皆详其五音，与岁月日时刑德合冲墓杀，五行生克，王相囚死，以言吉凶，仍以六情推之，万不失一。""两军相当，以分主客。以日辰所得纳音为客，以辰下十二时与风所来方为主。若日辰纳音能克日辰及方，为客胜；时下支神及风来方能克纳音，则客败，主人胜。"又引《太公》曰："兴军、动众、陈兵，必见其云气，示以安危，故胜败可逆知也。云气王相者吉，囚死者凶。凡军上云气，黄白润泽者，将有盛德。形如山岳者，将有深谋。上与天连者，军将贤良。气如龙、如虎，或如旌旗，无风而飏，或如囷仓，见日益明，皆猛将之气也。"

胡薇元：《汉书·李寻传》："《易》曰：'悬象著明，莫大乎日月。'日者，阳之长，君臣和，得道叶度，日月光明，上下俱昌。"《后汉书·郎顗传》："风者号令，天之威怒。"《春秋纬说题辞》："云之为言运也，含阳而起，以精运也。"将帅立威于外，运谋制胜，故上应风云。两军相当，以日辰所得纳音为客，以辰下十二时与风所来方为主，日辰纳音能克日辰及方，为客胜；时下支神及风来方能客纳音，则客败，主人胜。《太公》曰："兴军、动众，见其云气，故胜败可逆知。云气，王者吉，囚死者凶。凡军上云气，黄白润泽者，将有盛德；形如山岳者，将有深谋。上与天连者，军将贤良。气如龙虎，或如旌旗，无风而飏，或如囷仓，见日益明，皆猛将之气也。"此条见《说郛》。

廖平：日月扬光者：《邶风》"日居月诸"，《齐风》"东方日月"。风云：《邶》有"四风"，《小雅》"白云"。

雷震百里，去相附近。

——《说郛》

【汇校】

此条见于《说郛》百二十卷本，《纬捃》无"去"字，《重修纬书集成》同。

【汇注】

案：据《太平御览》卷十三，此条出《论语谶》，曰："雷震百里声相附。"宋均注云："雷动百里，故因以制国也。雷声谓诸侯之政教，所至相附也。"《说郛》误引作《含神雾》，并误"声"为"去"，又衍"近"。乔松年《纬捃》沿袭《说郛》之误，将此条辑

— 183 —

下编 《诗纬》校注

入《含神雾》，并谓此条又见《孝经援神契》，此又误。黄奭《通纬》谓此条及宋均注出清河郡本纬书，亦误。

古之火正，或食于心，或食于咮，故咮为鹑火，心为大火。
——《说郛》

【汇校】

《说郛》本"食于咮"下有"以出内火"四字。《纬捃》本无，《重修纬书集成》与《纬捃》同。

【汇注】

杜预《春秋左传集解》：谓火正之官，配食于火星。建辰之月，鹑火星昏在南方，则令民放火。建戌之月，大火星伏在日下，夜不得见，则令民内火，禁放火。

孔颖达《春秋左传正义》襄公九年：昭二十九年《传》："五行之官，有木正、火正、金正、水正、土正。"立此五官，各掌其职，封为上公，祀为贵神，谓能其事者，后世祀之。火正之官，居职有功。祀火星之时，以此火正之神配食也。五行之官，每岁五时祀之，谓之五祀。《月令》云："其神句芒、祝融、后土、蓐收、玄冥。"配五帝而食，其神矣！而火正又"配食于火星"者，以其于火有功，祭火星，又祭之。后稷得配天，又配稷，火正何故不得配帝，又配星也？有天下者，祭百神。天子祭天之时，因祭四方之星，诸侯祭其分野之星。其祭火星，皆以火正配食也。火正配火星而食，有此传文。其金、木、水、土之正，不知配何神而食，经典散亡，不可知也。《周礼》："司爟，掌行火之政令。季春出火，民咸从之。季秋内火，民亦如之。"郑玄云："火所以用陶冶，民随国而为之。郑司农云：'以三月本时昏，心星见于辰上，使民出火。九月本黄昏，心星伏在戌上，使民内火。故《春秋传》曰"以出内火"。'"《周礼》所言，皆据夏正。故杜以《周礼》之意，解其心、咮为火之由。建辰之月，即《月令》季春之月，日在胃昏七星中。南方七星，有井、鬼、柳、星、张、翼、轸七者，共为朱鸟之宿星，即七星也。咮谓柳也。《春

— 184 —

秋纬文耀钩》云："咮谓鸟阳，七星为颈。"宋均注云："阳犹首也。柳谓之咮，咮，鸟首也。七星为朱鸟颈也。"咮与颈共在于午者，鸟之止宿，口屈在颈，七星与咮体相接连故也。鹑火星昏而在南方，于此之时，令民放火。咮星为火之候，故于十二次，咮为鹑火也。建戌之月，即《月令》季秋之月，日在房。东方七宿，角、亢、氐、房、心、尾、箕七者，共为苍龙之宿。《释天》云："大辰，房、心、尾也，大火谓之大辰。"孙炎曰："龙星明者以为时候，大火心也，在中最明，故时候主焉。"以是，故此传心为大火。九月日体在房，房、心相近，与日俱出俱没，伏在日下，不得出见，故令民内火，禁放火也。火官合配，其人盖多，不知谁食于心，谁食于也。此传鹑火大火，共为出火之候。《周礼》之注不言咮者，以咮非内火之候。故唯指大火，以解"出"、"内"之文，故其言不及咮也。

陈乔枞：火正有二，一为祝融，颛顼氏之子也；一为阏伯，高辛氏之子也。《左传》襄九年云："陶唐氏火正阏伯居商邱，祀大火，而火纪时焉。相土因之，故商主大火。"昭二十九年云："火正曰祝融，颛顼氏有子曰犁，为祝融。"《淮南·天文训》云："南方，火也。其帝炎帝，其佐朱明，其兽朱鸟。"注引旧说曰："朱明，祝融也。朱鸟，朱雀也。"又《时则训》注云："祝融，颛顼孙，老童之子，吴回也，一名黎，为高辛氏火正，号为祝融，死为火神。"楚者，祝融之后，其分野上应翼、轸。是祝融为火正，配食于咮也。商邱在宋地，宋之分野，上应房、心。是阏伯为火正，配食于心也。《周礼》："司爟，掌行火之政令，季春出火，民咸从之；季秋内火，民亦如之。"郑司农以为，三月心星见于辰上，使出火；九月心星伏在戌上，使内火也。《尔雅》曰："咮谓之柳。柳，鹑火也。"柳者，朱雀颈，故为咮象。又曰："大火谓之大辰。""大辰，房、心、尾也。"

胡薇元：《左传》襄九年："陶唐氏火正曰阏伯，居商邱，祀大火，而火纪时焉。相土因之，故商主大火。"昭二十九年："火正曰祝融，颛顼氏有子曰犁，为祝融。"《淮南·天文训》："南方，火也。其帝炎帝，其佐朱明，其兽朱鸟。"注："朱明，祝融也。朱鸟，朱雀也。"又《时则训》注："祝融，颛顼之孙，老童之子，吴回也。"

楚为祝融后，分野上应翼、轸，配食于咮。商邱在宋，分野上应房、心，配食于心。《周礼·司爟》郑注："三月心星见于辰上，便出火；九月心星见于戌上，使内火也。"《尔雅》："咮谓之柳。柳，鹑火也。"此条见《说郛》。

廖平：文见《左传》襄公九年传。陶唐氏之火正阏伯，居商丘，祀大火，而火纪时焉，故商主大火。《汉·五行志》说曰："古之火正，谓火官也，掌祭火星，行火政。"《尔雅》："咮谓之柳。柳，鹑火也。"《天官书》："柳为鸟注，主草木。张，素，为厨，主觞客。"《汉·五行志》："季春昏，心星出东方，而咮、七星、鸟首正在南方，则用火。季秋，星入，则止火，以顺天时，救民疾。"《诗》曰："鹑之贲贲。"《考灵曜》："心，火星，天王也。"《元命包》："心三星五度，有天子明堂，布政之宫。"

案：此条内容作为《含神雾》佚文最早见于《说郛》百二十卷本，陶宗仪不注出处。相同的内容见于《左传》襄公九年士弱答晋侯问。其文曰："晋侯问于士弱，曰：'吾闻之，宋灾，于是乎知有天道，何故？'对曰：'古之火正，或食于心，或食于咮，以出内火。是故咮为鹑火，心为大火。'"陶氏所辑或据此。

  杓为天狱，主天杀也。

——《初学记》卷二十

【汇校】

佚文也见于《太平御览》卷六四三。《古微书》将此条收入《氾历枢》，误。"主天杀也"下尚有"贱人牢，一曰天狱"，衍。《通纬》引清河郡本纬书曰"杓"上有"斗"字，并附宋均注曰"天杀，为天子杀也"，皆不明出处。

【汇注】

孙毂：《晋志》："天牢六星，在北斗魁下，贵人之牢也。"《石氏星经》："贯索九星，在七宫前，为贱人牢。口一星为门，门欲开，开即有赦。九星皆明，天下狱烦。七星见，小赦，六星、五星，大赦。动则斧锧用，中空则更元。"

陈乔枞：案《开元占经》六十七引《洛书》云："北斗第一星至第四为魁，第五至第七为杓。"《石氏》曰："北斗第四曰伐星，主天理，伐无道；北斗第五曰杀星，主中央，助四方，煞有罪。"考《史记·天官书》言："在斗魁中者，贵人之牢。有勾圜十五星，属杓，曰贱人之牢。"《集解》引孟康曰："天理四星在斗魁中。贵人牢名曰天理。"《索隐》引《乐叶图征》云："天理理贵人牢。""连营，贱人牢。"宋均云："天理以理牢狱。连营，贯索星也。"《氾历枢》云："贱人牢，一曰天狱。"则此云杓为天狱，即指贯索言之。斗之魁四星为伐，故天理属焉，斗之杓五星主杀，故天狱属焉。

胡薇元：《洛书》："北斗一星至四星为魁，五星至七星为杓。"《石氏》曰："北斗四星曰伐星，主天理，伐无道；五曰杀星，主中央，助四方，杀有罪。"孟康曰："天理四星在斗魁中。贵人牢名天理。"《索隐》引《乐纬叶图征》："天理理贵人牢。"有勾圆十五星，属杓。"连营，贱人牢"。宋均注"连营，贯索星也"。斗之杓五星主杀，故曰天狱。此条见《初学记·政理部》《太平御览·刑法部》。

阳气终，白露为霜。
————《太平御览》卷十二

【汇校】

《事类赋》卷三引佚文与《太平御览》同，无宋均注。孙瑴《古微书》归为《推度灾》，误。胡薇元将此条归入《推度灾》，亦误。陈乔枞《诗纬集证》作"白露凝为霜"，"凝"字衍文。

【汇注】

宋均：白露，行露也。阳终，阴用事，故曰白露凝为霜也。

陈乔枞：案《大戴礼·天圆篇》云："阳气胜则散为露，阴气胜则凝为霜。立秋之日白露下，季秋之月霜始降。"《论衡》曰："露，秋气所生也。"《春秋考异邮》曰："霜，阴精，冬令也。四时相代，以霜收杀，霜之为言亡也，物以终也。"《开元占经》一百一引京房曰："霜者，刑罚行也。霜所以成万物，刑罚所以诛恶人。刑一以惩十，杀一以全万。人君居位，刑罚妄行，诛杀不当，故天应以陨霜于春于夏，皆刑罚不法之应。霜下或未见日而欲晖（按：原文作"晞"）者，此人君以喜怒行刑也。霜或见日而不晖，此人君执法坚不可犯也。霜，或天阴不见星而有霜者，此臣下擅行诛罚也。"

胡薇元：宋均注："白露，行露也。阳终，阴用事，故凝为霜。"《大戴礼·天圆篇》："阳气胜则散为露，阴气胜则凝为霜。"京房曰："霜者，天之刑阴，不见星而霜，臣下擅诛罚也。"此条见《太平御览·天部十二》。

廖平：白露为霜，语见《秦风》。白露，行露，《召南》。白露，行露也。阳终，阴用事，故凝为霜。

案：宋均注以"白露"为行露，意以此条佚文对应《召南·行露》。但"阳气终""阴用事"云云，则此条当对应《秦风·蒹葭》。

烨烨震电，不宁不令，此应刑政之太暴，故震电惊人，使天下不安。

——《初学记》卷二十

【汇校】

《太平御览》"太"作"大"，"震电惊人"作"震雷惊人"。《玉函山房辑佚书》作"雷电惊人"。《通纬》作"震雷惊人"，引清河郡本纬书宋均注"烨烨，大光也。不安，谓物不安也。雷亦震之，蛰虫皆启户而出之"。宋均注出处不明，疑伪。孙瑴、胡薇元归入《推度灾》，并误。

【汇注】

陈乔枞：案《说文》："震，劈历振物者也。"《释名》曰："震，战也，所击辄破，如攻战也。"又曰："辟历，辟析也，所历皆破析也。电，殄也，乍见即殄灭也。"《开元占经》一百二引京氏曰："人君承用节度，即雷风以节之，暴行威福，则雷霆击人，其救也，议狱缓死，则灾消矣。"又曰："天无云而雷者，此君无恩泽于百姓，国

— 188 —

将易君,万民不静,小人失命;无云而霆,霆或为火者,此人君以暴罚也。"

胡薇元:《开元占经》引京氏曰:"人君承用节度,雷风以节之;暴行威福,雷霆击人;议狱缓死,则灾消矣。天无云而雷,应人君以暴罚也。"此条见《初学记》。

廖平:烨烨震电,不宁不令:语见《小雅》。

案:此条对应《小雅·十月之交》。《汉书·翼奉传》记翼奉语:"臣奉窃学《齐诗》,闻五际之要《十月之交》篇。"汉人以《诗》当谏书,故数引《十月之交》。但需要强调的是,《十月之交》并不是五际之一,也不当是《诗纬》五际配诗之一。

五岳视三公,岱宗为之长,封禅往焉。

——《北堂书钞》卷九一

【汇校】

陈乔枞《诗纬集证》、胡薇元《诗纬训纂》"往"作"在"。

【汇注】

孙瑴:《风俗通》:"俗说:岱宗上有金箧玉策,能知人年寿修短。武帝探策得十八,因读曰八十,其后果用耆长。武帝出玺印石,裁有兆朕,奉车子侯即没其印,乃止。武帝畏恶,亦杀去之。"应劭曰:"王者受命易姓,改制应天,天下太平,功成封禅,以告平也。所以必于岱宗者,长万物之宗,阴阳交代,触石而出,肤寸而合,不崇朝遍雨天下,唯泰山乎?封者,立石高一丈二尺,刻之曰:'事天以礼,立身以义,事父以孝,成民以仁。四守之内莫不为郡县,四夷八蛮咸来贡职,与天下(案:"下",衍文)无极,人民蕃息,天禄永得。'祭上玄尊而俎生鱼。坛广十二丈,高三尺,阶三等,必于其上,示增高也。刻石纪号,著己绩也。或曰:金泥银绳,印之玺,下禅,(案:此处有阙文,故不通)当有所与也。孝武皇帝封广丈二尺,高九尺,其下有玉牒书秘书。江淮间一茅三脊为神藉,五色土盖(案:《风俗通》作"益")杂封,可纵远方奇兽飞禽及白雉,加祠,兕牛犀象属。其享曰："天增授皇帝泰元神策，周而复始，皇帝敬拜太灵（案：《风俗通》作"一"）。"其夜有光如流星，昼有白云起封中。武帝已年四十七矣，何缘反更得十八也？又言武帝与仙人对博，碁没石中，马蹄迹处，于今尚存。虚妄若此，非一事也。

赵在翰：杨应阶曰：封禅之见于经者，《诗》疏谓《大宗伯》王大封，则先祭后土，为封文。《礼器》："因名山升中于天。"虽不言封，是封禅之事，其它无闻焉。《文选》王融《曲水诗叙》注引《逸礼》云："三皇禅云云，五帝禅亭亭。"秦汉求仙探策，为世所诟病，建武封岱，始据纬书。考《史记》云："孔子论述六艺，《传》略言易姓而王封泰山，禅梁父者七十余王矣。其俎豆之礼不章，盖难言之。"迁所谓《传》，盖秘纬也。据《自叙》引"孔子曰我欲讬之空言"云云，为《春秋纬》文。又汉初如贾、董诸儒引纬书皆曰"传"。古王盛典经籍无征，窃尝以传记纬书证经，知封禅即巡狩之仪，经言巡狩，不言封禅者，举其大也。纬书不言巡狩者，纬文佚阙。又秦汉废封建为郡县，时巡礼废，独封禅之说存焉耳。《时迈》之颂曰："怀柔百神，及河乔岳。"郑君谓："天子巡狩，行邦国，至方岳之下而封禅。"证以《大戴礼·保傅篇》《新书·胎教篇》，俱谓周成王封泰山禅梁父，是巡狩封禅之事也。《尚书·王制》（笔者案：当为《礼记·王制》）言巡狩曰"柴"，而望祀曰"觐东后"，曰"削以地，绌以爵"，曰"加地进禄"。证以《礼纬》《孝经纬》，云"封乎泰山，考绩燔燎"，燔燎即柴望，考绩即削地绌爵加地进律之义，是巡狩而封禅考绩也。汉初大儒，首推董、贾，《新书》《繁露》，俱言封禅。《新书》已见上。《繁露》第六、第二十五篇俱有封泰山禅梁甫之文。其弟举泰山言者，五岳以岱宗为长也。卢辩注《大戴》云：古受命之君，行巡狩封禅之事，封禅之礼周于恒、霍。及继体之君，独言泰山，及受命者举其始，是也。负土为坛以祭天曰封，除地为墠以祭地曰禅。变墠为禅，神之也。《说文》云："禅，祭天。"统地而言也。《礼纬》云："禅者，除地为坛。"封禅为祭天地，盖巡狩仪文之大者，先王因天事天，因地事地之义也。孔疏谓："封禅必因巡狩，而巡狩不必封禅。"又封禅者，每一代唯一封，窃以为未然。

陈乔枞：《春秋佐助期》云："三公象五岳，在天法三台，合为帝佐，以匡纲纪。"《风俗通》云："三岳视三公，四渎视诸侯，其余或伯或子男，大小为差。""岱者，始也。宗者，长也。万物之始，阴阳之交，触石而出，肤寸而合，不崇朝而遍雨天下，惟泰山乎！故为五岳之长。王者受命易姓改制，应天功成，封禅以告天地。孔子曰：'封泰山，禅梁甫，可得而数七十有二。'"《白虎通》云："封禅所以必于泰山何？万物之始，交代之际也。必于其上何？因高告高，顺其类也。故升封者，增高也。下禅梁甫者，广厚也。皆刻石纪号者，著己之功迹，以自效也。天以高为尊，地以厚为德，故增泰山之高以报天，附梁甫之基以报地，明天之所命，功成事就，有益于天地，若高者加高，厚者加厚矣。"《御览·礼仪部》十五引《孝经钩命决》曰："封乎泰山，考绩燔燎；禅乎梁甫，刻石纪号。焕炳巍巍，教化显著。"《续汉书·礼仪志》刘昭注引袁宏曰："王者初基，则有封禅之事，盖以其成功告于神明者也。夫东方者，万物之始。山岳者，灵气之所宅。故求之物本，必于其始，取其所通，必于其宅。崇其坛场，则谓之封。明其代兴，则谓之禅。然则封禅者，王者开务之大礼也。"

胡薇元：《春秋纬佐助期》云："三公象五岳，在天法三台。"《风俗通》："五岳视三公，四渎视诸侯，其余大小为差。孔子曰：封泰山，禅梁甫，可得而数七十有二。"《白虎通》："升封者，增高也。下禅梁甫，广厚也。刻石纪号，著功以自效也。"此条见《北堂书钞·封禅》。

齐地处孟春之位，海岱之间，土地污泥，流之所归，利之所聚，律中太蔟，音中宫、角。

——《太平御览》卷十八

【汇校】

《北堂书钞》卷一一二《律》引《含神雾》，无"海岱之间"等十六字，"宫角"作"羽"。《书钞》卷一五九引文无"律中"下文，但有"海岱之间"等十六字。《太平御览》卷七四引"齐地"作"夫齐之地",无"律中"下文。

【汇注】

孙瑴:此简无全文,《周》《召》《桧》《豳》遂不及录。即以四序配十五国,尚不及商、鲁,况吴、楚东南数千里乎?要其言风土音气,殊自井井。

按《淮南子》:"东方川谷之所注,日月之所出,其人兑形小头,隆鼻大口,鸢肩企行,窍通于目,筋气属焉。苍色主肝,长大早知而不寿。其地宜麦,多虎豹。南方阳气之所积,暑湿居之,其人修形兑上,大口决眦,窍通于耳,血脉属焉。赤色主心,早壮而夭。其地宜稻,多兕象。西方高土,川谷出焉,日月入焉,其人面末偻,修颈印行,窍通于鼻,皮革属焉。白色主肺,勇敢不仁。其地宜黍,多旄犀。北方幽晦不明,天之所闭也,寒冰之所积也,蛰虫之所伏也。其人禽形短颈,大肩下尻,窍通于阴,骨干属焉。黑色主肾,其人蠢愚禽兽(案:"禽兽"乃"蠢愚"之讹文而舛入正文)而寿,其地宜菽,多犬马。中央四达,风气之所通,雨露之所会也。其人大面短颐,美髯恶肥,窍通于口,肤肉属焉。黄色主胃,慧圣而好治。其地宜禾,多牛羊皮(案:皮,衍文)及六畜。"

若夫以土地辨声律者,岂无所见?惟得之《管子·地员篇》曰:"夫管仲之匡天下也,其施七尺,渎田悉徙,五种无不宜。其立后而手实,其木宜蚖苍与杜松,其草宜楚棘。见是土也,命之曰五施,五七三十五尺而至于泉,呼音中角,其水仓,其民强,赤垆,历强肥,五种无不宜。其麻白,其布黄,其草宜白茅与蓷,其木宜赤棠。见是土也,命之曰四施,四七二十八尺而至于泉,呼音中商,其水白而甘,其民寿。黄唐,无宜也。唯宜黍秫也。宜县泽,行廧落,地润数毁,难以立邑置廧。其草宜黍秫与茅,其木宜櫄櫌桑。见是土也,命之曰三施,三七二十一尺而至于泉,呼音中宫,其泉黄而糗。流徙,斥埴,宜大菽与麦,其草宜苋萑,其木宜杞。见是土也,命之曰再施,二七十四尺而至于泉,呼音中羽,其泉咸。水流徙,黑埴,宜稻麦,其草宜苹蓨,其木宜白棠。见是土也,命之曰一施,七尺而至于泉，呼音中徵，其水黑而苦。"

陈乔枞：齐地处青州。《释名》云："青州在东，取物生而青也。"《五行大义》引《太康地记》曰："少阳色青，岁始事首，即以为名。其地东北距海，西距岱。"《汉书·地理志》云："太公以齐地负海舄卤，少五谷而人民寡，乃劝以女工之业，通鱼盐之利，而人物辐凑。""临甾，海、岱之间一都会也，其中具五民"云。太簇者，孟春之月律。正月之时，万物始大，簇地□□□（按：当补"而达物"），音中宫角，角为木，亦得东方之气。《乐动声仪》云："角声防以约，其和清以静也。"

胡薇元：齐处青州，在东，取物生而青也。《太康地记》："少阳色青，岁始事首，即以为名。"太簇，孟春之月律，正月，万物始大，音中宫角，角为木，得东方之气。《乐纬动声仪》云："角声防以约，其和清以静。"此条见《太平御览时叙部三》，《北堂书钞》引"宫角"作"宫羽"。（案：《北堂书钞》作"羽"）

廖平：《齐》以下六风配六气、六合，以一《风》当二月。《豳·七月》举六月、四日，亦同此例。班《志》："齐地，虚、危之分地。"《淮南》："孟春与孟秋合。"于六气为寅申之年。此以律吕立说，十二风自为终始，合十二风为一之例也，足见以《序》说《诗》者之非。《乐稽耀嘉》："东方春，其声角，当宫于夹钟。余方各以其中律为宫。"

案：孙瑴乃总论《诗纬》音声风土之关系。其下皆略。

　　陈地处季春之位，土地平夷，无有山谷，律中姑洗，音中宫、徵。

——《太平御览》卷十八

【汇校】

《北堂书钞》卷一一二引《含神雾》无"土地平夷，无有山谷"八字。

【汇注】

陈乔枞：《汉书·地理志》云："韩地，角、亢、氐之分野也。

《诗》风陈、郑之国，与韩同星分焉。"陈国，今淮阳之地，后为楚所灭。陈虽属楚，于天文自若其故。《五行大义》云："角，于时在辰，辰，木也；亢，于时在辰，春夏为火，秋冬为水。"《五星占》曰："亢，火也。辰，三月斗建，故言处季春之位，姑洗，季春，月律，亢为火，故陈地音中宫徵，徵，火音也。"《乐动声仪》曰："徵声贬以疾，其和平以均（按：原文作"功"）也。"

胡薇元：《汉书·地理志》："韩地，角、亢、氐分野。"陈、郑与韩同分野，陈在淮阳，为楚所灭，而天文仍旧。《五行大义》云："角，于时在辰，辰，木也；亢，于时在辰，春夏为火，秋冬为水。"《五星占》曰："亢，火也。辰，三月斗建，故言季春，姑洗，季春，月律，音中宫徵，徵，火音也。"徵声贬以疾，其和平。以此条同上。

廖平：班《志》："陈，与韩同星分。"韩地，角、亢、氐之分野也。季春与季秋为合，于六气为辰戌之年。

  曹地处季夏之位，土地劲急，音中徵，其声清以急。
            ——《艺文类聚》卷三

【汇校】

《太平御览》卷二一引与《艺文类聚》同，《北堂书钞》卷一一二引作"曹地处季夏之位，律中林钟，音中徵"。

【汇注】

陈乔枞：《地理志》云："宋地，房、心之分野也。"周封徽（案：当为"微"）子于宋，今之睢阳是也，本陶唐氏火正阏伯之虚。济阴定陶，《诗》风曹国也，武王封弟叔振铎于曹，二十余世为宋所灭。《五行大义》云："房，土也。心，春夏为木，秋冬为火。"《开元占经》引《石氏》曰："房，春夏为木，秋冬为火。"又曰："房，土宿，心星，火也。"《尔雅》曰："大辰，房、心、尾也。"大火谓之大辰，曹地，房、心星分，火正阏伯之虚。房为土宿，故处季夏之位。季夏，火、土乡也。心为大火，故曹地音中徵。

胡薇元：宋地，房、心分野。周封微子于宋，今睢阳是也，本陶唐氏火正阏伯之墟。济阴定陶，《诗》风曹国也，武王封弟叔振铎于曹，为宋所灭。《五行大义》："房，土也。心，春夏为木，秋冬为火。"《尔雅》："大辰，房、心、尾也。"大火谓之大辰，心为大火，故曹音中此徵。此条见《艺文类聚·四时部》。

廖平：季夏与季冬为合，于六气为丑未之年。

  秦地处仲秋之位，男懦弱，女高臁，白色秀身，音中商，其言舌举而仰，声清而扬。
——《艺文类聚》卷三

【汇校】

《北堂书钞》卷一一二作"秦地处仲秋之位，律中南吕"。《太平御览》卷二四"秀身"作"身"。《七纬》《通纬》云《北堂书钞》作"秦地处季秋之位，律中南吕，音中徵"，无据。《玉函山房辑佚书》云《北堂书钞》有"音中徵"，或误。《通纬》依清河郡本纬书录宋均注曰："臁当作臁，其人高目广颡。"陈乔枞《诗纬集证》多"律中南吕"，校曰："案：《御览》引无'律中南吕'句，从《北堂书钞》增。《书钞》引秦地季秋之位，音中徵。'季'字、'徵'字皆讹舛，宜据《御览》订正。"

【汇注】

注曰：臁，明也。案：此据《太平御览》卷二四，抑或为宋均注。

陈乔枞：案秦地属雍州，其天宿白虎，得金之正气，故处仲秋之位。南吕者，仲秋之月律。商者，金之音。《乐动声仪》云："商声散以明，其和温以断。"《淮南·地形训》云："西方高土，川谷出焉，日月入焉，其人面末偻，修颈卬行。"白色盖亦得金之气为多也。

胡薇元：宋均注："臁，明也。"秦属雍州，其宿白虎，得金之正气，故处仲秋之位。南吕，秋中月律。商，金声。《乐纬动声仪》云："商声散以明，其和温以断。"《淮南·地形训》："西方高土，川谷出焉，日月入焉，其人面末偻，修颈卬行。"白色亦得金气为多。

◈ 下编 《诗纬》校注

此条《北堂书钞》引作"音中徵，季秋之位"，皆误。今据《太平御览·时叙部六》更正。

廖平：班《志》："自井十度至柳三度，谓之鹑首之次，秦之分也。"仲秋与仲春为合，于六气为卯酉之年。

案：秦处西方，得金气，故多杀伐之音，此为《诗纬》说诗所本。《太平御览》卷二四引"膫，明也"，后人皆以为宋均注，但纬书在流传过程中，不断有人附注。所以此条未必是宋均注，可存疑。

> 唐地处孟冬之位，得常山太岳之风，音中羽，其地硗确而收，故其民俭而好畜，此唐尧之所起。
>
> ——《太平御览》卷二六

【汇校】

《太平寰宇记·河东道四》引《含神雾》曰"唐地硗确，其人俭而蓄积，外急而内仁"。陈乔枞《诗纬集证》"其民俭而好畜"多"外急而内仁"句，句末"起"作"处"。胡薇元《诗纬训纂》同。

【汇注】

陈乔枞：案《地理志》云："太原郡在晋阳，属并州晋阳，故《诗》唐国。周成王灭唐，封弟叔虞并州。"于时在亥，故唐地处于孟冬。常山即恒山，北岳也。《周官·职方氏》"恒山为并州镇"，在今定州西阳县。西北泰岳即霍山，《职方氏》"霍山为冀州镇"，在平阳府，属霍州之东，一名霍泰山。《地理志·河东郡下》云："彘县，霍大山在东，冀州山。"唐地在并州，介雍冀之间，故得常山、泰岳之风，音中羽。羽为水，冬之气也。《地理志》又云："唐本唐尧所居，其民有先王遗教，君子深思，小人俭陋。故《唐诗·蟋蟀》《山枢》《葛生》之篇皆思奢俭之中，念死生之虑。吴季札闻《唐》之歌，曰：'思深哉！其有陶唐氏之遗风乎！'"

胡薇元：太原郡在晋阳，屏并州，故《诗》唐国。周王封弟叔虞并州，于时在亥，故唐地处于孟冬。常山即恒山，北岳也。《周官·

— 196 —

职方氏》，恒山为并州镇，在今定州西阳县，西北东岳即霍山，《职方氏》霍山为冀州镇，在平阳府，属霍州东，一名霍东山。唐地介雍冀之间，故得常山、东岳之风，音中羽，为水，冬之气。《地理志》："唐本尧君，其民有先王之遗风，故《蟋蟀》《山枢》《葛生》诸篇思奢俭之中，念生死之虑。"季札闻《唐风》曰："深思哉！其有陶唐氏之遗风乎！"此条见《太平寰宇记·河东道四》。

廖平：班《志》，唐叔在母未生，武王梦帝谓己曰："余名而子曰虞，将与之唐，属之参。"故参为晋分。孟冬与孟夏为合，于六气为巳亥之年。"

魏地处季冬之位，律中宫商。
——《北堂书钞》卷一二二

【汇校】

《太平御览·时序部十一》引文作"魏地处季冬之位，土地平夷"。明清以来纬书辑佚皆不录《北堂书钞》佚文，《重修纬书集成》也失收。陈乔枞《诗纬集证》无"律中宫商"，下有"土地平夷，其音羽角"。廖平《诗说》校"季冬"当作"仲冬"。

【汇注】

陈乔枞：《地理志》云："魏国，亦姬姓也，在晋之南河曲，故其诗曰'彼汾一曲'；'寘诸河之侧'。"又曰："河东土地平易，有盐铁之饶，本唐尧所居。"又"河东郡"下云："河北，《诗》魏国，平阳有铁官。"应劭云："尧都也，在平河之阳。"晋之疆候辰星，辰星，北方，冬，水也。其音羽角者，季冬虽水位，而木气已动，故音中羽角。《乐动声仪》曰："羽声疾以虚，其和短以散也。"

胡薇元：魏亦姬姓，在晋之河曲，故《诗》曰"彼汾一曲"。河在土地，平阳有盐铁之饶，平阳有铁官。应劭曰：尧都也，候辰星，北方，冬，水也。虽水位，而木气已动，故音中羽角。《乐纬动声仪》曰："羽声疾以虚，其和短以散。"此条见《太平御览·时叙部十一》。

廖平：班《志》："魏地，觜觿、参之分野也。""季"当作"仲"，仲冬与仲夏为合，于六气当属子午之年。《周礼》十二风。案：合十二外州。《诗纬》以六风分配六月，犹《帝谟》六律、《禹贡》六府、《职方》六裔之举半遗半，可按例推其全也。

邶、鄘、卫、王、郑五国者，千里之域也，处州之中，名曰地轴，律中南吕。

——《北堂书钞》卷一二二

【汇校】

《太平御览》卷一五七《州郡部》引《含神雾》"五国"上有"此"，"域"作"城"，"域"下无"也"字，无"律中南吕"四字。《七纬》《通纬》据《太平御览》，又无"千里之城"四字。陈乔枞、胡薇元据《太平御览》引，亦无"律中南吕"四字，"城"作"域"，或据义改。

【汇注】

陈乔枞：《孝经援神契》云："八方之广，周洛为中。"《地理志》云："昔周公营洛邑，以为在于土中，诸侯蕃屏四方，故立京师。至平王东居洛邑，其后五伯更帅诸侯以尊周室，故周于三代最为长久。初洛邑与宗周通封畿，东西长而南北短，短长相覆千里，至襄王以河内赐晋，故其分地小。"河内本殷之旧都，周分为三国，邶、鄘、卫是也。其后，邶、鄘之民迁于洛邑，卫封楚邱之地，郑居沛洛之间，并属中州，故为地轴。唐虞以冀为中土，周以豫为中土。《太平御览》引《太康地记》曰："豫州之分，其人得中和之气，性安舒，其俗阜，其人和。"《博物志》云："周在中枢，三河之分，风雨所起，四险之国。"《五经要义》曰："王者受命，创始建国，立都必居中土，所以总天地之和，据阴阳之正，统四方以制万国者也。"

又案：《艺文类聚·州部》引《春秋元命包》曰："五星流为

兖州。兖之言端也，信也，盖取兖水以为名焉。① 言隄精端，故其气纤杀，分为郑国。钩钤星别为豫州。豫之言叙也，言阴阳分布，各得其处，故其气平静多序也。箕星散为幽州，分为燕国。幽之为言窈也，言风出入窈冥，敏劲易晓，故其气躁急。牵牛流为扬州，分为越国，立为杨山。虚危之精流为青州，分为齐国，立为莱山。营室流为并州，分为卫国之镇，立为明山。并之为言诚也，精舍合并，② 其气勇抗诚信也。天弓星主司弓矢弩，流为徐州，别为鲁国。徐之为言舒也，言阴牧内安详也。昴毕间为天街，散为冀州，分为赵国，立为常山。觜参流为益州。益之为言隘也，谓物类并决，其气急切决裂也。③ 东井鬼星，散为雍州，分为秦国。东距殽陂，西有汉中，南含高山，北阻居庸，得东井动深之萌，其气险也。轸星散为荆州，分为楚国。荆之为言强也，阳盛物坚，其气急悍也。"《周礼·保章氏》疏引《春秋合诚图》④ 云："北斗七星主九州，华岐以北，积石、龙门，西至三危之野，雍州，属魁；太行以东，至碣石、王屋、砥柱，冀州，属璇星；三河、雷泽，东至海岱以北，兖州、青州，属机星；蒙山以东，至羽山，南至江、会稽、震泽，徐、扬之州，属权星；大别以东，至云梦、九江、衡山，荆州，属衡星；荆山西南至岷山，北距鸟鼠，梁州，属开阳星；外方、熊耳以东至泗水、陪尾，豫州，属杓星。此九州分属北斗。星有七，州有九，兖、青、徐、扬并属二州，故七星主九州也。"《太平御览·州郡部三》引《河图》曰："九州殊题，水泉刚柔各异。青徐角羽集，宽舒迟，人声缓，其泉咸以酸；荆扬角徵会，气漂轻，人声急，其泉酸以苦；梁州商徵接，刚勇漂，人声骞，⑤ 其泉苦以辛；兖豫宫徵合，平静有虑，人声端，其泉甘以苦；雍冀商羽合，端驶

---

① "信也，盖取兖水以为名焉"，不见于《艺文类聚》本文。当为陈乔枞的解释。
② 合，原文作"交"。欧阳询：《艺文类聚》，上海古籍出版社1982年版，第115页。
③ 裂，原文作"列"。欧阳询：《艺文类聚》，上海古籍出版社1982年版，第115页。
④ 《春秋合诚图》，原文作《春秋文耀钩》。贾公彦：《周礼正义》，中华书局1980年版，第819页。
⑤ 骞，原文作"塞"。李昉等：《太平御览》，中华书局1960年版，第761页。

— 199 —

烈，① 人声捷，其泉辛以咸。"《本草纲目·方民下》引《河图》云"九州殊题，水泉各异，风声、气习、刚柔不同。青州其音角羽，其泉咸以酸，其气舒迟，其人声缓；荆扬其音角徵，其泉酸以苦，其气漂轻，其人声急；梁州其音商徵，其泉苦以辛，其气刚勇，其人声端；雍冀其音商羽，其泉辛以酸，其气驶烈，其人声捷；徐州其音角宫，其泉酸以甘，其气悍劲，其人声雄"云云。是九州之人，水土既殊，风声气习各有不同，皆可与《诗纬》之说互证参观也。

胡薇元：《孝经援神契》云："八方之广，周洛为中。"《地理志》："周公营洛，以为诸侯屏藩四方，故立京师。至平王东迁，五伯更帅诸侯以尊周，故周祚至为长久。"河内，殷旧都，周分邶、鄘、卫三国。其后，邶、鄘迁洛，卫封楚邱之地，郑居沛洛之间，并属中州，故为地轴。《博物志》："周在中枢，三河之分，风雨所起，四险之国。"此条见《太平御览·州郡部三》。

廖平：班《志》："卫地，营室、东壁之分野也。""周地，柳、七星、张之分野也。""郑国，今河南新郑，本高辛氏火正祝融之虚也。自东井六度至亢六度，谓之寿星之次，郑之分野。"九州合数为五。都城千里，其一州必六千里，或九千里，或万里。十二支为十二牧，在外；十干在内，为九州、八伯也。五运甲己属土，乙庚属金，丙辛水，丁壬木，戊癸火。毂、轴皆从此起例。《诗》："青人在轴。"（廖平《诗经经释·六气七十二篇》谓"清"当作"青"，同"缁"。）《考工记》："轮辐三十以象月。"《诗》多从轮辐取譬地球，故轴象地中京师。

郑，代己之地也，位在中宫，而治四方，参连相错，八风气通。

——《玉烛宝典》卷六

【汇校】

文见《玉烛宝典》卷六，明清辑佚纬书者未见《玉烛宝典》，故

---

① 驶，原文作"驶"。李昉等：《太平御览》，中华书局1960年版，第761页。

未辑入此条。安居香山据《玉烛宝典》辑入。根据上下文义，知此条文字有误，"代己"当为"戊己"，乃中央土。

案：《礼记·月令》曰："中央土，其日戊己。其帝黄帝，其神后土，其虫倮，其音宫，律中黄钟之宫，其数五，其味甘，其臭香，其祀中霤，祭先心。"《诗推度灾》："戊己正居魁中，为黄地。"《氾历枢》："戊者贸也，阴贸阳，柔变刚也。己者，纪也，阴阳造化，臣子成道。"又，《北堂书钞》卷一二二："邶、鄘、卫、王、郑五国者，千里之域也，处州之中，名曰地轴。"郑处神州之中，正所谓地中之义，故谓之"八风气通"。

（太华之山）上有明星，玉女持玉浆，得上，服之即成仙道，险僻不通。

——《山海经·西山经》郭璞注"太华山"

【汇校】

《后汉书·张衡传》李贤注引《含神雾》曰"太华之山，上有明星玉女，主持玉浆，服之（神）［成］仙"，《太平寰宇记·关西道五》引《含神雾》曰"华山上有明星玉女，手持玉浆，得服之，则仙矣"。乔松年据《张衡传》注，引"成仙"为"神仙"，《重修纬书集成》承袭之，并误。

【汇注】

孙瑴：《博物志》："名山大川，孔穴相内，和气所出，则生石脂玉膏，食之不死；神龙灵龟，行于穴中矣。"

《续博物志》云："中国有洞天三十六所，皆谓之天。第一王屋山洞天，周回万里，名小有清虚天。其次委羽山洞天，周回万里，名大高空天。其次太元总真天，其次三元极真天，其次宝仙九室天，其次上玉清平天，其次珠明耀真天，其次金坛华阳天，其次左神幽虚天，其次盛德隐元天，皆仙人所居也。"

《抱朴子》曰："仙经，可以精思合作药者，有华山、泰山、霍山、恒山、嵩山、少室山、长山、大白山、终南山、女几山、地肺

— 201 —

山、王屋山、抱犊山、安丘山、潜山、青城山、峨眉山、绥山、五台山①罗浮山、阳驾山、黄金山、鳖祖山、大小天台山、括苍山，皆是正神在其山中，其中或有地仙之人。上皆生芝草，可以避大兵大难，不但于中可合药也。若有道者登之，则此山神必助之为福，药必成。若不得登此诸山者，海中大岛屿，②若会稽之东翕洲③、亶洲、纡屿洲及徐州之羊莒洲、泰光洲、郁洲，皆其次也。"

陈乔枞：《后汉书·张衡传》，《思玄赋》曰："载大华之玉女。"章怀注引《诗含神雾》曰："太华之山，上有明星玉女，主持玉浆，服之成仙。"《太平寰宇记·关西道》引云："华山上有明星玉女，手持玉浆，得服之，则仙矣。"《艺文类聚》卷七引郭氏《山海经赞》曰："华岳灵峻，削成四方，爰有神女，是挹玉浆，其谁游之，龙驾云裳。"并用《诗纬》说。

胡薇元：《后汉书·张衡传》"载太华之玉女"，章怀注引《诗纬含神雾》："太华之山，上有明星玉女，主持玉浆，服之成仙。"《太平寰宇记·关西道》引云："华山上有明星玉女，手持玉浆，得服之，则仙矣。"《艺文类聚》引云："华岳灵峻，削成四方，爰有神女，是挹玉浆，其谁游之，龙驾云裳。"并用《含神雾》说。

案：郭璞注《山海经》引《诗含神雾》当属义引，如"险僻不通"便是承上文"得上"而言，意为太华之山险僻不通，非常人所能上。又"主持""手持"当为一事，据文意，"主"或为"手"之讹，二者形近。

此山巅亦有白玉膏，得服之即得仙道，世人不能上也。
——《山海经·中山经》郭璞注

---

① 五台山，《抱朴子·金丹》作"云台山"。王明：《抱朴子内篇校释》，中华书局1986年版，第85页。

② 《抱朴子》原文"海中大岛屿"下有"亦可合药"四字。王明：《抱朴子内篇校释》，中华书局1986年版，第85页。

③ 翕，《抱朴子》作"翁"；"羊"，《抱朴子》作"莘"，原文"纡屿"下无"洲"。王明：《抱朴子内篇校释》，中华书局1986年版，第85页。

【汇校】

明清纬书辑佚，《纬捃》《集纬》《纬书》等皆未辑录，《七纬》《通纬》皆据《古微书》辑录，唯《玉函山房辑佚书》云出自《山海经》郭注。陈乔枞《诗纬集证》作"少室之山巅"，"不能"作"不得"。

【汇注】

陈乔枞：《山海经·中山经》云："少室之山，其上多玉。"郭注曰："今在河南阳城西，俗名㚈室。"引《诗含神雾》云云。又《西山经》云，"峚山其中多白玉，是有玉膏，其原沸沸汤汤，黄帝是食是飨。"郭注引《河图玉版》曰："少室山其上有白玉膏，一服即仙矣。"《河图玉版》之语与《诗纬》同。郭云"黄帝食玉膏，所以得登龙于鼎湖而灵化也"，是得服玉膏成仙之验。《地理志》云："颖川郡，崇高，汉武帝置，以奉太室山，是为中岳。有太室、少室山庙。古文以崇高为外方山也。"《初学记》卷五引戴延之《西征记》曰："其山东为太室，西为少室，相去十七里，嵩其总名也，谓之室者，以其下各有石室焉。"又案：郭注云："少室俗名㚈室。"㚈讹作泰，今订正。《续汉书·郡国志》云："颖川郡阳城有嵩高山，洧水、颖水出焉，有负㚈聚。"《太平御览·地部四》引《郡国志》云："少室山，一名㚈室山，负㚈城在南，因山以名城也。"足证"泰"字是"㚈"之讹。

胡薇元：《山海经》郭注云："在河南阳城西，俗名㚈室。"引《含神雾》云云。《河图玉版》："少室山上有白玉膏，一服即仙矣。黄帝食之，得登龙于鼎湖而灵仙也。"

案："此山"即少室山。

从中州以东西四十万里，得焦侥国，人长尺五寸也。
——《山海经·海外南经》郭璞注"焦侥国"

【汇校】

引文依郝懿行《山海经笺疏》，道藏本《山海经》"东"下无"西"字。《天中记》卷二一引亦无"西"字。《纬捃》据《天中记》引辑录,《通纬》据《山海经》注辑录,文作"一尺九寸",当误。

【汇注】

孙毂:按《说苑》:"齐桓公猎得一鸣鹄之嗉中得一人,长三寸三分,着白圭之袍,带剑持刀,骂詈瞋目。后又得一折齿,方圆三尺。问群臣曰:'天下有此及小儿否?'陈章答曰:'昔秦胡充一举渡海,与齐、鲁交战,折伤版齿。昔李子敖于鸣鹄嗉中游,长三寸三分。'"

又《述异记》:"西海外有鹄国,人长七寸,日行千里,百兽不犯,惟畏海鹄,鹄见必吞之,在鹄腹中不死,鹄一举亦千里。"

《神异经》有李子昂长七寸,日行千里。一旦被海鹄所吞,居鹄腹中,三年不死。又西北荒中有人甚小,长一寸,其君朱衣玄冠,乘辂车马,引为威仪。居人遇其乘车,舐而食之,其味辛,终年不为人所咋,并识万物名字,又杀腹中三虫,三虫死,便可食仙药也。又西北海外有人焉,长二千里,两脚中间相去千里,腹围一千六百里,俱日饮天酒五斗。

《抱朴子》曰:"夫乘云玺产之国,肝心不朽之民,巢居穴处,独目三首,马间狗蹄,修臂交股,黄池无男,穿胸劳口,①廪居起石而况土船,②沙邱触木而生群龙,③女娲地出,壮窣天堕,④氅飞大言,⑤氅一作璧山徙社移,三军之众,一朝尽化,君子为鹤,小人成沙,女仞一作丑倚枯,贰负抱柱,⑥寄居之虫,委甲步内,⑦二首之蛇,弦之为弓,不灰之木,不热之火,昌蜀之禽,无目之兽,无身之

---

① 劳,《抱朴子》作"旁"。王明:《抱朴子内篇校释》,中华书局1986年版,第154页。

② 居,《抱朴子》作"君"。况,《抱朴子》作"汜"。王明:《抱朴子内篇校释》,中华书局1986年版,第154页。

③ 邱,《抱朴子》作"壹"。王明:《抱朴子内篇校释》,中华书局1986年版,第154页。

④ 壮窣,《抱朴子》作"杜宇"。王明:《抱朴子内篇校释》,中华书局1986年版,第154页。

⑤ 大,《抱朴子》作"犬"。王明:《抱朴子内篇校释》,中华书局1986年版,第154页。

⑥ 柱,《抱朴子》作"桎"。王明:《抱朴子内篇校释》,中华书局1986年版,第154页。

⑦ 内,《抱朴子》作"肉"。王明:《抱朴子内篇校释》,中华书局1986年版,第154页。

头，无首之体，精卫填海，元让递生，① 火浣之布，切玉之刀，炎昧吐烈，磨泥瀎水，枯灌化形，山夔前跟，石修九首，毕方人面，少千之劲伯率，圣卿之役肃霜，西羌以唐景兴，② 鲜卑以乘鳖强，林邑以神录王，庸蜀以流尸帝，盐神娶米而虫飞，③ 纵目世变于荆岫，五丁引蛇以倾峻，内其振翅于三海。④ 金简玉字，发于禹井之侧。《正机》《平衡》，割乎文石之中。凡此奇事，盖以千计。"

陈乔枞：中州以东，下旧有"西"字。今据《列子·汤问篇》无"西"字，此盖衍文。《山海经·海外南经》云："周饶国在其东，其为人短小，冠带。一曰焦侥国，在三首东。"郝氏兰皋曰："周饶即焦侥之声转。《说文》云：'南方有僬侥人长三尺，短之极也。'《淮南·地形训》云：'西南方曰焦侥。'高诱注：'焦侥，短人之国也，长不满三尺。'韦昭《国语》注亦云'焦侥，西南蛮之别名也'。"

胡薇元：《山海经·海外南经》云："周饶国其人短小，冠带，一曰焦侥，盖一声之转。"韦昭《国语注》亦曰"焦侥"。此条见《列子·汤问篇》。

廖平：出《山海经》《楚辞》《淮南》。此乃天神灵怪所出，非世间之人。

案：郝懿行《山海经笺疏》云："《说文》云：'南方有僬侥，人长三尺，短之极也。'又云：'西南僰人。'僬侥从人，盖在坤地，颇有顺理之性。韦昭《国语》注亦云：'焦侥，西南蛮之别名也。'《淮南·地形训》云：'西南方曰焦侥。'高诱注：'焦侥，短人之国也，长不满三尺。'案《列子·汤问篇》夏革所说与郭引《诗含神雾》同，唯'东'下无'西'字，此盖衍文。""西"或"四"之讹文，

---

① 元，《抱朴子》作"交"。王明：《抱朴子内篇校释》，中华书局1986年版，第155页。
② 唐，《抱朴子》作"虎"。王明：《抱朴子内篇校释》，中华书局1986年版，第155页。
③ 娶米，《抱朴子》作"婴来"。王明：《抱朴子内篇校释》，中华书局1986年版，第155页。
④ 内其，《抱朴子》作"肉甚"。王明：《抱朴子内篇校释》，中华书局1986年版，第155页。

下编 《诗纬》校注

而"西"下"四"乃校正文字而舛入正文。

东北极有人,长九寸。

——《太平御览》卷三七八

【汇校】

《山海经·大荒东经》郭璞注、《法苑珠林》卷五引《含神雾》并与《太平御览》同,明清以来纬书辑佚皆失收《法苑珠林》引文。《天中记》卷二一辑文多"名诤人"三字,或据《列子》卷五补入。

【汇注】

孙瑴:见上条。

陈乔枞:案《山海经·大荒东经》云:"有小人国,名靖人。"郭注引《诗含神雾》云云,殆谓此小人也。靖或作竫,音同。郝氏兰皋曰:"《说文》:'靖,细貌。'盖细小之义,故小人名靖人也。"《初学记》卷十九引郭氏赞曰:"僬侥极么,诤人又小,四体取足,眉目才了。"《列子·汤问篇》云:"东北极有人名曰诤人,长九寸。"靖、竫、诤,并古通用字。

胡薇元:《山海经·大荒东经》:"小人国名靖人。"《说文》:"靖,细貌。"《初学记》作竫人,或作诤人,古通用字。此条并见《太平御览》三百七十八及《山海经》郭注引《诗纬》。

廖平:亦《山经》,非人。《列子·汤问篇》:"东北极有人名曰诤人,长九寸。"据《山海经》,东海之外有小人,名曰诤人,则当以九寸为是。

龙首,颜似龙也。

——《路史·炎帝纪》注

【汇校】

安居香山云:"此文神农之注文乎?"

【汇注】

陈乔枞：《太平御览·皇王部三》引《孝经钩命决》曰："妊巳感龙生帝魁。"注云："任巳，帝魁之母也。魁，神农名。巳，或作姒。"《皇亲部一》引《春秋元命包》曰："女登生神农，人面龙颜，始为天子。"《路史·炎帝纪》注引《元命包》曰："少典妃女登游于华阳，有神龙首感之于常羊，生神子人面龙颜，好耕，是为神农。"《诗纬》所云"龙首"，盖即农皇感生之神。

胡薇元：宋均注："颜似龙也。"《钩命决》："任己感龙生帝魁。"魁，神农名。己，或作姒。《元命包》："女登游于华阳，有龙首感之于常羊，生神子，龙颜好耕。"此条见《初学记》。

廖平：《元命包》："伏羲大目，山准龙颜。"

按：纬书中圣王多龙颜。《汉书·高祖本纪》："高祖为人，隆准而龙颜。"应劭注："颜，额颡也。"额颡即额头。

华胥履大人迹而生伏犧。

——《初学记》卷九

大迹出雷泽，华胥履之，生伏犧。

——《太平御览》卷七八

【汇校】

"大迹"，《路史·大昊》作"巨迹"。《太平御览》卷七二谓出《河图》。胡薇元将"大迹"条辑入《推度灾》，误。

【汇注】

宋均：雷泽，地名。华胥，伏羲母。

孙瑴：按《路史》：昔者黄帝之世，天先见大螾、大螺。黄帝曰："土气胜。"土气胜，故其色尚黄，其事则土。及禹之时，雨金栎阳，禹曰："金气胜。"故其事用金，然其受命，荷帝玄玉，故其色尚黑。下至汤代，金刃先生于水。汤曰："金水胜。"金水胜，故其色尚白，

— 207 —

其事则水。及夫武王，火乌流社，武王曰："火气胜。"火气胜，然其衰在木，火生于木，故其色尚赤，其事则木。类固相召。又，伏羲、高辛，俱感巨迹，神农、唐尧，俱感赤龙，黄帝、有虞，咸因大虹，少昊、伯禹，咸繇流星，与夫摇光贯月而孕颛、汤，若有同于券钥者，殆叵信邪，抑又取之。刘季断虵，而还感赤龙，叔达继水，而复惊灵迹，顾岂有司之者哉？往哲遗疑，然物之来，固可得而知也。苍姬祖弃，既本迹瑞；契先汤，修嗣嬴，俱膺玄鸟之祥。孰难见哉？喓喓草虫，趯趯阜螽。鼋鸣泮隰，鳖应渊中。马氂截玉，梧桐断角。承石取铁毒冒（按：即瑇瑁）噏，婼娠临门彩味蔑。妇存（按：《路史》作"在"）军，皋鼓噎；婴娩号，母乳出；鲍血动，痼疾发；蚕饵丝，商弦绝。缘类而升，固有不期然而然者。狼犺啮鹤，雄矢中靃，（按：即蝟。）蝟使虎伸，虵令豹止，搏劳施虵，守宫弭蚤，唐郎捕蝉，即且甘带。故曰：道之制在人，物之制在气，其生以是，乃或阍乎其数矣。

陈乔枞：案《御览·皇亲部》引《河图说》与《诗纬》同。《皇王部二》又引《孝经钩命决》曰："华胥履迹，怪生皇牺。"注云："迹，灵威仰之迹也。履迹而生，以为奇怪也。"《皇王世纪》曰："庖牺，蛇身人首，有圣德。继天而生，首德于木，为百王先，帝出于震，未有所因，故位在东方，主春，象日之明，是称太昊。"伏牺为苍帝之精，故感灵威仰之迹而生也。

胡薇元：《孝经钩命决》曰："华胥履迹，怪生皇牺。"《皇王世纪》："庖牺，蛇身人首，继天而生，首德木，为百王先，帝出于震。"故感灵之迹而生。此条见《河图说》。

廖平：太昊，郑注以为苍龙之精，神而非人。东方其虫鳞，故以龙为灵物，其相龙首。西王母，西方之精，故亦虎首，非人间之人。《合诚图》："伏羲龙身牛首，渠肩达掖，山准日角，骞目珠衡，骏毫翁鬛，龙唇龟齿，长九尺有一寸，望之广，视之专。"

大电光绕北斗枢星照郊野，感附宝而生黄帝。

——《初学记》卷九

【汇校】

《文选·辩命论》李善注引《含神雾》作《含神务》，曰："大电绕枢照郊野，感符宝，生黄帝。"《太平御览》卷七九引"照"作"炤"、"符"作"附"，余同《文选》注。《玉海》卷一九五引"符"作"附"，余同《文选》注。明清纬书辑佚率依《初学记》，《通纬》依清河郡本纬书录宋均注曰："'黄帝'下有'于寿邱'三字。"但不明出处。

【汇注】

孙瑴：见上。

陈乔枞：案《太平御览·皇王部四》引《孝经钩命决》曰："附宝出，降大灵，生帝轩。"注云："附宝，帝轩母也。电，黄精，轩辕气也。"《河图握矩纪》曰："黄帝名轩，北斗黄神之精。母，地祇之女附宝，之郊野，大电绕斗，枢星耀，感附宝生轩，胸文曰：黄帝子。"《春秋元命包》曰："黄帝龙颜，得天庭阳，上法中宿，取象文昌，戴天履阴，秉数制刚。"注云："颜有龙象，似轩辕也。庭阳，太微庭也。戴天，天文在首。履阴，阴字在足下也。制刚纪也，纪正四辅也。"黄帝，土之精，轩辕，土神，黄龙之体，又主雷电，故感其精而生也。

胡薇元：《钩命决》："附室出，降大灵，生帝轩辕。"注："电，黄精，轩辕气也。"黄帝，土精，轩辕，土神，黄龙之体，又主雷电，故感其精而生。此条见《初学记》，《御览》引无"光"字、"北斗"字、"星"字、"而"字。《文选注》"附"作"符"。

廖平：《运斗枢》："斗，第一天枢。"《合诚图》："黄帝冠黄文"，"黄帝德冠帝位"，"黄帝布迹，必稽功务德"。《元命包》："黄帝龙颜，得天庭阳，上法中宿，取象文昌，戴天履阴，秉数制刚。"

瑶光如蜺贯月，正白，感女枢，生颛顼。

——《初学记》卷二天部下

【汇校】

《太平御览》卷十四引此条无"正白"二字。《路史后纪》卷八注引文无"如"字,"生颛顼"三字,并引注曰:"星光如虹蜺,往贯月也。"《玉海》卷一九五引无"如蜺"二字,"颛顼"作"颛帝",多"于若水,首戴干戈"七字。胡薇元将此条辑入《推度灾》,误。

【汇注】

宋均:星光如虹蜺,往贯月也。

孙瑴:见上

陈乔枞:案《太平御览·皇王部四》引《河图》曰:"瑶光之星如蜺贯月,正白,感女枢幽房之宫,生黑帝颛顼。"与《含神雾》说同。《春秋元命包》曰:"颛顼骈干,上法月参,集威成纪,以理阴阳。"注云:"水精主月,参伐星主斩刘成功,兼此月职,重助费以为表。"案:北斗第七星主月,主金,月,水精,太阴之气也。参,金宿,白虎之体也。颛顼水精,水生于金,故其感生之时,瑶光贯月。而骈干为表,上法参星也。

胡薇元:《御览》引《河图》:"瑶光之星如蜺贯月,正白,感女枢,生帝颛顼。"颛顼,水精,太阴之气。《玉海》引此无"如蜺""正白"(案:《玉海》有"正白"二字)四字。此条见《初学记》。

廖平:《运斗枢》:"斗,第七瑶光。"《元命包》:"颛顼併干,上法月参,集威成纪,以理阴阳。"

庆都与赤龙合婚,生赤帝,伊祁尧也。

——《初学记》卷九

【汇校】

《文选·鲁灵光殿赋》李善注引作"庆都生伊尧",《路史·陶唐氏纪》注引作"庆都以赤龙合昏,生赤帝,伊祁尧"。明清纬书辑佚,孙瑴《古微书》辑入《含神雾》,其后辑佚纬书者多因之。胡薇元辑为"庆都遇赤龙,生赤帝,伊祁尧",归入《推度灾》,误。

【汇校】

孙瑴:见上条。

陈乔枞：案《太平御览·皇王部五》引《春秋合诚图》曰："尧母庆都，盖大帝之女，生于斗维之野，常有黄云覆盖之，年二十，出观三河之首，若有神随之者。有赤龙负图出，庆都读之，云'赤受天运'。下有图，人衣赤光，面八彩，须鬓长七尺二寸，兑上丰下，足履翼宿，署曰'赤帝起诚天下宝'。奄然阴，风雨，赤龙与庆都合婚，有娠，龙消不见。既乳尧，貌如图表。及尧有知，庆都以图予之。"语与《诗纬》合。赤帝之精生于翼，体为朱鸟，其表龙颜，盖应赤龙之象也。

胡薇元：《春秋纬合诚图》："尧母庆都生于斗维，出观三河，赤龙负图，庆都读之，'赤受天运'。图人衣赤，八彩须鬓，兑上丰下，足履翼宿。既乳尧，貌如图。"此条见《文选·鲁临光殿赋》注引《推度灾》。

廖平：《合诚图》："赤帝之为人，视之丰，长八尺七寸，丰下兑上，龙颜日角，八彩三眸，鸟庭荷胜，琦表射出，据嘉履翼，窍息洞通。"赤帝体为朱鸟，其表龙颜，多黑子。赤帝之精生于翼下。《感精符》："尧，翼星之精，在南方，其色赤。"

案：尧以火纪德，故谓之赤帝。翼星，火位宿也。陈乔枞引《春秋合诚图》"大帝"当为"天帝"。

握登见大虹，意感，生帝舜。
————《太平御览》卷八一

【汇校】

《路史后纪》卷十一引《含神雾》"感"下多"而"字，"舜"前无"帝"，"舜"下多"于姚墟"三字。《玉海》卷一九五"见"作"感"，"舜"前无"帝"，"舜"下多"于姚墟"三字。《古微书》"舜"下有"于姚墟"三字，云出自《太平御览》卷八一，不确。

【汇注】

孙瑴：见上条。

陈乔枞：案《太平御览·皇亲部》引《河图著命苞》文与《诗

纬》同。《续汉书·五行志》注引《演孔图》曰："蜺者，斗之精也。"《星占》曰："虹蜺土精，填星之变。"《开元占经》九十八引《春秋纬》曰："虹蜺者，斗之乱精也。"斗者，天枢也，居中宫土位，其第五星主填星。填星，土之精也。《尚书帝命验》曰："姚氏纵华感枢。"注云："纵，生也。舜母，握登。"《春秋感精符》云："灭翼者，斗。"注言："翼，尧之星精，在南方，其色赤；斗，舜之星精，在中央，其色青。"青字是黄之讹。《孝经援神契》云："舜龙颜，重瞳，大口，手握褒。"注言："大口以象斗星，又为天作喉舌。"舜为斗星之精，故其生感斗枢虹气也。

胡薇元：《演孔图》："虹蜺者，斗精也。"《孝经援神契》："舜龙颜，重瞳。"注："大口象斗，为天喉舌。故其生感斗枢虹气也。"此条见《河图著命苞》。

廖平：《感精符》："舜，斗星之精，在中央，其色黄。"

案：大致相同的内容也见于《路史后纪》卷十一所引《河图》。

　　禹之兴，黑风会纪。

　　　　　　　　　　　　　　——《太平御览》卷八二

【汇校】

《路史》引《含神雾》注少"复神伯禹"四字，代之以"禹，伯禹"三字。宋均注中"力黑"一作"力墨"，此陈乔枞《诗纬集证》有辨。

【汇注】

宋均：黑，力黑也，风，风后也，并黄帝臣。复神伯禹，当斯而至也。

陈乔枞：案《淮南子》云："黄帝治天下，而力牧、太山稽辅之，以理日月星辰之行，治阴阳之气，节四时之度，正律历之数。"《史记·五帝纪》云："黄帝举风后、力牧、常先、大鸿以治民。"《论语摘辅象》云："黄帝七辅，风后受金法，力墨受准斥。"注云："力墨或为力牧。"此引《诗纬》作力黑，黑乃墨之讹。《太平

— 212 —

御览·地部》二十六引《河图》云："黄帝问风后曰：余欲知河之始开。风后曰：河凡有五，皆始开乎昆仑之墟。"《皇王部七》引《黄帝玄女兵法》云："禹问于风后曰：吾闻黄帝有胜负之图，六甲阴阳之道，今安在乎？风后对曰：黄帝藏于会稽之山下，其坎千丈，广千尺，镇以盘石，致难得也。禹北见六子，问海口所出，乃决江口，鸣角会稽，龙神为见，玉匮浮，禹乃开而视之，中有《天下经》十二卷。"《吴越春秋》云："禹案《黄帝中经》，见圣人所记曰：'在九嶷山东南天柱，号曰宛委，其书金简，青玉为字，编以白银。'禹乃东巡衡山求之，因梦见赤绣衣男子，自称玄夷苍水使者，来候禹，令斋。三月庚子，登宛委山，发书得通水之理，遂周行天下，使益疏记之，名曰《山海经》。"《诗纬》所言，即其事也。又案：《遁甲开山图》云："古有大禹，女娲十九代孙，寿三百六十岁，入九嶷山，仙飞去。后三千六百岁，尧理天下，洪水既甚，人民垫溺。大禹念之，乃化生于石纽山泉。女狄暮汲水，得石子如珠，爱而吞之，有娠，十二月，生子。及长，能知泉源，代父鲧理洪水。尧帝知其功如大禹知水源，乃赐号禹。"古之圣人皆天帝降精以生，必有诸神扶助，使开阶立隧，故力墨、风后复至，为禹佐也。

胡薇元：《黄帝中经》圣人记曰："委宛之书，金简青玉。禹问风后，见苍水使者，发书，得水之理，周行天下，疏记之，名《山海经》。"此条见《路史》。

案：黑风或不当解为力黑（或"力墨"）、风后，当是和大禹受命有关，表明大禹德运为黑统，其色尚黑。

  风后，黄帝师，又化为老子，以书授张良。
         ——《史记》卷五十六引《索隐》

【汇校】

《史记·留侯世家》"留侯所见老父予书"注引《索隐》作《诗纬》，王应麟《困学纪闻》卷十引作"含神雾"。明清以来的纬书辑佚，或辑或不辑，但辑入者皆谓出自《诗纬》，如《七纬》《玉函山房辑佚书》《诗纬集证》《通纬》等。安居香山《重修纬书集成》辑入《含神雾》。

【汇注】

陈乔枞：案《帝王世纪》云："黄帝梦大风吹天下之尘垢皆去。帝寤而叹曰：'风为号令，执政者；垢去土解，清治者。'依梦之占而求之，得风后于海隅，登以为相。"《史记·留侯世家》云："良尝步游下邳圯上，有一老父，衣褐，至良所，与良期会，出一编书，曰：读此则为王者师矣。后十年兴，十三年孺子见我济北，谷城下黄石即我矣。良因异之，常习诵读之。后从高帝过济北，果见谷城山下黄石，取而葆祠之。"《诗纬》所纪即其事也。太史公赞言：老父予书。司马贞引《诗纬》为证。云父后化为黄石，则老子乃老父之讹耳。《文选·运命论》注引《春秋保乾图》云："汉之一师为张良，生韩之陂，汉以兴。"是张受兵钤之图命，为王者师也。

胡薇元：《帝王世纪》："黄帝梦大风吹，天下之尘垢皆去，帝寤而叹曰：'风为号令，执政者；垢去土解，清治者。'依梦求之，得风后于海隅，以为相。"《留侯世家》："良尝游下邳圯上，有一老父，衣褐。至良所，与良期会，出一编书，曰：'读此则为王者师矣。后十年兴，十三年孺子见我济北，谷城下黄石即我矣。'良因异之，常习诵。后从高帝过济北，谷城山下果见黄石，取而葆祠之。"见马贞引《诗纬》文。老子，老父也。

廖平：《春秋内事》："黄帝师于风后。"风后善于伏羲之道，故推衍阴阳之事。

　　扶都见白气贯月，感生黑帝汤。
　　　　　　　　　　——《太平御览》卷八三

【汇校】

据《艺文类聚》卷十二，知此条也见于《春秋元命包》。又据《太平御览》卷八三附注可知，该条佚文也见于《河图》。《七纬》据《事文类聚》辑作"汤母扶都见白气贯月，意感而生汤"，《纬捃》据

— 214 —

《太平御览》辑作"扶都见白气贯月,感黑帝生汤",《重修纬书集成》从之。

【汇注】

陈乔枞:案《太平御览·皇王部》八引《河图》曰:"扶都见白气贯月,感黑帝生汤。"《诗含神雾》《帝王世纪》并同。《诗纬》言颛顼之生也,瑶光如蜺贯月,正白。颛顼水精,殷黑帝亦水精之子,故其感生,与颛顼相似。《尚书中候》云:"天乙在亳,诸邻国襁负归德,东观乎洛,降三分沉璧,黄鱼双跃出济于坛,黑鸟以雒,随鱼亦上,化为黑玉,赤勒,曰:玄精天乙受神福,伐桀,克。三年悉合。"注云:"黑鸟,黑帝叶光纪之使也。玄,水也。"

胡薇元:《河图》曰:"扶都见白气贯月,感而生汤。"《诗纬含神雾》《帝王世纪》并同。此条见《御览》及《事文类聚·帝系部》。

廖平:《感精符》:"汤,虚星之精,在北方,其色黑。"《元命包》:"汤臂四肘,是谓神刚。象月推移,以绥四方。"

> 汤之先为契,无父而生。契母与姊妹浴于玄丘水,有燕衔卵堕之,契母得,故含之,误吞之,即生契。
> ——《史记》卷十三

【汇校】

此条佚文见于《史记·三代世表》,《古微书》引作"玄鸟翔水,遗卵流娥,简狄吞之,生契封商",当属意引。《七纬》引"误"作"讹",《纬捃》引作"简狄吞卵",《通纬》同《七纬》,《重修纬书集成》"姊妹"作"姊妹","堕"作"坠",又因为避讳引"玄"作"元"。

【汇注】

杨履圆:此事可疑也。夫卵不出蓐,燕不徙巢,何得云"衔卵"?使衔而误坠,未必不碎也。即使不碎,何至取而吞之哉?《月令》"玄鸟至",是月祀高禖以祈子息者。简狄以玄鸟至之月请子有应,诗人因其事颂之曰"天命"曰"降"者,尊之,贵之,神之也。

赵在翰：稷以迹生，契以卵生。郑笺、毛传异说。窃谓帝王神圣之兴，天异其征，非常情可测。今欲空谈义理，臆断为不必然之事，谓书不可尽信，乃故违经义，衷以常理，固矣！善夫！郑君之论。曰："蒲庐之气，煦妪桑虫成为己子，况天气因人之精就而神之，反不使子贤圣乎！"在翰观三代而降，如汉如元魏如金诸先世诞降，神奇与感迹、吞卵者奚以异焉？近可征远，又焉足怪！且以经文言"履帝武敏歆"，证以《尔雅》"武，迹""敏，拇"解义为安。乃云"从帝见天将事齐敏"，不亦迂乎！"天命玄鸟，降而生商"，吞鳦卵，为天命也，谓以祀禖而生。则古立禖祀，祀禖而生子者，宁独玄王乃特异之曰天命乎！《长发》之诗云"帝立子生商"，帝谓天也。郑云黑帝是已。《公羊》说圣人皆感天而生，《春秋繁露》亦云"后稷，女姜嫄履天之迹而生"，郑以为感苍帝精也。盖太微五精之帝在天，故可以言天。维天无为，以五精帝分司五行，成化于上。故感生者，感五天帝之精而生也。自感生之义不明，而禘郊祖宗之祭，议礼之家如聚讼焉。

陈乔枞：案《史记·三代世表》褚先生引《诗传》曰："汤之先为契，无父而生。契母与姊妹浴于元邱，（笔者按：当为"玄丘"）有燕衔卵堕之，契母得，故含之，误吞之，即生契。"《索隐》曰："按：史所引出《诗纬》。"故曰《诗传》。《尚书中候》曰："元（笔者按：当为"玄"）鸟翔水，遗卵于流，娀简吞之，生契封商。"注云："玄鸟，燕也。翔水，徘徊于水上。娀，娀氏也。简，简狄也，契母名。"《吕览·音初篇》云："有娀氏有二佚女，为之九成之台，饮食必以鼓，帝令燕往视之，鸣若谧隘，二女爱而争搏之，覆以玉筐，少选，发而视之，燕遗二卵，北飞，遂不反。二女作歌一终，曰'燕燕往飞'，实始作为北音。"高诱注曰："天令燕降卵于有娀氏女，吞之生契。《诗》云：'天命玄鸟，降而生商。'又云：'有娀方将，立子生商。'此之谓也。"

胡薇元：《尚书中候》："玄鸟翔水，遗卵，娀简吞之，生契封商。"注："玄鸟，燕也。简，简狄也，契母名。"《诗》"天命玄鸟"传。此条见《丹铅总录》十七。

廖平：《诗·商颂》"天命玄鸟，降而生商"传。

案：《史记索隐》曰"出《诗纬》"，不言出《含神雾》。《路史发挥四·稷契考》乔可传校语引杨慎语，谓此条出《含神雾》，不知杨慎何据？

> 后稷母为姜嫄，出见大人迹而履践之，知于身，则生后稷。
> ——《史记》卷十三

【汇校】

除陈乔枞《诗纬集证》、胡薇元《诗纬训纂》、廖平《诗纬新解》外，明清纬书辑佚基本上不辑录此条。另，胡薇元将此条辑入《推度灾》。

【汇注】

陈乔枞：案褚先生引《诗传》云云，《索隐》以《史》所引出《诗纬》也。考《诗·生民》正义引《河图》云："姜嫄履大人迹，生后稷。"《中候稷起》云："苍耀稷生感迹昌。"《路史·高辛纪》注引《春秋元命包》曰："姜嫄游于閟宫，其地扶桑，履大人迹而生稷，卦之得震，故周苍代商。"又《易通卦验》云："帝迹术感。"郑注曰："震为足，故苍帝之兴多以迹感，后稷之生则然。"

胡薇元：《诗·生民》正义引《河图》："姜嫄履大人迹，生后稷。"《中候》《元命包》《周易纬通卦验》："帝迹术感。"郑注："震为足，故周苍代商。"此条见《史记》褚先生《诗传》引《诗纬》。

廖平：《元命包》："孔子曰：'扶桑者，日所出，房所立，其耀盛。苍神用事，精感姜嫄，卦得《震》，震者动而光，故知周苍，代殷者为姬昌。'"《元命包》上："后稷岐颐，是谓好农。盖象角、亢，载土食谷。"《诗》："厥初生民，时维姜嫄。生民如何，克禋克祀，以弗无子。履帝武敏歆，攸介攸止。载震载夙，载生载育，时维后稷。"

案：该条见《史记》卷十三《三代世表》褚少孙所引《诗传》，少孙学《鲁诗》于王式，所引《诗传》当为《鲁诗》。其言契卵生内容见上，《索隐》曰"出《诗纬》"。但言后稷感迹而生，《索隐》等

◈ 下编　《诗纬》校注

并没有言出《诗纬》。陈乔枞、安居香山等将此辑入《诗含神雾》，理或然，要之文献不足征。

大任梦长人感己，生文王。

——《太平御览》卷八四

【汇校】

明清纬书辑佚，此条无异词。惟胡薇元辑入《推度灾》。

【汇注】

陈乔枞：案《太平御览·皇亲部》引《河图著命苞》文与《诗纬》同。周者，苍帝之萌，木精也。《御览·皇王部九》引《春秋感精符》云："孔子案录书，合观五常英人，知姬昌为苍帝精。"《文选·齐安陆昭王碑文》注引《元命包》云："孔子曰：扶桑，日所出，房所立，其耀盛。苍神用事，精感姜嫄，卦得《震》，震者动而光，故知周苍。代殷者为姬昌，人形龙颜，长大羽翼[①]日，衣青光。"宋衷注曰："为日精所羽翼，故以为名，木神故以其方色衣之。"《初学记·帝王部》引《元命包》云："姬昌，苍帝之精，位在房心。"宋均注曰："苍帝灵威仰，然则知长人者，灵威仰之神也。"昔华胥履大人迹而生伏羲，姜嫄践巨人迹而生后稷，三圣人皆苍神之精，故其感生之祥举相似也。

胡薇元：《河图》引《诗纬》："周，苍帝之萌，木精也。"《春秋纬感精符》："孔子曰：扶桑，日所出，房所立，苍神用事，精感姜嫄，卦得《震》，震动而光，故知周昌，人形龙颜，长大翼日，衣青光。"此条见《太平御览·皇王部九》。

廖平：《元命包》曰："文王龙颜，柔肩望羊。"又："姬昌，苍帝之精，位在房心。"《感精符》曰："文王，房心之精，在东方，其

[①] 羽，《文选》作"精"。萧统编，李善注：《文选》，上海古籍出版社1986年版，第2548页。

色青。"又孔子案《录书》,含观五帝①英人,知姬昌为苍帝精。《诗》:"挚仲氏任,自彼殷商。来嫁于周,曰嫔于京。乃及王季,维德之行。太任有身,生此文王。"又"思齐太任,文王之母"。

圣人受命必顺斗,张握命图授汉宝。
——《太平御览》卷八〇二

【汇校】
明清纬书辑佚无异词,《重修纬书集成》佚文及宋均注句读有误。

【汇注】
宋均:圣人谓高祖也,受天命而王,必顺旋衡法。故张良受兵钤之图,命以授汉,为珍宝也。

陈乔枞:案《春秋佐助期》云:"王者法斗,诸侯应宿。"《潜潭巴》云:"天子有三宝,璇玑者,转舒天心;玉衡者,平气立常也。"《运斗枢》云:"五帝所行,同位异道,皆循斗枢机衡之分,遵七政之纪,九星之法。"《元命包》曰:"斗为帝令,出号布政,授度四方,故置辅星以佐助。为斗为人君之象,而号令之主也。"高祖,赤帝之子,应运而起,张良受书于黄石公,为汉室之辅,遂定天下,故云"握图授宝"也。

胡薇元:宋均注:"圣人,高祖也。受大命而王,必顺旋衡法。故张良受兵钤之图,命以授汉,为珍宝也。"《春秋纬佐助期》:"王者法斗,诸侯应宿。"此条见《太平御览·珍宝一》

廖平:圣人谓高祖也。受天命而生,必顺旋衡法。故张良受兵钤之图,命以授汉,为珍宝也。

汉昭灵后含始游洛池,有宝鸡衔赤珠出炫日,后吞之,生刘季。
——《史记》卷八

---

① 上引《太平御览》文作"五常",五常即金、木、水、火、土。

下编 《诗纬》校注

执嘉妻含始，游洛池，生刘季。

——《史记》卷八

赤龙感女媪，刘季兴。

——《史记》卷八

含始吞赤珠，刻曰：玉英生汉皇。后赤龙感女娲，① 刘季兴也。

——《艺文类聚》卷九八

【汇校】

《北堂书钞》卷一《诞载》作"含始吞赤珠"，卷二四《灵感》引作"玉鸡唧珠，含始吞之"。卷二四《灵感》引"赤龙感女娲"，"女娲"即"刘媪"之讹，与《艺文类聚》卷九八误讹同。《太平御览》卷八七引文与《太平御览》前半同，卷一三六引文与《艺文类聚》同。《路史后纪》卷十一引文作"执嘉妻含始，生刘季"，无"游洛池"三字。《玉海》卷一九五引文与《艺文类聚》前半同，但"刻"前有"上"字，"生"前有"而"字，"汉皇"作"刘季"。明清纬书辑佚各不相同，如《古微书》引《艺文类聚》文"生"下缺"汉皇"二字，《七纬》《纬捃》《通纬》等引《史记索隐》文缺"游洛池"。《重修纬书集成》引《史记索隐》文或只有"有宝鸡衔赤珠出"，或缺"游洛池"，又有标点错误，将"含始"断开。明清以来纬书辑佚大多将此类内容辑入《含神雾》，惟胡薇元辑入《推度灾》。

【汇注】

宋均：刻，刻镂也。有"玉英"之文也。

张守节《正义》：含始即昭灵后也。《陈留风俗传》云："沛公起兵野战，丧皇妣于黄乡，天下平定，使使者以梓宫招幽魂，于是丹蛇在水自洒，跃入梓宫，其浴处有遗发，谥曰昭灵夫人。"

颜师古：皇甫谧等妄引谶记，好奇骋博，强为高祖父母名字，皆

---

① 据《史记》卷八，则此"娲"当为"媪"之讹字。

— 220 —

非正史所说，盖无取焉。宁有刘媪本姓实存，史迁肯不详载？即理而言，断可知矣。

陈乔枞：案《史记索隐》据《春秋握诚图》，以为执嘉妻含始，游洛池，生刘季。《诗含神雾》亦云。《史记正义》引《帝王世纪》："含始游洛池，有宝鸡衔赤珠出，刻曰英，生高祖。"《诗含神雾》亦云。含始，即昭灵后也。

《史记·高祖本纪》云："高祖姓刘氏，字季。父曰太公，母曰媪，媪尝息大泽之陂，梦与神遇。是时雷电晦冥，太公往视，则见蛟龙于其上。已而有身，遂产高祖。高祖为人，隆准而龙颜，美□髯，左股有七十二黑子。"高祖感生之异，与帝尧略同，皆赤帝之子，火精人也。尧长七尺二寸，高祖有七十二黑子，皆应火德七十二日之数也。又案《东观汉记》云："冯异劝上即位，上曰：我昨夜梦见赤龙上天，觉悟，心中动悸。异等贺曰：此天命发于神明。"是光武中兴，亦有赤龙之应。

胡薇元：《史记索隐》据《春秋纬握诚图》："执嘉妻含始，游洛池，生刘季。"此条见《高祖本纪》。《史记正义》："含游洛池，有宝鸡衔赤珠出，刻曰英生高祖。"《诗纬·含神雾》文同。宋均注：刻，刻镂也，有玉英之文。高祖刘季父曰太公，即执嘉。母吕媪，即含，尝息大泽，与神遇，雷电晦冥，太公视之，见蛟龙于其上，遂生高祖。隆准龙颜，美髯须，左股有七十二黑子。见《艺文类聚》九十八。

案：这几条佚文片段当出自同条佚文，引书不同，其内容也在不断变化。若综合考量，其内容大概可以复原如下：刘邦母亲名含始，她游洛池时，有宝鸡（一曰"玉鸡"）衔赤珠出，赤珠炫日，并刻有"玉英"文，含始吞之，又与赤龙交配，后来果然生下汉高祖。

代汉者，龙颜珠额。

——《太平御览》卷三六四

下编 《诗纬》校注

【汇校】

明清纬书辑佚无异词。胡薇元《诗纬训纂》辑入《氾历枢》。

【汇注】

陈乔枞：案珠额，谓额有角，表若连珠象也。

胡薇元：珠额，谓额有角，表若连珠也。自赤帝应运而后，魏晋六朝皆非天命真王历枢之兆。其唐太宗龙凤之资，天日之表，乃足当之耳。此条见《太平御览·人事部五》。

德化充塞，照润八冥，则鸾臻也。
——《艺文类聚》卷九九

【汇校】

《太平御览》卷九一六引此，"德化"前有"王者"，"润"作"洞"，句尾无"也"字。《古微书》引同《御览》，但"鸾"前有"神"字。余者皆同《御览》。

【汇注】

孙瑴：按《瑞应图》：鸾鸟，赤神之精，凤凰之佐，鸣中五音，肃肃雍雍，喜则鸣舞。人君步行有容，进退有度，祭祀宰人，咸有敬让节礼，亲亲有序，则至。一本曰：心识钟律，律调则至，鸣舞以和之。

陈乔枞：《孝经援神契》云："德至鸟兽，则凤凰翔，鸾鸟舞。"《春秋运斗枢》云："枢星得，则鸾鸟集。"《山海经》云："女床之山有鸟焉，其形如翟而五采以文，名曰鸾鸟，见则天下安宁。"《尚书中候》曰："帝轩提象，鸾鸟来仪。"又曰："周公归政于成王，太平制礼，鸾鸟见。"孙氏《瑞应图》曰："鸾鸟，赤神之精，凤凰之佐，鸣中五音，肃肃雍雍，喜则鸣舞。人君行步有容，进退有度，祭祀宰民，咸有敬让礼节，亲疏有序，则至。一曰：心识钟律，律调则至，鸣舞以和之。"

廖平：八冥：八州，八极。《元命包》上："火离为鸾。"

尧时嘉禾七茎，连三十五穗。

——《太平御览》卷八七三

【汇校】

《路史后纪》卷十引此无"连"字，"穗"作"秏"。《玉海》卷一九七引此文无"七""连"字。明清纬书辑佚皆据《太平御览》辑录，无异词。安居香山注出处曰"《路后纪》卷十一"，误，当为卷十。

【汇注】

孙瑴：按《白虎通》："嘉禾者，大禾也。成王时，有三苗异亩而生，同为一秏，大几充箱，长几盈车，民有得而上之者，成王访周公而问之，公曰：'三苗为一秏，天下当和为一乎？'以是果有越裳氏重九译而来矣。"

陈乔枞：案《御览·皇王部五》引《尚书中候》曰："帝尧即政七十载，嘉禾孳连。"又《百谷部二》引《春秋说题辞》曰："天文以七，列精以五，故嘉禾之滋，茎长五尺，五七三十五，神盛，故连茎三十五穗，以成盛德，禾之极也。"《休征部二》引《孝经援神契》曰："王者德至于地，则嘉禾生。"《春秋运斗枢》曰："璇星得，则嘉禾液。"孙氏《瑞应图》曰："嘉禾，五谷之长，盛德之精也。文者则一本而同秀，质者则异本而同秀。此夏殷时嘉禾也。"《白虎通》曰："嘉禾者，大禾之为美瑞者也。成王之时，有三苗异亩而生，同为一秏，大几盈车，长几充箱，民有得而上之者，成王召周公而明之，公曰：'三苗为一秏，天下当和为一乎。'后果越裳氏重九译而来矣。"

胡薇元：《春秋纬说题辞》："天文以七，列精以五，故嘉禾连茎三十五，穗五七以成盛德也。"此条见《路史·唐纪注》。

菖蒲益聪，茱萸耐老。

——《说郛》

223

【汇校】

此条见《说郛》。《纬捃》将此条佚文与下条佚文合在一起,《重修纬书集成》承之,皆误。

【汇注】

陈乔枞:案《孝经援神契》云:"椒姜御湿,菖蒲益聪,巨胜延年,威喜辟兵。"又云:"菖浦一寸十二节者,服之益聪。"《太平御览·木部九》引《杂五行书》曰:"舍东种茱萸,增年益寿。"《西京杂记》云:"九月九日佩茱萸,令人长寿。"是茱萸耐老之验也。《春秋运斗枢》云:"玉衡星散为菖蒲,远雅颂,著倡优,则玉衡不明,菖蒲冠环也。"又云:"玉衡散为椒。"茱萸亦椒之类。

案:葛洪《抱朴子内篇·仙药》引《孝经援神契》曰:"椒姜御湿,菖蒲益聪,巨胜延年,威喜辟兵。"又曰:"此皆上圣之至言,方术之实录也,明文炳然,而世人终于不信,可叹息者也。"是纬书中多"方术之实录"。

郁金十叶为贯,百二十叶,采以煮之为鬯,合芳物酿以降神。

——《说郛》

【汇校】

《说郛》单列,《纬捃》将之与上条佚文合在一起,误。

【汇注】

陈乔枞:案《周礼》:"郁人掌裸器,和郁鬯,以实彝而陈之。"注云:"筑郁金,煮之以和鬯酒。郑司农云:'郁,香草名,十叶为贯,百二十贯为筑,以煮之镬(镬,《周礼》作"鐎")中,停于祭前。'"《说文》释郁语与郑司农同。一曰:'郁鬯,百草之华,远方郁人所贡芳草合酿之以降神。'郁,今郁林郡也。《水经·温水注》引应劭《地理风俗记》曰:"郁,芳草也,百草之华,煮以合酿黑黍,以降神者也。或说今郁金香是也。一曰,郁人所贡,因氏郡矣。"据《周礼》注及《说文》,并"百二十贯筑以煮之",则此纬"叶"字盖"贯"之误,"采"字乃"筑"之讹耳。

胡薇元：《周礼》："郁人掌裸器。"郑注："郁金，煮之以和鬯。郁，香草，十叶为贯，百二十贯为筑，以煮之镬。"此条见《说郛》。

案：阮元《周礼注疏校勘记》云"筑"前有"为"者，"为"属衍文。

麟，木之精。

——《路史余论》五

【汇校】

此条见《路史余论五·麟难》，中译本《重修纬书集成》标点有误。

【汇注】

陈乔枞：案《说苑·辨物篇》曰："麒麟，麕身牛尾马蹄，圆顶一角。含仁怀义，音中律吕，行步中规，折旋中矩，择土而践，位平然后处。不群居，不旅行。纷乎其有质文也，幽闲则循循如也，动则有容仪。"《春秋保乾图》云："岁星散为麟。"《演孔图》云："苍之灭也，麟不荣也。麟，木精也。"宋均注曰："麟，木精。木生于水，故曰阴。木气好土，土黄木青，故麟色青黄不荣，谓见继柴者也。"《五经异义·公羊说》云："麟者，木精。一角赤目，为火候。"郑云："金九以木八为妻，金性义，木性仁，得阳气似父，得阴气似母。麟，西方毛虫，得木八之气而性仁。"何休《公羊传》注曰："麟角戴肉，设武备而不为用，所以为仁也。上有圣帝明王，天下太平，乃至麟。为岁星之散气，故曰木精。木于五常配仁，麟肉角戴仁之象，故为仁兽也。"

胡薇元：《春秋纬保乾图》："岁星散为麟。"《演孔图》云："苍苍（按：疑为"之"讹文）灭也，麟不荣也。麟，木精也。一角性仁，得木八之气。"此条见《路史》。

廖平：麟为神物。《诗·召南·麟趾》。《春秋汉含孳》："岁星散为麟。"《演孔图》："麟生于火，游于中土，轩辕大角之兽。"《感精符》："麒麟一角者，明海内共一主也。王者不刳胎，不剖卵，则出于郊。"

孔子曰：诗者，天地之心，君德之祖，百福之宗，万物之户。

——《北堂书钞》卷一百二

【汇校】

《艺文类聚》卷五六、《太平御览》卷六〇九、《困学纪闻》卷三引俱无"孔子曰"三字，文末有"也"字。明清纬书辑佚，《说郛》"天地之心"前有"诚为"，无"孔子曰"；《七纬》《通纬》有"孔子曰"，其余皆据《太平御览》辑录。

【汇注】

孙瑴：按《玉海》："《孔子世家》：'古者诗三千余篇，及至孔子，取其可施于礼义者三百十一篇。'亡其辞者六篇，考之义理，皆笙诗也。曰笙、曰乐、曰奏，而不言歌，则有声而无辞，明矣。汉世毛学不行，故曰三百五篇。诗有先孔子而亡者，如《新宫》《狸首》之类。《大戴礼·投壶》云：'凡《雅》二十六篇，其八篇可歌：《鹿鸣》《狸首》《鹊巢》《采蘩》《采蘋》《伐檀》《白驹》《驺虞》；八篇废，不可歌；七篇《商》《齐》，皆可歌也；三篇，间歌。'《上林赋》'掩群雅'，张揖注云：'《诗·小雅》之材七十四人，《大雅》之材三十一人。'"

陈乔枞：案《诗》之为学，情性而已。情性者，人所禀天地阴阳之气也。天地之气分为阴阳，列为五行，人禀阴阳而生，内怀五性六情。仁、义、礼、智、信，谓五性；喜、怒、哀、乐、好、恶，谓六情。六情所以扶成五性，性情各正，万化之原也。《论语》曰"《诗三百》，一言以蔽之，曰思无邪"，谓理性情而使得其正也。又曰"诵《诗三百》，授之以政"，政者，正也，圣人之所命，天下以为正。身之有性情，若天之有阴阳。五性御阳，六情御阴。阴阳者，德刑之用。王者承天地，理阴阳，法五行，修五事，以成民之性而顺民之情者也。故情胜性则乱，性胜情则治。万民不能自治，树君以治之。万民不能自正，立长以正之。正使不邪，治使不乱，不乱故安，不邪故善。传曰：审好恶，理性情，而王道毕矣。《诗》正性情而厚人伦，美教化而移风俗。推"四始"之义，明"五际"之要。此圣人所以统天地之心，顺阴阳之理，慎德行之用，著善恶之归，为万物获福于无方之原，故纬言此以明之。

胡薇元：孔子之言，至言也。其于《诗》之义，以之正得失，动天地，感鬼神，人事浃而王道备，天地感而万物生，君德之端，百福之原于是乎基。故先王以厚人伦，美风俗，一国之事系一人之本。传曰：审好恶，理性情，而王道备矣。此条见《太平御览》卷六百九、欧阳询《艺文类聚》卷五十六、虞世南《北堂书钞》卷一百二。

廖平：群言淆乱衷诸圣。"天地之心"，星辰。《感精符》："地为山川。山川之精上为星辰，各应其州域分野为国，作精符验也。"《韩诗外传》："子夏喟然叹曰：大哉《关雎》！乃天地之基也。"《论语》："子曰：为政以德，譬如北辰居其所而众星拱之。""子曰：《诗三百》，一言以蔽之，曰思无邪。"福、幅、辐、服，音同相通，百福犹六合。说详《皇帝疆域图表·轮辐图》中。《素问》："六合之内，万物之外。"以九州为万物。子赣见师乙而问焉，曰："赐闻声歌各有宜也，如赐者宜何歌也？"师乙曰："乙，贱工也，何足以问所宜？请诵其所闻，而吾子自执焉。宽而静，柔而正者，宜歌《颂》。广大而静，疏达而信者，宜歌《大雅》。恭俭而好礼者，宜歌《小雅》。正直而静，廉而谦者，宜歌《风》。肆直而慈爱者，宜歌《商》。温良而能断者，宜歌《齐》。夫歌者，直己而陈德也，动己而天地应焉，四时和焉，星辰理焉，万物育焉。"

案："天地之心"，《诗》乃天人之学，而以天通人，以人合天。

> 孔子曰：诗者，天地之心。刻之玉版，藏之金府。
> ——《太平御览》卷八百四

【汇校】

《后汉书·崔骃传》引文无"孔子曰：诗者，天地之心"字，"府"作"匮"。明清纬书辑佚多据《太平御览》辑录，《玉函山房辑佚书》虽据《崔骃传》，引"匮"作"府"，误。陈乔枞《诗纬集证》引作"匮"。

【汇注】

陈乔枞：案《穆天子传》云："天子至于群玉之山，先生所谓策府，① 天子于是取玉版三乘。"古者文字刻玉为版，即所谓玉牒也。金匮者，藏书之府，故亦曰金府。《汉书·司马迁传》云："迁为太史令，䌷史记石室金匮之书。"《续汉书·封禅志》云："以吉日刻玉牒书函藏金匮，玺印封之。"古者藏书以金为匮，或以玉为之。《太平御览·皇王部》引《运斗枢》云："尧坐中舟，凤凰负图授尧，图以赤玉为匣，长三尺，广八寸，厚三寸，黄金检、白玉绳封两端。"又云："舜观河洛，有黄龙负图出，图以黄玉为匣，如柜，长三尺，广八寸，厚一寸，四合而连，有户。图中有七十二帝地形之制，天文位度之差。"是亦以玉为匮也。

胡薇元：《大戴礼》："书之玉版，藏之金匮，置之宗庙，以为后世戒。"《史记·太史公自序》："石室金匮玉版图籍散乱，于是萧何次律令，叔孙通定礼仪。"《拾遗记》："帝尧在位，圣德光洽，河洛之滨得玉版方尺，图天地之形。"金府即金匮，刻玉为版，亦曰玉牒。金府，盖藏书之府也。此条见《后汉·崔骃传》注。

案："府"当作"匮"。此条或可与上条佚文合而为一，文曰：孔子曰：诗者，天地之心，君德之祖，百福之宗，万物之户。刻之玉版，藏之金匮。

集微揆著，上统元皇，下序四始，罗列五际。

——《初学记》卷二一

【汇校】

文又见《太平御览》卷六〇九，《困学纪闻》卷三，均无异词。

---

① 生，原文作"王"。王贻樑、陈建敏：《穆天子传汇校集释》，华东师范大学出版社1994年版，第139页。

明清纬书辑佚无异词。

【汇注】

应劭：五际：君臣、父子、兄弟、夫妇、朋友也。

孟康：《诗内传》："五际，卯、酉、午、戌、亥也。阴阳终始际会之岁，于此则有变改之政也。"

宋均：集微揆著者，绵绵瓜瓞，人之初生，揆其始，是必将至著，王有天下也。

黄道周：《易》，日也。《诗》，月也。《春秋》，舍也。其在《易》则不见《诗》《春秋》，其在《诗》则《易》《春秋》之道著矣。故月以简日，日以简星，縠率其中，以知其端。《易》以昼之，《诗》以夜之，《春秋》舍之。夫《易》则其成序也。《易》二百九十六岁而轨首改政，三百一十二岁而辰朔更会。合二与一，存九去六，而气朔盈虚，剂乎其间。故《诗》三百一十有二，步《易》之端，以交《春秋》；去其十五，一与二合，二百九十有六，步《春秋》端，以为元始。故《诗》与《春秋》，分轨之半，中于乾坤，天地之圭璋也。鲁隐公三年辛酉春二月己巳朔食，乾坤之中会。其上《易》轨三十有二岁，《蒙》《师》初交，为《诗》之上际。其下《易》轨三十有二岁，《屯》《比》初交，为《诗》之饫归。故《诗》有五际，三百八十岁，绌四以终于爻象，赢四以始于《春秋》。《蒙》《师》初交，在平王之己丑，秦败戎师，略有岐西，《小戎》《驷驖》在是岁也。其上一轨六十四岁，在宣王之乙酉，鲁武公薨，立公子戏，齐弑厉公，立公子赤，《风》《雅》已变，《春秋》且作。《屯》《比》初交在庄王之癸巳，齐、宋、陈、蔡与鲁伐卫，《击鼓》《执殳》（案：当即《卫风·伯兮》）在是岁也。其下一轨六十四岁，在襄王之乙未，晋室再霸，天子复降，《木瓜》《黄鸟》上下其间，王迹尽燔，风响绝矣。故《诗》有七始，裁为五际，文武以降，五百三十二年，去其两际一百五十有二。文王五年庚寅正月癸亥朔日南至，迨于成王丙午十有三年，礼乐乃备，《雅》《颂》之作则于是始。平王四十年庚戌正月癸酉朔日南至，迨于惠王丙寅二十有二年辛亥朔至，列国之令束于霸政，《春秋》与《诗》乃更为命。故《诗》者，

— 229 —

周公之事；《春秋》者，仲尼之志也。

仲尼治《诗》，断自春秋，其上三百二十四年，其下二百四十三年。七、八之数与九、六参，两经之间中于乾坤，四八相距以为元际。故其道颓乎其易明，确乎其易知也。辛亥朔至，与贞卦会；杂卦之行，稽于其中。贞杂中终于日相值，各七千二百九十六岁。盖自文王而前，至于丙寅辛亥朔至，百一十四轨，两济之中际也。溯其始交，《孚》《过》之中，周轨余历三千二百，是则《屯》《需》之间矣。故《诗》自成王而上，隐公而下，各六十八岁。七轨之历，裁为五际，径而绳之，三百八十。文王之五年日至以始，春秋之五年杂纬以中。木德衰旺，火著其兆，生成始究，年世之义则于是取也。故亥者，木之始根也；寅者，火之见荣者也。庚寅之岁，日在癸亥，《文王》始作，《灵台》究之。后八载丁酉，在《无妄》之中际，是文王之十二年。文王享国凡五十载，丁酉而后三十二年，一以为"勿药"，一以为"有眚"，故终身以"无妄"自命也。《无妄》之贞卦在于《大有》，《大有》则天祐，《无妄》则不祐。文王不自以为天祐，而凛戒于物眚，故愠疾不殄，文王则自以为固有之也。《无妄》四中，值履初九，履虎咥人，在文王之三十四年，跛履眇视，四友之事，武人大君，廉来之致也。《益》之初九，利用大作，文王受之。《益》之六二，鹰扬弃龟，则文王不受之。圣人之或受不受，则亦皆命也。谓是我之固有，故取之而不辞，弃之而无怨，祥至而不疑，变猝而无患。《益》之六三，《无妄》之九四，文武周公皆用之矣。武王之享帝，周公之告圭，两者天下之疑事也，圣人为之而以为固然。故圣人之为《易》，其父子兄弟不相为命也。

圣人之为《诗》，使风雷鬼神读之，久乃信。《无妄》《损》《益》，《鸱鸮》《东山》是矣。成王十三年丙午正月辛丑朔日南至，《下武》始作，《公刘》究之。是在《益》之六四，用依迁国，洛汭是卜，天下乃福。穆王六年壬戌正月己卯朔日南至，《泂酌》始作，《板》《荡》究之。是在《艮》之六五，祇宫既营，黄竹是巡，徐、越不宁。故《公刘》者，洛汭之事；《卷阿》者，驰骤之刺也。作丰之后二百九十六年营洛，始东徐、越，之后百六十年而败于姜戎。故自《民劳》而下，昭、穆之威则亦且殚矣。懿王十六年戊寅正月丁巳朔南至，又三年庚辰迁于槐里，在《蒙》之上六，是谓棘欲，不得其匹，夷厉乃恤。宣王二十一年甲午正月乙未朔南至，明年，命王子多父，又明年，王师败于条，在《师》之六二，晋则多故，而郑始有国。自《板》《荡》而下，《召旻》而上，百五十二载，《抑戒》所治，备举之矣。故圣人之于世，有不兼举也，而作者皆备之。昭、穆之劳民，懿之夸毗，夷之疾威，则皆见之厉、幽之世也。乐则有厉有宣有嬴，《诗》则有江有汉有秦。夫圣人则亦何所不治者乎？

圣人之治，仰视天道，俯察列国，其著者在于江汉，大者在于南北。周室之日，在于婺女，南正轩辕，南北《姤》《复》，百八十三度，《雅》《颂》负阳，列国负阴。《鹿鸣》之治，自北而南，《关雎》之治，自南而北。三垣之间，去九与六，施于列国，百六十有一，纬道广狭，各百四十有八，而究南北。故三垣之治，数简而轨迟，列国之治，数繁而轨速。自轩辕以东，有天庙、天相、少微、长垣、明堂、灵台，暨于杓北、狱市、环卫之所从出，大仪、少威、壬礼、林乐于是乎在。名星一百三十六，可数者六百一十七，太微、天市为之统首，以命二《雅》，宋为嘉客，集于招摇之下。自轩辕以西，有樽钺、旗斿、陵屏、离宫，暨于苑囿、仓囷、林垒之所从出，秦、豳、鬼、井、晋参、魏毕、卫定、齐虚，于是乎在。名星一百六十有一，可数者四百有八十。五车、腾蛇为之统首，以命十有五国，鲁为嘉主，集于附路之下。故鲁之与宋，周室之主客也。郑之从宋，卫之从鲁，两者河汉之牝牡也。《郑》《卫》之在《风》，以为二伯；《鲁》《宋》之在《颂》，以为恪。在天子则值其二恪，在侯国则用其两伯。故名星二百九十有六，星数一千九十有六，宋、郑、鲁、卫相从于列国之内也。存鲁、宋之星，步九野之数，一千二十有四，四之以尽周星之历。故观于朔始相会，命一以十，期以视支，闰以视干，而星日相差，不夜之积，举可知矣。故《诗》之"五际"，则各有三义焉，义各有五起焉。星之从日，日始于至，至有五部，部有四章。上下春秋，两周之际，各四章岁。紫宫、太微、腾蛇、天市、五车，分起治之。日之从岁，岁本于《易》，《易》始五轨，五轨之积，三

— 231 —

百二十，循于先天。杂纬所治，皆在北维、两协之间。折威、牵牛、天根、神宫、人星，分起治之。月之从朔，朔与闰叶。《诗》自为候，候五气舍，一舍之候，各五十九，余分小七，自酉而未，而巽而寅而壬，复合于酉。五舍之积，二百九十五分，三五微赢，以为朔实，甲己、乙庚、丙辛、丁壬、戊癸，分起治之。故《诗》《易》《春秋》皆以五十自相命也。五以命际，十以命月，六百四十月而《易》轨以终，万八千九百四十四岁而《诗》《易》更始，乘以四七，则《诗》《易》《春秋》轨、际之义皆尽矣。故《诗》自《鹿鸣》至于《何草》，《文王》至于《召旻》，百有五篇，河汉之中，天下治隆所为权始也。

万物之数，合两与参，以三除之，范于百五，莫复敢过，环百九十，以为边际。故月交卦会，三乘之间，而天地之情著，万物之形得也。物生于数，存于德，播于音。数以立命，德以表性，音以著情。理性平情，以宅于命，故其水土不蝥，星日以正，五化之帝，不与天子争柄，《文王》《公刘》《鹿鸣》《斯干》《楚茨》之诗是也。五诗之治，各七十六岁。《文王》治于内，则二《南》治于外。《公刘》治于内，则《邶》《鄘》《卫》治于外。二《南》者，周公之诲；三《卫》者，召康公之诫也。《鹿鸣》治于内，则《王》《郑》治于外。《鹿鸣》，角也。徵生于角，角生于羽，六八之数半，用其合。故其声引羽出太簇之阴，其音中于清角。《斯干》治于内，则《齐》《魏》《唐》《秦》治于外。《楚茨》治于内，则《陈》《邠》《曹》《豳》治于外。《斯干》，羽也，羽以生角，角以生徵，六九之数全，用其合。故其声引徵出夹钟之阴，其音中于少羽。《楚茨》，徵也。徵以生宫，宫以生商，九八之数全，用其合。故其声引商出南吕之阴，其音中于大徵。故声生于律，音生于声。律者，母也；音者，子也。太簇之阴为羽四十八，夹钟之阴细徵五十三，南吕之阴为商七十二，《文王》之声出于蕤宾之阳，《公刘》之声出于太簇之阳，蕤宾之阳为徵，宫生于徵。太簇之阳为商，商止于商。故《文王》之宫五十有六，《公刘》之商七十有二。五诗之合，损益三百，列国从之，或半或合，圭尺所揆，隆替清浊，则于是归也。故《诗》者，呼鬼神之情，推物而应之也。鬼神之德，集于中垣，候于天门，或阳或阴，或高或深，动其情名，则响与之寻。故南者音之始薰也，《关雎》《鹊巢》皆在轩辕之南，宫庙所治，帝后是处。日在于玄枵，则鹑火为主。圣人之治，风以为之客，南以为之主。《夬》以正其男，《姤》以正其女。江汉以北十有三国，速灭者六，未有慎其宵德者也。君子之慎其宵德，以夜不息火，昼不举乐，而《关雎》用之，以舍其澹志，肆其钟鼓，是以治则始治，以乱则终乱，是圣人之所惧也。圣人为《诗》，以别垣野，正中外，审正变，齐物轨，皆《风》以为之候，《雅》以为之会，无中声者为之闰，有中声者为之主。变《风》之不得全律，则《鸿雁》《祈招》为之主。《黍离》在中吕之阴，《权舆》在黄钟之阴，中吕半之穷也，黄钟半之则未穷也，其得全律，则《板》《荡》《崧高》《烝民》为之主。《东山》在南吕之阳，《黄鸟》在黄钟之阴，黄钟之阴则穷也，南吕之阳则未穷也，故《豳》之与《南》，《王》之与《秦》，四者正变之环始也。

天下之治，河汉所负，不在于中土，则系于首尾。故腾蛇、太微、五车、天市，相次为会。列国之究，为十三次，三垣夹治，是则《诗》之疆理也。春秋而下，两汉迄季，有二十六主，许洛云扰，以污妹土。典午嗣王，华夷方攘。大火寿星，回遹彼疆。南齐北魏，则曰陆梁，以授秦唐，乃有终南，至于渭阳。西德既卒，汴梁是宅，太皞之墟，实抚南服。何以终之？灭曹者宋。又三百八十岁，乃《雅》乃《颂》。故《文王》《清庙》各三十有一，所以分暑天地，遂贞、杂之撰也。贞之视暑，以候分至；杂之视轨，以候于中际。律吕相吹，风生其间，故风者，贞杂之所间生也。圣人之治，星以纪之，月以步之，日以视之，风以听之。四始举中，而神物之情名皆应矣。故《易》之与律，律之与历，三者不独为治也。宣王二十一年朔至之岁，鲁杀子戏。其先十二年乙酉，鲁武公敖薨，子戏立，立戏则伯御必杀戏，杀戏则又必杀伯御。竖其一否，杀其两臧，是在《师》之初际，樊仲山甫尝道之。故樊仲山甫之为律，不异于周太师之为律；周太师之为律，不异于周文公之为律也。宣王三十九年壬子，王师败绩于千亩；甲寅，王师败于申，是在《师》之六三"舆尸"之凶，弟子受之。辛酉，幽王二年，郑始灭郐。乙丑，冬十月辛卯朔，日食于龙尾，王师败于陆浑，是在《师》之六四，于是则在中交矣。己巳，王师伐申，明年申人、鄫人及犬戎入于宗周，王室乃东，秦人立侯，江汉自王，是在《师》之六五"舆尸"之凶，长子受之。于是五际，则小既矣。镐京之入洛，秦人之合幽，《益》始《师》终，迁国舆尸，圣人则未尝不知也。知而图之，定命讦谟，勿用小人，不迁厥都。故圣人之恶虢石、荣夷，甚于其恶犬戎、褒姒也。犬戎、褒姒从之，则以为小人；虢石、荣夷从之，则以为君子。秦本牧圉，因乱乃忾，绩则未报，而祀上畤。夫以为小人则以死勤事，以为君子则非王之伯叔甥舅与其卿士，故天子之爵命，与其土宇，不可以施下也。爵命、土宇可以施下，则斧扆之侧，税之如舍。平王十八年戊子，秦败戎师，遂略岐西，《文王》《鹿鸣》于是乃既。凡伯伤之，乃思召公为《召旻》之诗。故《召旻》者，五际之终，而六轨之始也。《师》以上终，《坤》以六始，"履霜坚冰"，小人发机，仲尼之为《春秋》，裁于《坤》中，处于《坤》始，盖于《坤》始作而叹曰："臣弑其君，子弑其父，非一朝一夕之故，其所繇来者渐矣。"于是先后盖四百八十六年，周始为秦，子父臣君，何尊何亲，冽风在山，虎咒则神。夫非仲尼，其谁以知之乎？文王知终，仲尼知始，夫仲尼则犹周公之志也。

（右图）① 皆以杂卦为序，中分《乾》《坤》，上下三十二卦。《春秋》元年，断自《乾》《坤》之中，上为《诗》之"五际"，下为《春秋》之三轨也。《春秋》僖公五年，即惠王二十二年丙寅岁正月辛亥朔日南至，上距平王四十年庚戌岁正月癸酉朔日南至七十六年，不尽九年，为《春秋》之元年。二下各三十二年，为《坤》轨之初、终，则上至平王十七年丁亥，下至庄王六年庚寅，共为一轨之年也。今自隐公三年日食，为《坤》轨之正中，则上下皆移二年，故贞、杂二交，中、终之会，各有差岁，要以僖公丙寅岁辛亥朔至以

---

① 此图即《杂图纬中》，黄适周撰，翟奎凤整理：《三易洞玑》，中华书局2014年版，第299—312页。

为际始，贞卦于是交终，杂卦于是交中，阳赢阴乏，差会之所不过也。一际日至七十六年，一轨卦交六十四岁，轨际相追，每七千二百九十六年而后合。贞杂相值，率始于卯酉，平于子午。

自文王而前，《易》轨大周。又行五十卦，则辛亥朔至，在《屯》《需》之际矣。《易》轨四千三百七十四年而退九，故日至在平王庚戌，历元在平王己未。今以七千二百九十六年为元者，除四千九十六年，余三千二百，始于《孚》《过》，交于《屯》《需》。去《屯》《需》之百二十八，为七千一百六十八，不及岁周，半交于《乾》中。以十约之，为七百二十九，余甲之六也。自辛亥朔至上一蔀首，为平王庚戌四十年正月癸酉朔至。又上一蔀首，为宣王甲午二十一年正月乙未朔至。又上一蔀首，为懿王戊寅十三年正月丁巳至。又上一蔀首，为穆王壬戌六年正月己卯朔至。又上一蔀首，为成王丙午十三年正月辛丑朔至。又上一蔀首，为文王庚寅五年正月癸亥朔至。凡七际、七始，五百三十二年，去文王之庚寅、惠王之丙寅，前后两际，断自成王之丙午，至惠王之乙丑，三百八十年。《诗》《易》循轨，合行其间。成王七年壬寅，当《益》之六四，其先二年庚子二月乙未，王自周至丰。三月戊申，太保至洛卜宅。庚戌攻位于洛汭，乙卯公至洛，戊午郊社，冬十一月戊辰册周公后。以春秋己未绳之，则是岁正《益》之六四也。

凡共和而上，谱历差池，难以绳准。直以克商，岁在戊子正月癸卯朔卜，二月甲寅冬至，揆诸前后，晦朔最真，与《史记》《左氏》合，则他可勿问也。武王受命修短之历，不复可稽。然以《戴记》"梦龄"度之，可后文王十七八载。《竹书》及《逸周书》武王受命皆十七年，《尚书》克商在十三年，必无文王改元服殷，武王子袭父年之理。今合诸典纬通之，文王即位五十年，武王受命，十七年周公摄政，七年成王复辟，三十二年《顾命》之作在成王辛未春二月丙午朔。癸亥哉生魄，王不豫，甲子乃洮，乙丑王崩，上距文王元年一百有六岁。文王五年庚寅，为日至之始，犹在《无妄》之六三。至十年乙未，在《无妄》之九四。四十二年，五星聚于房，赤乌集于周社，在《益》之初九。成王四年己亥，《益》轨乃中，下距春秋元

◆ 下编 《诗纬》校注

年《坤》中为五际六轨，三百八十四年。文王庚寅癸亥朔际，礼乐未作，成王而后，始备咏歌。《文王》《大明》，音律相近，在成王丙午，为五际始。《公刘》次之，《鹿鸣》又次之，《斯干》《楚茨》又次之，以领六轨。

凡《诗·雅》《颂》《十五国》皆自为始、际，而要以此五篇为端。《周颂》三十一篇，上应紫宫，《清庙》《我将》《振鹭》《有客》《载芟》分为始、际。《大雅》三十一篇上应太微，《文王》《皇矣》《既醉》《民劳》《崧高》分为始、际。《小雅》七十四篇上应天市，《鹿鸣》《彤弓》《斯干》《四月》《宾筵》分为始、际。以下诸《风》，互有先后。《卫》列三风，犹康之有三诰。项侯治邶、鼇侯治鄘（案：库本作"郑"，误）、武公治卫，皆在厉宣之朝。至《木瓜》而终于齐桓之世。《郑》在《王》后，犹《卫》之在《王》前。寄帑号（案：当为"虢"）邻，即在幽平之际，至《溱洧》而终于晋文之世。故卫之相宣，与齐之迁卫，郑之相平，与晋之伐郑，优劣修短，德运一也。卫文公毁之卒尚后于齐桓九年，郑文公接之卒与晋文公同岁。故桓、文之泽相去十六载，而王国益衰。《诗》有五际，止于齐桓而不及晋文。《春秋》所载，详于突、忽而简于文、缪。上、下之际，略可识也。宣王二十一年甲午春正月庚寅南至，为列国之始，齐、魏、唐、秦，自为一列；陈、桧、曹、豳，自为一列，皆始于甲午。鲁杀懿公戏，立公子伯御，列国之变，则自此始也。其先七年戊子，卫武公始立。后一年乙未，始锡郑桓公，是卫、郑之始。凡百三十年，而齐桓始立。二《雅》之历，尽列国之《风》绝，故圣人以郑、卫为同姓之夹辅，齐、秦为异姓之纲纪。《载驱》《猗嗟》在襄桓之时，《黄鸟》《渭阳》在穆康之际。列国考验，不出百八十三年，天地之交著，升降之义备矣。

凡《诗》有垣野，皆别中外以为卦周。今言《国风》一百六十一篇，始《姤》而终《坤》；《雅》《颂》一百五十一篇，始《复》而终《乾》者，特据河汉言之。河汉以内，谓之三垣，以外谓之列国。三垣之下有宋，郑从于宋，北不举吴越，南不举荆楚，以为内外之限，自吴越而上，危、虚在齐，室、璧在卫，奎、娄在鲁，至于鲁

— 236 —

与宋直，而《艮》《坤》始中，南北分际。自荆、楚而上，鬼、井在秦，参、觜在唐，毕、昴在魏，至于鲁与周等，而星、张、奎、娄，《艮》《巽》是居。二南、燕、鲁，分星所属，伏见于《诗》，亦可知矣。故二南有《风》，始于星、张；而燕、鲁无风，不分于奎、尾。楚在江汉，而夺楚以与周；宋在三垣，而益郑以与宋。故鲁以宗国，反始于豳；燕以箕尾，代兴于宋。《诗》之与夺，与《春秋》相为表里也。《春秋》所存，因文于史，其义已备。至于《诗》，而圣人与夺，权用大著。

凡《诗》中所存侯伯之国见夷灭者，无甚失德，皆列为风。陈、唐、邶、鄘，皆楚所灭，《诗》不录楚，而录四国。又曹灭于宋，桧灭于郑，魏灭于晋，或远或近，小大相并，《诗》不尽录。其所录者上下三际，别为一义，与《易》终始，故自郑卫而上，王室两迁；齐魏而下，战国雄始，陈桧之余，郡邑将墟。自两汉而降，列国废兴，犹可以义起也。凡《诗》三百一十二篇，亡辞者六，别系者九，《南陔》《白华》《华黍》《由庚》《崇丘》《由仪》，传诵所不存，必初无其篇，存而复删，故韵讽遂绝。《商颂》五篇，《鲁颂》四篇，既为正考甫、史克之遗则，与周历列国污隆无涉，因类别系，重其宗国云耳。去九与六，为十五篇，则周诗所遗二百九十有七，《巧言》《何人斯》合为一篇，则二百九十有六。

《易》积周甲之数，每岁退天十三辰八分四厘二毫二丝，凡二百九十六年而退《易》一部四千九十六，故《诗》与《春秋》皆退《易》一部，贞之起《屯》，杂之起《比》，中于《乾》《坤》上下半部，其义一也。以二百九十有六当一月二十九日五千三百五分九十三秒之数，月周一部，则六百四十月而《易》轨大周，万八千九百四十四岁而《诗》《易》更始也。凡《诗》二百九十六篇，千九十六章，以四乘之，为一岁经辰之数。依之为九野、三垣、经星之数，因其篇章，审其声未，以辨律吕，《颂》得中声，《雅》用全律，《风》多半律及其子声，《豳》以《风》而当《小雅》，以《颂》而当《大雅》，时用全律，出以中声。故《豳风》《鲁颂》为列国之会归，商周之间际也。季札、韩起，皆当孔子删述之前，所观《诗》乐、

《易》象、《春秋》，已具条理。如仲尼之所次第，是知周室柱下，别有藏编。《诗》、乐、《春秋》，皆于象纬。

后世所传《诗推度灾》以"卯酉之际为革政，午亥之际为革命。《天保》在卯，《祈父》在酉，《采芑》在午，《大明》在亥"。又《氾历枢》云："《大明》在亥，水始也；《四牡》在寅，木始也。《嘉鱼》在巳，火始也。《鸿雁》在申，金始也。"其说虽浅疏，然其大指在商周战国秦汉之际，不为耳食。盖纬书之于经，犹《公》《谷》之解义，有口授而无笔证，略闻绪论，沿积丛讹，其实圣言有线未绝。今考其法，二《雅》大小百十一篇，亡篇者六，为百有五，上自文武，至于幽平，三百八十年。《文王》至《思齐》六篇，在文王庚寅，火始之岁，日在癸亥，《鹿鸣》至《湛露》十四篇应之。癸亥，甲木之始，紫宫为至，天厩应之，是为一际。《皇矣》至《行苇》六篇，在成王丙午，火盛之岁，日在辛丑，《彤弓》至《行野》十四篇应之。辛丑，水德之宅，太微为治，天市应之，是为二际。《既醉》至《卷阿》六篇在穆王壬戌，内火之岁，日在己卯，《斯干》至《蓼莪》十四篇应之。己卯，木德之荣，天厩为治，太微应之。《民劳》至《云汉》六篇，在懿王戊寅，火始之岁，日在丁巳，《大东》至《鸳鸯》十四篇应之。丁巳，木之再荣，紫宫为治，太微应之，是为四际。《崧高》至《召旻》七篇，在宣王甲午，火盛之岁，日在乙未，《颊弁》至《何草》十八篇应之。乙未，木德之宅，大微为治，五车应之，是为五际。五际不当其世，而意义可通，述事之作，或有因时而道古之篇，要唯自昔也，《诗》二百九十六篇，断自成王甲午迨平王庚戌，为二百九十六年，与《易》轨日至退历相值。《春秋》之所立始，以南北《姤》《复》，垣野河汉，周环推之，则《大雅》三十一篇，联于二《南》《小雅》七十四篇，夹于齐、郑。《颂》与《商》《鲁》，携于娄、角之间。两《雅》初分，天门之前，鬼神之所候听也。纬书粗得影响，又考历不正，不辨岁日，然其遗绪犹存，源流可沂，学者因是求之，仲尼之故说，多有未亡者矣。

陈启源：四始之说，先儒言之各异。二《雅》《风》《颂》四者，人君能行之则兴，不行则衰，故此四诗为王道兴衰所由始，此郑康成之说，而本于《大叙》（案：即《诗大序》）者也。《关雎》为《风》之始，《鹿鸣》为《小雅》之始，《文王》为《大雅》之始，《清庙》为《颂》之始，此司马子长之说也。《大明》在亥为水始，《四牡》在寅为木始，《嘉鱼》在巳为火始，《鸿雁》在申为金始，此《诗纬汎历枢》之说也。观《大叙》历言《风》《雅》《颂》之义，而总断之曰"是谓四始"，则风、雅、颂正是始，非更有为风、雅、颂之始者，郑说得之矣。子长未见《毛叙》，其所言四始，不知宗何诗也。翼奉治《齐诗》而知五际七情之要，五际七情亦《纬书汎历枢》之说也。然则亥、寅、巳、申之为四始，其出于《齐诗》乎？

程瑶田：《汉书·翼奉传》，元帝初元二年，一年再地震。诏吏虚仓廪，开府藏，以拯贫民。奉奏封事曰："天地设位，悬日月，布星辰，分阴阳，定四时，列五行，以视圣人，名之曰道。圣人见道，然后知王治之象，故画州土，建君臣，立律历，陈成败，以视贤者，名之曰经。贤者见经，然后知人道之务，则《诗》《书》《易》《春秋》《礼》《乐》是也。《易》有阴阳，《诗》有五际，《春秋》有灾异，皆列终始，推得失，考天心，以言王道之安危。"又曰："臣奉窃学《齐诗》，闻五际之要《十月之交》篇，知日蚀、地震之效昭然可明。臣闻人气内逆，则感动天地；天变见于星气日蚀，地变见于奇物震动。所以然者，阳用其精，阴用其形。今年太阴建于甲戌，律以庚寅初用事，历以甲午从春。历中甲庚，律得参阳，性中仁义，情得公正廉贞，百年之精岁也。正以精岁，本首王位，日临终时接律而地大震，其后连月久阴，虽有大令，谓虚仓廪，开府库也。犹不能复，阴气盛矣。阳用其精之岁，而盛阴胜之。今左右无同姓，独以舅后之家为亲，异姓之臣又疏。二后之党满朝，非特处位，势尤奢僭过度。阴气之盛，不亦宜乎！臣又闻未央、建章、甘泉宫才人各以百数，皆不得天性。宜出其过制者，此损阴气，应天救邪之道也。今异至不应，灾将随之。其法大水，极阴生阳，反为大旱，甚则有火灾。"明年，孝武园白鹤馆灾。奉自以为中，上疏曰："臣前上五际地震之效，曰极阴生阳，恐有火灾。今白鹤馆以四月乙未，时加于卯，月宿亢灾，与前地震同法。臣奉乃深知道之可信也。"

◆❀ 下编　《诗纬》校注

据奉所言，学《齐诗》闻五际之要，虽未详陈五际推法，然曰天地以道视圣人，而知王治之象；圣人以经视贤者，而知人道之务。经之所陈，皆"列终始，推得失，考天心，以言王道之安危"。于是详论灾异之所致，由于阴气之盛，宜损阴气以应天救时。此皆言人事之戾，以召天灾，欲转天心，须自修慝。尊经崇道，义正词严。斯亦不必推五际之术，而慎斯以往。虽五际之要，宁复有过焉者乎？学者果于经义研究而精通之，是五际之所从出者，已了然于心矣，抑又何多求乎？

瑶田又案：《诗纬汜历枢》之言五际也，见《诗序》"是谓四始，《诗》之至也"二句下。孔氏《正义》云："郑作《六艺论》，引《春秋纬演孔图》云'《诗》含五际、六情'者，郑以《汜历枢》云'午亥之际为革命，卯酉之际为改正。辰在天门，出入候听。卯，《天保》也。酉，《祈父》也。午，《采芑》也。亥，《大明》也。然则亥为革命，一际也；亥又为天门，出入候听，二际也；卯为阴阳交际，三际也；午为阳谢阴兴，四际也；酉为阴盛阳微，五际也。"孔氏此释，颇能说五际之义。然纬言"辰在天门"，今曰"亥为天门"，疑不能明。及考《后汉书·郎顗传》，顺帝时灾异屡见，公车征顗，顗条便宜七事，其第七事中，引《诗汜历枢》曰："卯酉为革政，午亥为革命，神在天门，出入候听。"言神在戌亥司候。宋均注云："神，阳气，君象也。天门，戌亥之间，《乾》所据也。"据此始与孔氏所释相应。今孔疏所引《诗纬》，恐后人据转写讹本而改之。吾疑王氏所采已是讹本，故不引孔氏"亥为天门"云云。以亥之与辰，两不相应，而不知其"辰"字为"神"字之讹也。卯为"改正"，亦当为"革政"之讹。《郎顗传》所说甚明，而宋均之注尤显。

又案：杨炯《少姨庙碑》："昆仑西北之地，天门也，五帝处其阳陆，三王居其正地。"亦可与"天门，《乾》所据"之说相发明。且《翼奉传》注："孟康曰：《韩诗外传》云：[①]'五际，卯、酉、

[①] 《汉书·翼奉传》引孟康说作《诗内传》，《后汉书·郎顗传》引孟康注作《韩诗外传》，其中必有一讹。

— 240 —

午、戌、亥也。阴阳终始际会之岁，则有变改之政也。'"于卯、酉、午、亥外，加戌以足之，是又与"天门，戌亥"之说吻合。又五际推演，据《氾历枢》曰："凡推其数，皆从亥之仲起，此天地所定位。阴阳气周而复始，万物死而复苏，大统之始，故王命一节为之十岁也。"虽言之凿凿，然未经讲习，终难了然。而应劭之注《翼奉传》，则又以君臣、父子、兄弟、夫妇、朋友为五际，是又不承取《诗纬》之义。至《诗纬》以卯、酉、午、亥配《天保》《祈父》《采芑》《大明》四诗，终亦疑不能明也。

瑶田又案：《诗序》之言四始，指谓《国风》《小雅》《大雅》《颂》，笺以为王道兴衰之由。而《诗纬》则谓"亥，水始""寅，木始""巳，火始""申，金始"，语亦浅近无深意。又配以《大明》《四牡》《嘉鱼》《鸿雁》诸篇，夫固有所受之，度亦不关至要。吾疑作诗时，不当与十二子相应，则《毛序》之说允矣。至章怀太子注《郎𫖮传》云："四始谓《关雎》为《国风》之始，《鹿鸣》为《小雅》之始，《文王》为《大雅》之始，《清庙》为《颂》之始"，又以四诗之首篇为始，义亦浅近，不若《诗序》浑指者之精深也。

瑶田又案：谶纬家言，康成说经多引用之。此亦一艺，其来有自。故推演颇有征验，未可尽非之。然而儒者之道，先难后获，责效望报，非所敢知。苟其通经致用，其为明效大验，可胜言哉！郎𫖮所谓"四始之缺，五际之厄"，其咎归于不求贤，则逆天违人，而灾眚降，化不行也。因举黄琼、李固，言："若还琼征固，仁以时政，则可垂景光，而致休祥。"然则灾异屡见，虽曰天运，岂非人事哉？

又案：《说文》："卯，冒也。二月万物冒地而出，象开门之形，故谓之天门。"是又以天门在卯，主万物出地之始言之也。亥为天门，十月微阳起接盛阴，主万物萌生之始言之也。《易》之为道屡迁，不可典要，惟变所适。谶纬家言，亦若是则已矣。

黄中松：《诗》有鲁、齐、韩、毛四家，《毛诗》出而三家渐废。毛氏之学实胜三家，其独传者，宜也。然三家之言时时见于他说，学者固可参考其同异，而明辨其得失矣。夫《诗》有"四始"，"四始"不明，不足与言《诗》。《毛诗序》曰"《风》也""《小雅》也"

— 241 —

"《大雅》也""《颂》也","是谓四始,《诗》之至也"。盖以四者王道兴衰之所由,人君能行之则兴,废之则衰,故谓之四始。固统《风》《雅》《颂》之全而言之,所以明《诗》之重也。司马迁则谓《关雎》为《风》之始,《鹿鸣》为《小雅》之始,《文王》为《大雅》之始,《清庙》为《颂》之始,是以《风》《雅》《颂》之首篇为四始,其说已偏。夫司马迁受学于孔安国,孔虽治《尚书》,实传《鲁诗》之学。是四始之说,毛、鲁二家大同小异,鲁固不若毛矣。汉翼奉学《齐诗》,闻五际之要,应劭曰:"君臣、父子、兄弟、夫妇、朋友也。"孟康注云:"《诗内传》曰:卯、酉、午、戌、亥也。阴阳终始际会之岁,于此则有变改之政也。"则齐、韩合矣。而《诗纬含神雾》曰:"上统元皇,下序四始,罗列五际。"《推度灾》曰:"建四始五际而八节通。"而《汎历枢》之说尤详,曰:"午亥之际为革命,卯酉之际为改正,辰在天门,出入候听。卯,《天保》也。酉,《祈父》也。午,《采芑》也。亥,《大明》也。然则亥为革命,一际也;亥又为天门,出入候听,二际也;卯为阴阳交际,三际也;午为阳谢阴兴,四际也;酉为阴盛阳微,五际也。"又曰:"《大明》在亥,为水始;《四牡》在寅,为木始;《嘉鱼》在巳,为火始也;《鸿雁》在申,为金始。"是皆本于齐、韩家也。"五际"之说,《春秋纬演孔图》《诗》含五际六情。宋均注六情即六艺。《翼奉传》曰:"六情更兴废。"张晏注六情:廉贞、宽大、公正、奸邪、阴贼、贪狠也。亦有之。毛氏未尝言,则诚有难信者。而"四始"之说,特以水、木、火、金之必有始,因取《诗》文以托之。夫当日作诗之时既不同,作诗之人又不一,何以知《大明》四诗之作必配乎水、木、火、金?而水、木、火、金也久矣,何待《大明》四诗作而后知其为始乎?况五行不可偏废,何以土独不为之说?《诗》尚有《风》与《颂》,何以独取《雅》诗为配乎?是不若毛氏之说有合乎诵《诗》闻国政之义,而又不流乎穿凿附会也。夫即"四始"之说,而毛义为优,《毛诗》之独存,不亦宜乎!

范家相:《齐诗》翼奉曰:"《诗》有五际,君臣、父子、夫妇、朋友、兄弟。"(钱熙祚案:《汉书·翼奉传》无"君臣"下十字,孟康引《诗

— 242 —

内传》，以"五际"为卯、酉、午、戌、亥，必《齐诗》旧说如此。范氏欲以五达道当之，故增此十字，其荒谬不待辨也。）此为《齐诗》本义，其意盖以五达道为五际，而《天保》一诗为君臣之际耳。而谶纬家遂生异说焉。《汉·郎𫖮传》曰："四始之缺，五际之厄。"此即翼奉说也。而孟康曰："五际，卯、酉、午、戌、亥也，阴阳终始际会之岁，于此则有改变之政也。"《诗泛历枢》云："午亥之际为革命，卯酉之际为改正，辰在天门，出入候听。卯，《天保》也。酉，《祈父》也。午，《采芑》也。亥，《大明》也。然则亥为革命，一际也；亥又为天门，出入候听，二际也；卯为阴阳交际，三际也；午为阳谢阴兴，四际也；酉为阴盛阳微，五际也。"其六情则喜、怒、哀、乐、好、恶是也。又曰："《大明》在亥，水始也。《四牡》在寅，木始也。《嘉鱼》在巳，火始也。《鸿雁》在申，金始也。"凡此纬书之说，皆本《齐诗》而推波助澜。初无当于经义者，夫匡鼎解颐，未尝托言符命。即翼奉推时，何尝凿证诗篇？岂辕固生而肯出此？亦姑存弗论可耳。

孔广森：前汉翼奉曰："窃学《齐诗》，闻五际之要《十月之交》篇，知日蚀地震之效昭然可明。"又曰："《易》有阴阳，《诗》有五际，《春秋》有灾异，皆列终始，推得失，考天心，以言王道之安危。"按：《齐诗》四始、五际略见于《氾历枢》。四始者，《大明》在亥，水始也；《四牡》在寅，木始也；《嘉鱼》在巳，火始也；《鸿雁》在申，金始也。五际者，午亥之际为革命，卯酉之际为革正，辰在天门，出入候听。卯，《天保》也。酉，《祈父》也。午，《采芑》也。亥，《大明》也。宋均曰："天门，戌亥之间，乾所据者。"孟康曰："卯、酉、午、戌、亥也。阴阳终始际会之岁，于此则有变改之政也。"愚谓：始、际之义，盖生于律。《大明》在亥者，应钟为均也；《四牡》则太蔟为均；《天保》，夹钟为均；《嘉鱼》，仲吕为均；《采芑》，蕤宾为均；《鸿雁》，夷则为均；《祈父》，南吕为均。汉初，古乐未湮者如此。故翼奉曰：'《诗》之为学，情性而已。五性不相害，六情更兴废。观性以历，观情以律。'律历迭相治，与天地稽，三朁之变亦于是可验。周十月斗建于酉，朔又直卯，幽王本嗣位于卯孟之际，适当卯酉，而日月告凶，其咎尤甚，故卒致东迁改政焉。后汉顺帝阳嘉二年，郎𫖮上封事曰："汉兴以来三百三十九岁，于《诗》三基。高祖起亥仲二年，今在戌仲十年。臣以为戌仲已竟，来年入季。"注云："基当作朞。"其法以三十年管一辰，凡甲子、甲午旬首者为仲，甲戌、甲辰旬首者为季，甲申、甲寅旬首者为孟。率十年一移，故谓之三朞。今据阳嘉二年癸酉，上推延光三年为甲子，为戌仲之始，前卅年而永元六年入酉仲，又前卅年而永平七年入申仲，又前卅年而建武十年入未仲，又前卅年而元始四年入午仲，为王莽革命之际。又前二百九年得汉高祖元年乙未，入亥仲二年矣。又前五十年而得周亡之岁，在酉季二年乙巳，上距殷周革命辛卯之岁七百九十四年，实惟午孟之八年也。《易》上经始《乾》终《离》，下经始《咸》终《未济》。《乾》，天门也，《离》，午际也。孟、京卦气以《咸》为夏至，亦午气也，《未济》为小雪，亦亥气也。天道之所著见，王者之所重慎。《诗》以讽戒，《易》以终始。古之作乐，每三诗为一终。经传可考者，有升歌《文王》之三，升歌《鹿鸣》之三，间歌《鱼丽》之三。然《采薇》《出车》《杕杜》皆所以劳将士，《常棣》《伐木》《天保》皆所以燕朋友兄弟，《蓼萧》《湛露》《彤弓》皆所以燕诸侯，亦三篇同奏，确然可信者也。说始、际者，则以与三朞相配，如《文王》为亥孟，《大明》为亥仲，《绵》为亥季。其水始独言《大明》，犹三期之先仲、次季而后孟也。故《鹿鸣》《四牡》《皇华》同为寅宫，举《四牡》以表之；《鱼丽》《嘉鱼》《南山》同为巳宫，举《嘉鱼》以表之。卯不言《伐木》而言《天保》，容三家《诗》次不尽与毛同耳。以次推之，《采薇》之三正合辰位，惟《采芑》为午，似《蓼萧》之三，彼倒在《六月》《采芑》《车攻》之后，而为未也。《吉日》《鸿雁》《庭燎》乃申也，《祈父》非酉之中，又篇次之异，且其戌、子、丑为何等篇，不可推测矣。

陈寿祺：《汉书·翼奉传》："奉上封事曰：'臣闻之于师，治天下之术在于六情十二律而已。北方之情，好也；好行贪狼，申子主之。东方之情，怒也；怒行阴贼，亥卯主之。二阴并行，是以王者忌子卯也。南方之情，恶也；恶行廉贞，寅午主之。西方之情，喜也；喜行宽大，巳酉主之。二阳并行，是以王者吉午酉也。上方之情，乐也；乐行奸邪，辰未主之。下方之情，哀也；哀行公正，戌丑主之。

《诗含神雾》校注

辰未属阴，戌丑属阳，万物各以其类应。'又奏封事曰：'臣闻之于师，《易》有阴阳，《诗》有五际，《春秋》有灾异，皆列终始，推得失，考天心，以言王道之安危。'孟康注引《诗内传》曰：五际，卯、酉、午、戌、亥也。阴阳终始际会之岁，于此则有变改之政也。"寿祺案：奉治《齐诗》，两举师说，"六情""五际"皆《齐诗》说。孟康注引《诗内传》者，《齐诗内传》文也。《太平御览》引《春秋演孔图》曰："《诗》含五际六情。"宋均注曰："六情即六义也，一曰风，二曰赋，三曰比，四曰兴，五曰雅，六曰颂。"以《翼奉传》考之，则宋均之释六情非《齐诗》本义也。《毛诗大序》正义释六情据翼奉说。应劭注《汉书》，以"君臣、父子、兄弟、夫妇、朋友"释五际，亦非《齐诗》本义也。《后汉书·郎𫖮传》引《诗汎历枢》曰："卯酉为革政，午亥为革命。神在天门，出入候听。"李贤引宋均注云："神，阳气，君象也。天门，戌亥之间，乾所据也。"《毛诗大序》正义引《诗纬汎历枢》以释五际，云："亥为革命，一际也；亥又为天门，出入候听，二际也；卯为阴阳交际，三际也；午为阳谢阴兴，四际也；酉为阴盛阳微，五际也。"然《齐诗》五际并数戌，而《诗疏》不及之，亦非据《郎𫖮传》注。戌、亥皆为天门，亥为革命，当一际，则"出入候听"，宜以戌当一际矣。《太平御览》引《诗·含神雾》曰："集微揆著，上统元皇，下序四始，罗列五际。"宋均注曰："集微揆著者，若绵绵瓜瓞，人之初生，揆其始，是必将至著，有天子也。"（案：原文作"王有天下也"）此《齐诗》"五际"之义也。《文选·文赋》注引《春秋演孔图》云："《诗》含五际六情，绝于申。"宋均注："申，申公也。"寿祺谓申公之学为《鲁诗》，五际六情之说出《齐诗》，与申公无涉。或云：绝于申者，绝于鲁也。绝于鲁者，盖尊齐而绌鲁之辞也。《诗纬》言阴阳术数，与《齐诗》相傅，疑鲁、齐弟子有互为是非者，故《诗纬》之言如此。此说未当。考《毛诗·采薇》正义引《汎历枢》云："阳生酉仲，阴生戌仲。""绝于申"者，谓五际之道，阳气至申而绝，至酉始生也。宋均注误解耳。

迮鹤寿：五际之说出于《齐诗》，则四始之说亦出于《齐诗》，五际必兼四始言之。盖四始为之纲，五际为之纪也。《诗纬含神雾》曰："诗者，天地之心，君德之祖，百福之宗，万物之户也。集微撰著，上统元皇，下序四始，罗列五际。"《诗纬推度灾》曰："建四始五际而八节通，卯酉之际为改政，午亥之际为革命。"四始者，《诗纬汎历枢》曰："《大明》在亥，水始也。《四牡》在寅，木始也。《嘉鱼》在巳，火始也。《鸿雁》在申，金始也。"五际者，《齐诗内传》曰："卯、酉、午、戌、亥也，阴阳终始际会之岁，于此则有变改之政也。"《汎历枢》曰："卯，《天保》也。酉，《祈父》也。午，《采芑》也。亥，《大明》也。"翼氏曰："窃学《齐诗》，闻五际之要《十月之交》篇。"戌即《十月之交》是也。四始皆阳，木、火、金、水分布于四方，故为四始也。土独无始者，土为五行之君，周流于四者之间，循环无端也。五际，始终皆阳，中间皆阴。自亥至寅，渐入阳刚。亥为阳水，以一阳起群阴之中，君子所以经纶草昧，开国承家，故亥为一际也。自寅至酉，正在光明，卯为阴木，午为阴火，酉为阴金，其象暗昧，国家于此当有变改之政，故卯、午、酉各为一际也。自酉至戌，渐入阴柔，戌为阳土，以一阳陷群阴之内，国家于此必有灾异之应，故戌为一际也。四始起于亥，天一生水也。五际止于戌，天五生土也。

　　刘宝楠：《齐诗》"五际"有二说，应劭曰："五际：君臣、父子、兄弟、夫妇、朋友也。"孟康曰："《诗内传》曰：'五际，卯、酉、午、戌、亥也。《内传》当是《韩诗》，则《韩诗》亦有五际。阴阳终始际会之岁，于此则有变改之政也。'"案《吕氏春秋·壹行篇》："先王所恶，无恶于不可知，不可知则君臣、父子、兄弟、朋友、夫妻之际败矣。十际皆败，乱莫大焉。凡人伦以十际为安者也，释十际则与麋鹿虎狼无以异。"此即应说所本。际，交也。《吕氏》分言，故为十际。应氏合言，故为五际。其实一也。然《齐诗》义不如此。《汉书·翼奉传》："二月戊午地震，七月己酉地复震。奉奏封事曰：'《易》有阴阳，《诗》有五际，《春秋》有灾异，皆列终始，推得失，考天心，以言王道之安危。'又曰：'臣奉窃学《齐诗》，闻五际之要《十月之交》篇，知日食地震之效昭然可明。臣闻人气内逆，则感动天地，天变见于星气日蚀，地变见于奇物震动。今年太阴建于甲戌，律以庚寅初用事，历以甲午从春。历中庚寅，律得参阳，性中仁义，情得公正贞廉，百年之精岁也。正以精岁，本首王位，日临中时接律而地大震，其后连月久阴，虽有大令，犹不能复，阴气盛矣。其法大水，极阴生阳，反为大旱，甚则有火灾，春秋宋伯姬是矣。'明年夏四月，孝武园白鹤馆灾。奉自以为中，上疏曰：'臣前上五际地震之效，曰极阴生阳，恐有火灾。今白鹤馆以四月乙未，时加于卯，月宿亢灾，与前地震同法。'"据此，则五际当指五行生克，配合干支，以占吉凶，明天道也。

蒋湘南：六情、五际之说，本于《齐诗》，始见于《汉书·翼奉传》中，而注家多失其实。张晏注"观性以历"曰："历谓日也。"此盖不知历为律历之历，而慢以十干当之。《诗纬》中有名《汎历枢》者，正以其为历法之枢柄也。三百五篇之中，孔子之历存焉，非《齐诗》何由明之？孟康注"上方之情，下方之情"曰："上谓东北，阳气所萌，故为上；下谓西南，阴气所萌，故为下。"此盖因辰、戌、丑、未在四维方，而望文生义以解之，不知上下者天地也。据东西南北四方言之，即中央也。甲非北方，而奉属之北；亥非东方，而奉属之东；寅非南方，而奉属之南；巳非西方，而奉属之西。岂必辰、戌、丑、未，定在四维之地哉？宋均以"六义"注"六情"，应劭以"五伦"注"五际"，皆迂谬可哂。夫奉所言之六情五际，本传已自解之，何待旁征他传乎？《毛诗正义》引《诗纬》曰："亥为革命，一际也；亥又为天门，二际也；卯为阴阳交会，三际也；午为阳谢阴兴，四际也；酉为阴盛阳微，五际也。"夫明明言五际，自应分为五辰。而亥之一辰已当二际，是仍止有四际，于数不合。且阴阳盛衰，于《诗》何与？于理亦不合。《三易洞玑》曰："自文王戊寅至成王丙午为一际，至穆王壬戌为二际，至懿王戊寅为三际，至宣王甲午为四际，至惠王丙寅为五际。"此黄先生以《易》《诗》《春秋》三者合而为历，自成一家之学，于汉人"五际"之说，不必尽同。明于汉人五际之说者，惟孔氏巽轩《经学卮言》中得之。然亦未能知其为孔子之历也。余故先辨各注之误，而后申论其所以然。

下编 《诗纬》校注

《诗》者，导性之物也。性生情，情生气，气生声，声生数，数生律，律生历。明乎此，而后可以言六情、五际。六情者，喜、怒、哀、乐、好、恶也。五际者，金、木、水、火、土也。金神曰义，木神曰仁，水神曰智，火神曰礼，土神曰信。五际即五性也，在人谓之五性，在天谓之五行。分于人曰心、肝、脾、肺、肾，分于天曰东、西、南、北、中。合天人而会之，则东方者甲方也，甲木克戊土，得己土配之，而甲木之性不过。甲木为肝，肝行仁，故仁主甲己。南方者丙方也，丙火克庚金，得辛金配之，而后丙火之性不过。丙火为心，心行礼，故礼主丙辛。西方者庚方也，庚金克甲木，得乙木配之，而后庚金之性不过。庚金为肺，肺行义，故义主乙庚。北方者壬方也，壬水克丙火，得丁火配之，而后壬水之性不过。壬水为肾，肾行智，故智主丁壬。中央者戊方也，戊土克壬水，得癸水配之，而后戊土之性不过。戊土为脾，脾行信，故信主戊癸。由是而发为喜怒哀乐好恶之六情。喜行宽大，属西方金，金生于巳而盛于酉，故巳酉主之。怒行阴贼，属东方木，木生于亥，而盛于卯，故亥卯主之。好行贪很，属北方水，水生于申而盛于子，故申子主之。恶行廉贞，属南方火，火生于寅而盛于午，故寅午主之。乐行奸邪，哀行公正，属中央土，土阳丑戌而阴辰未，故丑戌辰未主之。由是而通为六气，好为阳气，恶为阴气，怒为风气，喜为雨气，哀为晦气，乐为明气。由是而出为六声，喜心感者声发散，怒心感者声粗厉，哀心感者声噍杀，乐心感者声啴缓，好心感者声和悦，恶心感者声直廉。由是而合之以六律，黄钟子气，夷则申气，好之情也；大簇寅气，蕤宾午气，恶之情也；姑洗辰气，林钟未气，乐之情也；亡射戌气，大吕丑气，哀之情也；夹钟卯气，应钟亥气，怒之情也；中吕巳气，南吕酉气，喜之情也。由是而衍之以六数，甲己子午之数九，乙庚丑未之数八，丙辛寅申之数七，丁壬卯酉之数六，戊癸辰戌之数五，巳亥之数四。六数本于六律，六律含于六气，六气原于六情，六情孕于五行，五行胎于五性，而纳为五音。土为宫，火为徵，水为羽，金为商，木为角。甲子、甲午、壬寅、壬申、庚辰、庚戌为阳商，乙丑、乙未、癸卯、癸酉、辛巳、辛亥为阴商，丙寅、丙申、甲辰、甲戌、戊子、戊午为阳徵，丁卯、丁酉、乙巳、乙亥、己丑、己未为阴徵，戊辰、戊戌、庚寅、庚申、壬子、壬午为阳角，己巳、己亥、辛卯、辛酉、癸丑、癸未为阴角，庚午、庚子、丙辰、丙戌、戊寅、戊申为阳宫，辛未、辛丑、丁巳、丁亥、己卯、己酉为阴宫，甲寅、甲申、丙子、丙午、壬辰、壬戌为阳羽，乙卯、乙酉、丁丑、丁未、癸巳、癸亥为阴羽，此一法也。子为阳宫，午为阴宫，卯为阳羽，酉为阴羽，辰为阳商，戌为阴商，巳为阳角，亥为阴角，丑与寅同为阳徵，未与申同为阴徵，此又一法也。音以纲之，律以纬之，日辰以配之，命以定之，风以传之，数以纪之，岁以统之，闰以接之，而五际之名起焉。亥为水际，酉为金际，午为火际，卯为木际，天门为土际，天门，戌亥之间也。以诗配之，则《大明》在亥，《祈父》在酉，《彤弓》在午，《天保》在卯，《苕华》在戌。卯酉之际为革政，亥午之际为革命，戌亥之际，天神候听，王者之所当慎也。《诗》历之法，十年一节，三十年一宫。宫分孟、仲、季，十二宫周而复始。逢卯酉之际，必有革政之事，逢亥午之际，必有革命之事。周武王即位之五年辛巳，入午孟之第一年。越十一年辛卯灭殷，在午仲之第六年，此革命之证也。又二百八十年，至平王元年辛未，为卯季之第一年，东迁于洛，此革政之证也。其或逢五际而不尽验者，则以闰分余气之不齐。天道人事感召凑会，总不外前后十数年间。故分亥、午、卯、酉，各自为际，而戌、亥二宫之间，合为一际，即所以齐不齐也。春秋时，师旷歌风，季札观乐，梓慎、神灶、子韦以及战国之石申、甘公，汉之唐都、翼奉、夏侯始昌、郎𫖮诸人，不外此法。而其本原皆出于天、地、人自然之性，故曰"《诗》者，导性之物也。性生情，情生气，气生数，数生律，律生历"，此之谓也。

　　孔门通六艺者，七十余人，当时必有传《乐经》者。而《汉书·艺文志》所载，但有《乐记》，而无《乐经》，岂亡之哉？《诗经》即《乐经》也。三百五篇，孔子皆弦歌之。某诗入某律，合某音，圣人必有手定之谱，故曰：然后乐正，《雅》《颂》各得其所，得所即各当其音律之谓也。鲁、韩、毛三家，但传训诂，不传音律，传音律者，只有《齐诗》。《含神雾》曰："齐地处孟春之位，律中太簇，音中宫角；陈地处季春之位，律中姑洗，音中宫徵；曹地处季夏之位，音中徵；秦地处仲秋之位，律中南吕，音中商；唐地处孟冬之位，音中羽。"此虽略举示例，未能备著，然亦可知《齐诗》所传，为孔门《乐经》之谱，明矣！《毛诗疏》引《汎历枢》之言"四始"也，有"《大明》在亥，水始。《四牡》在寅，木始。《嘉鱼》在巳，火始。《鸿雁》在申，金始"之语。后儒不得其解，遂以为水、火、金、木何与于《诗》。其实《大明》在亥者，律中应钟也；《四牡》在寅者，律中大簇也；《嘉鱼》在巳者，律中仲吕也；《鸿雁》在申者，律中夷则也。此与毛公以《关雎》《鹿鸣》《文王》《清庙》为四诗之始者，较有意义。① 孔门微言，正在于此。儒者以妄诞置之，何也？且古诗入乐，皆三篇连奏。以《左传》"《文王》之三""《鹿鸣》之三"例之，则"《大明》在亥"为《文王》《大明》《绵》三篇，"《四牡》在寅"为《鹿鸣》《四牡》《皇华》三篇，"《嘉鱼》在巳"为《鱼丽》《嘉鱼》《南山有台》三篇，"《鸿雁》在申"为《吉日》《鸿雁》《庭燎》三篇。但举中篇，而上下二篇在内，以三篇备而后可合为一宫，十二宫各有孟、仲、季也。五际之义，亦同四始。注《汉书》者不深明《齐诗》之例，但以阴阳际会解之，不知亥为革命者，《文王》《大明》《绵》三篇分孟、仲、季于亥宫也。其三十年中之岁、月、日、辰，相生相克，皆调之以应钟之气，而吉凶可见。王者值此天神伺察之时，一有不慎，天命将去，故为一际也。午为革命者，《六月》《采芑》《车攻》三篇分孟、仲、季于午宫也。其三十年中之岁、月、日、辰，相生相克，皆调之以蕤宾之气，而吉凶可见。王者值此阳消阴长之时，一有不慎，害气将至，故为一际也。卯酉为革政者，《常棣》《伐木》《天保》三篇分孟、仲、季于卯宫，《沔水》《鹤鸣》《祈父》三篇分孟、仲、季于酉宫也。卯司日出，亦称天门，酉司日入，亦称地户。王者值此二际，则修旧举废，理其政以应之，故曰卯酉为革政。其六十年中之事皆调之以夹钟、南

---

① 此言《毛诗》以《关雎》《鹿鸣》《文王》《清庙》为四始，盖谓四诗之首篇，而非《诗》学意义之"四始"。《毛诗》以风、小雅、大雅、颂为四始，当不至于误。

吕之气，而吉凶可见，所以各为一际也。戌亥之交，《小雅》之终而《大雅》之始也，其间必有闰律。闰律为前宫之余气，而戌亥正当紫宫之前，天门所在，太一巡行八宫，出入于此，王者尤宜慎之，故别为一际也。凡乐谱有中声，有变声，有子声，有全律，有半律，有闰律，分布于十二宫，宫各三十年，合得三百七十三年。自古未有三百七十三年而不值革命、革政之事者也，有其事则必在五际之限，一定不易之理也。三代以上，阴阳、历谱、天文、五行，合为一家，冯相、保章之所司，即孔子之所本。汉儒条别九流，分为四家。六朝以后，群术淆乱，唐李淳风、僧一行略能明之，而未详其要。宋后理学门开，一切弃之，目为小道矣。夫岂知皆孔门之大道哉！夫"吹律定姓"之法出于孔子，而知乐之人不世出，虽大师如刘子政，亦不敢指《齐诗》为孔门之乐谱，遂使尼山六艺，缺而不全。岂不可憾！余故详论六情五际之所以然，而更为谱以明之。

木、火、金三际，皆在正方，则水际亦宜用子。乃舍子而取亥者，黄钟乘阳，已在革命之后，不若应钟散阴，正当革命之初也。亥之神曰微明，正取明而未融之意，以当革命。其艰难甚于午际。徒以乾位解之，于革命之义终未合。天门虽在戌亥之间，而戌为尤重，以亥水已为第一际，而此第五际乃土际也。土际取戌不取丑、辰、未者，丑与子比，未与午比，皆当革命之后，国运方新，去卯酉革政之际尚差五六十年。辰与卯比，才脱革政，未近革命，皆不足当土之一际。惟戌居酉亥之间，革政之运未终，革命之运又始，其时事孔棘，有甚于亥卯午酉者，故以此为第五际也。凡《诗》历皆从乐律而生，乐律又随历数而变。邵子元会"运世"之说，即从十二律推而衍之者也。《小雅》卷末，正当戌际，《渐渐之石》为戌孟，《苕华》为戌仲，《何草不黄》为戌季。政至如是，国将亡矣。祈天永命之机，非师文王不可，故下接《大雅》之《文王》，而入于亥孟。然则戌亥之间，非革政、革命之交会哉？

魏源：问《齐诗》五际之说，谓"午亥之际为革命，卯酉之际为革正，辰在天门，出入候听。亥，革命，为一际；亥又为天门，出入候听，为二际；卯，阴阳交际，为三际；午，阳谢阴兴，为四际；

下编　《诗纬》校注

酉，阴盛阳微，为五际。亥，《大明》也。卯，《天保》也。午，《采芑》也。酉，《祈父》也"。其戌宫亦必取宣王三诗明矣。夫亥子之际，为自阴而阳；午未之际，为自阳而阴。文王固造邦革命之始，若宣王亦周室之极盛，而以为自盛始衰者何？曰：周之兴也，不兴于武王《天保》之时，而兴于文王、王季、太王世德作求之日，故以《大明》《绵》诗为亥子之际。彼读《伐木》《天保》而后知兴，非知兴者也。周之衰也，不衰于幽王《十月之交》，而衰于宣王中兴侈骄之日，故以《采芑》等篇为午未之际。彼读《十月之交》而后知败，非知败者也。五际，亥、子、丑、寅、卯、辰、巳七宫，皆取文武诗，而无成康之诗。午、未、申、酉、戌五宫，皆取宣王诗，而无幽平之诗。成康者，治之极，而非治之始、际。幽平者，乱之极，而非乱之始、际。故善观天人者不观于天人之极，而观于天人之际。知微知彰，其知际之谓也。大哉，际乎！知《诗》之五际者，其知作《易》之忧患乎？王氏夫之曰：《易》有变，《春秋》有时，《诗》有际。善言《诗》者，言其际也。寒暑之际，风以候之；治乱之际，《诗》以占之。极寒且燠而暄风相迎，盛暑且清而肃风相报。迎之也必以几，报之也必以反。知几知反，可与观化矣。《柏舟》者，二南之反也。《六月》者，《菁莪》之反也。《民劳》者，《卷阿》之反也。风起于微而报必大反，非其大反，天下亦恶从而乱哉。呜呼！《六月》之无君也，文不足而求功于武也；《民劳》之无臣也，无能为益而待益于上也；《柏舟》之无民也，薄其所厚则虽欲弗淫荡而不得也。故观乎《民劳》，而国无不亡之势。观乎《柏舟》，而民无不散之情。兆其乱者，其《六月》乎？《六月》未有乱，而正与《菁莪》相反，则其为乱可知已。一治一乱之际，如掌反覆。故曰：道二，仁与不仁而已矣。生杀之几，无渐迤之势，无疑似之嫌也。又曰：乱极而治，非一旦之治也；治极而乱，非一旦之乱也。方乱之终，治之几动而响随之。为暄风之试于霜午，而忧乱者莫之觊焉。方治之盛，乱之几动而响随之，为凉飔之飏于暑昼，而怙治者莫之觉焉。夫觊其所不可见，觉其所不及喻者，其惟几与响乎？《诗》之情，几也；《诗》之才，响也。因《诗》以知升降，则其知乱治也早矣。故曰：《雅》降而《风》，《黍离》降而哀周道之不复振。然则《黍离》者，《风》《雅》之畛与？阅《黍离》而后知《黍离》，是何知之晚也。《菀柳》而下，几险而响孤；《瞻卬》而降，几危而响促。取而置之《黍离》之间，未有辨也。故《瞻卬》之诗曰："心之忧矣，宁自今矣。"生于心，动于气，凄清拘急。先此而若告之，早成乎《风》，以离乎《雅》，迤以陵夷，而无一旦之区分，《黍离》之为《黍离》，宁自今哉？《节南山》虽激而不隘，《板》《荡》虽危而不褊。立乎《菀柳》《瞻卬》之世，泝而望之，不可逮矣。虽然，更有早于《菀柳》《瞻卬》者，宣王诸诗是也。密而察陵夷之势，几愈微，响愈幽，非夔、旷之识，谁从而审之哉。又曰：穆王以降无《雅》，昭王以降无《颂》。非弗能为之也，因周、召之作，被之于弦管，酬酢神人，无不足也。厉王之世而变《雅》作，述先王之旨用以讽刺；反正者之变，弗敢与正者伉也。卿大夫称言于私，其流闻上，弗敢以被诸弦管也。过则规之，善不足与述，弗敢以其功德与先王拟也。故曰：虽有其位，苟无其德，不敢作礼乐焉。夷厉以上，君子遵其礼，小人遵其制。虽有暴君侈相，天下犹以寡过，文武之泽永矣。周之陵迟而东，其肇于宣王之世乎？《王风》之陵迟而《黍离》，其肇于宣王之《雅》乎？崇舅之封，饰甥之嫁，娶于齐而城之，徐戎称王，征之不下，其恩已微，其威已熸。然且震而矜之，以其制作与文武相伉，何其不知惭也！《易》曰：中心惭者其辞枝。无德而以僭作，未有不芫以游者也。申伯之功，吉甫之德，韩侯之受命，召虎、皇父之帅师，以姻亚而贵，以尊高而贤，以私宠而荣，以天子战诸侯而纪其绩。而揆以此出入于《大明》《皇矣》之间，夸宾客而动鬼神，文武之泽斩矣。故善诵《诗》者，诵《吉日》《车攻》之篇如《南山》《正月》也，诵《崧高》《烝民》之篇如《民劳》《板》《荡》也。即其词，审其风，核其政，知其世，彼善于此而蔑以大，愈可以意得之矣。又曰：作《诗》者之自夸，何妨也？《文王》《大明》岂不"孔硕"矣乎！《鹿鸣》《四牡》岂不"肆好"矣乎！《关雎》《葛覃》岂不"穆如清风"矣乎！为彼者未尝自居也，自作而自诩之，唯吉甫、奚斯耳。我知吉甫、奚斯之靡所疑惭者，貌取而无实

— 253 —

乎？《文侯之命》，羑稗之书也。举文王之明德，而加之义和无惭焉。《崧高》《烝民》，羑稗之雅也。跻申伯、仲山甫于伊、吕、周、召之上无惭焉。《閟宫》，羑稗之雅也，跻鲁僖伐楚之功于周公而无惭焉。周至吉甫而《雅》亡，至奚斯而《颂》亡。古今文章之变视此矣。又曰：古先王之封建也，尊其尊，亲其亲，必将惬其愿而歆之以为厚乎？呜呼！是不察之论也。周公之封于鲁也，奄与淮夷故墟也。太公之封于齐，史迁《货殖传》谓其地潟卤，人民寡。召公之贤，且功且亲且耆耄，而封于燕，沙碛苦寒，密迩北塞，皆非择而取之也。先王不以利报亲贤，而体亲贤之情于利之外，而亲贤亦安之。恶有封国建侯，使之牧民，而必图度肥瘠者哉！为地择人，未闻为人而择地也。君以利导臣，而臣不趋于利蔑有矣。"我图尔居，莫如南土"，艳称之而上下不以为非，君以是厚其臣，故父亦以是厚其子。蹶父为女相攸，择山川鱼鸟文皮坚革之渊薮厚植以快闺房游燕之资，庆令居焉，父子夫妇，以利相接，沈湎于货贿食色之中。他日"皇父孔圣，作都于向，择三有事，择有车马，不憖遗我王"，又何怪乎！汉高之于陈平也，不以孙叔敖之智处之，而曲逆之祀不绍。鲁僖之于季姬也，不以孟光之贤期之，而鄫子之好不终。西周亡，蹶父绝，而申、韩继灭。故贤者不以利为厚，君子不以利厚人，所以植之不仆也。魏源曰：《风》有王伯，《雅》亦有王伯。《南》《豳》，王者之《风》也。列国伯者所陈之风，《缁衣》《木瓜》虽美亦伯也。周之宣王，犹汉之宣帝乎？王伯杂用，其雅亦伯雅也。《采芑》毛传曰：诗言周室之强，车服之美也，言其强美，斯劣矣。是谊毛传已发之，不独《齐诗》五际为然也。

　　陈乔枞：案《易乾凿度》云："天道三微而成一著，三著而体成。"注云："三微而成一著，自冬至至正月中为《泰》卦。三著成体，则四月为《乾》卦。"《后汉书·章帝纪》云："王者重三正，慎三微也。"注云："三微者，三正之始。万物皆微，物色不同，故王者取法焉。"《路史·伏犧纪》引《春秋内事》云："自开辟后，五纬各居其方，至伏羲乃消息祸福以制吉凶，始合之以为元。"《公羊隐元年》疏引《春秋元命包》云："元者，端也。炁泉无形以起，有形

— 254 —

以分。"注云："元为炁之始,如水之有泉,泉流之源,起造天地,天地之始也。无形以起,在天成象;有形以分,在地成形也。"形象之成,由微而著,元立而四始以叙,五际以列。四始起亥,以水为先;五际起卯,以木为首。《春秋纬》言"德合元者称皇",历元之立,始于伏羲,其德合元,故称为羲皇也。皇侃《论语义疏》引旧说,上推三统,以伏羲为人统,神农为地统,黄帝少昊为天统,颛顼为人统,帝喾、帝尧为地统,帝舜为天统。必从人为始者,三才须人乃成也。《续汉书·律历志》引《乐叶图征》云："天元以甲子朔旦冬至,日月五星起于牵牛之初,右行二十八宿,以考王者终始。或尽一,其历数或不能尽一,以四千五百六十为纪,甲寅穷。"宋均曰："纪即元也。王者即位,或遇其统,或不尽其数,故一元以四千五百六十为甲寅之终也。王者起,必易元,故不复沿前而终言之也。"《易纬乾凿度》载孔子曰："至德之数,先立木金水火土德,各三百四岁,五德备,凡一千五百二十岁,大终复初。其求金木水火土德日名之法,道一纪七十六岁,因而四之,为三百四岁,以一岁三百六十五日四分乘之,凡为十一万一千三十六;以甲[子]为法除之,余三十六,甲子始数立。立算皆为甲,旁算亦为甲,以日次次之,母算者,乃木金火水土德之日也。德益三十六,五德而止。六日名:甲子,木德,主春,春生,三百四岁。庚子,金德,主秋,成收,三百四岁。丙子,火德,主夏,夏长,三百四岁。壬子,水德,主冬,冬藏,三百四岁。戊子,土德,主季夏,致养,三百四岁。六子德四正:子、午、卯、酉也,而期四时,凡一千五百二十岁终一纪。五德者所以立尊号,论天常,志长久。"《开元占经》六十七引《黄帝占》曰："五子者,炁之始也。甲子,木,春始王;丙子,火,夏始王;戊子,土,季夏始王;庚子,金,秋始王;壬子,水,冬始王。"五行之炁各有其始,而《诗》但言四始者,四时之运成于五行,四始以配四时,土总四行,居时之季以成之也。《五行传》及《白虎通》皆云:"木非土不生,火非土不荣,金非土不成,水非土不停。土,扶微助衰,历成其道。五行更互须土,故土王四季而居中央,不名时也。"《后汉书·郎𫖮传》注引《春秋合诚图》云:"至道不远,三五

下编　《诗纬》校注

而反。"宋均注云："三，三正也。五，五行也。三正五行，王者改代之际会也。能于此际自新如初，则通无穷也。"《尚书中候握河纪》云："尧即位七十载，修坛河洛，仲月辛日，礼备，至于日稷，荣光出河洛，龙马衔赤文绿字，临坛吐甲图。文有列星之分，斗政之度，及帝王纪录兴亡之数。尧曰：嗟！朕无德，钦奉丕图，赐尔三三子。斯封稷、契、皋陶，皆赐姓号。"《中候苗兴》云："尧受图书，已有稷名在录，言其苗裔当王。"《尚书纬运期授》云："苍帝之治八百二十岁，立戊午蔀。"注云："周文王以戊午蔀二十九年受命。"《文选》注四十六引《春秋录图》云："苍精萌，姬稷之后昌。"《公羊宣三年》疏引《春秋感精符》云："苍帝之始二十八世，灭苍者翼也，灭翼者斗，灭斗者参，灭参者虚，灭虚者房。"注言："尧，翼之星精，在南方，其色赤。舜，斗之星精，在中央，其色青。案：青字疑黄之讹。参，禹之星精，在西方，其色白。汤，虚之星精，在北方，其色黑。文王，房之星精，在东方，其色青。"始、际之义，由阴阳五行之运推之。尧受河图，有天地帝王终始存亡之期，因微知著，观往察来，元会运变，百世可知。故《诗纬》云然，以见王者受命，改正易元，应运而起，皆顺乎天而应乎人。始、际之说，其所由来久矣。

　　黄以周：郑笺《诗序》有"《诗》含六情五际"之语，本诸《齐诗》。其法以律而定，详见《汉书·翼奉传》。翼奉，治《齐诗》者也。《诗》以理性情，故含六情。翼奉言"六情"曰喜怒好恶哀乐，与《春秋》言"六志"同，则六情即六志也。翼奉言：观性以历，观情以律，王者执十二律以御六情。东方之情喜，反之而为怒，其验在木。木生于亥，故亥卯主之。南方之情好，反之而为恶，其验在火。火生于寅，故寅午主之。西方之情怒，反之而为喜，其验在金。金生于巳，故巳酉主之。北方之情恶，反之而为好，其验在水。水生于申，故申子主之。哀乐行乎其间，犹土之寄王于四方。故乐之情，辰未主之。哀之情，戌丑主之。董子《繁露·王道通三篇》曰：好恶喜怒乃天之春夏秋冬。董意喜属春，好属夏，怒属秋，恶属冬，故《阳尊阴卑篇》曰：喜气为暖而当春，怒气为清而当秋，乐气为太阳而当夏，哀气为太阴而当冬。《白虎通义》曰：喜在西方，怒在东方，好在北

— 256 —

方，恶在南方。其言与翼奉所陈似相反而实相足，学者可参考而融贯之。《齐诗》家说亥为水始，寅为木始，巳为火始，申为金始，是谓四始。以例推之，子为水际，卯为木际，午为火际，酉为金际，亥为天门，五行出入，听候之际，是谓五际。谓之际者，谓木火金水之辰，皆两两相比以别，辰、戌、丑、未之分王独寄也。《后汉·郎𫖮传》引《诗氾历枢》文"卯酉之际为革正，午亥之际为革命，神在天门，出入听候"而曰："四始之缺，五际之厄，其咎如此。"则所谓"五际"者即卯卯（按：当作"酉"）革正，午亥革命之际也。其不举"子"者，言亥以赅子。此以卯酉之际为革正，午亥之际为革命，欲对文，姑省言之尔。后汉顺帝阳嘉二年，郎𫖮上封事曰："汉兴以来三百三十九岁，于《诗》三基。高祖起亥仲二年，今在戌仲十年，臣以为戌仲已竟，来年入季。"注云："基当作朞。"其法以三十年管一辰，凡甲子、甲午旬首者为仲，甲戌、甲辰旬首者为季，甲申、甲寅旬首者为孟。以是推之，元始四年入午仲，为王莽改命之年。汉高祖元年乙未入亥仲，前五十年，周亡之岁，在酉季二年乙巳，上距殷周革命辛卯之岁七百九十四年，实午孟之八年也。自孔氏《诗疏》误申《氾历枢》文，谓亥为革命，一际；亥又为天门，二际；卯为阴阳交际，三际；午为阳谢阴兴，四际；酉为阴盛阳微，五际。牵强附会，全无义类，岂亥一辰而可分为二际乎？岂午为阳谢阴兴之际，而子独非为阴谢阳兴之际乎？举午不举子，遂分亥为二际，妄矣！王伯厚《困学纪闻》又据误本孔《疏》所引《氾历枢》，以午亥卯酉辰为五际，不知孔疏《氾历枢》"辰在天门"，"辰"乃"神"字之误。《郎𫖮传》可证。如"神"本作"辰"，孔《疏》必不分亥为二际，而转遗辰不数也。近程易畴又推《翼奉传》孟康注，以卯酉午戌亥为五际，不知《汉书》注引《诗内传》亦有脱字，当云"五际，卯酉子午戌亥"也。卯、酉、子、午各一际，戌亥又一际也。《氾历枢》但举亥之革命，可以赅子。《齐诗》戌亥专指天门，则宜补言"子"。浅人不察，以五际举六辰，疑衍文，妄删之。此与读《氾历枢》者疑午亥卯酉不足五际，遂改辰在天门，同一痴见。一改"辰"字，一脱"子"字，说愈歧而不可通矣。《齐诗》家说四始者，《大明》在亥，水始也。《四牡》在寅，木始也。《嘉鱼》在巳，火始也。《鸿雁》在申，金始也。五际者，卯，《天保》也。酉，《祈父》也。午，《采芑》也。亥，《大明》也。四始五际分配《诗》之篇什，其法已失传。程易畴欲推其说而不得，孔顨轩略见其绪而莫详。窃考古人作乐三终，三终之诗必连类相及。如乡乐歌《周南·关雎》《葛覃》《卷耳》三篇，又歌《召南·鹊巢》《采蘩》《采蘋》三篇是也。四始、五际即以三诗当一辰，一辰分孟、仲、季以配三诗。寅、申、巳、亥为四始，始必资于中气，故皆取其仲。子午卯酉为四际，际为交代之义，故皆取其季。如《小雅·鹿鸣》《四牡》《皇华》为升歌之三，于四始属寅，《四牡》为寅仲，故曰"《四牡》在寅，木始也"。次以《常棣》《伐木》《天保》三篇于五际属卯，《天保》为卯季，故卯季《天保》也。次以《采薇》《出车》《杕杜》三篇属辰，不在始、际之数。次以《鱼丽》《嘉鱼》《南山有台》为间歌之三，于四始属巳，《嘉鱼》为巳仲，故曰"《嘉鱼》在巳，火始也"。次以《菁莪》《六月》《采芑》三篇于五际属午，《采芑》为午季，故午季《采芑》也。次以《蓼萧》《湛露》《彤弓》三篇属未，不在始、际之数。次以《车攻》《鸿雁》《庭燎》三篇于四始属申，《鸿雁》为申仲，故"《鸿雁》在申，金始也"。次以《沔水》《鹤鸣》《祈父》三篇于五际属酉，《祈父》为酉季，故酉季《祈父》也。今《诗》倒《蓼萧》三篇于《菁莪》之前，厕《吉日》于《车攻》之后，盖毛公所易，与《十月交》《雨无正》同例与？抑亦《汉·艺文志》言鲁、齐、韩《诗》经皆二十八卷，独《毛诗》经二十九卷，其篇弟本自不同与？至《大雅·文王》《大明》《绵》亦为升歌之三，于四始属亥，而《大明》为亥仲，故曰"《大明》在亥，水始也"。《棫朴》《旱麓》《思齐》三篇于五际属子，《思齐》为子季，则子季《思齐》也。书缺有间，其详不可得闻，为言其大略如此。四始、五际配用诗什，与《易》卦气图立意略同。而其言五际之卯酉革正，午亥革命，实通于《易》之消息爻辰，如《乾》初子、二寅、三丑，下卦终矣。四卯又交上，谓革正。五辰、上巳，上卦又终矣。而《坤》初又伏于午，故曰午之际为革命。二未、三申，下卦终矣。四酉又交上卦，是谓革正。五戌、上亥，上卦又终。为阴阳终始际会之岁，至子又属《乾》初,故曰亥之际为革命。云"神在天门,出入听命"者,《郎𫖮传》曰:"神在戌亥司候。"宋均注曰:"神,阳气,君象也。天门,戌亥之间,《乾》所据也。"五际又通于《易》象如此。

胡薇元:"集微揆著",魏宋均注:"若'绵绵瓜瓞,人之初生'。"以为集著气化之先,揆厥禋祀之微。《易乾凿度》:"天道三微而成一著,三著而体成。自冬至至正月中为《泰》卦,三著成体,则四月《乾》卦矣。"《后汉·章帝纪》云"王者重三正,慎三微是也"。下序四始,谓《国风》、大、小《雅》、《颂》,五际谓阴阳之际。亥为革命,一际也;辰在天门,二际也;卯为阴阳交际,三际也;午为阳谢阴兴,四际也;酉为阴盛阳微,五际也,《天保》《祈父》《采芑》《大明》诸诗是也。上统元皇者,元,瑞也,元为炁之始也。《春秋纬》:"德合元者称皇。"如伏羲之称羲皇也。此条见《太平御览》卷六百九、徐坚《初学记》卷二十一。

廖平:"集微",知微。"揆著",《中庸》:"莫见乎隐,莫显乎微。"班《律历志》:"三微而成著,三著而成象,二象十有八变而成卦。""上统元皇",皇省惟岁。《春秋内事》:"天地开辟,五纬各在其方,至伏羲始合,故以为元。"《命历序》:"次是民没,元皇出,天易命,以地纪,穴处之世终矣。""下叙四始",寅、申、巳、亥,四时之始。亥,水始;寅,木始;巳,火始;申,金始。"罗列五际"《论语》"唐虞之际",以刚柔分,各统五干为五际。亥为一际二际,卯为三际,午为四际,酉为五际。

刘师培:《太平御览》一百五十七引《诗含神雾》曰:"邶鄘卫王郑,此五国者,千里之城,处州之中。"陈乔枞云:"城"疑"域"之误,"州"上疑脱"九"字。名曰地轴。《玉烛宝典》六引《诗含神雾》亦曰:"郑,代当作戊己之地也,位在中宫而治四方,参连相错,八风气通。"两说相同。据《御览》所引,知邶、鄘、卫、王、郑同居中宫。《宝典》惟云郑者,文不具。如《诗纬》说《诗》,以邶、鄘、卫、王、郑五国位当《月令》中央土,不与八节相应。其与八节相应者,《御览》卷十八、卷七十四引《诗含神雾》曰:"齐地处孟春之位,海岱之间,土地污泥,流之所归,利之所聚,律中太簇,音中

— 259 —

下编 《诗纬》校注

宫角。""宫"字疑衍。《北堂书钞》一百十二引"宫角"作"羽",尤误。又卷二十六引《诗含神雾》曰:"魏地处季冬之位,土地平夷。唐地处孟冬之位,得常山太岳之风,音中羽,其地硗确而收,故其民俭而好畜。《太平寰宇记·河东道四》亦引此文,'畜'下别有'外急而好仁'五字。此唐尧之所起。"又《艺文类聚》三及《御览》二十四引《诗含神雾》云:"秦地处仲秋之位,男懦弱,女高瞭,身白色,音中商,其言舌举而仰,声清以扬。"《书钞》一百十二引《诗纬》作"秦地处仲秋之位,律中南吕,音中徵",文多误字。又《御览》二十一引《诗含神雾》云:"曹地处季夏之位,土地劲急,声中征,其声清以急。"又《御览》十八引《诗含神雾》云:"陈地处季春之位,土地平夷,无有山谷,律中姑洗,音中宫徵此二字疑误。"据彼说,知《诗纬》之意,以齐、魏诸《风》分主八节,齐主立春迄春分,故曰孟春之位。陈主春分迄立夏,故曰季春之位。曹主夏至迄立秋,故曰季夏之位。秦主秋分迄立冬,故曰仲秋之位。唐主立冬迄冬至,故曰孟冬之位。魏主冬至迄立春,故曰季冬之位。由是而推,则桧主立夏迄夏至,位处孟夏。豳主立秋迄秋分,位处孟秋。虽纬文不具,亦得援例互明矣。其必以诸国之风分主八节者,盖以诸国之风所咏景物多应四时。故《御览》十二引《诗含神雾》曰:"阳气终,白露为霜。"又引宋均注曰:"白露,行露也。阳终阴用事,故曰露凝为霜也。"彼以《秦风·蒹葭》所咏合于秋令,因以《秦风》应秋,知推说他国之风,亦必有说。惟《诗纬》多逸,鲜克绎寻。《说郛》引《诗汎历枢》云:"蟋蟀在堂,流火西也。"似亦即诗文以明节候,惟其说未详。其不计《周南》《召南》者,《诗纬》遗说盖以二《南》明三正终始。知者,《宝典》十一引《诗推度灾》曰:"关雎恶露,乘精随阳而施,必下就九渊,以复至之月鸣求雄雌。"又引宋均注云:"随阳而施,随阳受施也。渊犹奥也,九奥也。九喻所在深邃。《复》卦,冬至之月,鸣求雄雌。"又《毛诗·鹊巢》疏引《诗推度灾》曰:"鹊以复至之月始作室家,鸤鸠因成事,天性如此也。"《宝典》十一引"如此"作"自如",又引注云:"自如,自如天性所有。"又《路史后纪》注引《诗含神雾》曰:"麟,木之精。"又《说郛》引《诗汎历枢》曰:"彼茁者葭,一发

— 260 —

五犯。孟春，兽肥草短之候也。"合观众说，知《诗纬》之意以《关雎》《鹊巢》均主周正子月，《麟趾》《驺虞》均主夏正寅月，其旨主于明三统。故《诗》家以之冠《国风》，因以分统众国制，与今文二伯乎；次以邶、鄘、卫、王、郑者，示先中央；次以齐、魏以下诸风者，明由中及外，亦与《王制》九州、八伯之制累符也。

《初学记》二十一、《太平御览》六百九引《诗推度灾》曰："建四始五际而八节通。"《后汉书·郎𫖮传》载𫖮上书亦曰："四始之缺，五际之厄，其咎如此。"据《毛诗·关雎序》孔疏引《诗纬氾历枢》云："《大明》在亥，水始也。《四牡》在寅，木始也。《嘉鱼》在巳，火始也。《鸿雁》在申，金始也。"又引郑玄《六艺论》述《氾历枢》云："卯，《天保》也。酉，《祈父》也。午，《采芑》也。亥，《大明》也。"是亦《齐诗》遗说。盖𫖮治《齐诗》，《诗纬》之中如《推度灾》《氾历枢》并与《齐诗》说历，故其义大同。惟《推度灾》所谓"八节通"，前儒鲜绎其说。今考《玉烛宝典》一引《推度灾》曰："《四牡》，草木萌生，发春近气，役动下民。"又引宋均注曰："大夫乘四牡行役，倦不得已，𭆥盖息字（案：当是"亦"字）如正月动物不止，故以篇系此时也。"卷四引《推度灾》曰："立火于《嘉鱼》，万物成文。"又引宋均注曰："立火，立夏，火用事成文，时物鲜洁，有文𮨁也。"卷七引《推度灾》曰："金立于《鸿雁》，阴气煞，草木改。"又引宋均注曰："金立，立秋，金用事也。"据彼说，是《诗纬》之意以为《嘉鱼》主立夏，《鸿雁》则主立秋。立夏，四月节，故曰《嘉鱼》在巳。立秋七月节，故曰《鸿雁》在申。《氾历枢》之意，证以《推度灾》而益明。援是以推，知《大明》《四牡》亦主立冬、立春。《纬》云："《大明》在亥，《四牡》在寅"者，以立冬为十月节，立春则为正月节也。《宝典》二又引《推度灾》曰："节分于《天保》，微阳改刑。"又引宋均曰："节分谓春分也。榆荚落，故曰改刑也。"知纬以《天保》主春分。既以《天保》主春分，知《采芑》《祈父》诸篇亦与分、至相应。其曰"卯，《天保》。酉，《祈父》。午，《采芑》"者，《天保》主春分，春分二月中，故卯为《天保》。《祈父》主秋分，秋分八月中，故酉为《祈父》；《采芑》主夏至，夏至五月中，故午为《采芑》。惜纬说不具，其分主冬至之篇，今不可考。然诗篇分应八节，确然可征。此即《推度灾》所谓"八节通"也。考其方位，盖与《易》八卦略同。《宝典》又引《易纬通卦验》云："艮，东北也，主立春；震，东方也，主春分；巽，东南也，主立夏；离，南方也，主夏至；坤，西南也，主立秋；兑，西方也，主秋分；乾，西北也，主立冬；坎，北方也，主冬至。"是其比也。即四立言，则曰四始以四立，分居四时首，因以始名。其先《大明》，后《四牡》者，以《齐诗》推数皆以亥起也。

邵瑞彭：四始五际之说，《齐诗》之本也。其名娄见于书传，其义则晦而弗彰。今寻绎旧文，述其义例如次。

四始者，水、木、火、金四行之始也。水行亥子丑三辰，亥为之始。木行寅卯辰三辰，寅为之始。火行巳午未三辰，巳为之始。金行申酉戌三辰，申为之始。土王四季，故不为始。应诸《诗》篇，《大明》在亥，水始也。《四牡》在寅，木始也。《嘉鱼》在巳，火始也。《鸿雁》在申，金始也。

五际者，五行之际也。亥属水为一际，卯属木为二际，午属火为三际，酉属金为四际，辰戌属土为五际。卯酉之际为革政，（一作革政，又作改政）午亥之际为革命。辰在天门，出入候听。天门者，戌也。自卯至酉，自酉至卯，自午至亥，自亥至午，自辰至戌，自戌至辰，皆历十二辰之半周。酉金胜卯木，故为革政。亥水胜午火，故为革命。辰戌皆土，不能相胜，合为一际，以肆出入，故戌之象为天门。戌在酉亥之间，辰亦在卯午之间。卯酉午亥之行，其出入必经乎辰戌。（《说文》云"卯为春，万物已出；酉为秋，万物已入"。然则卯从辰出，酉从戌入，午亥之例亦相同。）应诸诗篇，《大明》在亥，水之际也。《天保》在卯，木之际也。《采芑》在午，火之际也。《鹤鸣》在酉，金之际也。《祈父》在戌，土之际也。四始之说，未有异词，五际则理深旨奥，学者往往不能了悟。旧说所传，亦有歧误。《诗正义》引郑康成说："亥为革命，一际也。亥又为天门，二际也。卯为阴阳交际，三际也。午为阳谢阴兴，四际也。酉为阴盛阳微，五际也。"此疑有误字。郑引原文，疑作"辰为天门，二际"。辰戌同际，举辰足以赅戌，犹之《诗内传》举戌不举辰也。但辰为天门，语似欠惬。纬言辰在天门，以辰戌对冲，辰转位至戌，故曰在。若言为，则失其义。旧说戌亥为天门，辰巳为地户。或单称戌为天门，辰为地户。虽理取通变，而名实终不宜紊耳。

郑引《汜历枢》曰：卯，《天保》也。酉，《祈父》也。午，《采芑》也。亥，《大明》也。辰戌未举篇名，纬文显有缺泐。以今所推，《祈父》之篇，第一次在戌，第二次在申，第三次在午，万难推之在酉，而酉季实为《鹤鸣》。凡纬所举篇名，以配始际者，其在《小雅》，多以第一次所推为准，故知酉际必举《鹤鸣》也，《祈父》乃举以配戌季者。当以纬文残佚，"酉"字之下，夺"鹤鸣"二字，"祈父"之下夺"戌也"二字，误合为一，致殆巨谬。郑君不知五际有戌，遂漫说之。故于辰际亦不能举篇名，爰正之于此。

沈曾植：《齐诗》五际，以午亥为一际。诗家代相称引，无有释其义者。尝依五行家例作图观之，则式正与十二辰六害之式相反。六害为君臣、父子悖德之极端则反之，而午亥之际为革命，乃革其悖德之害也，固与卯酉革正之旨不异。又《京房易传》，八卦坤起亥，震起午。以坤、震起午、亥论，则午亥之际乃复卦也。午亥复，巳子讼，辰丑鼎，寅卯损。以此义释《齐诗》，庶五际之学可立。

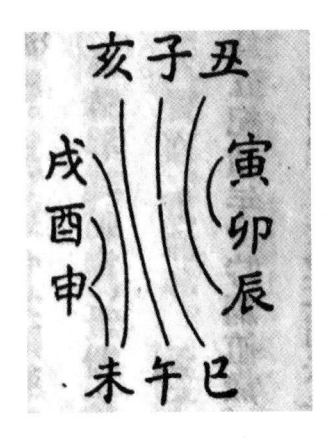

六害 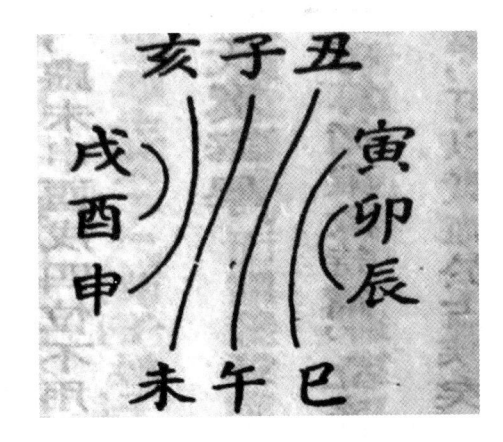　　　　　　　　　五际

◈ 下编 《诗纬》校注

上二图皆以午为主。从午作一线抵丑，依次布之，为六害。从午作一线抵亥，依次布之，为五际。六害之午丑，以《易传》离起丑言，下震上离，则火雷噬嗑是也，五行生克冲破皆有常，独至六害，则《五行大义》所言"父失其慈，子违其孝，妻不敬顺，夫弃和同，外合破冲，以相贼害。至如命待熊蹯，饥探雀鷇，重耳外奔，申生赐尽，河内则夫妇相残，塞外则君臣杀夺，不爱其亲而爱他人，谓之悖德"。逆节绝理，情穷事极，先王于是亦惟有明惩救法而已。善救之法已穷，反复其道，欲不革命得乎？汤武革命，乃革夏殷乱民之命，非革夏殷暴主之命也。京氏《易传》，八卦乾起巳，坤起亥，震起午，巽起辰，坎起子，离起丑，艮起寅，兑起卯，虚未申酉戌四位不用，此方位亦与诸家独异。

案：三期、四始、五际、六情、十二律，乃《诗纬》诗说体系之重要关节点。历来论说者颇多，故不惮繁琐而征引明清学者的学说。概言之，诸家所论要点有二，一是《诗纬》与《齐诗》之关系，二是四始五际如何配诗篇，或曰配诗的依据为何。就配诗而言，影响最大者一是孔广森以律配诗，此说发端于黄道周。而魏源显然以周王室兴衰历史为依据以配诗，今人多从其说。这其中，清人连鹤寿《齐诗翼氏学》中的一些说法值得关注，比如他认为《诗纬》配诗专主二《雅》，以及《诗纬》中有佚句，等等，都可给人以启发。邵瑞彭《齐诗钤》配诗，也取其"《鹿鸣》《文王》不入始"说。但他所谓"八部阴阳相乘图"等，依据不明，难以立说。其配诗涵括笙诗，也招致刘师培的批评。而沈曾植考以阴阳家之法，则颇值得注意。

　　诗者，持也，以手维持，则承负之，谓以手承下而抱负之。
　　　　　　　　　　　　　　　　　　——《礼记注疏》卷二八

【汇校】

《礼记·内在》"诗负之"，孔颖达疏谓"《诗含神雾》云：诗者，持也。以手维持，则承奉之义，谓以手承下而抱负之"云云。《玉海》卷三八引《含神雾》曰"诗者，持也"。《古微书》辑录取"诗者，持也"，《玉函山房辑佚书》同之。《七纬》取"诗者，持也，以手维持"，《通纬》同之。《纬捃》取"诗者，持也，以手维持，则承负之，谓以手承下而抱负之"，《重修纬书集成》同之。《诗纬集证》辑为"诗三百五篇《诗谱序》正义诗者，持也。《礼记·内则》正义在于敦厚之教，自持其心，讽刺之道，可以扶持邦家者也。《毛诗指说》"。

【汇注】

陈乔枞：案《春秋说题辞》云："诗者，天地之精，星辰之度，人心之操也。"又曰："在事为诗，未发为谋，恬淡为心，思虑为志，故诗之为言志也。"《春秋纬》言"人心之操"，是亦以诗为自持其心。汉世纬学多用《齐诗》，此其明验。《五行大义》云："五行则金木水火皆载于土，五事则貌言视听皆生于心。"《尸子》曰："心者，身之君。天子以天下受令于心，心不当则天下祸。诸侯以国受令于心，心不当则国亡。匹夫以身受令于心，心不当则身戮。"人心者，天地之精，群生之本。故政之治乱，由于君之心也。能自持其心，则可以扶持邦家矣。

胡薇元：《礼内则》："诗负之。"郑注："诗之言承也。"孔疏："诗者，持也，以手维持，承奉之义也。"明诗者谓之诗，犹明易者谓之易。易拖（案："拖"当作"抱"）龟南面，太师吹铜而御户住（案："住"当作"左"）。铜，律也，吹之以验气也。《春秋说题辞》："诗者，天地之精，星辰之度，人心之操，以诗自持其心也。"汉世纬学多用《齐诗》，《礼记·经解》："温柔敦厚，诗教也。"《正义》："《诗》依违讽谏，不遗微小，其在朝廷则遵仁圣，所以扶持邦家者也。"此条见《诗谱序》孔正义。

廖平：《说题辞》："诗者，天文之精，星辰之度，人心之操也。"按：操者，持也。操持于心，思虑为志，故曰"诗言志"。

案：据上下文意，孔颖达所引《含神雾》当作"诗者，持也"。其下皆为孔颖达疏文，疏郑玄注"诗之言承也"义。乔松年误将疏文辑入纬书，安居香山已指出，但囿于体例，依然沿袭乔松年之误。

下编 《诗纬》校注

　　诗者,持也。在于敦厚之教,自持其心,讽刺之道,可以扶持邦家者也。

——《毛诗指说》卷一

【汇校】

明清纬书辑佚,只有殷元正《集纬》、陈乔枞《诗纬集证》辑录,其余皆不辑。殷元正辑录漏"诗者持也"四字,而陈乔枞辑文见前条。

【汇注】

陈乔枞:说见前"诗者,持也,以手维持,则承负之,谓以手承下而抱负之"条。

胡薇元:说见前"诗者,持也,以手维持,则承负之,谓以手承下而抱负之"条。

案:《毛诗指说》所引《含神雾》原文较为完备,"诗者,持也"出自这条佚文。

　　作邑于丰,起灵台。

——《毛诗正义》卷十六

【汇校】

明清纬书辑佚无异词。

【汇注】

郑玄:民者,冥也。其见仁道迟,故於是乃附也。天子有灵台者,所以观祲象,察气之妖祥也。文王受命,而作邑于丰,立灵台。

陈乔枞:《中候雒师谋》云:"唯王既诛崇侯虎,文王在丰,丰人一朝扶老至者八十万户。"《我应》云:"季秋之月,甲子赤雀衔丹书入丰,止于昌户,再拜稽首受。"《易是类谋》云:"文王比隆兴始霸,伐崇作灵台,受赤雀丹书,称王制命,示王意。"注云:"入戊午蔀二十九年,季秋之月甲子,赤雀衔丹书而命之。"文王于丰得命,当立天子之居,故作都于丰,以应天命。灵台在丰邑,沣水之东,其制积土

— 266 —

崇九仞，上平无屋，以观祲象，察气之妖祥。《太平御览·礼仪部十三》引《礼统》曰："所以制灵台者何，以尊天重民，备灾御害，豫防未然也。夫王者当承顺天地，节御阴阳也。殷为神台，周为灵台，质者据天而王，天者称神；文者据地而王，地者称灵。是其异也。"

胡薇元：《易纬是类谋》："文王伐崇作灵台，赤雀衔丹书文，至于丰，得命。"《诗正义》《中候》引同。

起居无常。
——《北堂书钞》卷二一

【汇校】

明清纬书辑佚，此条只见于《纬捃》《集纬》《诗纬集证》，其余皆未辑录。

【汇注】

陈乔枞：此说《齐风·东方未明》之文也。诗卒章曰"不能辰夜，不夙则莫"，毛叙云"朝廷兴居无节"，语意正囗（同？）。

胡薇元：此《齐风·东方未明》之文也。《毛诗》后（案："后"当作"传"）、笺"刺无节也"。沈约注："齐哀公兴居无节，号令不时，故曰'不能辰夜，不夙则暮'，辰，房星，三月农时。"此条见《毛氏诗传》。

孔子曰：违山十里，蟪蛄之声犹在于耳，政事之恶哗而善肃也。
——《续博物志》卷十

【汇校】

引文又见《古诗纪》卷一五三，"犹在于耳"作"犹尚存耳"，无"言"字，"喜"作"善"。《续博物志》《古诗纪》都无纬名，明清纬书辑佚皆承《古微书》说。《古微书》引作"昔孔子歌云：违山十里，蟪蛄之声犹尚在耳，政尚静而恶哗也"，《诗纬集证》无"昔"字，余同。

— 267 —

【汇注】

孙瑴：说见前"王者德化充塞，照洞八冥，则神鸾臻"条。

陈乔枞：《说苑·政理篇》："孔子曰：'鲁国以众相陵、以兵相暴之日久矣，而有司不治，聘我者孰大乎？'于是鲁人闻之曰：'圣人将治，可以不先自为刑罚乎？'自是之后，国无争者。孔子谓弟子曰：'违山十里，蟪蛄之声犹尚存耳，政事无如膺之矣。'"语与此合。蟪蛄，《诗》所谓"螗"者是也。陆玑《草木虫鱼疏》云："螗，一名蝘，一名叨嘹，青徐谓之螇螗，楚人谓之蟪蛄，秦燕谓之蛉蚗，或名之蜓蚞。"《汉书·五行志》云："言之不从，是谓不乂。从，顺也。乂，治也。孔子曰：'君子居其室，出其言不善，则千里之外违之，况其迩者乎？'《诗》云：'如蜩如螗，如沸如羹。'言上号令不顺民心，虚哗愦乱，则不能治海内。失在过差，故其咎僭。"僭，差也。

胡薇元：《说苑》："孔子曰：'鲁国以众相陵、以兵相暴之日久矣，而有司不治，聘我者孰大乎？'鲁人闻之曰：'圣人将治，可不先自为刑罚乎？'自是鲁无争者。孔子谓弟子曰：'违山十里，蟪蛄之声，犹尚在耳。'"蟪蛄，螗也。陆玑《虫鱼疏》："螗，螇螗，楚人谓之蟪蛄。"《诗》云："如蜩如螗，如沸如羹。"言号令不顺民心，虚议愦乱也。僭，差也。

颂者，王道太平，成功立而作也。

——《北堂书钞》卷一百二

【汇校】

孔广陶校注《北堂书钞》，依据陈俞本及《玉函山房辑佚书》，认为"成功立"当作"功成治定"。《唐类函》卷一〇五引文也作"功成治定"，《古微书》也作"功成治定"，《诗纬集证》等同之。

【汇注】

孙瑴：说见前"王者德化充塞，照洞八冥，则神鸾臻"条。

陈乔枞：案《韩诗外传》云："道得则泽流，群生而福归。王公百姓皆怀安和之心，而乐载其上，夫是之谓下而上通，颂声之所以兴也。"《论衡》亦云："《周颂》三十一篇，《殷颂》五，《鲁颂》四，凡四十篇，诗人所以嘉上也。"故季札观于周乐，为之歌《颂》，曰："五声和，八风平，节有度，守有序，盛德之所同也。"是三百五篇，《颂》居其极矣。

胡薇元：王充《论衡》："《周颂》三十一篇，《殷颂》五，《鲁颂》四，凡四十篇，诗人所以嘉上也。"季札观乐曰："五声和，八风平，节有度，守有序，盛德之所同也。"王者告太平，奏象舞，上推天命，下及曾孙，功成治定，归美祖考。"对越在天，骏奔走在庙"，《诗》道之大，中多微辞妙旨，言有尽而意无穷。《诗》道然也。

　　四方蛮貊，制作器物，多与中国反，书则横行，食则合和，伏则交脚，皱则细腰。知此类甚众。中国之所效者，貂蝉、胡床、胡饭。

　　　　　　　　　　　　——《太平御览》卷七九九

【汇校】

《古微书》引"皱"作"鼓"，"知"作"如"。《通纬》等后世纬书辑佚依之。安居香山《重修纬书集成》注云："疑当非纬文。"不知何据？

【汇注】

孙毂：按《列子》："越之东有辄沐之国，其长子生，则鲜而食之，谓之宜弟。其大父死，负其大母而弃之，曰：鬼妻不可与同居处。楚之南有炎人之国，其亲戚死朽其肉而弃之，然后埋其骨，乃成为孝子。秦之西有仪渠之国者，其亲戚死，聚柴积而焚之，燻则烟上，谓之登遐，然后成为孝子。"此上以为政，下以为俗，而未足异也。

《梁四公记》：杰公曰："以今所知，女国有六。何者？北海之东，方夷之国有女国，天女下降为其君。西南夷板楯之西有女国，其女悍而男恭，女为人君以贵，男为夫，置男为妾媵。昆明东南，绝徼之外有女国，以猿为夫，生男类父而入山谷，昼伏夜游，生女则巢居穴处。南海东南有女国，举国惟以鬼为夫，夫致饮食禽兽以养之。勃律山之西有女国，山出台虺之水，女子浴之而有孕，其女举国无夫。西海西北有女国，以蛇为夫，男则为蛇不噬人而穴处，女为臣妾官长而居宫室。"

陈乔枞：案《汉书·西域传》云："安息国去长安万一千六百里，土地风气，物类所有，民俗与乌弋、罽宾同。小大数百城，地方数千里，最大国也。临妫水，商贾车船行旁国。书革，旁行为书记。"服虔注曰："横行为书记也。"师古曰："今西方胡国及南方林邑之徒，书皆横行，不直下也。革谓皮之不柔者。"又《太平御览》七百八十四夷部引《临海水土志》曰："夷州在临海东南，去郡二千里，土地人民，各自别异，饮食取生鱼肉杂贮大器中以卤之，历日月，乃啖食之，以为上肴。凿木作器如猪槽状，以鱼肉腥臊安中，十十五五共食之。以粟为酒，木槽贮之，用大竹筒长七寸许饮之。"又《隋书》云："真腊国，在林邑西南，本扶余之国也，饮食多苏酪、沙糖、秔粟、米饼，欲食之时，先取杂肉羹与饼相和，手擩而食。"又《御览》五百六十七四夷乐引《乐部乐志》曰："龟兹乐器有毛圆鼓、要目鼓，天竺乐器有毛员鼓、都昙鼓，疏勒乐器有答腊鼓、腰鼓，安国乐器有正鼓、和鼓，高丽乐器有腰鼓、齐鼓。"又，五百八十二引《大周正乐》曰："腰鼓，大者瓦，小者木，皆广首而纤腹。都昙鼓，似腰鼓而小，以小捶击之。毛员鼓，似都昙而稍大。"又曰："正鼓和鼓，一以正而一以和，皆腰鼓也。"《续汉书·舆服志》云："武冠，一曰武弁大冠，诸武官冠之。侍中、中常侍加黄金珰，附蝉为文，貂尾为饰，谓之'赵惠文冠'。胡广说曰：'赵武灵王效胡服，以金珰饰首，前插貂尾，为贵职。秦灭赵，以其君冠赐近臣。'"刘昭注引应劭《汉官仪》曰："说者以金取坚刚，百炼不耗。蝉居高饮洁，口在腋下。貂内劲悍而外温润。此因物生义也。"又引徐广曰："赵武灵王胡服有此，秦即赵而用之。说者蝉取其清高，饮露而不食，貂紫蔚采润，① 而毛采不彰灼，故于义亦取。"徐广又曰："意谓北方寒凉，本以貂皮煖额，附施于冠，因遂变成首饰。"② 又《续汉书·五行志》云："灵帝好胡服、胡帐、胡床、胡坐、胡饭、胡箜篌、胡笛、胡舞，京都贵戚皆竞为之，此服妖也。其后董卓多拥胡兵，填塞街衢，是其验已。"

廖平：《王制》："广谷大川异制，民生其间者异俗，刚柔、轻重、迟速异齐，五味异和，器械异制，衣服异宜。"《史记·大宛传》："安息以银为钱，钱如其王面，画革旁行，以为书记。"《索隐》引韦昭云："外夷书皆旁行，不直下也。"此可见结绳字母之遗迹。《王制》："五方之民各有性也，不可推移。"

  东注无底之谷。

——《山海经·大荒东经》郭璞注

【汇校】
明清纬书辑佚无异词。

【汇注】
陈乔枞：案《山海经·大荒东经》云："东海之外有大壑。"郭注引《诗含神雾》云云，谓此壑也。考《列子·汤问篇》："夏革曰：勃海之东，不知几亿万里，有大壑焉，实惟无底之谷，其下无底，名曰归虚。"是其证已。

胡薇元：《列子·汤问篇》："夏革曰：勃海之东有大壑焉，实惟无底之谷，名曰归虚。"见《山海经·大荒东经》郭注引《含神雾》文。

廖平：水东注：《诗》："丰水东注。"无底之谷：《列子·汤问》："革曰：渤海之东，不知几亿万里，有大壑焉，实维无底之谷。其下无底，名曰归墟。八统（当作"八纮"）九野之水，天汉之流，莫不

---

① 采，当作"柔"。范晔《后汉书》，中华书局1965年版，第3668页。
② 此当是胡广语。范晔《后汉书》，中华书局1965年版，第3668页。

经之，而无增无减焉。"

日之蚀，帝消。

——《开元占经》卷九

【汇校】

《七纬》最先辑录，《诗纬集证》《玉函山房辑佚书》《通纬》《重修纬书集成》承之。

【汇注】

原注：袁宏《后汉纪》曰：安帝永初五年正月庚辰朔，日有蚀之。本志以为正旦，王者听朝之日也。邓太后摄政，天子守虚位，不得行其号令，盖阳不克之象也。《晋中兴书》曰：成帝咸和六年三月壬戌朔，日有食之。是时显宗已长，幸司徒第，犹出入见王导夫人曹氏，如子弟礼。以人君而敬人臣之妻，有亏君德。九年十月乙未朔，日有食之，是时显宗冠，当亲万机，而委政大臣，君道有亏也。

陈乔枞：案消者，谓修德以消其变也。《开元占经》七引《春秋感精符》云："王者之明，以日为契，日明则道正，暗昧不明则道乱。各以其类占，天子常戒以自励，亦各以其类自救以消之。"《潜潭巴》曰："正月朔日日蚀，后十七日，山冢崩绝，百川沸腾，大臣皆用，录在名公。百二十日，高岸为谷，深谷为陵，天下昏乱，群小执纲，以方为员，以欺为忠，帝人失势，俛从风靡，天子大弱，可防而消。"《占经》十又引《洪范天文占》曰："凡日蚀，改行修德，即消灾除。不改，应在三年。三年不改，至六年。六年不改，至九年。九年而灾成。"董仲舒曰："日蚀，邪臣蔽主之应，不有反臣，必有亡国，退臣绝阴，正权平衡，以德消则无害。"《荆州占》曰："日蚀，审所始蚀之乡及星之分野以占之，当者之国，吉凶在焉。是故圣主见变则改身修德，亲贤问老，与共忧之，则患可止而福可致。故曰有福将来，受之以危，则福反为祸。有祸将来，受之以德，则祸反为福。辄禳祠之，去祸致福也。"

胡薇元：《洪范天文占》："凡日蚀，改行修德，即灾消除。不

— 272 —

改，应在三年。三年不改，至六年。六年不改，至九年。九年而灾成。"董仲舒曰："日蚀，邪臣蔽主之应，不有反臣，必有亡国，退臣绝阴，正权平衡，以德消则无害。"《荆州占》曰："日蚀，审所始蚀之乡及星之分野，尝吉凶在焉。是故见变，改身修德，亲贤问老，与共忧之，则患可止而福可至。"帝消者，消其变，惟帝可以消之也。《春秋纬感精符》："王者以日为契，明则道正，不明则乱。"《潜潭巴》曰："正月朔日食，后十七日，山冢崩绝，百川沸腾。百二十日，高岸为谷，天下昏乱，群小执纲，以欺为忠，帝人失势，俛从风靡。"此条见《开元占经》九。

案：《诗推度灾》曰："日蚀帝伤。"与此类同。

　　五纬合，王更纪。
　　　　　　　　　　　　——《开元占经》卷十九

【汇校】
《七纬》最先辑录，《诗纬集证》《玉函山房辑佚书》《通纬》《重修纬书集成》承之。

【汇注】
陈乔枞：案《占经》十九引《易坤灵图》云："王者有至德之萌，则五星若连珠。"郑玄曰："谓聚于一舍，以德得天下之象也。"《海中占》曰："五星若合，是谓易行。有德受庆，改立天子，乃奄有四方，子孙蕃昌。无德受罚，离其国家，灭其宗庙，百姓离去。五星皆大，其事亦大；五星皆小，其事亦小。""周将伐殷，五星聚房。齐桓将霸，五星聚箕。汉高入秦，五星聚东井。齐桓终于侯伯，无更纪之事，是五星小者其事亦小也。"

胡薇元：《易纬坤灵图》："王者有至德之明，则五星若连珠。"郑注："谓聚于一舍，以德得天下之象也。"《海中占》："五星若合，是谓易行。有德受庆，改立天子，奄有四方，子孙蕃昌。无德受罚，离其国家，灭其宗庙，百姓离。其五星若大，其事亦大。""周将伐殷，五星聚房。齐桓将霸，五星聚箕。汉高入秦，五星聚东井。齐桓合诸侯,故占者谓五星小者,事亦小也。"此条见《开元占经》卷十八。

廖平:《天官书》:"水、火、金、木、填星,此五星者,天之五佐,为经纬。"《运斗枢》:"岁星帅五精聚于东方七宿,苍帝以仁厚温让起。荧惑帅五精聚于南方七宿,赤帝以宽明多智起。填星帅五精聚于中央,黄帝以重厚圣贤起。太白帅五精聚于西方七宿,白帝以勇武诚信起。五星从辰星聚于北方,黑帝起以宿占国。"

荧惑司实。

——《开元占经》卷三十

【汇校】

《七纬》《诗纬集证》《玉函山房辑佚书》《通纬》等依《开元占经》辑录作"司实",《重修纬书集成》作"司夏"。

【汇注】

陈乔枞:案《春秋繁露》云:"阳,天之德;阴,天之刑。阳常居实位而行于盛,阴常居空虚而行于末。"又云:"阳以南方为位,阴以北方为位。是故夏出长于上,冬入化于下者,阳也。夏入守虚位于下,冬守出虚位于上者,阴也。阳出实入实,阴出空入空,天之任阳不任阴,好德不好刑,如是也。"荧惑位南方,主火,以夏丙丁王(主?)太阳之气也,阳常居实位,故《诗纬》曰"荧惑司实"。

胡薇元:荧惑位南方,主火,以夏丙丁时王(主?)太阳之气也。阳常居实位,故曰司实。《春秋繁露》:"阳,天之德;阴,天之刑。阳以南方为位。夏出长于上,冬入化于下者,阳也。夏入守虚位于下,冬守出虚位于上者,阴也。阳出实入实,阴出空入空,天任阳不任阴,好德不好刑也。"此条见《开元占经》卷三十。

廖平:《天官书》:"察刚气以处荧惑,曰南方火,主夏,日丙丁,礼失,罚出荧惑。"《文耀钩》:"赤帝熛怒之神为荧惑,位南方。"

案:《淮南子·天文训》:"南方,火也,其帝炎帝,其佐朱明,执衡而治夏;其神为荧惑,其兽朱鸟,其音徵,其日丙丁。"故荧惑主夏。《开元占经》曰"主实",盖"夏"与"實"形近而讹。

七政天斗,上一星天位,二主地,三主火,四主水,五主土,六主木,七主金。
——《开元占经》卷六七

【汇校】
《开元占经》引"含神雾"作"含神务"。

【汇注】
陈乔枞:案《史记·天官书》云:"北斗七星,所谓'璇、玑、玉衡,以齐七政'。斗为帝车,运于中央,临制四方。分阴阳,建四时,均五行,移节度,定诸纪,皆属于斗。"《太平御览·天部五》引《春秋运斗枢》云:"天文地理,各有所主。北斗有七星,天子有七政也。"《开元占经·北斗占》引《石氏》曰:"北斗第一星主日,第二星主月,第三星主荧惑,第四星主辰星,第五星主填星,第六星主岁星,第七星主太白。"主日者法天,主月者法地,是北斗星主天地五行之政也。

胡薇元:《春秋运斗枢》:"北斗七星,天子有七政也。"《天官书》:"七星谓璇、玑、玉衡,以齐七政。斗为帝车,运于中央,临制四方,分阴阳,运四时,均五行,移节度。"《太平御览·天部》《开元占经》引《石氏》:"北斗一星主日,二星主月,三星主荧惑,四星主辰,五星主填,六星主岁,七星主太白。"主日者法天,主月者法地。此条见《开元占经》卷六十七。

廖平:七政:《尚书》"璇玑玉衡以齐七政",《大传》:七政谓春、夏、秋、冬、天文、地理、人道,所以为政也。天斗:《运斗枢》:"斗第一天枢,第二旋,第三玑,第四权,第五衡,第六开阳,第七摇光,合而为斗。"

案:《史记索隐》引《尚书大传》云:"七政,谓春、秋、冬、夏、天文、地理、人道,所以为政也。人道政而万事顺成。"又引马融注《尚书》云:"七政者,北斗七星,各有所主:第一曰正日;第二曰主月法；第三曰命火，谓荧惑也；第四曰煞土，谓填星也；第五曰伐水，谓辰星也；第六曰危木，谓岁星也；第七曰剽金，谓太白也。日、月、五星各异，故曰七政也。"

七政星不明，各为其政不行。

——《开元占经》卷六七

【汇校】

《开元占经》卷六七引"含神雾"作"含神务"。《七纬》《通纬》引"各为"作"各位"。

【汇注】

陈乔枞：案《开元占经》引《石氏》曰："北斗七星欲其明大明泽相类，不相类者主乱。"又引《孝经援神契》曰："王者德至于天，则斗极明。天子不事祠名山，不敬鬼神，则斗第一星不明。数起土功，坏决山陵，逆地理，不从天，则第二星不明。天子不爱百姓，则第三星不明。发号施令不从四时，则第四星不明。用乐声淫泆，则第五星不明。用法深刻，则第六星不明。不省江河淮济之祠，则第七星不明。"《黄帝占》亦以斗第一星为天道，第二星为地道，第三星为人道，第四星为四时，第五星为音律，第六星为法律，第七星为四渎，与《援神契》同。《礼记·曲礼》正义引《礼纬斗威仪》云："法北斗而为七政，七政之立，是礼迹所兴也。"

胡薇元：《孝经援神契》："王者德至于天，则斗极明。天子不能祠名山，不敬鬼神，则斗一星不明。数起土功，坏决山陵，逆地理，则二星不明。不爱百姓，则三星不明。发号施令不从四时，则四星不明。乐声淫佚，则五星不明。用法刻深，则六星不明。不祠江河淮济，则七星不明。"《黄帝占》义同。《礼纬斗威仪》云："法北斗而为七政，七政之立，是礼迹所兴也。"此条见《开元占经》。

廖平：七政：《合诚图》："天文、地理，各有所主。北斗有七星，天子有七政也。"

紫宫主出度。

——《开元占经》卷六十七

【汇校】

《七纬》最先辑录,《诗纬集证》《玉函山房辑佚书》《通纬》《重修纬书集成》承之。

【汇注】

陈乔枞：案《淮南·天文训》云:"紫宫,太乙之居也。紫宫执斗而左旋,日行一度,以周于天。日冬至峻狼之山,日移一度,凡行百八十二度八分度之五,而夏至牛首之山,反覆三百六十五度四分度之一而成一岁。"《春秋元命包》云:"中宫,天极星,其一明者,太乙常居也,为北辰以起节度,亦为紫宫。紫之言此也,宫之言中也。言天神运动,阴阳阖辟,皆在此中。"宋均注云:"十二宫中外位各定,总谓之紫宫也。"

胡薇元：紫宫,中宫天极,太一之常居也。紫宫,前列直斗口,斗为帝车,运于中央。《淮南·天文训》：日冬至峻狼之山,日移一度,以周于天,凡行八十二度八分度之五,而夏至牛首之山,反覆三百六十五度四分度之一而成一岁。此条《开元占经》卷六十七。

廖平：《天官书》:"中宫天极星,其一明者,太乙常居也。环之匡衡十二星,藩臣,皆曰紫宫。"《合诚图》:"紫薇大帝室,太乙之精也。"《淮南·天文训》:"紫宫者,太乙之居也。紫宫执斗而左旋。"

中星虚,囚则开出。

——《潜确居类书》卷五八

【汇校】

明清辑佚纬书惟《集纬》《诗纬集证》《诗纬训纂》辑录此条。

◇ 下编　《诗纬》校注

【汇注】

陈乔枞：案《开元占经》六十五引《春秋纬》曰："贯索，贱人之牢。中星实，则囚多，虚则开出。"说与《诗纬》同。《石氏》曰："贯索北开，名曰牢户，其星间阔则户开，必有赦；若星狭而不开，牢中有忧，贵人当之。"

胡薇元：中星，贯索之中。《史记·天官书》："贱人牢，其中星实则囚多，虚则开出。"此条见《潜确类书·设官七》。

马蹄自鞭其蹄，日行三百里。
——《山海经·海内经》郭璞注

【汇校】

《说郛》引文作"蹄羌之国，其人自膝以下有毛如马蹄，尝自鞭其胫，日行百里"，但不明出处。《七纬》引文依郭注，但"百"误作"千"，《通纬》承之。《玉函山房辑佚书》《诗纬集证》《重修纬书集成》引作"百"，皆无误。

【汇注】

陈乔枞：案《山海经·海内经》云："有钉灵之国，其民从□以下有毛，马蹄，善走。"郭注引《诗含神雾》语为证。郝氏兰皋云："钉灵，《说文》作丁零，一作丁令。《通考》云：'丁令国有二，乌孙长老言，北丁令有马胫国，其人声音似雁鹜，从郄[①]以上身头，人也，膝以下有毛，马胫马蹄，走疾于马。'案：《通考》所说见裴松之注《三国志》引《魏略》云。"然则《诗纬》所言盖指此也。

胡薇元：《山海经·海内经》："有钉灵之国，其民从孀以下有毛，马蹄，善走。"郭注引《含神雾》。《说文》作丁零，今乌孙部落也。

案：裴松之注《三国志》引《魏略》云："丁令国在康居北，胜兵六万人，随畜牧，出名鼠皮、白昆子、青昆子皮。此上三国，坚昆中央，俱去匈奴单于庭安习水七千里，南去车师六国五千里，

---

① 原文作"膝"，"膝"与"郄"同，而"郄"或讹作"郄"。

西南去康居界三千里，西去康居王治八千里。或以为此丁令即匈奴北丁令也，而北丁令在乌孙西，似其种别也。又匈奴北有浑窳国，有屈射国，有丁令国，有隔昆国，有新梨国，明北海之南自复有丁令，非此乌孙之西丁令也。乌孙长老言北丁令有马胫国，其人音声似雁鹜，从膝以上身头，人也，膝以下生毛，马胫马蹄，不骑马而走疾马，其为人勇健敢战也。"此即《通考》所谓二丁令国。

白之亡，枉矢流。

——《开元占经》卷八六

【汇校】

《开元占经》卷八六引"含神雾"作"含神务"。《七纬》最先辑录，《诗纬集证》《玉函山房辑佚书》《通纬》《重修纬书集成》承之。

【汇注】

陈乔枞：案《洪范五行传》曰："枉矢者，弓弩之象也。枉矢之所触，天下之所伐，灭亡之象也。"《太平御览·咎征部》引《尚书运期授》曰："白帝之治，六十四世。其亡也，枉矢射参。"《开元占经》引《洛书》云："枉矢出，夏桀灭。"《尚书中候》云："夏桀无道，枉矢射。"夏，白帝之子，故言白之亡也。又案《春秋考异邮》云："枉矢西流射伐，秦以亡。"郗萌曰："枉矢射参，秦以亡。"《汉书·天文志》云："凡枉矢之流，以乱伐乱也。项羽救钜鹿，枉矢西流。物莫直于矢，今蛇行不能直而枉者，执矢亦不正，以象项羽执正[①]乱也。羽遂合从，阮秦人，屠咸阳。"秦亦白帝之子，故其亡也，亦有枉矢射参之征。

胡薇元：《洛书》："枉矢出，夏绝灭。"《尚书中候》："夏桀无道，枉矢射白帝之子。"故言白之亡也。《春秋纬考异邮》："枉矢西流射伐，秦以亡。"此条见《开元占经》八十六。

廖平：白之亡：《书运期授》："白帝之治六十四世，其亡也，枉矢射

---

① 正，原文作"政"。班固《汉书》，中华书局1962年版，第1301页。

参。"枉矢流：《运斗枢》："枉矢出，射所诛。"《考异邮》："枉矢见，则谋反之兵合。枉矢而流射，法秦以亡。"《汉含孳》："枉矢流，主见射。"

案：《汉书·天文志》："枉矢，状类大流星，蛇行而仓黑，望如有毛目然。"《开元占经》八十六引《河图稽耀钩》："辰星之精，散为枉矢。"

苍之亡，彗出房。

——《开元占经》卷八九

【汇校】

《开元占经》卷八九引"含神雾"作"含神务"。《七纬》最先辑录，《诗纬集证》《玉函山房辑佚书》《通纬》《重修纬书集成》承之。

【汇注】

陈乔枞：《开元占经》引《巫咸》曰："彗星有出者，皆五星之象，以其所出宿以命五行所属之象。出于木宿，岁星之象；出于火宿，荧惑之象；出于土宿，镇星之象；出于金宿，太白之象；出于水宿，辰星之象。见于二十八宿中外官变色扬芒，怒而与五星合斗，此皆大兵、破国之殃，臣凌其君，下不伏上，天下不顺，故致此灾。审以五色察之，决知存亡之事。"又曰："彗星入列宿中外者，各以其所部舍官名为其事，所之者为其谋，其下之国皆受其祸，以所守之舍为其期，以五气相贼为其决。"考《尚书运期授》曰："苍帝亡也，大乱，彗东出。"《春秋考异邮》曰："彗星贯房，王室大乱。"《感精符》曰："星孛于东方，言阴夺阳，臣伐主，以兵相灭，以势相乘，天下变易，帝位久失，人人侥幸，布衣纵横，祸未定息，主威乱起，阴动争明之异也。"又《春秋纬》曰："彗星出东方，金代苍。"《荆州占》曰："彗星孛于房，赤帝之后受命，人主凶，有亡国。"周，苍帝之子；秦，白帝之子。灭周者秦，故言金代苍。秦亡而汉兴，故言赤帝之后受命也。

胡薇元：《尚书运期授》曰："苍亡，苍帝亡也，大乱，彗出。"

《春秋纬考异邮》曰："彗星贯房，王室大乱。"《感精符》曰："星孛于东方，阴夺阳，臣伐主，以势相乘，天下变易，帝位久失，人人侥幸，布衣纵横，祸未定息。"此条见《占经》八十九。

廖平：苍之亡：《感精符》："苍帝之始二十八世，灭苍者，翼也。"《保乾图》："苍帝七百二十岁而授火。"彗：《尔雅》："彗星为欃枪。"《洪范传》："彗者，去秽布新者也，此天所以去无道而建有德也。"《运斗枢》："彗星出西方，如钩，长可四丈，名曰天欃。彗星出东方，名曰天棓。"出：《运期授》："苍帝亡也，大礼，彗星出。"房：《文耀钩》："房心为天帝明堂，布政之所。"又，"房心为中央火星，天王位。"

彗星守咮，南夷将为乱。

——《开元占经》卷八九

【汇校】

《开元占经》卷八九引"含神雾"作"含神务"。《七纬》最先辑录，《玉函山房辑佚书》《通纬》《重修纬书集成》承之，《诗纬集证》引"南夷"为"南越"，胡薇元《诗纬训纂》辑入《推度灾》，误。

【汇注】

陈乔枞：案《开元占经》引《魏氏图》曰："彗星东行西指，越兵大起。"韦昭《洞纪》曰："汉武建元六年八月，有星孛于东方，长竟天。后越王邪攻南越，赵王恢击之，未至，越人杀邪。"咮主南越者，日辰占邦，以丙丁为楚及南蛮，咮为鹑火之次，朱鸟主南方，故其应如此。

胡薇元：《开元占经》引《魏氏图》："彗星东行西指，越兵大起。"韦昭《纪》："汉武六年，有星孛于东方，长竟天。越王邪攻南越，赵王恢击，未至，越人杀邪。"咮义鹑火之次，朱鸟主南方，故应之。此条见《开元占经》八十九。

上以风化下，下以风刺上，主文而谲谏，言之者无罪，闻之者足以戒。

——《说郛》

【汇校】

此条最先见于《说郛》，但不明出处。《七纬》《通纬》《诸经纬遗》《集纬》《重修纬书集成》等承之，安居香山曰："误引《毛诗序》文乎？"或然。

【汇注】

陈乔枞：案□□□叙："《诗》主讽谏。古者人君使瞽诵《诗》，朝夕讽咏，所以自儆也。言一国之事，系一人之本，谓之风。言天下之事，形四方之风，谓之雅。"匡衡言："《周南》《召南》，被圣贤之化深，故笃于行而廉于色，是上以风化下也。"司马迁称《小雅》讥己之得失，其流及上，是下以风刺上也。《汉书·艺文志》云："古有采诗之官，王者所以观风俗，知得失，自考正也。"又云："古者诸侯卿大夫交于邻国，微言相感，当揖让之时，必称《诗》以喻其志，盖以别贤不肖而观盛衰也。"温柔敦厚之旨，其感人深，其移风易俗，是故先王著其教焉。

胡薇元：诗主讽谏。古者，人君朝夕使瞽诵诗以自儆。司马迁称《小雅》讥得失，以风刺上。匡衡言《周南》《召南》被化弥深，笃于行而廉于色，以风化下。设采诗之官，王者所以观风俗，知得失。诸侯交邻国，微言相感，当揖让之际，必称《诗》以喻其志，盖以别贤不肖而观盛衰也。此条见《说郛》。

治世之音，温以裕，其政平；乱世之音，怨之怒，其政乖。《诗》道然。

——《说郛》

【汇校】

此条最先见于《说郛》，但不明出处。《七纬》《通纬》《诸经纬遗》《集纬》《重修纬书集成》等承之，《七纬》《通纬》引"乖"作

"茆",句尾有"也"字。《诗纬集证》句尾有"也"。

【汇注】

陈乔枞:案《乐记》云:"情动于中,故形于声,声成文,谓之音。是故治世之音安以乐,其政和;乱世之音怨以怒,其政乖;亡国之音哀以思,其民困。声音之道与政通矣。"《乐动声仪》云:"宫唱而商和,是谓喜,太平之乐也。角从宫,是谓哀,衰国之乐也。羽从宫,往而不返,是谓悲,亡国之乐也。"音相应即为和,[①] 不相生,应则为乱。刘知几曰:"国有否泰,世有隆污,作者形言,本无定准。观《猗那》之颂,验有殷方兴。歌《鱼藻》之什,知宗周将陨。"故《乐纬》言圣人之作乐,非以自娱也,所以观得失之效者也。

胡薇元:声音之道本与政通。此条本于《乐记》"情动于中,故形于声,声成文,谓之音。是故治世之音安以乐,其政和"云云。《乐纬动声仪》:"宫唱而商和,角从宫,是谓哀,衰世之音也;羽从宫,往而不返,是谓悲,亡国之乐也。"刘知几云:"国有否泰,世有隆污,作者之言,本无定准。观《猗那》之颂,识有殷方兴。诵《鱼藻》之篇,知宗周将陨。"圣人知作乐,所以观得失也。

廖平:《乐记》:"凡音者,生于人心者也,情动于中故形于声,声成文谓之音,是故治世之音安以乐,其政和;乱世之音怨以怒,其政乖;亡国之音哀以思,其民困。声音之道与政通矣。郑卫之音,乱世之音也,比于慢矣;桑间濮上之音,亡国之音也,其政散,其民流,诬上行私而不可止也。"

四角主张,荧惑司过也。

——《易纬乾凿度》卷下注

【汇校】

此见《易纬乾凿度》卷下"《遁》表,日角连理"注。胡薇元辑入《推度灾》。

[①] 据下文,或当作"音相生,应即为和"。

【汇注】

陈乔枞：案《开元占经》八十七、《孝经雌雄图》《妖星占》云："天惑（在星宿中）出月左方，日在丙寅，荧惑将出而不出，其与日合六十日，其未出六日，必有灾，云赤青黄，三物厌日之光，赤色之星有两，赤方在其旁出而生。天惑之星四角，长三尺，主旱，有兵起，所指之国亡，煞星变色而赤，期一年，远二年。"《诗纬》此语盖指天惑言之，天惑星四角，在七星中，其位近张，又为荧惑之变。荧惑，火星也。《白虎通》引《春秋元命包》云："心者，火之精，上为张星。"故云四角主张。荧惑为罚星，为执法，主忧患、过恶，祸福所由生，故云荧惑司过也。又《北堂书钞·天部》引《春秋运斗枢》云："地动则见于天象，四角主灾，月蚀则见。"亦谓妖星也。

胡薇元：《孝经纬》："荧惑将出，六十日，必有灾，云赤青黄，厌日之光。"天惑四星，位近张。荧惑，火星之精，上为张星，故云四角主张。主忧患、祸福所由生。此条见《易纬乾凿度》注。

　　东有为乱者，彗守箕，海水溢。
　　　　　　　　　　　　——《观象玩占》卷十三

【汇校】

《七纬》《通纬》辑录。然《观象玩占》卷十三引《诗含神雾》与此文或有较大差距。根据《观象玩占》引例，其文当作"彗孛出箕，大水出，人大饥，米贵五倍。一曰：夷狄入中国，兵大起，海溢河波，且有大旱，米贵十倍。若守之，东夷下湿与水居将为乱"。另据宋抄本《景祐乾象新书》卷十七引《诗含神雾》曰"彗星守箕，东夷为乱"，疑"有"当作"夷"。

【汇注】

陈乔枞：案《开元占经》八十九引《河图圣洽符》云："彗星守箕，东夷下湿与水君[①]将为乱。"《占经》八十八引《河图》云："彗

---

① 君，《观象玩占》作"居"，《开元占经》作"军"。当以《观象玩占》为确。

星出东方，河逆决。"《太平御览·咎征部》引《春秋演孔图》曰："海精死，彗星出。"箕、斗之间为汉津，故其应为河决海溢，皆主水患。箕，东方之宿，故其占为东夷有乱也。

胡薇元：《河图圣洽符》云："彗星守箕，东方下湿。"彗出箕、斗，为汉津，故其应河决海溢。箕，东方之宿也。此条见《开元占经》八十九。

案：《观象玩占》引《含神雾》内容与《河图圣洽符》内容相类。

五精星坐，其东苍帝坐，神名灵威仰，精为青龙。
——《史记》卷二七《天官书》

【汇校】

此文出《史记》卷二十所引《史记索隐》，原文有"之类是也"。据此，则《索隐》属于檃栝，《诗含神雾》当有关于五精星坐的完整表述。《通纬》引此条依据清河郡本纬书，不妥。

【汇注】

赵在翰：五星精为五帝坐。赤帝坐，神名赤熛怒，精为朱鸟。中央黄帝坐，神名含枢纽，精为黄龙。白帝坐，神名白招矩，精为白虎。黑帝坐，神名汁光纪，精为玄武。可以类推。

陈乔枞：案五星精坐在太微宫中。《尚书帝命验》云："帝者承天，立五府以尊天重象，五府，五帝之庙，皆祀五帝之所也。"注云："象，五帝之精。天有五帝，集居太微，降精以生圣人。赤帝赤熛怒，黄帝含枢纽，白帝白招矩，黑帝汁光纪，苍帝灵威仰。"《春秋文钩耀》云："东宫苍帝，其精为青龙；南宫赤帝，其精为朱鸟；西宫白帝，其精白虎；北宫黑帝，其精玄武。"黄帝之精，文佚不具。今据《推度灾》言，黄龙在内，正土职也。《史记·天官书》云："权，轩辕。轩辕，黄龙体。"《开元占经》引《石氏》曰："轩辕，中央土神黄帝之舍也。"又中宫勾陈六星，《荆州占》曰："黄龙之位也。"《淮南·天文训》云："中央，土也，其帝黄帝，其神为填星，其兽黄龙。"《唐类函·旌旗》引《河图》云："帝之五旗，中央法黄龙曰常。"是中宫黄帝，其精为黄龙也。《演孔图》云："天子皆五帝之精，各有其序，以次运，相据起，必有神灵符纪，使开阶立隧。"又曰："正气为帝，间气为臣，宫商为姓，秀气为人。"宋均注云："正气者，谓若木人则得苍龙之形，灵威仰之气；火人得朱雀之形，赤熛怒之气，以生之比也。间气则不苞一形，各受一星以生，若萧何感昴精，樊哙感狼精，周勃感亢精者也。"《元命包》云："五德之运，各象其数，兴亡之名，应箓以次相代。夏，白帝之子；殷，黑帝之子；周，苍帝之子。天道煌煌，非一帝之功；王灵赫赫，非一家之常。顺命者存，逆命者亡。"殷纣之时，五星聚于房，房者，苍神之精，周据而兴，故虽有威力，非天命不王；虽有基业，非德烈不章。其化如神，其养如春，民怀我仁，四灵允臻，故曰顺乎天而应乎人。

胡薇元：《元命包》："五德之运，各象其数，兴亡之名，应箓以次相代。夏，白帝之子；殷，黑帝之子；周，苍帝之子。天道皇皇，非一帝之功；王灵赫赫，非一家之常。"殷纣时，五星聚房，房，苍帝之精，周以是兴。虽有威力，非天命不王；虽有基业，非德烈弗章。其化如神，其养如春，民怀我仁，四灵允臻。五精星坐在太微，天有五帝，集居太微，降精以生圣人。《春秋纬文耀钩》："东宫苍帝，精为青龙。"此条见《史记·天官书》。

廖平：五精星坐：《文耀钩》："太微宫有五帝座星，苍帝春起受制，其名灵威仰；赤帝夏起受制，其名赤熛怒；白帝秋起受制，其名白招拒；黑帝冬起受制，其名汁光纪；黄帝季夏六月火受制，其名含枢纽。"《元命包》："下天有五帝，五星为之使。"其东苍帝坐，神：与魂同。名灵威仰：游魂为变。精：身形。为青龙：精气为物。《天官书》："东宫苍龙。"《文耀钩》："东宫苍帝，其精为青龙。"

其中黄帝坐，神名含枢纽。
——《玉烛宝典》卷六

【汇校】

《玉烛宝典》引作"含神务"。因明清时《玉烛宝典》不见于中土，故明清以来纬书辑佚未辑录此条，唯《重修纬书集成》辑录。

【汇注】
宋均：含枢机之纲纽也。

其东仓帝坐，神名灵威仰。
——《玉烛宝典》卷一

【汇校】
《玉烛宝典》引作"含神务"。因明清时《玉烛宝典》不见于中土，故明清以来纬书辑佚未辑录此条，唯《重修纬书集成》辑录。

【汇注】
宋均曰：灵，神也，神之威仪始仰，起于东方。
案：该条可以和《史记索隐》所引合观。

其南赤帝坐，神名熛怒。
——《玉烛宝典》卷四

【汇校】
《玉烛宝典》引作"含神务"。因明清时《玉烛宝典》不见于中土，故明清以来纬书辑佚未辑录此条，唯《重修纬书集成》辑录。

【汇注】
宋均：熛怒者，取火性蜚杨（案：当为"扬"）成怒以自名也。

其西白帝坐，神右拓柜。
——《玉烛宝典》卷七

【汇校】
《玉烛宝典》引作"含神务"。因明清时《玉烛宝典》不见于中土，故明清以来纬书辑佚未辑录此条，唯《重修纬书集成》辑录。《玉烛宝典》有讹文，"右"当为"名"，"拓"当为"招"，"柜"当为"矩"。《重修纬书集成》引作"拒"，亦误，标点亦有误。

下编 《诗纬》校注

【汇注】

宋均：为柘（案当作"招"），举也。柜（案：当为"矩"），法也。西方，义，举法理也。

其北黑帝坐，神名汁光纪。

——《玉烛宝典》卷十

【汇校】

《玉烛宝典》引作"含神务"。因明清时《玉烛宝典》不见于中土，故明清以来纬书辑佚未辑录此条，唯《重修纬书集成》辑录。

【汇注】

宋均：汁，合也，合日月之光，以为数纪也。

宋均注：北极天皇大帝，其精生人。

——《礼记注疏》卷一

【汇校】

孙瑴辑"北极天皇大帝，其精生人"为纬文，又辑"然则称皇者，皆得天皇之气也"为宋均注，此后《七纬》《诗纬集证》等皆承《古微书》。乔松年《纬捃》辑录此条，注明为宋均注。不辑"然则称皇者，皆得天皇之气也"，也未作说明。钱熙祚校正《古微书》，早于乔氏指出"《礼·曲礼上》疏以为宋注《含神雾》文，'称皇者'云云，乃孔疏语"。安居香山《重修纬书集成》同《纬捃》。

【汇注】

陈乔枞：案《春秋佐助期》云："紫宫，天皇耀魄宝之所理也。"《合诚图》云："天皇大帝，北辰星也。合元秉阳，舒精吐光，居紫宫中，制御四方。"又云："大帝之精，起三河之州，中土之腴。"《握乾图》云："天子，至尊也，神精与天地通。"注云："人受天地气而生，故神精与天地通也。"《运斗枢》云："皇者天，天不言，四时行焉，百物生焉，三皇垂拱无为，设言而民不违，道德元泊，有似

— 288 —

皇天，故称曰皇。上含皇极，其施光明，煌煌盛美，不可胜量。"然则三皇皆德合于天，故称皇也。

胡薇元：宋注"称皇者，感天皇之气也"。《春秋纬佐助期》云："紫宫，天皇耀魄宝之所理。"《合诚图》云："天皇大帝，北辰星也。合元秉阳，舒精吐光。"又云："大帝之精，起三河之洲。"《握乾图》云："天子，至尊也，神精与天地通。"注："人受天地之气以生，故与天地通。"《运斗枢》云："皇者天，天不言而四时行，百物生，道德元泊，有似皇天，故曰皇。"

廖平：北极：《论语》"北辰"，诗义取此。天皇大帝：《诗》之"上帝"。《天官书》："中宫天极星，其一明大者，太乙常居也。"《春秋佐助期》："紫宫，天星耀魄宝之所理也。"《合诚图》："天皇大帝，北辰星也。含元秉阳，舒精吐光，居紫宫中，制御四方，冠有采文。其精生人：降而生商。"《文耀钩》："中宫大帝，其精北极星，含元出气，流精生一"也。称皇者，皆得天皇之气也：《诗》："皇矣上帝"，"先祖是皇"，"皇王维辟"，"皇王烝哉"。

按：佚文见《礼记·曲礼》孔疏。根据上下文意，当以钱熙祚校勘《古微书》为是。

《诗》三百五篇。

——《毛诗正义·诗序》疏

【汇校】

《诗序》疏曰："《动声仪》、《含神雾》、《璇玑钤》皆云《诗》三百五篇。"陈乔枞《诗纬集证》将此条与"诗者，持也"合在一起，见上文。

【汇注】

案：汉代官学《诗》本三百五篇，不仅传世文献如此记载，海昏侯墓出土的《诗经》记数简也证明了这一点。

《诗推度灾》校注

【解题】

孙瑴：汉儒穷经，多主灾异。故《尚书》则有《五行传》，董仲舒、刘向、京房部而汇之。及刘歆作《三统历》以《易》与《春秋》天人之道，其说曰："经元一以统始，《易》太极之首也。春秋二以目岁，《易》两仪之中也。于春每月书王，《易》三极之统也。于四时虽无事必书日①月，《易》四象之节也。时月以建分至启闭之分，《易》八卦之位也。"而独无及于《诗》者。逮翼奉受《齐诗》，始得"五际""六情"之说，以行灾异，而其术竟无传矣。《汉志·艺文》亦不存其目，纬书所列《推度灾》，则或《齐诗》授受之遗。惜其不著耳。

赵在翰：午酉卯子，《诗》通《易》轨，推诸天度，失则灾起。

马国翰：贲居子曰：汉儒穷经，多主灾异。故《尚书》则有《五行传》，董仲舒、刘向、京房部而汇之。及刘歆作《三统历》以《易》与《春秋》天人之道，其说曰："经元以统始，《易》太极之首也。春秋二目岁，《易》两仪之中也。于春每月书王，《易》三极之统也。于四时虽无事必书日月，《易》四象之节也。时月以建分至启闭之分，《易》八卦之位也。"而独无及于《诗》者。逮翼奉受《齐诗》，始得"五际""六情"之说，以行灾异，而其术竟无传矣。《汉志·艺文》亦不存其目，纬书所列《推度灾》，则或《齐诗》授受之遗。惜其不著耳。

---

① 日，原文作"时"。班固《汉书》，中华书局1965年版，第981页。

胡薇元：阴阳五行之道，圣人知之，画州土，建君臣，立律历，陈成败，然后知人道之务。《易》有阴阳，《诗》有五际，《春秋》有灾祥，推测天心，以言天道之安危，董子之天人学也。

上清下浊，号曰天地。
——《太平御览》卷三六

【汇校】

《说郛》辑此条入《尚书璇玑钤》，《七纬》始依之，后又从《古微书》入《推度灾》，《通纬》全同《七纬》。乔松年《纬捃》云："此条又见《璇玑钤》。"其说盖本《说郛》。安居香山《重修纬书集成》依清河郡本纬书将此条两存，并在《尚书璇玑钤》中录清河郡本纬书相关的郑玄注。

【汇注】

孙瑴：按尝读雌、雄、魂之说，不得其解。及考之《广雅·释天》有云："太初，气之始也，生于酉仲，清浊未分也。太始，形之始也，生于戌仲，八月酉仲为太初，属雄；九月戌仲为太始，属雌。清者为精，浊者为形也。太素，质之始也，生于亥仲，已有素朴而未散也。三气相接，至于子仲，剖判分离，轻清者上为天，重浊者下为地，中和为万物。"于"三节"之义，始证明焉。故尝闻亥为天门，已为地门，非臆说也。《法苑珠林》虞喜《天文论》："汉太初历，十一月甲子夜半冬至，岁雄在阏逢，雌在摄提格，月雄在毕，雌在觜，日雄在子。"又云："甲岁雄也，毕月雄也，陬月雌也。"太抵以十干为岁阳，故谓之雄；十二支为岁阴，故谓之雌。但毕、觜为月雄、雌，不可晓。今之言阴阳者，未尝用雌、雄二字也。《郎𫖮传》引《易雌雄秘历》，今亡此书。又曰："万物怀任，交易变化。始起先有太初，然后有太始，形兆既成，名曰太素。混沌相连，视之不见，听之不闻，然后剖判清浊，既分，精耀出布，庶物生，精者为三光，为五行，五行生情性，情性生斗中，为神明，神明生道德，道德生文章。"

按：孙瑴疏文主要见于洪迈《容斋三笔》卷十一《岁月日风雷

◆ 下编 《诗纬》校注

雄雌》和《白虎通·天地》，但其引文又多与《白虎通疏证》的内容不同。如"庶物生"，《白虎通疏证》作"庶物施生"，等等。

月，三日成魄，八日成光，蟾蜍体就，穴鼻始萌。
——《太平御览》卷四

【汇校】

《艺文类聚》卷一引此谓出自《乾凿度》，《事类赋》卷一引此同《太平御览》卷四。《艺文类聚》《天中记》《格致镜原》引"蜍"作"蜍"。《太平御览》卷九〇七引无"月三日成魄"和"蟾蜍体就"，"决鼻，兔也"舛入正文。《艺文类聚》《太平御览》卷九〇七引"萌"作"明"。明清纬书辑佚率依《太平御览》卷四，钱熙祚校勘《古微书》曰："穴鼻一作缺鼻，时萌一作始明。宋注：穴，决也，决鼻，兔也。"乔松年《纬捃》即引"决"作"缺"。

【汇注】

宋均：穴，决也。决鼻，兔也。

孙瑴：按《五经通义》曰："月中有兔与蟾蜍。月，阴也，蟾蜍，阳也。而与兔并，明阴系于阳也。"徐整《长历》曰："月径千里，周围三千里，下远地七千里。"《地书说》曰："月照四十五万里。"《酉阳杂俎》："大和中，郑仁本表弟常与一王秀才游嵩山，迷归路。徙倚间，忽觉丛中鼾睡声，见一人枕一襆物，方眠熟，因就问之。其人笑曰：'君知月乃七宝合成乎？月势如丸，其影，日烁其凸处也，常有八万二千户修之，予即一数。'手玉屑饭两裹，授与二人，曰：'分食此，可一生无疾。'乃指一支径示二人，言已不见。"《天文总论》：天有三门，犹房四表。房中央曰天街，天道也，天门也，黄道所经也。南间曰阳环，南三尺曰阳里，阳里南三尺曰太阳中道。北间曰阴环，阴环北三尺曰阴里，阴里北三尺曰太阴中道。故曰月顺轨道，由乎天街，则天下和平。由乎阴道，则主水。京房曰："月行南道为旱，月行北道为水，行中道天门之间则天下大安，五谷丰登，人主益寿之兆。"

陈乔枞：案《太平御览·天部四》引同。又，《兽部十五》引无首一句，①"体就"下讹以注"决鼻，兔也"为正文，宜订正。《白虎通》云："月之为言阙也，有满有阙也。所以有阙何？归功于日也。三日成魄，八日成光，二八十六转而归功晦，至朔旦受符复行。"《春秋元命包》曰："阴精为月，日行十三度，常诎任而受，受阳精也。明精在内，故金水内景。两设以蟾蜍与兔者，明阴阳双居，阳之制阴，阴之倚阳。"《五经通义》曰："月中有兔与蟾蜍何？月，阴也。蟾蜍，阳也。而与兔并，明阴系于阳也。月有形无光，三日成魄，禀日之光而见其体。日所不照，则谓之魄。八日成光者，谓弦也。"《占经》引《荆州占》曰："月生八日而弦，天下大安。"弦，月半之名也。其形一旁曲，一旁直，若张弓弦。至蟾蜍体就，决鼻始明，则望矣。望者，月满之名。日月相望，人居其间，尽睹其明，故形圆也。

胡薇元：决鼻，兔也。《御览》九百七引《诗纬》。

廖平：月三日成魄：《尚书》："哉生魄。"八日成光：《考工记》："轮辐三十以象月。"《礼运》："月以为量，三五而盈。"十五当地中万五千里，是三日三千里，八日八千里，得十五之半，故月轮半规。蟾蜍体就：月轮圆满。《书·康诰》谓之"大明服"，《易》谓之"大舆"，《周礼》谓之"广轮"，《诗》多从轮辐起义以譬地球，如幅员、景福、遐福、百福、多福、福禄。穴鼻始明：穴，决也。决鼻，兔也。

案："决"有"缺"义，如《史记·李斯列传》："夫人生居世间也，譬犹骋六骥过决隙也。"《重修纬书集成》引宋均注，标点有误，当为"决鼻，兔也"。

上出号令而化天下，震雷起而惊蛰，睹旗鼓，动三军，骇观其前，动化而天情可见矣。

——《初学记》卷二二

---

① 当是《太平御览·兽部十九》。

下编　《诗纬》校注

【汇校】

《太平御览》卷三四〇引同此，《文选·魏都赋》李善注引作"震起而惊蛰睹"，但无"雷"字。明清纬书辑佚，《古微书》有"《诗》曰烨烨震电"等二十七字，钱熙祚校记云："《初学记》二十，《御览》六百三十五并以为《含神雾》文。"故当归入《含神雾》。《重修纬书集成》句读有误。

【汇注】

陈乔枞：案《太平御览》十三引《洪范五行传》曰："雷于天地为长子，以其首长，万物与其出入也。雷出地百八十日而入，入则万物入。入地百八十日而复出，出则万物亦出。此其常经也。"又曰："夫雷，人君之象，入则除害，出能兴利。"《论语谶》曰："雷震百里声相附。"宋均注云："雷动百里，故因以制国也。雷声谓诸侯之政教，所至相附也。"《河图帝通纪》曰："雷，天地之鼓。"《易》言"动万物者莫疾乎雷"，又曰"鼓之以雷霆"。雷霆者，天之号令，万物随以出入。旗鼓者，师之耳目，三军从以进退。观此而天地万物之情可见矣。

廖平：《含神雾》："烨烨震电，不宁不令，此应刑政之太暴。"故雷电惊人，使天下不安。《诗》："伐鼓渊渊，振旅阗阗。"

逆天地，绝人伦，则天汉灭见。
——《太平御览》卷八七五

【汇校】

《古微书》引文漏"见"，其他明清纬书辑佚多承之而误。河北人民出版社《纬书集成》注出处曰《太平御览》卷三七五，误，当为卷八七五。

【汇注】

陈乔枞：案《史记·天官书》云："汉者，金之散气，其本曰水。"孟康曰："汉，河汉也。水生于金也。"张衡《灵宪》曰："水精为天汉。"据《易通卦验》言："冬三月，卦坎一不至则夏雨雪，二不至则水。"《左传》昭四年"星孛及汉",其占为水祥。故天汉咎征之应与夏雪占同。

胡薇元：见瞿昙悉达《开元占经》卷六引《诗纬》。

> 逆天地，绝人伦，则蚊虻兴。
> ——《开元占经》卷一二〇

【汇校】

明清纬书辑佚唯《七纬》《玉函山房辑佚书》《诗纬集证》辑录此条。《七纬》引"蚊"作"蛟"、"虻"作"蚕"，当为刊刻之误。

【汇注】

陈乔枞：案《占经》引《春秋考异邮》云："陈涉即亡，景驹为主，项羽诛婴，都制九塞，自称楚王，地生神虻，大如牛。"又《兵书》曰："军行逢虻尤多者，必战道路，防之。"《淮南·本经训》云："逮至衰世，阴阳缪，四时失序，夷羊在牧，飞蛩满野。"许慎注曰："蛩，蟽蠓也。"蟽蠓亦蚊虻之类，故并为衰世之咎征。

> 逆天地，绝人伦，则二日出相争。
> ——《开元占经》卷六

【汇校】

明清纬书辑佚唯《七纬》《玉函山房辑佚书》《诗纬集证》辑录此条。

【汇注】

陈乔枞："王蹈有天禄。"其说迂曲不可从。《君奭》又云："迪知威，乃惟时昭文王，迪见冒闻于上帝。"其迪字皆也。孔传释之云："蹈知天威。"斯语即令，作传者自知不可通矣。传又云："言能明文王之德，蹈行显□（见？）覆冒下民，彰闻于天。"其说皆杂乱不次。至以"覆□（冒？）下民"释"冒"字，又非冒闻之义。又《立政》云："迪知忱于九德之行，乃敢告教厥后。"迪亦由也。又，用也。

— 295 —

上言尚由有禄，由，语词也，由惟为语词，故又得用也，如言由是，亦或云率是，或云用，是义转相□。又《史记》依古文《尚书》语，迪多为用，是迪有用义。

《多士篇》云："夏迪简在王庭，有服在百僚。"言今□又云夏之多士，用简在王庭，有事在百官也。孔□云"夏之众士蹈道者，大在王庭"，如所说，是以"夏□为一"读"简在王庭为一"，读谬甚。又《多方》云："我周其大介赉尔，迪简在王庭，尚尔事，有服在大僚。"传云："我周惟其大大（案：当作"夫"）赐汝，非但受怜，又乃蹈道在王庭。"案：所云"大大赐汝"者不词。又云"非但受"，于经文亦无当，盖其意以迪为道，而大大赐汝言与道字不相贯，故纡回其词以牵合之谬也。

二卦不至则水，三卦不至则涌水出，人君之政所致之，故各以其卦用事候之。又曰：不顺天地，君臣职废，则乾坤应变，此当夏雨雪，是乾、坎卦炁不至之故。由不顺天地，君臣职废，故乾坤应变，其咎征如此也。

胡薇元：见瞿昙悉达《开元占经》卷六引《诗纬》。

案：《诗纬集证》是条有缺误，所论《尚书》一段当是别本文字舛入，与"逆天地，绝人伦，则二日出相争"不类。并且这段文字顶格也缺损一字，致文义不通畅。其后论乾、坎卦气不至而致乾坤应变内容当是对"逆天地，绝人伦，当夏雨雪"的阐释，所以《诗纬集证》当有散佚。

违天地，绝人伦，则夏雨雪。

——《开元占经》卷一〇一

【汇校】

《太平御览》卷第十二《天部十二》引文"违"作"逆"，"则"作"当"。卷八百七十八《咎微部五》引文"违"亦作"逆"。明清纬书辑佚，《古微书》《纬捃》将这一条与"天汉灭见"条合在一起。

《诗推度灾》校注

【汇注】

陈乔枞：说见上条。按：或有残缺。

胡薇元：见瞿昙悉达《开元占经》卷六引《诗纬》。

　　挠弱不立，邪臣蔽主，则白虹刺日。为政无常，天下疑，则蜺逆行。

　　　　　　　　　　——《太平御览》卷八七八

【汇校】

《开元占经》卷九十八佚文"疑"作"逆"，无"则蜺逆行"。明清纬书辑佚，《古微书》《七纬》《纬捃》等皆引"疑"作"怀疑"，《重修纬书集成》不误。

【汇注】

陈乔枞：案蔡邕《月令章句》曰，"虹，蟥蛛也，阴阳交接之气著于形色者也。雄曰虹，雌曰蜺，虹常依阴云，昼见于日冲，无云不见，大阴亦不见。蜺常依蒙浊，见于日旁，白而直者曰白虹。"《占经》九十八引《春秋感精符》云："宰相之谋欲有国，则白虹贯日，毁灭息。"《太平御览》十四引如淳说，"虹，臣象；日，君象。故白虹刺日，其占为邪臣蔽主"。《后汉书·郎顗传》："顗对问曰：王者因天视听，奉顺时气，务崇温柔，遵行月令。而今立春之后，考事不息，秋冬之政，行乎春，① 故白虹春见，掩蔽日耀。凡邪气乘阳，则虹蜺在日，斯皆执事刻急所致，殆非朝廷优宽之本。此其变常之咎也。"又言："日者太阳，以象人君。政变于下，日应于天，清浊之占，随政抑扬。天之见异，事无虚作。"蜺常依蒙浊而见日旁，政事无常，故其异蜺逆行，以示变常之咎。《春秋演孔图》云："蜺者，斗之精也。失度投蜺见，主惑于毁誉。"又云："地欧蜺，承天而败，皆臣子逆四方。"注云："地欧蜺，土中跃出也。"

胡薇元：《太平御览》八百七十八引《推度灾》。

---

① 原文作"行乎春夏"。范晔：《后汉书》，中华书局1965年版，第1067页。

下编　《诗纬》校注

百川沸腾众阴进，山冢崒崩人无仰，高岸为谷贤者退，深谷为陵小临节。

——《毛诗正义》卷十二

【汇校】

阮元《毛诗注疏校勘记》曰："闽本、明监本、毛本'临'下有'大'字。案：所补非也。'即'当作'节'耳。"据此改正。明清纬书辑佚，《古微书》《七纬》《诗纬集证》《纬捃》等"节"都作"大"，《纬捃》"临"作"加"。《重修纬书集成》末句作"深谷为陵小临"，句读也有误。

【汇注】

陈乔枞：案《续汉书·五行志三》引谶曰："水者，纯阴之精也。阴气盛洋溢者，小人专制擅权，妒嫉贤者，依公结私，侵乘君子，小人席胜，失《文献通考》引作"矢"怀得志，故涌水为灾。"《占经》一百引《京房灾异对》曰："江河沸者，有声无实，此为执政者怀奸不公，众邪并聚，则致此灾，不救必有叛君谋其政也。"《五行志》四引《京房易传》曰："山崩，阴乘阳，弱胜强也。"《占经》九十九引《考异邮》曰："山者君之位也，崩毁者，阳失制度，为臣所犯毁。"《南齐志》引《五行传》曰："山之于地，君之象也。山崩，君权损，京陵易处，世将变也。陵转为泽，贵将为贱也。"《御览·地部二》引《考异邮》曰："后族专则土踊。"宋均注曰："阴盛也。"诸说皆与《诗纬》义同。《毛诗正义》引《中候摘雒戒》曰："昌受符，厉倡孽，期十之世权在相。"又曰："剡者配姬以放贤，山崩水溃纳小人，家伯罔主异载震。"即指此诗而言也。

廖平：百川沸腾众阴进：《汉·五行志》引京房《易传》曰："辟遏有德，厥灾水，水流杀人。王者于大败，诛首恶，赦其众，不则皆函阴气，厥水流入国邑。"又董子、刘子说《春秋》大水皆阴气盛之应。山冢崒崩无人仰：《运斗枢》："山崩者，大夫排主，阳毁失基。"《考异邮》："山者，君之位也。崩毁者，阳失制度，为臣所犯毁。"《春秋》成五年："梁山崩。"《五行志》："刘子以为君道崩坏，下乱，百姓将失其所矣。"高岸为谷贤者退：《春秋》僖十四年："沙麓崩。"《五行志》："刘子以为臣下背上，散落不事上之象。"深谷为陵小临大：《汉·五行志》："昔伊雒竭而夏亡，河竭而商亡。幽王二年，三川竭。"

外规有云，内有如羊而黄者曰京云。

——《北堂书钞》卷一五〇

【汇校】

《唐类函》卷二摘录《毛孔六帖》，引文无"曰"字，句尾有"也"字。孙瑴将此句和"百姓空虚，弊冰泥口，鱼鳖不滋，五谷无收"合在一起，《七纬》从之，其他纬书辑本将此两条分开。

【汇注】

孙瑴：《广雅》："赤霄、濛澒、朝霞、正阳、渝阴、沆瀣、列缺、倒景，此天地之常气也。格择、旬始、倍谲、天狗、枉矢、氛祲、冠珥，此天地之祅气也。昌光、握誉、可错、持胜、履予，此天地之祥气也。"

陈乔枞：案京与景通。《太平御览》引《礼斗威仪》云："人君乘水而王，其政和平，则景云见。""景，明也，言云气光明也。"又引孙氏《瑞应图》云："景云者，太平之应也。一曰非气非烟，五色氛氲，谓之庆云。"又云："矞云也，有状外赤内黄。"庆云即乡云，云二色曰矞，矞亦瑞云也。《周礼·保章氏》："以五色云物，辨吉凶之祲。"注以云气"黄为丰"，故京云之状内有如羊而黄也。《春秋传》曰："古者分至启闭，必书云物，为备故也。"注言分至启闭，天地之大节，阴阳之分也，故登台望气，以审妖祥。变乱之气，先见于八节，书其云物之形，言其所致，务为之备也。

建四始五际而节通。卯酉之际为革政，午亥之际为革命，神在天门，出入候听。

——《初学记》卷二一

下编　《诗纬》校注

【汇校】

《后汉书·郎𫖮传》记郎𫖮奏疏引《氾历枢》，云"卯酉为革政，午亥为革命，神在天门，出入候听"，无"建四始五际而节通"。《五行大义》卷四引"卯酉之际为改政"一句，"革"作"改"。《毛诗正义》孔颖达疏引郑玄《六艺论》"郑以《氾历枢》云午亥之际为革命，卯酉之际为改正。辰在天门，出入候听"云云。《太平御览》卷六〇九《学部三》引作"建四始五际而八节通"，没有最后两句。《困学纪闻》卷三《诗》引《推度灾》只取《太平御览》引文首句"建四始五际而八节通"，谓"午亥之际为革命，卯酉之际为革政。辰在天门，出入听候"出《氾历枢》，且语序不同。又引"神"作"辰"、"候听"作"听候"。《天中记》卷三七引文同《初学记》，但"节"作"八节"。《唐类函》卷一〇一依《初学记》引文，故两者悉同。明清纬书辑佚，《说郛》谓出自《坤灵图》，陈乔枞疑其误。《古微书》《七纬》引文基本同《初学记》，但"节"皆作"八节"，均谓出《氾历枢》。陈乔枞《诗纬集证》于《推度灾》仅辑录"建四始五际而八节通"，其余则归入《氾历枢》。《玉函山房辑佚书》依《初学记》，但"节"作"三节"，廖平依之，说详下文【汇注】。《通纬》辑文同《初学记》，但注谓出自清河郡本纬书。《纬捃》依《太平御览》等，引"节"作"八节"，《重修纬书集成》同之。

【汇注】

郎𫖮：言神在戌亥，司候帝王兴衰得失，厥善则昌，厥恶则亡。

《后汉书·郎𫖮传》李贤注引宋均：神，阳气，君象也。天门，戌亥之间，乾所据者。

陈乔枞：案此语（笔者按：仅指"建四始五际而八节通"）《说郛》载《易坤灵图》，疑误。《太平御览》六百九、《困学纪闻》三并引作《推度灾》，可证也。"四始""五际"是《齐诗》之说。《后汉书·郎𫖮传》𫖮上书言"四始之缺，五际之厄"，章怀注依《毛诗》义，以《关雎》《鹿鸣》《文王》《清庙》为"四始"，非是。《氾历枢》云："《大明》在亥，水始也。《四牡》在寅，木始也。《嘉鱼》在巳，火始也。《鸿雁》在申，金始也。"纬说因金、木、水、火有四始之义，以诗文托之。盖欲王者法五行而正百官，正百官而理万事，万事理而天下治矣。政教之所从出，莫不本乎五行，乃通于治道也。"五际"，据《汉书·翼奉传》注，孟康引《诗内传》，谓"卯、酉、午、亥、戌，阴阳终始际会之岁"，此《齐诗内传》说。应劭注以"君臣、父子、兄弟、夫妇、朋友"释之，亦非也。《毛诗大序》正义引《诗纬汛历枢》而释之，云"亥为革命，一际也。亥又为天门，出入候听，二际也。卯为阴阳交际，三际也。午为阳谢阴兴，四际也。酉为阴盛阳微，五际也"。然《齐诗内传》并数戌，而冲远不及之，于义为疏。戌、亥皆为天门，亥为革命当一际，则天门候听，宜以戌当一际矣。考《易纬通卦验》以八卦炁配八节，始于《乾》，主立冬；终于《兑》，主秋分。始于《乾》者，《乾》在亥位，即《诗》"四始"之以亥为始也。终于《兑》者，《兑》居酉位，即《诗》"五际"之以酉为终也。周天三百六十五日四分日之一，一阴一阳分之，各得一百八十二日有奇。分为时，得九十一日有奇。四正分而成八节，节四十五日二十一分，八节各三分之，各得十五日七分而为一炁，《诗》之始、际。集微揆著，天道三微而成著，三著而成体。分满三十二为一日，五日为微成一候。三微成著则十五日为一炁，三著成体则四十五日为一节，阴阳代嬗而成一岁。岁有四时，立为八节，以定二十四炁而应七十二候。推而演之，自十一月冬至至正月立春，亦谓之三微之月。其间相距四十五日，则十五日为一微，四十五日成一著，三著体成，至四月为《乾》，纯阳之象也。故十一月、十二月、十三月，三正之始，皆为三微之月。又推之三统之正，若循连环，周则又始得，亦三微而成一著。五德之运千五百二十岁成一纪，三纪四千五百六十岁复于青龙为元。此五行相代，一终之大数，是亦三著而体成也。圣人受命而王，莫不承天地，法五行，修五事，而御宇宙，养苍生者也。四时之运成于五行，五行之气资于阴阳。"四始""五际"者，所以明阴阳五行终始盛衰之理。"建四始五际而八节通"，所谓尚消息盈虚，以裁成天地之道，辅相天地之宜，以左右民也。又案八节分配五行，所以应八卦而正八方，顺八风而行八政也。萧吉《五行大义》曰："《易通卦验》云：'坎主冬至，艮主立春，震主春分，巽主立夏，离主夏至，坤主立秋，兑主秋分，乾主立冬。冬至之日，阳气动于黄泉之下。子虽太阴之位，以阳气动其下，坎外阴内阳，① 故居子位，以配水。立春之时，阳气已发在于地上，下有重阴，阴气犹厚，阳气尚微，艮重阴在下，其位居丑。丑位②未冲，故以配土。春分之时，天气下降，地气上腾，天地和同，万物萌动，震居卯。卯木少阳之位，故以配木。立夏之时，阳气已盛，阴气微弱在于下。巽二阳在上，故居东南，以配于木。夏至之时，阴气动于黄泉之下。午是盛阳之位，而阴气动。离③外阳内阴，故在南方以配火。阴动于午，至未始著。故坤后午之位，纯阴象地。礼以中央土在未，地即土也，故在西南以配土。秋分之时，阳气已深，金为少阴，酉是金位。兑一阴居上，故在西方，以配金。阳气起子，乾是阳气之本，故先子之位，以纯阳坚刚，故在西北以配金。'《易传》曰：'震主春分谷雨，谷雨得天兑则万物毕生。兑者西方之卦，是时日在昴，昴西方之宿，以日在西，故曰天兑。貌顺木得则天兑为和，貌失木逆则天兑为害，而常雨为罚。兑主秋分霜降，霜降得天震之动气，则天下霜，万物死。震者东方之卦，是时日在房。房东方之宿，以日在东，故曰天震。言顺金得则天震为和，言失金逆则天震为害，而旱罚。坎主冬至大寒，大寒得天坎之气，则天下大寒。是时日在虚，虚北方之宿，故曰天坎。听顺水得则天坎为和，听失水逆则天坎为罚，故常寒。离主夏至大热，大热得天离之气，则天下大热，万物毕出。是时日在七星，南方七宿，故曰天离。视顺火得则天离为和，视逆火失则天离为罚，故常燠。春秋二时，震兑相临，天地气和。冬夏二时，天地气并，坎离各当其方。四维四卦，则丑寅属艮，辰巳属巽，未申属坤，戌亥属乾。因八方之通八风，以调八节之气。'《淮南子》曰：'东北方曰苍门，生条风；东方曰开明门，生明庶风；东南方曰阳门，生清明风；南方曰暑门，生景风；西南方曰白

---

① 原文作"故其卦外阴内阳"（见中村璋八《五行大义校注》，日本汲古书院1998年版，第148页），陈氏引文有误，义亦不通。
② 位，原文作"为"。中村璋八：《五行大义校注》，日本汲古书院1998年版，第149页。
③ 离，原文作"故"。中村璋八：《五行大义校注》，日本汲古书院1998年版，第149页。

门，生凉风；西方曰阊阖门，生阊阖风；西北方曰幽都门，生不周风；北方曰寒门，生广莫风。苍门者东北，木将用事，青[①]之始也。开明门者，明者阳也，日之所出也。东南，月建在巳，纯阳用事，故曰阳门。南方盛阳，积温所在，故曰暑门。白门者，月建在申，金气之始。阊阖门者，八月建酉，万物将收。阊大阖闭，大聚万物而闭之也。幽，暗也，玄冥将始用事，阴聚故幽，北方积寒所在，故曰寒门，此八极之方，是八风之所起。'"冬至十一月阳之气也，阳立于五，极于九，五九四十五一变，风以阴合阳，故八风相距各四十五日也。《太平御览》九引《易纬》曰："八节之风谓之八风。冬至，广莫风至，诛有罪，断大刑；立春，条风至，赦小罪，出稽留；春分，明庶风至，正封疆，修田畴；立夏，清明风至，出币帛，礼诸侯；夏至，景风至，辨大将，封有功；立秋，凉风至，报土功，祀四郊；秋分，阊阖风至，解悬垂，琴瑟不张；立冬，不周风至，修宫室，完边城。八风以时，则阴阳变化道成，万物得以育生。王者当顺八风，行八政，当八卦也。"

廖平：建四始：《诗》以正月、四月、七月、十月名篇，与《春秋》"首时过则书"同，亦为四始。五际：刚日五，柔日五，为五际，《诗》说甚详。《雅》以"斯干"名篇，为十干起例。《淮南》说"凡日，甲刚乙柔，丙刚丁柔，以至于癸"，次序不紊，故曰"秩秩"。生男子为刚日，生女子为柔日。《豳·七月》篇"一之日"为甲乙，"二之日"为丙丁，"三之日"为庚辛，"四之日"为壬癸。不言五之日，举四方以括中央戊己也。而三节通：《氾历枢》："一节为之十岁。"《后汉书·郎顗传》："汉兴以来三百三十九岁，于诗三蓁。高祖起亥仲二年，今在戌仲十年，来年入季。"注云："其法以三十年管一辰，凡甲子甲午旬首者为仲，甲戌甲辰旬首者为季，甲申甲寅旬首者为孟，率十年一移，故谓之三蓁。"按蓁即节之转音，三节三十年，《雅》诗三十篇应之。

卯酉之际为改政：东西。"改政"犹《氾历枢》所谓"革正"。

[①] 青，原文作"春"。中村璋八：《五行大义校注》，日本汲古书院1998年版，第152页。

按：《五行大义》曰："卯酉阴阳交会，日月至此为中道，万物盛衰出入之所，号二、八之门，以当二、八月也。故《诗推度灾》曰：'卯酉之际为改正。'《汉书·天文志》云：'日者，君之象。君行急则日行疾，君行缓则日行迟，迟疾失其常则蚀，蚀在交道也。故日蚀修德以禳之。'"考《后汉书·郎𫖮传》，𫖮条便宜七事引《诗氾历枢》语"卯酉为革正"。今据《五行大义》所引云云，则《诗推度灾》或亦有此语也。

十月之交，气之相交。周十月，夏之八月。
————《毛诗正义》卷十二

【汇校】
明清纬书辑佚无异词。
【汇注】
孔颖达：纬虽不可尽信，其言主以释此，故据之以为周十月焉。
赵在翰：李大瑛：周幽王六年乙丑建酉之月，辛卯朔，辰时，日食。是此言周正十月为酉月，非亥月也。
陈乔枞：案《淮南·天文训》云："子午、卯酉为二绳。阳生于子，阴生于午。冬至为德，夏至为刑，阴阳相德，则刑德合门。八月、二月阴阳气均，日夜平分。德南则生，刑南则杀。故二月会而万物生，八月会而草木死。"二月、八月，斗指卯，酉中绳，阴阳交会，故云气之相交。周以十一月为正，则《诗》言十月乃夏之八月矣。

卯酉之际为改政。
————《五行大义》

陈乔枞：案《五行大义》曰："卯酉阴阳交会，日月至此为中道，万物盛衰出入之所，号二八之门，以当二、八月也。故《诗推度灾》曰：'卯酉之际为改正。'"《汉书·天文志》云："日者，君之象。君行急则日行疾，君行缓则日行迟，迟疾失其常则蚀，蚀在交道也,故日蚀修德以禳之。"考《后汉书·郎顗传》,顗条便宜七事,引《诗汜历枢》语"卯酉为革正"。今据《五行大义》所引云云,则是《诗推度灾》亦有此语也。

按:此从陈氏说。

及其食也,君弱臣强,故天垂象以见征。辛者正秋之王气,卯者正春之臣位。日为君,辰为臣,八月之日交,卯食辛矣。辛之为君,幼弱而不明。卯之为臣,秉权而为政。故辛之言新,阴气盛而阳微,生(主)其君幼弱而任卯臣也。

——《毛诗正义》卷十二

【汇校】

阮元《毛诗注疏校勘记》云"生"当作"主",属下读,其言有理可据。钟肇鹏《七纬》校记云:"'阴气盛而阳微生,其君幼弱而任卯臣也',文从字顺,不烦改易。"恐不如阮说有理。明清以来纬书辑佚无异词,《重修纬书集成》"交卯食辛矣"句读或有不妥,"交"应属上读。

【汇注】

孔颖达:以此纬文,故知取卯侵辛为义。如纬之意,以辛王在秋八月用事。卯位在春,秋当休废。思臣以休废之时,能侵当王之君,是阴盛阳微之象。纬意又取刚柔为义,以辛是柔日,又辛之言新,言微阳新用事也。卯位正春,强臣之象。故云"君幼弱,臣秉权"。以权臣陵弱君,故为丑也。此笺直言卯侵辛,不言君弱臣强者,阴阳之事,容有多涂,故举金、木为正,余略之也。

陈乔枞:案《汉书·翼奉传》云:"臣奉窃学《齐诗》,闻五际之要《十月之交》篇,知日蚀地震之效昭然可明。"考《开元占经》引《石氏》曰:"日月以二月、八月出房南,过其度其冲,日月以晦蚀。出房北,过其度其冲,日月以朔蚀。"《京氏》曰:"辛卯日蚀,天子微弱,诸侯诛兵,欲弑其主,卒反得其殃。"又《易传》曰:"八月,日蚀,大水败城郭,天下更始,期三年。"此诗下言

— 305 —

"百川沸腾",是大水之象也。《占经》又引《春秋感精符》云:"日蚀有三法。一曰妃党恣肆,邪臣在侧,则日黄无泽,日以晦蚀,其发必于眩惑。二曰偏任权柄,大臣擅法,则日青黑,以二日蚀,其发必于酷毒。三曰宗党犯命,威权害国,则日赤郁怏无光,日以朔蚀,其发必于嫌隙。"《续汉书·五行志》注引《春秋潜潭巴》云:"日辛卯蚀,臣伐其主。"《春秋纬》之说足与此相发明。《后汉书·丁鸿传》鸿上封事曰:"日蚀者,臣乘君,阴凌阳。昔周室衰季,皇甫之属专权于外,党类强盛,侵夺主势,故诗曰:'十月之交,朔日辛卯,日有食之,亦孔之丑。'变不虚生,各以类应。"其说与此亦同。

庚者,更也,子者,滋也,圣命天下治。
——《三国志》卷二裴松之注

【汇校】

《宋书》卷二七《符瑞上》引此条,"圣命"作"圣人制法"。明清纬书辑佚,《古微书》依《宋书·符瑞志》,"治"下衍"平"字,又将两条佚文合辑。《七纬》依《宋书》辑录,"治"下亦衍"平"字。《玉函山房辑佚书》将《宋书》两条佚文合辑,但缺"圣人制法天下治"。《纬捃》依《三国志》裴注文,但将两条合辑。《通纬》同《七纬》,《重修纬书集成》依《三国志》裴注分别辑录。

【汇注】

孙瑴:按《白虎通·五行篇》:"春正月,少阳见于寅,寅者,演也。卯者,茂也。其日甲乙。甲者,万物孚甲也。乙者,物蕃屈有节欲出。时为春。四月,阴中阳。故太阳见于巳,巳者,物必起。壮盛于午,午者,物满长。衰于未,未,味也。其日丙丁。丙者,万物炳明。丁者,强也。时为夏。七月,少阴见于申,申者,身也。壮于酉,酉者,老,物收敛。衰于戌,戌者,灭也。其日庚辛。庚者,物更也。辛者，阴始成。时为秋。十月，太阴见于亥，亥者，仰①也。壮于子，子者，滋②也。衰于丑，丑者，纽也。其日壬癸。壬者，阴时③任。癸者，揆度也。时为冬。土为中宫，其日戊己。戊者，茂也。己者，抑屈起也。"纬书所释支干之义必更备，而其篇无完简矣。偶见其一，因旁证之。

赵在翰：此孔门弟子尊师之记也。天命玄圣庚子日生，玄圣作述，垂法万世，天下以治平焉。传《春秋》者，谨志圣人生卒年月。传《诗》者，谨推生日之义，应运之理。其文殊，其恉一也。

陈乔枞：案《三国志·魏文帝纪》注引下二语作"圣人制法天下治"，文义未足。赵贡士在翰云："此弟子尊师之记也。天命玄圣庚子日生，玄圣作述，垂法万世，天下以治平焉。传《春秋》者，谨志圣人生卒年月。传《诗》者，谨推生日之义，应运之理。其文殊，其恉一也。"蒙谓《史记》言"《诗》三百五篇，孔子皆弦歌之，以求合于《雅》《颂》《韶》《濩》之音"。所谓集群圣之大成，垂百王之治法，德备一身，功在万世者。纬之记此，盖能见其大矣。

胡薇元：见《魏志文帝纪》裴松之注引《推度灾》。又《宋书符瑞志》引《诗纬》。

廖平：此不以干支为司年符号，而别详其义。孔经制大统之法，特借干支以分划州域。《谟》以辛、壬、癸、甲为起例，《典》称之为二十二人。《诗》以《秩秩斯干》一篇为起例，《豳·七月》举一、二、三、四之日，分四方八干，又由五月数至十月，则十二支举其半。为六合、六律，皆包举全球之大例。

---

① 仰，原文作"伉"。陈立撰，吴则虞点校：《白虎通疏证》，中华书局1994年版，第179页。

② 滋，原文作"孳"。陈立撰，吴则虞点校：《白虎通疏证》，中华书局1994年版，第180页。

③ 时，原文作"使"。陈立撰，吴则虞点校：《白虎通疏证》，中华书局1994年版，第180页。

王者布德于子，治成于丑。

——《三国志》卷二裴松之注

【汇校】

《宋书》卷二七《符瑞上》引此文同。明清以来纬书辑佚多将其与上条佚文合在一起。说详上。

【汇注】

孙瑴：说详见"庚者，更也，子者，滋也，圣命天下治"条。

陈乔枞：案《淮南·天文训》云："日冬至则斗北中绳，阴气极，阳气萌，故曰冬至为德。日夏至则斗南中绳，阳气极，阴气萌，故曰夏至为刑。"又云："北斗之神有雌雄，十一月始建于子，月从一辰，雄左行，雌右行，五月合午谋刑，十一月合子谋德。"季冬与季夏为合，季夏德毕，阳始穷也，季冬刑毕，阴杀尽也。此言布德于子，不言布刑者，天道任阳不任阴。王者法天，尚德不尚刑也。《淮南》又云："帝张四维，运之以斗，月徙一辰，复反其所。正月建寅，十二月建丑，一岁而匝，终而复始。"寅者，岁之始；丑者，岁之终也。天运之以成岁功，王者则之以成治道，故曰治成于丑。

胡薇元：见《魏志文帝纪》裴松之注引《推度灾》。又《宋书符瑞志》引《诗纬》。

阳本为雄，阴本为雌，物本为魂。雄生八月仲节，号曰太初，行三节。

——《太平御览》卷一

【汇校】

《广雅·释天》有与此相关的内容，其音释卷九引《诗纬》云云，详见下条。明清纬书辑佚，《古微书》将相关佚文合辑在一起，《玉函山房辑佚书》《纬捃》则分列条目。

【汇注】

宋均：本即原也。变阴阳为雄雌。魂也，亦言未有形也，皆无兆朕，故谓之气。节犹气也，太初者，气之始也。必知生八月仲者，据此时荞麦生以为验也。阳生物行三节者，须雌俱行，物乃著也。

孙瑴：说见"上清下浊，号曰天地"条。

陈乔枞：［阳本为雄，阴本为雌，物本为魂］案《易乾凿度》云："昔者圣人因阴阳定消息，立乾坤，以统天地也。夫有形生于无形，故曰有太易，有太初，有太始，有太素也。太易者，未见气也。以其寂然无物，故名之为太易。太初者，气之始也。元气之所本始。太始者，形之始也。天象形见之所本始。太素者，质之始也。地质之所本始。气、形、质具而未离，故曰浑沦。虽含此三始而犹未有分判。浑沦者，言万物相浑而未相离。言万物莫不资此三者也。视之不见，听之不闻，循之不得，故曰易也，易无形畔。此明太易无形之时虚豁寂寞，不可以视听寻也。易变而为一，一主北方，气渐生之始，则太初气之所生也。一变而为七，七主南方，阳气壮盛之始也，万物皆形见焉，此则太始气之所生也。七变而为九，西方阳气所终究之始，此则太素气之所生也。九者气变之究也，乃复变而为一，此则元气形见而未分者，夫阳气内动，周流终始，然后化生一之形气也。一者，形变之始，清轻者上为天，浊重者下为地。象、质、形见矣。"其语与《诗纬》足相证明。盖《易》有阴阳，《诗》有始际，其理则一也。《淮南·精神训》云："古未有天地之时，惟像无形，窈窈冥冥，芒芠漠闵，鸿濛澒洞，莫知其门。皆未成形之气也。有二神混生，经天营地。二神，阴阳之神也。于是乃别为阴阳，离为八极，刚柔相成，万物乃形。刚柔，阴阳也。烦气为虫，精气为人，故曰一生二，二生三，三生万物。一者，元气也；二者，乾坤也。天地设位，阴阳通流，万物乃生。万物背阴而抱阳，冲气以为和。"《大戴礼·诰志篇》引虞史伯夷曰："明，孟也。幽，幼也。明幽，雌雄也。"《曾子天圆篇》云："天道曰圆，地道曰方，方曰幽而圆曰明。明者，吐气者也，是故外景。幽者，含气者也，是故内景。故火日外景，金水内景。吐气者施，而含气者化，是以阳施而阴化也。阳之精气曰神，阴之精气曰灵，神灵者，品物之本也。"注云："神为魂，灵为魄，魂魄者，阴阳之精，有生之本也。"此变阴阳为雌雄者，雌雄气合而阴阳与和，共生物形。物本独言魂者，魂，少阳之气，阳气始动，物萌始生，故以为物本也。

［雄生八月仲节，号曰太初，行三节］案《诗》三基之法：《氾历枢》云："王命一节为之十岁。"此三节在一月中，则节各十日。行三节者，由八月仲节而至九月仲节也。《白虎通》云："八月律谓之南吕何？南者任也，言阳气尚有，任生荠麦也。"《史记·律书》正义引作"言阳气尚任包，大生荠麦也"。又云："昌盍风至，生荠麦。"《易通卦验》《春秋考异邮》并以昌盍风为秋分之候。知雄生八月仲节，是据此时荠麦生以为验也。

廖平：阳本为雄：天。阴本为雌：地。北斗雌雄二神，即天乙、太乙。《春秋演孔图》："天运三百岁，雌雄代起。"物本为魂：人。《诗》主游魂。《周南》"魂何吁矣"，《召南》"之子魂归"，皆以魂为言。雄生八月仲节，号曰太初：太初、太始皆出《易纬》。行三节：以一月三十日分孟、仲、季，中旬为仲节，三节为一月，此小数也。大数则一节十年。雌生九月仲节：《氾历枢》："阳生酉仲，阴生戌仲。"号曰太始，雄雌俱行三节：三节三十年。

【阳本为雄，阴本为雌，物本为魂。】雄雌俱行三节，而雄合物魂，号曰太素。三气未分别，号曰浑沦。

——《博雅音》卷九

【汇校】

《博雅》即《广雅》，隋曹宪作音释，避隋炀帝杨广讳，改称《广雅》为《博雅》，名其书曰《博雅音》。王念孙《疏证》曰各本讹"俱"为"但"，又脱"气"。今检视明清纬书辑佚，《古微书》"俱"不误，但脱"气"字，《玉函山房辑佚书》同。《七纬》据《博雅音》辑录，故不误。《重修纬书集成》曰《纬捃》辑录此条，而《纬捃》实不辑此条。又，《太平御览》卷一引此谓出《易纬乾凿度》，陈乔枞《诗纬集证》引文多"雌雄俱行，故能含物魂而生物。

独言雌雄，主于阳故也"。出校记曰："《御览》引'雄合物魂'二语作《乾凿度》。今据《广雅音义》，明是《推度灾》文。"

【汇注】

孙瑴：说见"上清下浊，号曰天地"条。

陈乔枞：王氏怀祖《广雅疏证》云："'俱'字各本讹作'但'。又，'三气未分'句脱去'气'字，今订正。"乔枞案：《太平御览》引《推度灾》讹作《乾凿度》，而"俱"字则尚未讹也。太素者，形变而有质者也。积阴不生，积阳不化，雄雌俱行，自戌仲至亥而阴阳气合，施化始起。独言雄合物魂者，阴承乎阳，顺而成之，形生于气也。张衡《灵宪》云："太素之前，幽清元（玄）静，寂寞冥……"

【以别于上文其杀之义。孔传云："又惟殷家蹈恶□〔俗〕诸臣。"孔意以"迪"为"蹈"，即如所说而蹈恶俗诸臣。□苐谓之蹈诸臣乎，不词甚矣。孔传又云："惟众官□〔化〕纣日久，乃沈湎于酒。"此又拘于"乃"字之义。案《尔雅》："伊、维，侯也。"侯，乃也。"特词之助，不必其为难词也。□

又作也，

《尔雅》浡、肩、摇、动、蠢、迪、俶、厉，作也。亦作妯。《尔雅》又□〔云〕娠、蠢、震、戁、妯、骚、感、讹、蹶，动也。蠢、妯皆训动，蠢、迪□皆训作，是妯即迪字。《诗》云"忧心且妯"是也。又方□妯，扰也，亦动作之意。

《皋陶谟》："各迪有功，苗顽□〔弗〕即工。"言五服四海之诸侯各作起而有功，惟苗□〔顽〕不就其功也，工与功同，弗即工，犹云不成功也，□〔孔〕传以为三苗顽凶，不得就官。非□。

又由也，

由字古或借迪为之，从辵与不从辵音，训同《论□〔语〕》"行不由径"。《说文》引又作邎。又，迪训道，繇亦训道。□〔繇〕亦训为道，其义皆通。《君奭》云："武王惟此四人，尚□〔迪〕有禄。"后暨武王肃将天威，尚迪有禄者，犹云尚□〔迪〕有禄也，故郑注云："言至武王时，虢叔等有死者，□〔余〕四人。"是其义。孔传云："武王惟此四人，庶几辅相。"】

— 311 —

又参之于卯，得二十七，又参之于辰，得八十一，又参之于巳，得二百四十三，又参之于午，得七百二十九，又参之于未，得二千一百八十七，又参之于申，得六千五百六十一，又参之于酉，得万九千六百八十三，又参之于戌，得五万九千四十九，又参之于亥，得十七万七千一百四十七。此阴阳合德，气钟于子，化生万物者也。注引孟康曰："元气始起于子，未分之时，天地人合而为一，故子数独一也。"

廖平：雄：上帝。物：精气为物。魂：游魂为变。号曰太素：《诗》主太素，谓少昊。《斗威仪》："二十九万一千八百四十岁而反太素、冥茎，盖乃道之根也。"《诗》以素统为主，素，西方，色白，其帝少昊。《诗》谓之"西方美人"，即《楚词》之西皇太乙。三气未分别：太初、太始、太素谓之三气。号曰浑沦：天地人相合，同在气交之中。《列子·天瑞篇》："昔者圣人因阴阳以统天地。夫有形者生于无形，则天地安从生？故曰：有太易、有太初、有太始、有太素。太易者，未见气也。太初者，气之始也。太始者，形之始也。太素者，质之始也。气形质具而未相离，故曰浑沦。浑沦者，言万物相浑沦而未相离也。视之不见，听之不闻，循之不得，故曰易也。"

案：陈乔枞《诗纬集证》该条中间舛入大段文字，和《尚书》有关。特用【】标识，以示区别。下文接续者，当是就"太极元气，函三为一"释义。

阳生酉仲，阴生戌仲。

——《毛诗正义》卷九

【汇校】

《尔雅·释天》邢疏依《毛诗正义》引《诗纬》，《玉海》卷五《天文五》云《毛诗正义》引《诗纬》云云，引文同。明清纬书辑佚基本上无异词，惟陈乔枞将此条辑入《纪历枢》。

【汇注】

孙瑴：说见"上清下浊，号曰天地"条。

《诗推度灾》校注

赵在翰：此阴阳以形气言也。阳为气，阴为形。气始于太初，生于酉仲，所谓"雄生于八月节也"。形始于太始，生于戌仲，则雌亦生于九月节矣。此纬文当有"雌生于九月节，号曰太始，行三节"。今文已佚。《广雅》云："酉仲，清浊未分；戌仲，清者为精，浊者为形。"说本此纬。纬云"雄合物魂，号曰太素。三（案：脱"气"字）未分别，号曰浑沦"，则《广雅》所云"太素，质之始也，生于亥仲，已有素朴而未散也。上清下浊，号曰天地"，则《广雅》所云"三气相接，至于子仲。剖判分离，轻清者上为天，重浊者下为地，中和者为万物"也。《郎𫖮传》言《诗》三基，但言亥仲、戌仲，其一即酉仲也。《尔雅》邢疏不达其恉，谓阴阳常兼有。于义为疏，故备论之。

陈乔枞：案《广雅·释天》云："太初，气之始也，生于酉仲，清浊未分也。太始，形之始也，生于戌仲，清者为精，浊者为形也。太素，质之始也，生于亥仲，已有素朴而未散也。三气相接，至于子仲，剖判分离。轻清者上为天，重浊者下为地，中和为万物。"曹宪《音义》云："八月酉仲为太初，属雄。九月戌仲为太始，属雌。"引《诗纬》"阳本为雄"云云证之。考《广雅》多载三家《诗》义，此节所释与《诗纬》大同，是据《齐诗》为说。

又案：《文选·答客难》注引《春秋演孔图》云："天运三百岁，雌雄代起。"《后汉书·郎𫖮传》𫖮条便宜七事言："汉兴三百三十九岁。高祖起亥仲二年，今在戌仲十年。于《易雄雌秘历》，今值困乏。唯独贤圣之君，遭困遇险，能致命遂志，不去其道。陛下乃者潜龙养德，幽隐屈厄，即位之元，紫宫惊动，历运之会，时气已应。然犹恐妖祥未尽，君子思患而豫防之。"考诗三期之数，起于亥仲，以□□数之，至酉仲凡三百年。阳生酉仲，阴生戌仲，是于斯之时，雌雄代起，故王者慎于其际也。又云："臣以为戌仲已竟，来年入季。自文帝改法，除肉刑之罪，至今适三百载。宜因斯际，大蠲法令，官名称号，舆服器械，事有所更，变大为小，去奢就俭，机衡之政，除烦为简，改元更始。臣陈引际会，恐犯忌讳，书不尽言。"考《陈宠传》载，宠钩校律令条法，溢于《甫刑》者除之。引"《春秋保乾图》曰：'三百年一蠲法。'汉兴以来，三百二年，宪令稍增，科条

— 313 —

无限。宜令三公、廷尉平定律令应经合义者，悉删除其余，以易万人视听，以致刑措之美。"时宠所钩校未及施行，故颢以为言。阳生酉仲，阳者天之德；阴生戌仲，阴者天之刑。刑反德而顺于德，省刑即以布德也。又云孔子曰："汉三百载计历改宪。"三百四岁为一德，千五百二十岁，五行更用。王者随天，譬犹自春徂夏，改青服绛者也。今年仲竟，来年入季，仲终季始，历宪变改，故可改元，所以顺天道也。注引《保乾图》云："阳起于一，天帝为北辰，气成于三，以立五神，三五展转，机以动运，故三百岁斗历改宪。"亦以酉戌之际，阴阳递生，雌雄代起，改元更始，所以革故自新，顺天应运也。《春秋纬》之说皆与《诗纬》义同。

胡薇元：《小雅·采薇》正经引此。酉，就也。"薇曰刚止"，故其仲则阳。戌，灭也，"薇亦柔止"，故其仲则阴生。

廖平：阳生酉仲：酉为阴盛阳微，故曰生。《参同契·卯酉刑德章》："二月榆落，魁临于卯。八日麦生，天罡据酉。"阴生戌仲：《推度灾》："雄生八月仲节，雌生九月仲节。"

按：《诗·采薇》孔疏和《尔雅·释天》疏引此条皆曰"诗纬"，并未说明具体出自哪种《诗纬》书。陈乔枞因为殷元正将此条辑入《纪历枢》，故其仍之。但据上条《推度灾》"雄生八月仲节"，雄即阳，此条也应出自《推度灾》。

复之日，鹊始巢。
——《礼记注疏》卷十七

【汇校】
《古微书》引文无误，明清纬书辑佚无异词。
【汇注】
廖平：复：冬至于卦为《复》。《易》曰："《复》其见天地之心乎。"之日：《含神雾》："孔子曰：诗者，天地之心。"鹊始巢：北方，子月，初候。

案：《复》于十二辟卦主十一月，万物始萌，故廖平曰"初候"。

复之日，雉雏鸡乳。

——《困学纪闻》卷五

【汇校】

明清纬书辑佚唯《通纬》辑录，云出自《困学纪闻·诗》，有误，当为卷五《礼记》。陈乔枞《诗纬集证》亦录之，但和上条并，故无"复之日"句。

【汇注】

陈乔枞：案《周书·时训解》云："小寒之日，雁北向；又五日，鹊始巢；又五日，雉始雊。大寒之日，鸡始乳；雁不北向，民不怀主；鹊不始巢，国不宁；雉不始雊，国大水。鸡不始乳，淫女乱男。"然则知岁时物候之纪，皆欲以验灾祥耳。

廖平：《诗》例以雉属东，如《易·说卦》。《邶风》"雄雉于飞，有鷕雉鸣"。

按：《礼记正义》卷九《月令》孔疏引《易通卦验》云："雉雏鸡乳，在立春节"，立春之月即十一月，亦即"复之日"。

鹊巢以复至之月，始作家室，鸠因成事，天性自如。

——《玉烛宝典》卷十一

【汇校】

《毛诗正义·鹊巢》孔颖达疏引《推度灾》文，"鹊巢"作"鹊"，"家室"作"室家"，"鸠"作"鸤鸠"，"自如"作"如此也"。明清纬书辑佚皆依《诗·鹊巢》正义引文辑录，《诗纬集证》"鸠"作"鸣鸠"。

【汇注】

宋均：自如，自如天性所有。

孔颖达：《复》于消息十一月卦，故知冬至加功也。《月令》"十二月鹊始巢"，则季冬犹未成也，故云"至春乃成"也。此与《月令》不同者，大率记国中之候，不能不有早晚。《诗纬》主以释此，故依而说焉。

孙毂：按《淮南子》："鹊巢知风之所起，獭穴知水之高下，晖日知宴，阴谐知雨。"又，《续博物志》："鹚鹚能救水，故宿水而物不害。鸠能巫步禁蛇，故唊蝮。啄木遇蠹以嘴画字成符，而蠹自出。鹊有隐巢，鸷鸟不能见。燕衔泥避戊己日，则巢不倾。鹳有长水石，故能于巢养鱼而水不涸。燕恶艾，雀欲夺之，则衔艾在其中。此鸟之智也。"

陈乔枞：案《易通卦验》云："鹊者阳鸟，先物而动，先事而应。"鹊之作巢，始于冬至，至春乃成。《复》于消息十一月卦也。《夏小正》云："三月鸣鸠，言始相命也。先鸣而后鸠，何也？鸠者鸣，而后知其鸠也。"鸠不自为巢，常居鹊之成巢也。

廖平：鹊以复至之日：《考异邮》："冬至十一月，阳之气也。"始作家室：七十二侯，冬至鹊始巢。《诗》例以七十二侯为七十二诸侯。《豳诗》曰："予妹有室家。"鸤鸠因成事，天性如此也：鸤鸠，司空，度地居民，以封建诸侯。北如韩城，南如谢功，非如俗说鹊巢鸠居。《召南》："维鹊有巢，维鸠居之。"

案："天性"一词至为关键，也是《诗纬》理解《诗》的出发点。

　　关雎知原，冀得贤妃正八嫔。

　　　　　　——《太平御览》卷一四五

【汇校】

《古微书》引文将"八嫔正于内，则可以化四方矣"视为正文，"正八嫔"作"主八嫔"。钱熙祚校正谓"下两句为注文，确"。《七纬》《通纬》引正文及注文，依《太平御览》，但"正八嫔"也作"主八嫔"，《玉函山房辑佚书》《纬捃》文字悉同《御览》。

【汇注】

宋均：嫔，妇也。八妇正于内，则可以化四方矣。

孙瑴：按《礼记》郑注："帝喾而立四妃矣，象后妃四星，其一明者为正妃，余三小者为次妃。帝尧因焉。至舜不告而娶，不立正妃，但三妃而已，谓之三夫人。夏后氏增以三三而九，合十二人。《春秋说》云'天子取十二'，即夏制也。殷人又增以三九二十七，合三十九人。周人上法帝喾立正妃，又三二十七为八十一人以增之，合百二十一人。其位后也、夫人也、嫔也、世妇也、女御也，五者相参，以定尊卑。"

正义曰：《周礼》"王有六寝"，一是正寝，余五寝在后，通名燕寝。其一在东北，王春居之。一在西北，王冬居之。一在西南，王秋居之。一在东南，王夏居之。一在中央，六月居之。凡后妃以下，更以次序而上御于王五寝之中也。故郑注《周礼》"九嫔"云："凡御见之法，月与后妃其象也。卑者宜先，尊者宜后。女御八十一人当九夕，世妇二十七人当三夕，九嫔九人当一夕，三夫人当一夕，后当一夕，亦十五日而遍云。自望后反之。孔子云：'日者天之明，月者地之理。阴阳异制，故月上属为天，使妇从夫放月纪。'月纪是星也。而妇人上御，必有女史彤管以差次之。"

《毛诗》传"贻我彤管"："古者后夫人，必有女史彤管之法，史不记过，其罪杀之。后妃群妾，以礼御于君所，女史书其日月，授之环，以进退之。生子月辰，则以金环退之。当御者，以银环进之，著左手，既御，著于右手。事无大小，记以成法。"又，何休云："适（嫡）夫人无子立右媵，右媵无子立左媵，左媵无子立嫡侄娣，嫡侄娣无子立右媵侄娣，右媵侄娣无子立左媵侄娣。质家亲亲，先立娣；文家尊尊，先立侄。嫡子有孙而死，质家亲亲先立弟，文家尊尊先立孙。其双生也，质家据见立先生，文家据本意立后生。"

贲居子曰：《关雎》一诗，乃后妃广求贤助也。妃若曰：得是淑女而进之文王，庶可以共理内政耳，若楚樊姬遍荐后宫之意。而后世作文王之思后妃，文王年十三耳，何从见之而作如此沉思。又云宫人之美后妃，宫人愚无知者，何由知后妃之如此其贤而仰慕至是。不读纬书，亦不知作诗之原也。于此大畅。

赵在翰：此与《诗叙》"忧在进贤"义合。"八"当作"九"，

※ 下编　《诗纬》校注

字讹。《周礼》九嫔属天官。嫔，妇之美称也，贤则称其职矣。注义亦本《叙》说。

陈乔枞：案《后汉书·郎𫖮传》云："《周南》之德，《关雎》政本。本立道生，风行草从。澄其源者流清，溷其本者政①浊。"稚光称四始、五际，习《齐诗》之学，故其说与《诗纬》同。古者天子诸侯一娶九女，嫡媵毕具。孟子引《诗》"刑于寡妻"，赵岐注云："言文王正已嫡妻，则八妾从。"八妾即此所谓八嫔是也。

廖平：《关雎》知原：知治化之原。冀得贤妃正八嫔：《说题辞》："人主不正，应门失守，故歌《关雎》以感之。"又，"应门，听政之处也，言不政事为务，则有宣淫之心。《关雎》乐而不淫，思得贤人，与之化之，修应门之政者也。"嫔，妇也。八嫔，八伯之命妇。正于内，则可以化四方矣：由内及外，化行天下。

　　关雎恶露，乘精随阳而施，必下就九渊，以复至之月，鸣求雄雌。

　　　　　　　　　　　　　　——《玉烛宝典》卷十一

【汇校】

出《玉烛宝典》，明清学者未见该书，故明清纬书辑佚未辑录此条。

【汇注】

宋均曰：随阳而施，随阳受施也。渊犹奥也，九奥也，九喻所在（案：《重修纬书集成》引作"邃"，误）深邃。《复》卦，冬至之月。鸣求雄雌，鸣，鸣鸣相求者也。

案：《春秋元命包》："日冬至，辰星升。"宋均注："著阳气，于是始升也。"又曰："十一月，子，执符。精类滋液，五行本苞，枢细绪萌，以立刑㕞。"宋均注："言律应黄钟，所含气如是也。符，信也，执信以行事也。精即水也。苞，苞胎，物之所出也。枢，本

---

① 政，原文作"末"。范晔《后汉书》，中华书局1965年版，第1054页。

也。细，要也。绪，业也。本要萌生，业以立刑体之拊端自此。《诗》云'常棣之华，鄂不韡韡'之也。"《汉书·律历志》："黄钟：黄者，中之色，君之服也；钟者，种也。天之中数五，五为声，声上宫，五声莫大焉。地之中数六，六为律，律有形有色，色上黄，五色莫盛焉。故阳气施种于黄泉，孳萌万物，为六气元也。以黄色名元气律者，著宫声也。宫以九唱六，变动不居，周流六虚。始于子，在十一月。"孟康曰："黄钟阳九，林钟阴六，言阳唱阴和。"《后汉书·冯衍传》"美《关雎》之识微兮，愍王道之将崩"，李贤注引薛夫子《韩诗章句》曰："诗人言雎鸠贞絜，以声相求，必于河之洲，蔽隐无人之处。故人君动静，退朝入于私宫，妃后御见，去留有度。今人君内倾于色，大人见其萌，故咏《关雎》，说淑女，正容仪也。"《诗纬》以阴阳消息对应雌雄，并结合子（其义为"孳生"）、黄钟律以及九渊等进行解说。

百姓空虚，弊冰泥□，鱼鳖不滋，五谷无收。
——《北堂书钞》卷一五九

【汇校】

孔广陶校记云："俞本无'弊'字，作'水泥'，下空二□□，余同。"明清纬书辑佚从俞本，《纬捃》误佚文出处为《艺文类聚》。

【汇注】

孙瑴：见"外规有云，内有如羊而黄者，京云也"条。

陈乔枞：案此条疑为咸池之候。《史记·天官书》云："西宫咸池，曰天五潢。五潢，五帝车舍。火入，旱；金，兵；水，水。"正义曰："咸池三星，在五车中，天潢南，鱼鸟之所托也。五车五星，三柱九星，在毕东北，天子三兵车舍也。"《淮南·天文训》云："咸池者，水鱼之囿也。"《春秋元命包》云："咸池主五谷，其星五者各有所职，以畜积为天峙五谷，咸池之为言皆多也。谷生于水，含秀怀实，至秋精垂，故一名五车，言以车载谷而贩也。"《礼含文嘉》云："仓廪实，知礼节；衣食足，知荣辱。天子得灵台之礼，则五车三柱明，水泉川流无滞，陆泽山陵，禾尽丰穰。"《占经·杂占》引《京氏》曰："治国无礼义，则鱼飞。水有渊奥即鱼居之，国无礼义则民去焉，故鱼飞。不救有虚邑，其救也，安民治业，定礼兴乐。"据刘向《洪范五行传说》亦言鱼阴类，民象也。百姓空虚，鱼鳖不滋，气类之感，相因而至也。《占经·星占》又引《石氏》曰："五车柱外出，不居两星之间者，天下大水。"《甘氏》曰："五车星各有所主分野，西北大星曰天库，主太白，秦也。次东北曰天狱，主辰星，燕、赵也。次东曰天仓，主岁星，鲁、卫也。次东南曰司空，主填星，楚也。次西南曰卿，主荧惑，韩魏也。占：五车均明，柱皆见，则仓廪实；不见，其国绝食。五车、三柱有变，各以其国占之。其星动摇变色，其国有兵，五谷大贵，人民饥亡。"随星所主分野占之。《诗纬》言百姓空虚，则仓廪不实矣；言水泥，则水泉积滞矣。水烦则鱼鳖不大，气衰则生物不遂，饥馑荐臻，民卒流亡，盖皆灵台礼失之所致也。

如有继周而王者，虽百世可知。以前检后，文质相因，法度相改。三而复者，正色也，二而复者，文质也。

——《宋书》卷十四《礼志》

【汇校】

明清纬书辑佚无异词。《重修纬书集成》句读有误。

【汇注】

高堂隆：以前检后，谓轩辕、高辛、夏后氏、汉，皆以十三月为正；少昊、有唐、有殷，皆以十二月为正；高阳、有虞、有周，皆以十一月为正。后虽百世，皆以前代三而复也。《礼大传》曰："圣人南面而治天下，必正度量，考文章，改正朔，易服色，殊徽号。"《乐稽曜嘉》曰："禹将受位，天意大变，迅风雷雨，以明将去虞而适夏也。"是以舜、禹虽继平受禅，犹制礼乐，改正朔，以应天从民。夏以十三月为正，法物之始，其色尚黑。殷以十二月为正，法物之牙，其色尚白。周以十一月为正，法物之萌，其色尚赤。

陈乔枞：案《公羊》桓十一年解诂引《乐纬》曰："天道本下，

亲亲而质省；地道敬上，尊尊而文烦。故王者始起，先本天道，以治天下，质而亲亲。及其衰敝，其失也亲亲而不尊。故后王起，法地道以治天下，文而尊尊。及其衰敝，其失也尊尊而不亲，故复反之于质。"《白虎通》云："王者必一质一文者何？所以承天地，顺阴阳。阳之道极，则阴道受，阴之道极，则阳道受，明二阴二阳不能相继也。质法天，文法地而已。天为质，地受而化之，养而成之，故为文。帝王始起，先质后文者，顺天地之道，本末之义，先后之序也。事莫不先有其质性，乃后有文章也。""天质地文。质者据质，文者据文。周反统天正何也，质文再而复，正朔三而改。三微质文，数不相配，故正不随质文也。""王者受命必改朔，明易姓，示不相袭。明受之于天，不受之于人，所以变易民心，革其耳目，以助化也。故《大传》曰：'王者始起，改正朔，易服色，殊徽号，异器械，别衣服。'是以舜禹虽继太平，犹宜改以应天。""《尚书大传》曰：'夏以十三月为正，色尚黑，以平旦为朔。殷以十二月为正，色尚白，以鸡鸣为朔。周以十一月为正，色尚赤，以夜半为朔。必以三微之月为正者，当尔之时，物皆尚微，王者受命，当扶微理弱，奉成之义也。三正之相承，若循连环。'孔子承周之弊，行夏之时，知继十一月正者，当用十三月也。"《汉书·律历志》云："三代各据一统，明三统常合，而迭为首，登降三统之首，周还五行之道也。故三统①相包而生。天统之正，始施于子半，日萌色赤。地统受之于丑初，日肇化而黄，至丑半，日牙化而白。人统受之于寅初，日孽成而黑，至寅半，日生成而青。天施复于子，地化自丑毕于辰，人生自寅成于申。故历数三统，天以甲子，地以甲辰，人以甲申。孟仲季迭用事为统首。三微之统既著，而五行自青始，其序亦如之。五行与三统相错。传曰：'天有三辰，地有五行'，然则三统五星可知也。《易》曰：'参五以变，错综其数。通其变，遂成天下之文；极其数，遂定天下之象。'太极运三辰五星于上，而元气转三统五星②于下。其于人，皇极统三德五

---

① 统，原文作"五"。班固《汉书》，中华书局1962年版，第984页。
② 星，原文作"行"。班固《汉书》，中华书局1962年版，第985页。

事。故三辰之合于三统也，日合乎天统，月合乎地统，斗合乎人统。五星之合于五行，水合于辰星，火合于荧惑，金合于太白，木合于岁星，土合于填星。三辰五星而相经纬也。"

廖平：如有继周而王者：《论语》"其或继周者"，《诗·商颂》在《周》《鲁颂》之后。虽百世可知：《中庸》："百世以俟圣人而不惑。"以前检后：前为往古，后为来今。文质相因：《礼记》："殷尚质，周尚文。"《论语》："殷因夏，周因殷。"法度相改：《论语》"所损益可知也"。三而复者，正色也：《元命包》："夏以十三月为正，色尚黑。殷以十二月为正，色尚白。周以十一月为正，色尚赤。"二而复者，文质也：说与董子《三代改制篇》同。《元命包》："正朔三而改，文质再而复。"

按：《七纬》不误，钟肇鹏点校本谓"正色"当为"正朔"，臆断。正色者，谓正朔与服色。

郰国，结蝓之宿，营室之精是也。
——《丹铅总录》卷五

【汇校】

《古微书》《纬捃》《集纬》等辑录此条，《古微书》无"是"字。根据《丹铅总录》卷五《蛞蝓》文意，"是也"二字不当入佚文。

【汇注】

杨慎：蜗，蛞蝓。陆佃《埤雅》云："蛞蝓，入三十六种禽，是四种角之类，营室之精。"① 慎案：此说出《诗纬推度灾》所谓"郰国，结蝓之宿，营室之精"是也，与今术士星禽不同，姑著之。

孙瑴：陆佃以蛞蝓入三十六种禽，是四种角之类。其说本此。

乔松年：《本草》：陶弘景曰：蛞蝓入三十六种禽限，营室星之

---

① 非出陆佃《埤雅》，出宋人罗愿《尔雅翼·释鱼三·蜗牛》。此后辑佚者，如孙瑴、赵在翰皆误承其说。

— 322 —

精。苏恭曰：陶说误矣。三十六种禽谓壁水貐，非蝓也。

邶国结蝓之宿，鄘国天汉之宿，卫国天宿斗衡，王国天宿箕斗，郑国天宿斗衡，魏国天宿牵牛，唐国天宿奎娄，秦国天宿白虎，气生玄武，陈国天宿大角，桧国天宿招摇，曹国天宿张弧。

——《乙巳占》卷三

【汇校】

《经义考·笔纬》《集纬》《七纬》《玉函山房辑佚书》《诗纬集证》等据《乙巳占》辑。《重修纬书集成》依《七纬》录文，而《乙巳占》"邶"作"鄁"，"桧"作"邻"，余同。

【汇注】

宋均：结蝓之宿，谓营室星。天汉之宿，天津也。天宿斗衡，国分所宜。

赵在翰："结"宜作"蛞"，《本草》蛞蝓。蜀本《图经》云："即蜗牛也，头有四角。"《广雅》云："蜗牛，蠡蝓也。"陆佃《埤雅》云："蠡蝓，入三十六种禽，是四种角之类，营室之精。"又郑、卫同一宿，指新郑也。

陈乔枞：鄁国，结蝓之宿。案营室、东壁皆卫星分。《汉书·地理志》言："河内本殷之旧都，分为三国，故邶、鄘、卫之《诗》相与同风。"《开元占经》六十一引宋均曰："营室为舌俞。"舌俞者，蛞蝓之假借。此注"结蝓"是"蛞蝓"之讹。蛞蝓，蜗牛也，头有四角，盖营室之精。《广雅·释鱼》云："蜗牛，蠡蝓也。"《占经》又引《地轴占》曰："营室一名鲮蝓。"鲮蝓亦即蠡蝓。营室二星为西壁，见《占经》引郗萌语。与东壁合为四星，象蛞蝓之四角也。又考《史记索隐》引《元命包》云："营星十星，挺陶精类，始立纪纲，包物为室。"营室二星，《春秋纬》言："十星者中，二星为室，绕室三向，两两而居曰离宫。"统而言之，皆营室也。离宫之下，二星曰东壁，盖连离宫东壁数之，故为十星欤。

鄘国，天汉之宿。案《开元占经》引《石氏》云："天津九星，在须女北河中，西北星入斗二度。"《黄帝占》曰："天津，一名天汉，一名横（原文作"潢"）星，有横（原文作"潢"）四星在危之北，居汉。"邶、鄘同为河内地，周公诛禄父，迁邶、鄘之民于洛邑。洛为周东都，《诗·王风》是也。邶之天宿为营室，王之天宿为箕斗，自斗至室，并北方七星。《尔雅》云："箕斗之间，汉津也。"天汉之宿，西属斗，东属女、虚，横（原文作"潢"）四星又在危北，故鄘得应天汉之宿也。

卫，天宿斗衡。案斗衡者，北斗之第五星。《五行大义》论九宫数云："九天属北斗九星之数，下对九州。中央钧天数五，属斗第五衡星，应中宫，对豫州。"《淮南·天文训》云："中央钧天，其星角、亢、氐。"高诱注曰："韩、郑之分野也。"九宫之位，豫州居中央，应中宫，属斗衡。卫为狄所灭，更封于河南曹楚邱，故天宿属于斗衡。《天官书》曰："北斗杓携龙角，衡殷南斗，魁枕参首。用昏建者杓，华山以西南。夜半建者衡，以殷中州河、济之间。平旦建者魁，海岱以东北也。"

王，天宿箕、斗。案箕、斗之间为汉津。《开元占经》引韩杨曰："南斗第六星，天子。"《圣洽符》曰："南斗者，天子之庙，主纪天子寿命之期。"《甘氏》曰："南斗，天子寿命之期，故曰将有天下之事，占于南斗。"《石氏》曰："箕、斗者，天子之冠服也。"王，周天子之都，故天宿主箕、斗。

郑，天宿斗衡。案郑与卫同宿者。《汉书·地理志》云："郑国，今河南之新郑，本高辛氏祝融之虚也，及成皋、荥阳，颍川之嵩高、阳城，皆郑分也。"其地全为豫州之域，故并属斗衡。

魏，天宿牵牛。案列宿分主列国，下应九州，各有分野，而其星又有兼候他国者，如张，周地，今之河南也，又为楚见《汉书·天文志》。昴，赵分，又主胡星见《春秋纬》。参，晋分，又以候蜀见《占经》六十三是也。牵牛，吴之分星，又为魏之天宿，以其兼候者言之也。《五行大义》引《淮南子》说"以牛为岱分"，《甘氏星经》谓"牵牛六星，次南三星主南越，动摇变色，从而占之"，皆以其所兼候者而言。《开元占经·日辰占邦》说以"丑为魏翟梁"，牵牛于辰在丑，故魏之天宿得属牵牛也。

唐，天宿奎、娄。案《石氏星经》："胃为赵分。"《汉书·天文志》以奎、娄、胃主徐州，是胃亦为鲁星。又言酉鲁、戌吴、越，所主国亦殊。考奎、娄，鲁分，在戌；昴、毕，赵分，在酉；戌主吴越，是亦兼候奎、娄。此言奎、娄为唐天宿，亦以所兼候为言。盖自胃至参，并赵、魏分。奎、娄属西方七宿，皆得为三晋所候，故言唐之天宿也。

秦，天宿白虎，气生玄武。案西宫咸池，曰天五潢，为五帝车舍。《石氏》谓五车西北端一大星曰天库，主太白，秦也。《史记·天官书》言秦之疆候在太白，占于狼、弧。《正义》以为太白、狼、弧皆西方之星，故秦占候。西宫七宿，白虎之精，狼、弧二星在参东南，参，白虎之体也。玄武者，北方之宿。《黄帝占》以北斗第一星主秦。《春秋纬》言北斗第一星为枢，主雍州。又名正星，于列星主营室、东壁，室、壁并玄武之宿。《五行大义》论九宫数，雍州在西北乾宫，故气又生玄武也。

陈，天宿大角。案《汉书·地理志》云："韩地，角、亢、氐之分野也。《诗》风陈、郑之国，与韩同星分焉。"大角一星，《石氏》云："在摄提间，入亢二度半，一名格，一名汉星。"陈与韩同星分，故天宿为大角。

桧，天宿招摇。案桧地在豫州外方之北，荥播之南。招摇一星，《石氏》云"在梗河北，入氐二度半"。郑武公定虢、桧之地，是为郑国，今河南之新郑也，亦与韩同星分，故天宿为招摇。

曹，天宿张、弧。案弧九星在参①东南，西星入井十六度。《石氏》曰："弧星者，天弓也，以备盗贼。狼星为奸寇，弧星为弓矢，矢常欲直，则狼不敢动，天下安宁，无兵起。若矢不直，弧亦不张，天下多盗贼，兵大起。"又《星赞》曰："弧在东南，阴谋张也。"曹地与宋同分野，其后曹并于宋，宋灭于齐、楚。魏，参分，其地魏之梁及陈留，即曹、宋之虚，觜。参为魏分，弧之星位在参，故曹之宿

---

① 当为"在狼东南"。

得主张、弧,犹井舆为秦分。弧之星度入井,故秦之强(当为"彊",同"疆")亦候狼弧也。

《周礼·保章氏》云:"以星土辨九州之地,所封之域,皆有分星,以观妖祥。"《礼·王制》正义引《春秋元命包》云:"王者封国,上应列宿之位。"若角、亢为郑,房、心为宋之比。其余小国不中星辰者,以为附庸。庸者,通也,官小德微,附于大国以通,若毕星之有附耳然,故谓之附庸。盖九州之地,诸侯所封,各有封域,即各有分星。察星分之变动,辨其吉凶,所以诏救政访序事也。故《诗纬》于列国备言之,以著终始际会之义。《汉书·地理志》云:"秦地于天官东井、舆鬼之分野也,魏地觜觿、参之分野也,周地柳、七星、张之分野也,赵地胃、昴、毕之分野也,燕地尾、箕分野也,齐地虚、危之分野也,鲁地奎、娄之分野也,宋地房、心之分野也,卫地营室、东壁之分野也,楚地翼、轸之分野也,吴地斗分野也,粤地牵牛、婺女之分野也。"又《天文志》云:"角、亢、氐,沇州。房、心,豫州。尾、箕,幽州。斗,江、湖。牵牛、婺女,扬州。虚、危,青州。营室、东壁,并州。奎、娄、胃,徐州。昴、毕,冀州。觜觿、参,益州。东井、舆鬼,雍州。柳、七星、张,三河。翼、轸,荆州。甲乙,海外,日月不占。丙丁,江、淮、海、岱。戊己,中州河、济。庚辛,华山以西。壬癸,常山以北。一曰甲齐,乙东夷,丙楚,丁南夷,戊魏,己韩,庚秦,辛西夷,壬燕,① 癸北夷。子周,丑翟,寅赵,卯郑,辰邯郸,巳卫,午秦,未中山,申齐,酉晋,戌吴、越,亥燕、代。秦之强,② 候太白,占狼、弧。吴、楚之强,候荧惑,占鸟、衡。燕、齐之强,候辰星,占虚、危。宋、郑之强,候岁星,占房、心。晋之强,亦候辰星,占参、罚。及秦并吞三晋、燕、代,自河、山以南者中国,中国于四海内则在东南,为阳,阳则日、岁星、荧惑、填星,占于街南,毕主之。其西北则胡、貉、月氏旃裘引弓之民,为阴,阴则月、太白、辰星,占于街北,昴主

---

① 原文作"燕、赵"。班固《汉书》,中华书局1962年版,第1288页。
② 强,原文作"彊"。下放此。

之。故中国山川东北流，其维，首在陇、蜀，尾没于勃海碣石。是以秦晋好用兵，复占太白。太白主中国，而胡、貊数侵掠，独占辰星。辰星出入躁疾，常主夷狄，其大经也。"班氏家学习《齐诗》，故附录之，以资互证云。

廖平：邶，结蝓之宿：以《国风》配二十八宿、北斗，今存十一，缺《周》《召》《齐》《豳》。

营室星：《佐助期》："营室主军市之粮，神名明玄耀登，姓娄芳。"《尔雅》："营室谓之定。"《天官书》："营室为清庙，曰离宫、阁道。"郭璞曰："定，正也。天下作宫室，皆以营室中为正。"《诗》："定之方中，作于楚宫。"

鄘：《鄘》《卫》《王》《秦》《陈》五风，皆十篇。天汉：《天官书》："汉者，金之散气，其本曰水。汉，星多，多水，少则旱。其大经也。"《河图括地象》曰："河精为天汉也。"之宿：中分十篇，每风自成一局，如一星宿。合之十二篇，共成一局，如律吕。二十八宿、三垣、四宫是也。《雅》诗："倬彼云汉，为章于天"，"倬彼云汉，昭回于天"，"维天有汉，鉴亦有光"。

天津也：《尔雅》："析木谓之津，箕、斗之间，汉津也。"《天官书》："北宫汉曰天潢。"《元命包》："天潢主河渠，所以度神，通四方。"宋均曰："天潢，天津也。津，凑也，主计度也。"

卫，天宿斗、衡：按卫、郑同斗衡。考斗有北斗，第五星为衡，《书》曰"玉衡"。《孝经纬》："玉衡，北斗柄也。"《天官书》："中宫，斗为帝车。"郑于《诗》初处州中，如《春秋》之从行卿，与之相当。考天市垣中斗五星，与斛四星相近。《星经》"斗五星，在宦星西南，主称量度，入尾十度"是也。考衡四星毗连库楼。《天官书》："南宫：衡，太微，三光之廷。"《星经》："库楼二十九星，衡四星，在角南，轸东南次，一曰文阵兵车之府，西入轸一度。"《晋·天文志》"库楼，兵甲之府也。中央四星，衡也，主陈兵"是也。卫于《诗》初处州之中，如天市垣之斗宿，继而出封，则如轸、角间之衡星。

王，天宿箕、斗：二宿，东北交。《天官书》："箕为敖客，曰口舌。""南斗为庙,其北建星。"《春秋佐助期》:"南斗主爵禄,神名帙瞻,姓终拒。"《书考灵曜》:"东北变天,其星斗、箕。"《诗》:"维南有箕,载翕其舌。"又,"维南有箕,不可以簸扬"。

郑:《齐》十一篇,《郑》二十一篇,各自为一局。凡恒星各自成局,如日系世界也。天宿斗衡。斗第五星为衡,主中国。《后汉书》李固对诏:"陛下有尚书,犹天之有北斗。北斗,天之喉舌。尚书,陛下之喉舌。"《诗》:"出纳王命,王之喉舌。"

魏,《魏》与《豳》皆七篇。天宿牵牛。一宿,北。《尔雅》:"河鼓谓之牵牛。"《天官书》:"北宫:牵牛为牺牲。"《佐助期》:"牵牛主关梁,神名略绪炽,姓蠲除。"《诗》:"睆彼牵牛,不以服箱。"

唐,尧之后。《诗》以两极属之,故曰冬夜夏日。天宿奎、娄:二宿,西。《尔雅》:"降娄,奎、娄也。"《天官书》:"奎曰封豕,为沟渎。娄为聚众。"《援神契》:"奎主文章。""奎星屈曲相钩,似文字之画。"《佐助期》:"奎主武库兵,神名列常,姓均刘方。娄主苑牧,神名及,姓台卫。"《考灵曜》:"西北幽天,其星奎、娄。"

秦,《齐》《豳》二风之文佚。天宿白虎:《天官书》:"参为白虎。"气生玄武。七宿,西及北。《天官书》:"北宫玄武。"《文耀钩》:"西宫白帝,其精为白虎。北方黑帝,其精为玄武。"

陈,舜之后。《诗》以地中属之,故曰"无冬无夏"。天宿大角。一角东。角为九天之钧天,为二十八宿之中央。蔡邕《月令章句》:"天官五兽之于五事也。左有苍龙,大辰之貌。右有白虎,大梁之文。前有朱雀,鹑火之体。后有玄武,龟蛇之质。中有大角,轩辕麒麟之信。"《考灵曜》:"中央曰钧天,其星角、亢。"按:中央之角当为大角。《星经》:"大角一星,天栋,在摄提中,主帝座,入亢三度。"《天官书》:"大角者,天王帝廷是也。"若东方首宿苍龙角,《国语》谓之辰角。《天官书》:"杓携龙角。"《星经》"角二星为天门"是也,不能与大角比其尊贵。

桧:《桧》《曹》二风,比于《春秋》许、曹,为小国,一亡一存,故止四篇。天宿招摇:北斗杓前之宿。《天官书》:"杓端有两

《诗推度灾》校注

星，一内为矛，招摇；一外为盾，天锋。"《星经》："招摇星在梗河北，主边兵，入氐二度。"

曹，天宿张、弧：弧矢。此十五国《风》自为终始之例。非每《风》各自为局，不相贯通。《天官书》："其东有大星曰狼，下有四星曰弧，直狼。"《合诚图》："弧主司兵，弩象也。"《御览》："弧九星在狼东南，谓天弓也，主备贼盗。"

刘师培：《史记·律书》次星象，其二十八舍之次分应四时。以东壁、营室、危属十月，虚、须女属十一月，牵牛、建星属十二月，箕属正月，尾、心、房属二月，氐、亢、角属三月，轸、翼属四月，七星、张、注属五月，弧、狼属六月，罚、参属七月，浊、留属八月，胃、娄、奎属九月。星名多与《世经》殊，其以狼、弧、建星为律列宿，则《月令章句》所引《甄耀度》见《玉烛宝典》二其说亦同，知汉代纬书说星象均与《律书》符合。惟《春秋佐助期》《春秋潜潭巴》二书星名与《三统》同，《公羊解诂》亦同《史记》。《诗纬》述《国风》亦多兼及星象，其说备于《推度灾》。此与《汉书·地理志》诸书说分野绝不相应，然与《含神雾》所次《国风》方位义实互明。如李淳风《乙巳占》引《诗推度灾》曰："卫天宿斗衡，魏天宿牵牛，唐天宿奎、娄，秦天宿白虎，陈天宿大角，曹天宿弧、张。"据《含神雾》说，则魏处季冬，牵牛之位，亦当丑月。陈处季春，大角之位，亦当辰月。曹处季夏，弧、张之位，亦当午、未。曹起夏至迄立秋，虽位处季夏，亦上处仲夏，故处仲夏，故纬举弧并及张。说均两合。惟秦处仲秋，唐处孟冬，奎、娄位，值戌月终。白虎即参，值申月终，未能适相符合。此或参之初度起于酉月，奎之初度起于亥月，亦或《诗纬》之意以立冬之节，不必在十月，故以奎、娄为唐之天宿也。其以卫、郑应斗衡者，盖斗居中宫，卫、郑之位亦居中央，其说尤与《含神雾》应。惟李氏所引《推度灾》有云"邶，结蝓之宿。鄘，天汉之宿"者，有云"王天宿箕、斗，桧天宿招摇"者，歧互错出，前后不符。未知李氏摭引多讹，亦或纬文义别有主。姑存其说，以俟知者。

日蚀，君伤。

——《开元占经》卷九

【汇校】

明清纬书辑佚无异词。

【汇注】

陈乔枞：案刘向《洪范传》曰："日之为异，莫重日蚀，故《春秋》日蚀则书。日蚀者，下凌上，臣侵君之象也。日蚀众者，乱亦众；稀者，乱亦稀。"《续汉志》泛引日蚀说曰："日者，太阳之精，人君之象。君道有亏，为阴所乘，故蚀。蚀者，阳不克也。"

月蚀，大臣刑。

——《开元占经》卷十七

【汇校】

佚文又见于宋抄本《景祐乾象新书》卷六。《诗纬集证》"蚀"作"食"，余同。

【汇注】

陈乔枞：案《汉书·李寻传》云："月者，众阴之长，妃后、诸侯、大臣之象。"《易纬通卦验》云："日蚀则正人主之道，月蚀则正臣下之行。"《辨终备》云："日之既，阳德消。月之毁，刑将将。"注云："月之毁，谓月食当过也。将将，大也。阴主刑。"故《诗纬》言月蚀，其占为大臣刑。《占经》引《京氏占》曰："月与日相衡，分天下之半，循于黄道，乌兔相冲，光盛威重，数盈理极，危亡之灾，一时顿尽。遂使太阳夺其光华，暗虚亏其体质。小潜则小亏，大潜（案：《开元占经》本又作"骄"）则大灭。此理数之常然也。"

荧惑圆黑，为水丧。

——《开元占经》卷三十

贤者退，小人进，而谗言伤，阴贼行，而天下昏，荧惑数出，干主位。赤而芒，为火兵。黑而圆，为水丧。止舍为其邦，疾则事急，留则殃重。

——《开元占经》卷三十

【汇校】

明清纬书辑佚，最先见于《七纬》辑《开元占经》卷三十《推度灾》文"荧惑圆黑，为水丧"，《玉函山房辑佚书》《通纬》等承之。《开元占经》卷三十还有《诗纬》佚文，根据内容判断，和《推度灾》属于同一内容。《诗纬集证》辑"贤者退，小人进，而谗言伤，阴贼行，而天下昏，荧惑数出，干主位。赤而芒，为火兵。黑而圆，为水丧。止舍为其邦，疾则事急，留则殃重"，断为《推度灾》，而《七纬》等在泛引《诗纬》中重辑此条。

【汇注】

赵在翰：武密曰：荧惑变而黑，有死丧，有大水，故云为水丧。

陈乔枞：案《占经》引《推度灾》曰："荧惑黑圆，为水丧。"又引《诗纬》曰"贤者退"云云，知所引皆《推度灾》之文。《洪范五行传》云："荧惑于五常为礼，辨上下之节；于五事为视，明察善恶之事也。礼亏视失，逆夏令，伤火气，则荧惑为灾。"《太平御览》引《天官星占》曰："荧惑为天候，主岁成败，司察妖孽，所往有兵为乱，为贼，为疾，为丧，为饥，为兵，盖天下不理也。东西南北无有常，出则有兵，入则兵散，周旋止息，乃为死丧。"《占经》又引韩杨曰："荧惑之为言荧惑（案：《占经》作或），以象谗贼进退无常，不可为极。"《荆州占》曰："荧惑变色失行，所留者亡，所抵者兵。人君宰相之治逞骄恣，不从五行，贤者伏匿，谗臣乱治，逐功臣，诛不辜，即荧惑变色。王者礼义，荧惑不留其国，凶殃，罚之。"《石氏》曰："荧惑逆行，以其所守之舍命其国。"郗萌曰："荧惑色变，一见一伏，求之不可得，奎之目，辰之心，参之左肩，龙之左角，毕之右股，此五星也。类此色即荧惑。"《甘氏》曰："荧惑色赤黄，发疾；黑青，发难。黄若赤，一岁内发，白色期二年，青色期三年，黑色期四年至五年，以星行尺寸浅深为度，大小期应。"

胡薇元：《占经》卷三十引《推度灾》。

　　大臣戮亡，荧惑环铁锧。

——《开元占经》卷三七

【汇校】

《开元占经》卷三七作"《推度览》"，误，当为"《推度灾》"。明清纬书辑佚，《七纬》《玉函山房辑佚书》《通纬》辑之，皆作"《推度灾》"。

【汇注】

陈乔枞：案荧惑一曰罚星，一曰执法。《史记·天官书》云："诛成质。"注引晋灼曰："荧惑入天质，占曰：大臣有诛。"《春秋元命包》云："铁锧，主乱行斩，诛枉诈。"《占经》引《石氏》曰："荧惑入铁锧，若有星动摇，铁锧用。"郗萌云："铁锧星不欲明，明若动，为铁锧用。"荧惑执法，铁锧又主诛戮，故"环铁锧"其应为大臣戮亡。言环者，谓星围宿周回一匝也，环而不周者曰绕。

　　建星动，劳未央。

——《开元占经》卷六五

【汇校】

明清纬书辑佚，见于《七纬》《玉函山房辑佚书》《通纬》《诗纬集证》等，无异词。

【汇注】

陈乔枞：案《占经》引郗萌曰："建星，天之都关也，为谋事，为天鼓，为天马。南二星，天库也。中央二星，市也，铁锧也。上二星，旗也，天府庭也。斗建之间，三光道也。"《海中占》曰："斗建者，阴阳终始之门，大政升平之所起，律历之本原也。"《荆州占》曰："建星欲其相类列则天下安，若不相类则天下乱，人主忧。"案《汉书·天文志》："元光中，天星尽摇，上以问候星者。对曰：'星摇者，民劳也。'后伐四夷，百姓劳于兵革。"是其验也。

黄龙在内，正土职也，一曰陈陵，二曰权星，主雷雨之神。
——《开元占经》卷六六

【汇校】

明清纬书辑佚，见于《七纬》《玉函山房辑佚书》《通纬》等，无异词。陈乔枞《诗纬集证》引作"一曰东陵，一曰权星"。

【汇注】

陈乔枞：案《史记·天官书》："南宫朱鸟，权、衡。衡，太微、三光之廷。权，轩辕。轩辕，黄龙体。前大星，女主象；旁小星，御者后宫属。"注引孟康曰："轩辕为权，太微为衡。"轩辕形如腾龙。黄者，土之正色，轩辕正土职，故其象为黄龙。轩辕为权，故一曰权星。《占经》引《石氏》曰："轩辕星，王后以下所居宫也，一曰帝西（按：《占经》作"南"）宫，中央土神，女主之象也。女主之位，皇帝之舍也。""轩辕星如其故，色黄而润泽，则天下和，年大丰。"《黄帝占》曰："轩辕十七星主后妃，黄龙之体以应主。南第一星，皇后也；次北一星，三夫人也；又北一星，九嫔也；次北一星，二十七世妇；其次北一星，八十一御女。西南六尺一星，太后宗也；东南六尺一星，皇后宗也；后妃星南一尺一星小者，皇子也；次南二尺一星，女史也。其星主雷、雨、风、霜、雾、露、虹蜺、背璚、抱珥，此轩辕之变气，皆应主之祥。"

廖平：黄龙：《石氏星书》："中央黄帝，其精黄龙，为轩辕。"在内，正土职也：《月令》："中央土，其帝黄帝。"一曰陈陵，一曰权星：《天官书》："权，轩辕。轩辕，黄龙。"主雷雨之神。张衡《灵宪》："轩辕一星，与苍龙、白虎、朱雀、玄武四兽为五。"

奔星所坠，其下有兵。

——《开元占经》卷七一

奔星之所坠，其下有兵。列宿之所坠，灭家邦。众星之所坠，万民亡。

——《开元占经》卷七六

【汇校】

明清纬书辑佚，见于《七纬》《玉函山房辑佚书》《通纬》等，无异词。《占经》卷七一又引"奔星"下两句，故陈乔枞分"奔星所坠，其下有兵""列宿之所坠，灭家邦。众星之所坠，万民亡"两条，分别注释。但《占经》卷七十六引文有"奔星之所坠，其下有兵"，与卷七十一引文重复，故陈氏于"列宿"条不引"奔星"，似有不妥。

【汇注】

陈乔枞：奔星之所坠，其下有兵。案《占经》云："《尔雅》：'奔星为彴约。'注言：'流星，大而疾者曰奔。'"《河图》曰："诸流星皆钩陈之精，天一之神也。"孟康曰："飞星主谋事，流星主兵事，使星主行事。"《石氏》曰："星行绝迹名曰飞星，其迹著天名曰流星。"《春秋纬》曰："大奔星有声，望之如火光，见则有破军，四方相射。"《太公阴秘》曰："凡军击贼，见大流星所指向者，将之用兵顺之行则胜。"又曰："流星下，入军营，必空，主将无功，避之则吉。"《荆州占》曰："大流星赤光照地，流而东，吴越部兵。一作齐地部兵。流而南，楚宋部兵。流而西，秦郑部兵。流而北，燕赵部兵。"是奔星主兵事之应也。

列宿之所坠，灭家邦。众星之所坠，万民亡。案《洪范传》云："星者在位人君之类也，陨者象其陨坠，失其所也。天变所以语人也，防恶远非，慎卑省微，将以安之也。"董仲舒曰："常星二十八舍，人君之象也。众星者，万民之类也。列宿不见，象诸侯微也。众星坠，民失其所也。"《京房易传》曰："五行之形，其体在下，精耀在

— 334 —

天，百官之本，各因其原。星飞反行，万民不安。大星陨下，阳失其位，灾害之萌也。其救也，人君当悔过反故，克己责躬，省徭役，安国封侯，以宁民为先，则宿正矣。"《汉书·五行志》载："谷永对云：'星附丽于天，犹庶民附丽王者。君失其道，纲绝①废顿，下将叛去，故星畔天而坠②，以见其象也。'"

　　在下不臣，虫食叶。贷者，伐也。小臣为政事，变其法，故立字贷，与伐同，其变臣欲杀也。

——《开元占经》卷一二〇

【汇校】

明清纬书辑佚，见于《玉函山房辑佚书》《通纬》，无异词。《重修纬书集成》引"贷"作"蟘"，"伐"作"代"，"与伐同"作"同其代"，"其变"作"穷其变"。又，《重修纬书集成》句读有误。

【汇注】

陈乔枞：案《尔雅》云："食叶，蟘。"李巡注云："食禾叶者，言假贷无厌，故曰蟘也。"董仲舒对灾异曰："佞臣居位，贪叨之征。邪人在位，则蝗虫食叶。"《续汉书·五行志三》："永初四年，夏，蝗。"刘昭注引谶曰："主失礼烦苛，则旱之，鱼螺变为蝗虫。"又，"光和三年诏策问：'连年蝗虫，其咎安在？'蔡邕对曰：'《河图秘征篇》云："帝贪则政暴而吏酷，酷则诛深必杀，主蝗虫。"蝗虫，贪苛之所致也。'是时百官迁徙，皆私上礼西园以为府。"据此，则纬所云'小臣为礼政，变其法'，是其验矣。《开元占经》为唐大史监瞿昙悉达撰，征引古籍极为浩博，如《隋志》所称纬八十一篇，此书尚存其七八，中引《诗纬》语足补佚缺者，多至三十余条云。

案：据《尔雅》，"虫食叶"当作"蟘食叶"。《占经》引文"伐"

---

① 绝，原文作"纪"。班固《汉书》，中华书局1962年版，第1510页。
② 坠，原文作"陨"。班固《汉书》，中华书局1962年版，第1510页。

下编　《诗纬》校注

当为"代"之讹误。"贷者，代也。小臣为政事，变其法，故立字贷，与代同，其变臣欲杀也"当为解说文。此说《小雅·甫田》。

伤苗食之贼也。
——《开元占经》卷一二〇

【汇校】

明清纬书辑佚，《七纬》引"苗"作"思""之贼"作"贼之"。《通纬》《诗纬集证》同《七纬》。《玉函山房辑佚书》引作"伤思贼食之"，《重修纬书集成》作"伤思食贼之也"。

【汇注】

陈乔枞：案《占经》引《推度灾》文如此，疑有脱误。当作"伤忠臣，虫食节"。贼，贼之也。上文引京房说曰"害忠孝，虫食根"，下文又引京房说"伤忠臣，虫食蚕"，此蚕亦讹字。（按：《占经》原文作"蜚"）与此为类，故知当然。

案：或陈乔枞等所据《开元占经》本文字错讹如此。

甲者，押也。春则开也，冬则阖也。
——《五行大义》卷一

【汇校】

明清纬书辑佚，《七纬》《诗纬集证》《通纬》等辑录该条无异词。

【汇注】

陈乔枞：案《五行大义》云："支干者，因五行而立之，昔轩辕之时，大挠所制。蔡邕《月令章句》云：'大挠采五行之情，占斗机所建也，始作甲乙以名日，谓之干，作子丑以名月，谓之支。有事于天则用日，有事于地则用辰，阴阳之别也。干者，干济为义。支者，支任为义。以此日辰，任济万事，故云支干。'"引《诗纬·推度灾》"甲者，押也"云云，以释名号。《五行大义》为隋萧吉撰，新、旧

— 336 —

《唐志》作《五行记》，《宋志》作《五行大义》，中引《诗纬》语，皆前人采辑所未及，亟为登之，以补佚文。押与闸通，《说文》云："闸，开闭门也。"《易纬辨终备》云："雄雌呿吟，六节摇通，万物孳甲，日营始东。"注云："呿吟，阖辟也。"《系》曰："阖户谓之坤，辟户谓之乾。"孳，生也。甲，东方之行物所生，故数以始也。甲有开、阖二义，故注申之曰"春则开也，冬则阖也"，以释"押"字之意。知此二语为注文者，据下文《尔雅·岁次》云"卯名单阏。单，尽也。阏，止也。言阳气推万物而起，阴气尽止也"。是《尔雅》注李训巡之语，萧氏连引之，不别标注。下引"辰名执徐"诸条皆然，故知此二语，及下"物之生长，各执其柄"云云，亦皆《诗纬》宋注之文。

案：陈氏辨析《五行大义》引《诗纬》文甚明辨有理，可以采信。但以"春则开也，冬则阖也"为宋均注文则未必。参之《玉烛宝典》可知，"春则开也，冬则阖也"也是纬书说"甲"的内容，非宋均注。根据《玉烛宝典》卷一，宋均注"甲者，押也。春则开也，冬则阖也"曰："押之为言苞押，言万物苞押也。"故本书不以"春则开也，冬则阖也"为宋均注。下放此。

  乙者，轧也。春时万物皆解孚甲，自抽轧而出也。丙者，柄也。物之生长，各执其柄。丁者，亭也。亭犹止也，物之生长，将应止也。戊者，贸也。生长既极，极则应成，贸易前体也。己者，纪也。物既始成，有条纪也。庚者，更也。辛者，新也。谓万物成代，改更复新也。壬者，任也。癸者，揆也。阴任于阳，揆然萌芽于物也。

——《五行大义》卷一

【汇校】

《推度灾》释天干地支，除"甲"条外，其余各条只有陈乔枞《诗纬集证》据《五行大义》辑入，其他各家纬书辑本皆未曾辑。安居香山、中村璋八编纂《重修纬书集成》据《五行大义》辑入。中村璋八《五行大义校注》底本为元弘本,其校记云:"天本'押'作'抽',佚本、集本'贸'误作'买'。"

【汇注】

陈乔枞:乙者,抽也。案《五行大义》原引作郑玄注《礼记·月令》曰:"甲者抽也,乙者轧也。春时万物皆解,自抽轧而出也。"乔枞谓"甲"当作"乙",字之讹耳。"乙者,抽也",是《推度灾》文。《文选·陆士衡〈文赋〉》"思乙乙其若抽",注云:"乙,抽也。"与《诗纬》义同。甲之为义,无训作"抽"者,知《诗纬》是言"乙者,抽也"。文当在郑注上,转写错入郑注中,遂致十干阙乙之名义。今为订正之。郑注:"乙者,轧也。"据《礼记·月令》注,当作"乙之言轧也",亦转写错误耳。

丙者,柄也。物之生长,各执其柄。案此亦《诗纬》及宋均注语。萧氏引之,不别标书名者,以上文称《诗纬推度灾》,已发其凡以起例也。下文引《尔雅·岁次》云"太岁在寅曰摄提格",亦于首句发凡以起例,故于"卯名单阏"云云,皆不别标书名。引郑注《月令》及《三礼义宗》《淮南子》注,皆标名者,恐其文混,故又别之耳。《汉书·律志》云:"明炳于丙。"郑君注《月令》亦云:"丙者,炳也。夏时万物强大,炳然著见也。"训丙为柄,仅见于此,亦足以广异义云。

丁者,亭也。亭犹止也,物之生长将应止也。案《文选·谢灵运〈初去郡〉》诗"止监流归停"注引《仓颉篇》云:"亭,定也,停与亭同,古字通。"定义即止之意。《尔雅·释天》"太岁在丁曰强圉",又云"月在丁曰圉",圉义亦训为止。《释名·释乐器》云:"敔,衙也,衙,止也,所以止乐也。"梲敔,《毛诗·有瞽》作"梲圉""强圉",《史记·历书》作"疆梧""梧圉"。敔、衙、御,古文并通,故得展转相训也。

戊者,贸也。生长既极,极则应贸易前体也。① 案《礼记·月

---

① 《五行大义》作"极则应成,贸易前体也"。中村璋八:《五行大义校注》,日本汲古书院1998年版,第10页。

令》："中央土，其日戊己。"《黄帝九宫经》以戊己配土，居中宫。《白虎通》云："地，土之别名也。"又云："地者，元气之所生，万物之祖也。万物怀任，交易变化始起。"此训戊为贸，谓物应贸易前体，即交易变化之义也。一曰贸与茂、楙皆声同，古文通用。郑君注《月令》云："戊之言茂也，谓万物皆枝叶茂盛。"《诗纬》"贸"字即"茂"之假借。《汉书·律志》言"丰楙"，于"茂"亦假"楙"为"茂"字也。

己者，纪也。物既始成，有条纪也。案《汉书·律志》云："理纪于己。"《释名·释天》云："己，纪也，皆有定形，可纪识也。"与《诗纬》义合。郑君云："己之言起也，谓万物含秀者抑屈而起也。"别为一解。

庚者，更也。辛者，新也。谓万物成代，更改复新。案《三国志·魏文帝纪》，及《宋书·符瑞志》引《推度灾》"庚者，更也"，《毛诗·十月之交》正义引《推度灾》"辛之言新"，与此所引皆合，尤足证《五行大义》所载支干名号皆据《诗纬》之文。又考《律志》云"敛更于庚，悉新于辛"，郑注《月令》云"庚之言更也，辛之言新也，谓万物皆肃然改更，秀实新成也"，《释名·释天》云"庚犹更也，庚，坚强貌也。辛，新也，物初新者皆收成也"，义并同。

壬者，任也。癸者，揆也。阴任于阳，揆然萌芽于物也。案《史记·律书》云："壬之言任也，言阳气任养万物于下也。癸之言揆也，言万物可揆度，故曰癸。"郑注《月令》云："时维闭藏，万物怀任于下，揆然萌芽也。"《释名·释天》云："壬，妊也。阴阳交，物怀妊，至子而萌也。癸，揆也，揆度而生，乃出土也。"其义皆足证明纬说。

按：干支释义见于《推度灾》，据《玉烛宝典》则又见于《纪历枢》，但表述略有差异。根据《五行大义》，似乎郑玄注《礼记月令》对"乙"的解释和《推度灾》同。但不排除另外两种情况，一是《五行大义》漏引《推度灾》对"乙"释文，二是萧吉用郑玄注代替《推度灾》。

子者，孳也。阳气既动，万物孳萌。丑者，纽也。纽者系也，续萌而系长也。故曰孳萌于子，纽牙于丑。寅者，移也，亦云引也。物牙稍吐，引而申之，移出于地也。卯者，冒也。物生长大，覆冒于地也。辰者，震也。震动奋迅，去其故体也。巳者，巳也。故体洗去，于是巳竟也。午者，忤也，亦云萼也。仲夏之月，万物盛大，枝柯萼布于午。未者，昧也。阴气已长，万物稍衰，体蒌昧也，故曰蒌昧于未。申者，伸也。伸犹引也，长也，衰老引长。酉者，老也，亦云熟也。万物老极而成熟也。戌者，灭也。九月杀极，物皆灭也。亥者，核也，阂也。十月闭藏万物，皆入核阂。

——《五行大义》卷一

【汇校】

陈乔枞《诗纬集证》据《五行大义》辑入，其他各家纬书辑本皆未曾辑。安居香山、中村璋八编纂《重修纬书集成》据《五行大义》辑入。中村璋八《五行大义校注》校记云："天本'萼'作'咢'，'忤'作'杵'。"

【汇注】

陈乔枞：子者，孳也。阳气既动，万物孳萌。案《史记·律书》云："子者，滋也。滋者，言万物滋于下也。"滋与孳通。《释名·释天》云："子，孳也。阳气始萌，孳生于下也。"《孝经援神契》云："冬至阳气动，斗指子，为冬至。"《白虎通》云："《月令》：'十一月律谓之黄钟何？钟者，动也，言阳气于黄泉之下动，养万物也。'"《五经通义》云："冬至阳气萌，阴阳交精，始成万物，气微在下，不可动泄，王者承天理，故率天下静而不扰也。"

丑者，纽也。纽者，系也，续萌而系长也。故曰孳萌于子，纽牙于丑。案《律书》云："丑者，纽也。言阳气在上未降，万物厄纽未敢出也。"《释名·释天》云："丑，纽也，寒气自屈纽也。"《三礼义宗》云："言居终始之际，故以纽结为名。"纽结亦系之意也。《汉书·律志》言"孳萌于子,纽牙于丑",即注语所本。物之始萌,其牙冤曲,欲奋轧而出,而为阴气所系。故《尔雅·岁次》:"丑名赤奋若。"孙炎注以为"物萌色赤,奋动顺其心(按:当作"性"),而气始芽也。"

寅者,移也。物牙稍吐,引而申之,移出于地也。案《春秋元命包》曰:"春者,岁之始也,神明推移,精华结纽。"注云:"阴阳相推移,物精华结成纽要也。"《淮南·天文训》:"斗指寅,则万物螾螾也。"注云:"螾螾,动生也。"《史记·历书》云:"寅言万物始生螾然也。"螾动即移之义。《汉书·律历志》云:"引达于寅。"《释名·释天》云:"寅,演也,演生物也。"演生即引之义。其说互相备。

卯者,冒也。物生长大,覆冒于地也。案:《说文》云:"卯,冒也,二月万物冒地而出,象开门之形。"《释名·释天》云:"卯,冒也,载冒土而出也。"又《律书》云:"卯之言茂也,言万物茂也。"《三礼义宗》云:"阳气至此,物生滋茂。"冒、茂二义亦互相备。《诗纬》注言"物生长大,覆冒于地",兼有滋茂之义。

辰者,震也。震动奋迅,去其故体也。案《说文》云:"辰,震也,三月阳气动,雷电振,民农时也。"《律书》云:"辰,震,言万物之蜄也。"蜄或作娠,娠犹震也。《白虎通》云:"辰者,震也,律中姑洗,三月谓之姑洗何?姑者,故也。洗者,鲜也。言万物皆去故就新,莫不鲜明也。"注言"去其故体",是其义矣。

巳者,巳也。故体洗去,于是已竟也。案《说文》云:"巳,巳也,四月阳气已出,阴气已藏,万物见,成文章。"《白虎通》云:"大阳见于巳,巳者,物必起。"必与毕字通,毕,竟也。《释名·释天》云:"巳,巳也。阳气毕布已也。"训义并同。

午者,仵也,亦云咢也。仲夏之月,万物盛大,枝柯咢布于午。案《律志》云:"咢布于午。"与此同义。《说文》云:"午,啎也,五月阴气午逆阳,冒地而出也。"《释名·释天》云:"午,仵也,阴气从下上,与阳气相仵逆也。"毕氏秋帆云:"仵,俗字,当作啎,《说文》:'啎,屰也。'咢亦啎屰之意也。"又案《史记·律书》云:

— 341 —

"午者，阴阳交，故曰午。"是午又有交午之义。《诗纬》注言"枝柯咢布"，兼交午为训，其义乃备。《开元占经》二十三引李巡《尔雅》注云："鄂，茂也。"《史记索隐》引李巡云："作鄂，物芒枝起之貌。"物茂而枝柯咢布，亦有交午之象，皆足以推明纬说。

未者，昧也。阴气已长，万物稍衰，体萎昧也，故曰萎昧于未。案"萎昧于未"，语见《律志》。《释名·释天》云："未，昧也，日中则昃，向幽昧也。"又《律书》云："未者，言万物皆成，有滋味也。"《说文》亦云："未，味也。六月滋味也。"《释名》就一日而言，《律书》及《说文》就一岁而言，故训义各殊耳。

申者，伸也。伸犹引也，长也，衰老引长。案《淮南·天文训》云："申者，呻之也。"《说文》云："申，神也。七月，阴气成，体自申束，从臼，自持也。"神、呻、伸，古文以声同通假。《释名·释天》云："申，身也，物皆成其身体，各申束之，使备成也。"与《说文》同意。物既成体，则渐老而坚，故《律志》云"申坚于申"。

酉者，老也，亦云熟也。万物老极而成熟也。案《律书》云："酉者，万物之老也。"《律志》云："留熟于酉。"皆与此训同。《释名·释天》云："酉，秀也，秀者，物皆成也。"据《尔雅·释草》云"不荣而实者谓之秀"，则秀有成实之义。《说文》云："酉，就也。八月黍成，可为酎酒。"就亦成也。

戌者，灭也，杀也。九月杀极，物皆灭也。案《律书》云："戌者，言万物尽灭，故曰戌。"《淮南子》及《白虎通》《说文》皆训戌为灭。立秋之时，阴气出地，始杀万物，故七月律谓之夷则。夷者，伤也。则者，法也。言万物始伤，被刑法也。至九月，霜降，则杀气极矣。《春秋感精符》云："霜，杀伐之表。季秋霜始降，王者顺天行诛，以成肃杀之威。"又《释名·释天》云："戌，恤也，物当收敛，矜恤之也。"亦言脱也，落也。训"脱"，训"落"，并与"灭"义相近。惟"收恤"之训，其义特殊。然据《律》之言"毕入于戌"，则是戌兼有收恤之义也。

亥者，核也，阂也。十月闭藏，万物皆入核阂。案《律书》

云："亥者，该也。言阳气藏于下，故该也。"《律志》云："该阂于亥。"孟康曰："阂，藏塞也，阴杂阳气，藏塞为万物作种也。"《白虎通》云："亥者，侅也。"该、侅音义并同阂。《说文》云："亥，核也。"《释名·释天》云："亥，核也，收藏百物，核取其好恶真伪也。亦言物成皆坚核也。"训荄，训核，即为万物作种之义。《三礼义宗》云："亥，劾也，言阴气劾杀万物也。"义与诸解不同，别为一说。

节分于《天保》，微阳改刑。
——《玉烛宝典》卷二

【汇校】

明清辑佚纬书未曾辑录此条。安居香山、中村璋八《重修纬书集成》据《玉烛宝典》辑录。

【汇注】

宋均：节分谓春分也。揄（案：当作"榆"）荚落，故曰改刑也。

案：《尚书考灵曜》："以仲春、仲秋昼夜分之时，光条照四极，周经凡八十二万七千里，日光接。故曰分寸之晷，代天气生。"郑玄注："日晷以分寸增减，阴阳修而消息，生万物也。"《礼记·月令》："（仲春）其日甲乙。其帝大皞，其神句芒。其虫鳞。其音角，律中夹钟。其数八。其味酸，其臭膻。其祀户，祭先脾。"《周语》曰："夹钟出四隙之细。"注云："夹助阳四隙，谓黄钟、大吕、大蔟、夹钟，凡助出四隙之微气，令不滞伏于下也。"《周易参同契》："渐历大壮，侠列卯门。榆荚堕落，还归本根。刑德相负，昼夜始分。"注曰："夹者侠也，侠列卯门，则生门之中已含杀气，故二月榆落，叶归本根。夫春生万物而榆荚反落者，德中有刑故也。于时阴阳气平，故刑德之气，互相胜负。昼夜始分者，阴阳气平之验也。"

又《诗纬》配诗，清人多说解以律，详见上。而于诗意或有关联,《鱼丽序》曰:"文、武以《天保》以上治内,《采薇》以下治外。"此盖"微阳改刑"之义也。

　　立火于《嘉鱼》,万物成文。
　　　　　　　　　　　　　　——《玉烛宝典》卷四

【汇校】
明清纬书辑佚未曾辑录此条。安居香山、中村璋八《重修纬书集成》引文与《玉烛宝典》同。
【汇注】
宋均曰:立火立夏,火用事成文,时物鲜洁,有文饬(案:即"饰"字)也。
案:《诗纪历枢》曰:"巳者,巳也。阳气已出,阴气已藏,万物出,成文章。"《淮南子·时则训》:"孟夏之月,招摇指巳,昏翼中,旦婺女中。其位南方,其日丙丁,盛德在火,其虫羽,其音徵,律中仲吕,其数七,其味苦,其臭焦,其祀灶,祭先肺。蝼蝈鸣,丘蚓出,王瓜生,苦菜秀。天子衣赤衣,乘赤骝,服赤玉,建赤旗,食菽与鸡,服八风水,爨柘燧火,南宫御女赤色,衣赤采,吹竽笙,其兵戟,其畜鸡,朝于明堂左个,以出夏令。"《春秋元命包》:"大阳见于巳,巳者物毕起。"

　　金立于《鸿雁》,阴气煞,草木改。
　　　　　　　　　　　　　　——《玉烛宝典》卷七

【汇校】
明清纬书辑佚未曾辑录此条。安居香山、中村璋八《重修纬书集成》引"煞"作"杀",余同。
【汇注】
宋均:金立,立秋,金用事也。
案:立秋,金用事,主刑杀。《淮南子·时则训》:"立秋之日,

— 344 —

天子亲率三公、九卿、大夫以迎秋于西郊。还，乃赏军率武人于朝，命将率，选卒厉兵，简练桀俊，专任有功，以征不义，诘诛暴慢，顺彼四方。命有司，修法制，缮囹圄，禁奸塞邪，审决狱，平词讼。天地始肃，不可以赢。"《诗汜历枢》："申者，伸也。"宋均注："阳气衰，阴气伸。"

　　水立气周，刚柔□德。
　　　　　　　　　　　　　　——《玉烛宝典》卷十

【汇校】
明清纬书辑佚未曾辑录此条。安居香山、中村璋八《重修纬书集成》引文与《玉烛宝典》同。
【汇注】
宋均：水立，冬水用事也。气周者，周亥复本元也。刚柔犹阴阳，言相薄者也。

　　《四牡》，草木萌生，发春近气，役动下民。
　　　　　　　　　　　　　　——《玉烛宝典》卷一

【汇校】
明清纬书辑佚未曾辑录此条。安居香山、中村璋八《重修纬书集成》引文与《玉烛宝典》同。
【汇注】
宋均：大夫乘四牡行役，倦不得已，各如正月物动不止，故以篇系此时也。
案：《淮南子·时则训》："孟春之月，招摇指寅，昏参中，旦尾中。……布德施惠，行庆赏，省徭赋。"

　　戊己正居魁中，为黄地。
　　　　　　　　　　　　　　——《玉烛宝典》卷六

【汇校】

明清纬书辑佚未曾辑录此条。安居香山、中村璋八《重修纬书集成》引文与《玉烛宝典》同。

【汇注】

宋均：为黄地者，著中央为土交也。

案：土交，当即土无位而居四方，故参连交错。《诗含神雾》曰："郑，戊己之地也，位在中宫而治四方，参连相错，八风气通。"《乐叶图徵》："土所以无位而在于四季者，地之别名土，于五行最尊，故不自居部。"

《诗纪历枢》校注

【解题】

孙瑴：凡历生于律，律生于声，声生于诗，则诗之为律历根枢，固矣。作历者，《三统》《四分》皆知取诸《易》，取诸《春秋》，而了不及《诗》。岂知《诗》之有四始、五际，亦如《易》之有九问，《春秋》之有十端。而《泰》《否》升沈，皇王箓运，动必关焉。则其谓之汎历枢，非爽也。

马国翰：蕡居子曰：凡历生于律，律生于声，声生于诗，则诗之为律历根枢，固矣。作历者，《三统》《四分》皆知取诸《易》，取诸《春秋》，而了不及《诗》。岂知《诗》之有四始、五际，亦如《易》之有九问，《春秋》之有十端。而《泰》《否》升沈，皇王箓运，动必关焉。则其谓之汜历枢，非爽也。

赵在翰：永言律本，运谱历轨。汎览五际，其枢在水。

案：《诗纬》三篇中，以"汜历枢"称名最为淆乱，或曰"汎历枢"，或曰"泛历枢"，或曰"纪历枢"，或曰"记历枢"。责名问实，或当为"纪历枢"。纪，或为纪年之单位，十二年为一纪。或为古历法纪年之单位，十九年为章，四章为蔀，二十蔀为纪，故一纪一千五百二十年。纬书常说三百年计历改宪，实际三百四年改元。《易纬乾凿度》载孔子曰："至德之数，先立木金水火土德，合三百四岁。五德备，凡一千五百二十岁，大终复初。其求金木水火土德日名之法，道一纪七十六岁，因而四之，为三百四岁。以一岁三百六十五日四分乘之，凡为十一万一千三十六；以甲为法除之，余三十六，甲子始数立。立算皆为甲，旁算亦为甲，以日次次之，母算者，乃木金

— 347 —

火水土德之日也。德益三十六，五德而止。六日名甲子，木德，主春，春生，三百四岁。庚子，金德，主秋，成收，三百四岁。丙子，火德，主夏，夏长，三百四岁。壬子，水德，主冬，冬藏，三百四岁。戊子，土德，主季夏，致养，三百四岁。六子德四正，子午卯酉也。而期四时，凡一千五百二十岁终一纪。五德者所以立尊号，论天常，志长久。"缘是故，岁、月、日、星辰、历数为五纪。《尚书·洪范》："五纪。一曰岁，所以纪四时。二曰月，所以纪一月。三曰日，纪一日。四曰星辰，二十八宿迭见以叙气节，十二辰以纪日月所会。五曰历数。历数节气之度以为历，敬授民时。"孔颖达曰："凡此五者，皆所以纪天时，故谓之'五纪'也。" "纪历枢"当以形近而讹为"氾""汎""泛""记"。本着实事求是的原则，本书在表述中一律称"纪历枢"，而古人引文则一仍其旧。

  王者受命，必先祭天，乃行王事。诗曰：济济辟王，左右奉璋，此文王之郊也。

——《说郛》卷五

【汇校】

首见于《说郛》百二十卷本，此后明清纬书辑佚承《说郛》辑入，无异词。

【汇注】

赵在翰：杨应阶曰："《棫朴》笺云'祭皇天上帝及三辰'，与《纬》说合。又《周颂》'肇禋'笺云：'文王受命，始祭天。'《中候》'文立稷配'注云：'文王受命，祭天，立稷以配之。'又《皇矣》诗言文王伐崇之事曰'是类是祃'，亦祭天也。或议文王受命称王，《纬》说不经，郑君宗《纬》为失。"应阶谓《棫朴》诗言周王、我王，《礼·文王世子》称君王，《中庸》《大传》言追王不及文王，是文王称王，经有明文。文王以岁入戊午蔀二十九年受命改元，据《大传》，六年伐崇称王，孔疏谓郑君意以为六年始王是已。疏又谓伐崇时未称王，而得祭天者，虽未称王，已行王事。应阶谓《棫朴》诗称"樀

— 348 —

燎",是已受命祭天;称"辟王""我王",是已称王;称"周王于迈,六师及之",是祭天之后将征伐也。此诗为文王受命始祭天称王之证,盖在入戊午蔀二十九年后六年事也。《春秋繁露》谓:"文王受天命而王天下,先郊乃敢行事,而兴师伐崇。"又云:"已受命而王,必先祭天,乃行王事,文王之伐崇是也。"引《诗》上言"奉璋",下言"伐崇",以是见文王之先郊而后伐。《大戴礼》云"文王卒受天命",文与上"成汤卒受天命"同,是亦受命称王之证。

陈乔枞:案《春秋繁露》第六十七篇云:"天子每将兴师,必先郊祭以告天,乃敢征伐,行子之道也。文王受天命而王天下,先郊乃敢行事,而兴师伐崇。其诗曰:'芃芃棫朴,薪之槱之。济济辟王,左右奉璋。奉璋峨峨,髦士攸宜。'此郊辞也。其下曰:'淠彼泾舟,烝徒楫之。周王于迈,六师及之',此伐辞也。其下曰:'文王受命,有此武功。既伐于崇,作邑于丰',以此辞者见文王受命则郊,郊乃伐崇",语与此合。杨氏应阶曰:"《棫朴》笺言'祭皇天上帝及三辰',《周颂》'肇禋'笺言'文王受命始祭天',皆用《诗纬》说。议者或以郑君宗纬为失。案《礼·文王世子》称君王,《中庸》《大传》言'追王不及文王',是文王称王,经有明文。文王以岁入戊午蔀二十九年,受命改元。据《大传》言,受命六年,伐崇称王,是《棫朴》为六年事。又《大戴礼》云'文王卒受命',与上'成汤卒受天命'同。"《尚书中候》言:"文立稷配。"注云:"文王受命,祭天立稷以配之。"亦皆受命称王之证。

案:《春秋繁露·郊祭》:"天子每至岁首,必先郊祭以享天,乃敢为地,行子礼也;每将兴师,必先郊祭以告天,乃敢征伐,行子道也。文王受命而王天下,先郊乃敢行事,而兴师伐崇,其诗曰:'芃芃棫朴,薪之槱之。济济辟王,左右趋之。济济辟王,左右奉璋。奉璋峨峨,髦士攸宜。'此郊辞也。"纬文当是节略此段文字而成,由此也可见纬书受到董仲舒及其《春秋》学的影响。但《说郛》辑录纬书佚文不注出处,故不能完全断定此为纬文。

灵台,参天意。

——《文选》卷五十六

下编 《诗纬》校注

灵台，候天意也。经营灵台，天下附也。

——《太平御览》卷五三四

【汇校】

《文选》卷五六作《汜历枢》。明清纬书辑佚多据《太平御览》卷五三四辑录佚文，如《七纬》《玉函山房辑佚书》等，《纬捃》据《文选》《太平御览》两辑佚文，《重修纬书集成》同之。

【汇注】

赵在翰：杨应阶曰：《乾凿度》言"文王伐崇，作灵台"，《含神雾》言"作邑于丰，起灵台"，故此纬及《诗叙》俱云"灵台，民始附也"。台以观天文，故云"候天意"。说灵台者，郑君谓辟雍、三灵同处在郊，袁准《正论》申明郑意，言之详矣。《三辅黄图》载三灵相去里数，皆在长安西郊，是同处也。《说苑》云："积仁为灵。"《黄图》云："灵台高二丈，周二百四十步。"

陈乔枞：案《礼含文嘉》云："礼，天子灵台所以考观天人之际，阴阳之会也，揆星辰之验，征六气之瑞应，原神明之变化，睹日气之所验，为万物获福于无方之原。招太极之清泉，以兴稼穑之根，仓廪实知礼节，衣食足知荣辱。天子得灵台之礼，则五车三柱明制可行，不失其常，水泉川流无滞塞（案：原文作"水泉川流，无滞寒暑之灾"），陆泽山陵，禾尽丰穰。"《易乾凿度》云："昌以西伯受命，入戊午蔀二十九年，伐崇，作灵台，改正朔，布王号于天下，受录，应河图。"《毛诗叙》云："灵台，民始附也。"与纬说同。《说苑·修文篇》曰："积恩为爱，积爱为仁，积仁为灵。灵台之所以为灵者，积仁也。神灵者，天地之本，而为万物之始也。是故文王始接民以仁，而天下莫不仁焉。文德之至也。"

胡薇元：《五经要义》："天子三台，灵台以观天文。《诗集传》所以望氛祲、察灾祥也。"《文选·陆佐公新漏刻铭》注引此作"参天意"。此条见《太平御览》卷五百三十四。

廖平：灵台：《礼含文嘉》："天子有灵台，以候天地。"又，"天子灵台，所以观天人之际，阴阳之会也。揆星度之验，征六气之瑞，应神明之变化，睹日月之所验，为万物获福于无方之原。招太极之清泉，以兴稼穑之根，仓廪实知礼节，衣食足知荣辱。天子得灵台之则，五车三柱明制可行，不失其常；水泉川流，无滞寒暑之灾；陆泽山陵，禾尽丰穰。"候天意也。经营灵台：《诗》"经始灵台，经之营之"。天下附也：《推度灾》："作邑于丰，起灵台。"

案：此说《大雅·灵台》篇，"候天意"即"参天意"。

　　贱人牢，一曰天狱。
　　　　　　　　　——《史记》卷二十七《天官书》

【汇校】

《史记》卷二十七《天官书》"贱人之牢"注《索隐》引"作《记历枢》。《纬捃》此佚文后尚有"梗河中招摇为胡兵"。其他明清纬书辑佚无异词。

【汇注】

孙瑴：按《晋志》："天牢六星，在北斗魁下，贵人之牢也。"《石氏星经》："贯索九星在七公前，为贱人牢，口一星为门，门欲开，开即有赦。九星皆明，天下狱烦。七星见，小赦；六星、五星，大赦。动则斧锧用，中空则更元。"

陈乔枞：案《天官书》云："有勾圜十五星，属斗杓，曰贱人之牢。"《正义》："贯索，一曰连索，主法律，禁暴强，故为贱人牢。"《占经》六十五引《黄帝占》曰："天牢者，贱人之牢也（案：《开元占经》"贱"作"贼"）。天下狱律也，常以四时候天牢，其口星开，则天下赦。"

胡薇元：《史记·天官书》："有句圜十五星，属杓，曰贱人之牢。实则囚多，虚则开出。"

　　更河中招摇为胡兵。
　　　　　　　　　——《史记》卷二十七《天官书》

— 351 —

下编 《诗纬》校注

【汇校】

明清纬书辑佚，《七纬》无"胡"字，"更河中"作"梗河南"，《纬捃》"更河中"作梗河南。《重修纬书集成》"更"均作"梗"。

【汇注】

宋均：招摇星在更河内。

孙瑴：按《晋志》："大角北三星曰梗河，天矛也。一曰天锋，主胡兵。又北一星曰招摇，其北一星曰玄戈，皆主胡兵。招摇欲与栋星、梗河、北斗相应，则胡兵来受命于中国。玄戈又主北夷，客星守之，胡大败。"

陈乔枞：案《天官书》云："斗杓端有两星：一内为矛，招摇；一外为质[1]，天锋。"《正义》引《星经》云："梗河星为剑戟（按：《正义》引"戟剑"。）之星，若星不见或进退不定，锋镝乱起，将为边境之患也。"《开元占经》六十五引《石氏》曰："梗河三星，天矛也。梗者递也，河者担也，士卒更递，担持天矛以行也。在斗杓头，主杀，所向无前也。主胡兵，芒角大，则胡南寇乱，胡兵大起。"《黄帝占》曰："招摇欲与梗河栋星相直，斗末之星，招摇之间，为天库，招摇离其处，名曰开库，兵发。招摇星欲明而微小，则王者威令行四夷也。"

胡薇元：《天官书》："杓端两星，内为矛，招摇。梗河内众暴寡，夷狄为强。"

廖平：梗河中招摇：孟康曰："近北斗者招摇，招摇为天矛"。晋灼曰："梗河三星，天矛、天锋、招摇，一星耳"。宋均云："招摇星在梗河内。"为胡兵：《天官星占》："招摇者，常阳也。一名矛盾，胡兵也。"

按：《史记索隐》：宋均以为更河名天矛，则更河是星名也。

房为天马，主车驾。

——《史记》卷二十七《天官书》

---

[1] 质，原文作"盾"。司马迁《史记》，中华书局1959年版，第1294页。

— 352 —

【汇校】

明清纬书辑佚无异词。

【汇注】

宋均：房既近心为明堂，又别为天府及天驷也。

陈乔枞：案《尔雅》："天驷，房也。"孙注曰："龙为天马，故房四星为天驷。"《史记·天官书》云："房为府，曰天驷。其阴，右骖。旁有两星曰钤[①]，北一星曰辖。"《正义》云："房星，君之位，亦主左骖，亦主良马，故为驷。王者恒祠之，是马祖也。""辖，车轴耑键也。"（按：此《正义》引《说文》）《星经》云："键闭一星，在房东北，掌管钥也。"《索隐》引《春秋元命包》曰："钩钤两星以闲防，神府闓舒，为主钩距，以备非常也。"《占经》引《石氏》曰："房为天子明堂，王者岁始布政之堂。房为四表。天道，四表之间，三光之正路，人天之定位也。房又为天马，主车驾。钩钤二星距房西南，天子御也。"

胡薇元：《占经》引《诗纬》："东宫，苍龙，房星，天马，曰驷，主车驾。"宋均注："房既近心为明堂，又别为天府及天驷也。"

廖平：房：《诗》："招我由房。"《尔雅》："天驷，房也。"为天马：《天官书》："东宫苍龙，房、心。房为府，曰天驷，其阴为右骖。"主车驾：《援神契》："房为龙马。""房星既体苍龙，又象驾驷马。"房既近心为明堂，又别为天府及天驷也。

按：《开元占经》卷六十作"房为天子明堂，王者岁始布政之堂；房为天马，主车驾；房为四表，表者桀也"。

箕为天口，主出气。尾为逃臣，贤者叛，十二诸侯列于庭。
——《太平御览》卷五

【汇校】

《史记》卷二十七《天官书》"箕为敖客，主口舌"注引《索

[①] 钤，原文作"衿"。司马迁：《史记》，中华书局1959年版，第1296页。下"钩钤两星"等同。

— 353 —

隐》、《太平御览》卷一仅有"箕为天口,主出气"二句,且均言出自《诗纬》。明清纬书辑佚,《古微书》此佚文后尚有"彗孛出箕,东夷有为乱者"。《玉函山房辑佚书》顺序颠倒,作"尾为逃臣,贤者叛。箕为天口,主出气。奎为女仓。十二诸侯列于庭"。《重修纬书集成》"庭"作"廷"。

【汇注】

宋均:《元命包》曰:"五诸侯。此云十二,则兼他星为数也。"

孙瑴:按郑注《洪范》:"中央土气为风,东方木气为雨。箕属东方木,木克土,土为妃,尚妃之所好,故箕星好风也。西方金气为阴,克东方木,木为妃,毕属西方,尚妻之所好,故好雨也。今申气乘寅,两相冲破,申来逆寅,寅为风,风之被逆,故为暴雨也。"

《广雅·星别名》:"大角谓之栋星,天宫谓之参旗、紫宫,参伐谓之大辰、太微,房谓之明堂,须女谓之婺女,参谓之实沈,昴谓之旄头,东井谓之鹑首,张谓之鹑尾,轸谓之鸟帑,营室谓之豕韦,北辰谓之大堂,天渊谓之纽兹,妃星谓之天堂,天渊谓之三渊,轩辕谓之路寝,舆鬼谓之天庙。"①

赵在翰:李大瑛曰:十二诸侯属女宿,五诸侯属太微垣。宋均注非是。

陈乔枞:箕为天口,主出气。案箕四星,上二为踵,下二为舌。《史记·天官书》云:"箕为敖客,曰口舌。"《索隐》引宋均云:"敖,调弄也。箕以簸扬,调弄为象。又受物,有去去来来,客之象也。""《诗》云:'维南有箕,载翕其舌。'是箕有舌象谗言。故《诗》曰:'哆兮侈兮,成是南箕。'谓为敖客,行请谒也。"《开元占经》云:"《易纬是类谋》曰:'太山失金鸡,西岳亡玉羊。'箕星明大,即国无谗贼。箕中少星,则豢贵。箕者,人之精也。故天下安乐,即星众;不安,即星少。"考《初学记·天部》引《春秋说题辞》云:"玉羊,狼星也。金鸡,质星也。""质"字是"箕"之讹,

---

① 《古微书》此段引《广雅》多讹文,据王念孙《广雅疏证》,则"北辰谓之曜魄,天渊谓之纽兹,妃星谓之大当"。

据《占经》引《易纬是类谋》"泰山失金鸡"为箕星左证,又引《石氏》说"箕,天鸡也,主时金星也",《太平御览》天部五引《易是类谋》曰"太山失金鸡者,箕星亡也。箕者,风也,风动鸡鸣。今箕候亡,故鸡亦亡也",尤其明验。郑君《是谋类》注云:"金鸡、玉羊,二岳之精,为玉羊,推义宜然。"案:当作"箕为金鸡,狼为玉羊,推义宜然"。箕,东方之宿。狼,西宫之星。故分主太山、西岳,各应其东西之方位也。

尾为逃臣,贤者叛,十二诸侯列于庭。案《开元占经》第六十引《二十八宿山经》曰:"尾动者,君臣不和,必有事。尾,天子之九子也。腾跃坼绝,不居其所,天下大乱,君臣不和。"又第七十二引《石氏》曰:"流星出尾,色青黑,臣有逃者。"尾为逃臣,故其应如此。《太平御览》天部引《元命包》曰:"尾九星列为南宫,其庭太微。"《占经》六十六引郗萌曰:"太微之宫,天子之廷,上帝之治,玉①帝之座也。名曰保舍,十二诸侯之府也。"《史记·天官书》曰:"南宫,②太微,三光之廷,匡卫十二星,藩臣。"《索隐》引《春秋合诚图》云:"太微主法式,陈星十二,以备武患(按:原文作"急")也"。今考太微廷,南蕃二星,东西蕃各四星,共十星,则其二或为阴星,如北斗之八九二星常隐而不见也。五诸侯亦属太微,在东井北,并列帝廷。《元命包》云:"五诸侯星流曰(四)③去,外牧伤,天子避宫,公卿逃。"《礼纬含文嘉》云:"五礼备,则五诸侯星正④光明,不相侵凌,五禾应以大丰。"南方于五常为礼,故礼修则五诸侯星明也。

胡薇元:箕为天口,主出气:《太平御览》五:"箕为敖客,一曰天口,主出。"

尾为逃臣,贤者叛:《天官书》:"尾为九子,曰君臣;斥绝,贤

---

① 玉,原文为"五"。瞿昙悉达:《开元占经》,九州出版社2012年版,第647页。
② 南宫,原文作"衡"。司马迁:《史记》,中华书局1959年版,第1299页。
③ 曰,原文为"四"。瞿昙悉达:《开元占经》,九州出版社2012年版,第644页。
④ 原文"正"下有"行"字。瞿昙悉达:《开元占经》,九州出版社2012年版,第643页。

下编 《诗纬》校注

者叛。"此条见《太平御览》卷五。

十二诸侯列于庭：《春秋纬元命包》曰五诸侯，此云十二，则兼他星为数也。此条见《太平御览》卷五。

廖平：尾：《天官书》："尾为九子，曰君臣；斥绝，不和。"《元命包》曰："尾九星为后宫之场也。"为逃臣，贤者叛。十二诸侯：天市垣十二诸侯，晋、韩、秦、楚、郑、魏、赵、燕、齐、吴、越、宋，在紫宫者为十二藩臣。列于庭：《国风》十二配律吕，以象天之十二诸侯。《史记·十二诸侯年表》仿此。箕：《天官书》："箕为敖客，曰口舌。"为天口：《诗》"维南有箕，载翕其舌"，"哆兮哆兮，成是南箕"。

彗孛出箕，东夷有为乱者。

【汇校】

明清纬书辑佚，仅《古微书》辑录此条佚文，但钱熙祚校注未注明出处。此条当出《玩象观占》卷八十三，谓出《诗含神雾》。

【汇注】

孙瑴：见"箕为天口，主出气。尾为逃臣，贤者叛，十二诸侯列于庭"条。

案：《观象玩占》卷十三引《诗含神雾》云："彗孛出箕，大水出，人大饥，米贵五倍。一曰：夷狄入中国，兵大起，海溢河波，且有大旱，米贵十倍。若守之，东夷下湿与水居将为乱。"此或为孙瑴《古微书》所本。据《占经》卷八九，大致相同内容也见于《河图圣洽符》。

枪三星，棓五星，在斗杓左右，主枪人、棓人。
——《史记》卷二十七

【汇校】

《史记》卷二十七《天官书》"棓五星"注引《索隐》言出自《诗纬》。明清以来纬书辑佚，《七纬》列入《诗纬》，《纬捃》等从

— 356 —

之。《重修纬书集成》将此条辑入《氾历枢》,但也注明《史记》注引《索隐》作《诗纬》。

【汇注】

陈乔枞:案《占经》六十五引《石氏》曰:"天枪三星,在北斗杓东,主帝伏兵。枪者,今之枪也,以竹为之锐,其锋外向以枪人。星温而不明则吉,若光照则伏兵行。""天棓五星,在女床东北。棓者,大杖,所以打贼也。"左枪右棓,天之武备,皆所以禁横暴,备不虞也。

胡薇元:《占经》引《石氏》曰:"天之武备,皆所以禁横暴,备不虞也。天枪三星,温而不明,吉,若光芒,则伏兵。天棓五星在女床东北。"见《史记索隐》。

参为大辰,霸者持正,咸席之覆。

——《易纬是类谋》注

【汇校】

明清以来纬书辑佚,《纬捃》无"覆"字,《重修纬书集成》从之。

【汇注】

陈乔枞:案《广雅·释天》云:"参伐谓之大辰。"《史记·天官书》云:"参为白虎。三星直者,是为衡石。下有三星,兑,曰伐,为斩艾事。其外四星,左右肩股也。"《开元占经》六十二引《黄帝占》曰:"参应大①将,其中三星列,三将也;右肩右足,右将也,左肩左足,左将也。白虎性有怒,左足下有井,动而陷之,以节其势。凡七将明大,天下之兵精,卫帝有方。"霸者方伯,连帅之职,以威服人,率诸侯而卫天子,故星应参也。

廖平:参:《佐助期》:"参伐主斩刈,神名虚图,姓祖及。"为大辰:《尔雅》:"大辰,房、心、尾也。火谓之大辰。"

---

① 大,原文作"七"。瞿昙悉达:《开元占经》,九州出版社2012年版,第595页。

凡推其数，皆从亥之仲起，此天地所定位。阴阳气周而复始，万物死而复苏，大统之始，故王命一节为之十岁也。
——《后汉书》卷三十李贤注

【汇校】

明清纬书辑佚，殷元正《集纬》"十岁"作"千岁"，《玉函山房辑佚书》《通纬》引文"为"下脱"之"字，《纬捃》"死"作"始"，《玉函山房辑佚书》无"气"字。

【汇注】

赵在翰：按《繁露》第四十六篇云："难者曰：阴阳之会，一岁再遇，遇于南方者以中夏，遇于北方者以中冬，冬丧物之气也，则其会于是何？如金木水火各奉其所主以从，阴阳相与，一力而并功。其实非独阴阳也，然而阴阳因之以起，助其所主，故少阳因木而起，助春之生也；太阳因火而起，助夏之养也；少阴因金而起，助秋之成也；太阴因水而起，助冬之藏也。阴虽与水并气而合冬，其实不同，故水独有丧，而阴不与焉。是以阳阴会于中冬者，非其丧也。"又云："阴阳之行，终各六月，远近同度，而所在异处。阴之行，春居东方，秋居西方，夏居空右，冬居空左，夏居空下，冬居空上，此阴之常处也。阳之行，春居上，冬居下，此阳之常处也。阴终岁四移，而阳常居实。"又第四十七篇云："阳气始出东北而南行，就其位也；西转而北入，藏其休也。阴气始东南而北行，亦就其位也；西转而南入，屏其服也。是故阳以南方为位，以北方为休；阴以北方为位，以南方为休。阳至其位而大暑热，阴至其位而大寒冻。阳至其休，而人化于地；阴至其伏，而避德于下。是故夏出长于上，冬入化于下者，阳也；夏入守虚地于下，冬出守虚位于上者，阴也，阳出实入实，阴出空入空，阴阳终岁各一出。"又第五十篇云："天之道，初薄大冬，阴阳各从一方来，而移于后。阴由东方来西，阳由西方来东，至于中冬之月，相遇北方，合而为一，谓之曰至。别而相去，阴适右，阳适左。适左者，其道顺。适右者，其道逆。逆气左上，顺气右下，故下煖而上寒，以此见天之冬，右阴而左阳也。冬月尽而阴阳俱南还。阳南还出于寅，阴南还入于戌。此阴阳所始，出地入地之见处也。至于中春之月，阳在正东，阴在正西，谓之春分。春分者，阴阳相半也。故昼夜均而寒暑平。阴日损而随阳，阳日益而鸿，故为烧（案：当作"暖"）热。初得大夏之月，相遇南方，合而为一，谓之日至。别而相去，阳适右，阴适左。适右由下，适左由上。上暑而下寒，以此见天之夏，右阳而左阴也。上其所右，下其所左，夏月尽，而阴阳俱北还。阳北还而入于申，阴北还而入于辰，此阴阳之所始，出地入地之见处也。至于中秋之月，阳在正西，阴在正东，谓之秋分。秋分者，阴阳相半也，故昼夜均而寒暑平，阳日损而随阴，阴日益而鸿。故至于季秋而始霜。"又第五十一篇云："一而不二者，天之行也。阴与阳相反之物也，故或出或入，或右或左，春俱南，秋俱北，夏交于前，冬交于后，并行而不同路，交会而各代理。"合观董子诸篇，其义始畅，故备录之。又按《说郛》所载纬书多见《繁露》，岂纬有是言而《繁露》述之与？抑讹以《繁露》之文为纬耶？书佚无可考，宁过而存之耳。

陈乔枞：郎顗上封事曰："汉兴以来三百三十九岁。于《诗》三基，高祖起亥仲二年，今在戌仲十年。"注言："'基'当作'期'，谓以三期之法推之也。"孔氏巽轩云："其法以三十年管一辰，凡甲子、甲午旬首者为仲，甲戌、甲辰旬首者为季，甲申、甲寅旬首者为孟，率十年一移，故谓之三期。今据阳嘉二年癸酉，上推延光三年甲子，为戌仲之始。前卅年而永光六年入酉仲，又前卅年而永平七年入申仲，又前卅年而建武十年入未仲，又前卅年而元始四年入午仲，是王莽革命之际也。又前二百有九年，得高祖元年乙未入亥仲二年。又前五十年，而得周亡之岁在酉季二年乙巳，上距殷周革命辛卯之岁七百九十四年，实惟午孟之八年也。"故曰午亥之际为革命。凡推三期之数，皆从亥仲起者，阴阳之气分于西北。西北者乾位，万物之所资始，故以是起数。《中候摘雒戒》云："昌受符，厉倡囏，期十之世权在相。"期者，谓《诗》之三期。卅年为世，期各十年一移，故王命一节为之十岁也。

胡薇元：亥之仲则阴极生阳，贞下起元之义，《三统历》"十一而天地之数毕"，十一，五、六也，五六三十而数毕。《太玄经》"阴阳该极，乃道之合"是也。《剥》《复》相巡环，万物死而复苏，循其自然。圣人有以见天下之赜，极数知来，故王命一节推极十年。此条见《后汉书·郎顗传》注。

廖平：凡推其数：统论阴阳之数。皆从亥之仲起：亥为革命，又为天门。此天地：《素问》："天地者，万物之上下。"所定位：《易·系》："天地定位。"（案：此出《易·说卦》）《素问·五运行篇》："以乾、巽为天地之门户。"阴阳：《素问》："左右者，阴阳之道路。"终而复始：穷则反本。万物死而复苏：与《灵》《素》同。大统：六合同风，九州共贯。之始：即《大雅》"《大明》之始"。故王命一节为之十岁也：三节三十岁，《诗》以三十篇应之。《天官书》："天运三十岁一小变。"

《大明》在亥，水始也。《四牡》在寅，木始也。《嘉鱼》在巳，火始也。《鸿雁》在申，金始也。

——《毛诗正义》卷一

【汇校】

《困学纪闻》卷三引此佚文，前尚有"午亥之际为革命，卯酉之际为改正，辰在天门，出入候听。卯，《天保》也。酉，《祈父》也。午，《采芑》也。亥，《大明》也"。《天中记》卷三七引文同《毛诗正义》。明清纬书辑佚无异词。

【汇注】

孔颖达：纬文因金、木、水、火有四始之义，以《诗》文讬之。

孙瑴：按《诗正义》：郑答张逸云："四始者，《风》也，《小雅》也，《大雅》也，《颂》也。"应劭释"五际"曰："君臣、父子、兄弟、夫妇、朋友也。"孟康引《诗内传》曰："五际，卯、酉、午、戌、亥也，阴阳终始际会之岁，于此则有变改之政也。"然学者不能行，惟汉翼奉能用之。奉曰："《易》有阴阳，《诗》有五际，《春秋》有灾异，皆列终始，推得失，考天心，以言王道之安危。臣奉窃学《齐诗》，闻五际之要《十月之交》篇，知日食地震之效昭然可明，亦适所习耳。臣闻人气内逆，则感动天地；天变见于星气日蚀，地变见于奇物震动。所以然者，阳用其精，阴用其形，犹人之有五藏六体，五藏象天，六体象地。故藏病则气色见于面，体病则欠申动于貌也。"又，翼奉上封事曰："治道要务在知下之邪正，知下之术在于六情十二律而已。北方之情，好也；好行贪狼，申子主之。东方之情，怒也；怒行阴贼，亥卯主之。贪狼必待阴贼而后动，阴贼必待贪狼而后用，二阴并行，是以王者忌子卯也。《礼经》避之，《春秋》讳焉。南方之情，恶也；恶行廉贞，寅午主之。西方之情，喜也；喜行宽大，巳酉主之。二阳并行，是以王者吉午酉也。《诗》曰：'吉日庚午。'上方北与东之情，乐也；乐行奸邪，辰未主之。下方南与西之情，哀也；哀行公正，戌丑主之。辰未属阴，戌丑属阳，万物各以其类应。乃正月癸未日加申，有暴风从西南来。未主奸邪，申主贪狼，风以太阴下抵建前，是人主左右邪臣之气也。平昌侯王临即称诏，欲从奉学其术，奉不可。比三来见臣，皆以正辰加邪时。辰为客，时为主人。以律知人情，王者之秘道也。帝召问奉：'来者以善日邪时，孰与邪日善时？'奉对曰：'师法用辰不用日。如甲子日，子为辰，甲为日。辰为客，时为主人。见于明主，侍者为主人。辰正时邪，见者正，侍者邪；辰邪时正，见者邪，侍者正。忠正之见，侍者虽邪，辰时俱正；大邪之见，侍者虽正，辰时俱邪。即以自知侍者之邪，而时邪辰正，见者反邪；即以自知侍者之正，而时正辰邪，见者反正。参之六合五行，则可以见人性，知人情。故《诗》之为学，性情而已。五性不相害，六情更兴废。观性以历，观情以律。圣主所宜独用，难与二人共也。'又晋灼释五性："肝性静，静行仁，甲己主之；心性躁，躁行礼，丙辛主之；脾性力，力行信，戊癸主之；肺性坚，坚行义，乙庚主之；肾性智，智行敬，丁壬主之也。"凡辰时属南与西为正，北与东为邪。南方巳午，西方酉戌，东北寅丑为正；西南申未，北方亥子，东方辰卯为邪。

毂读纬书《演孔图》有云："《诗》含五际六情。"故因其四始五际而并录五性六情，以缀厥未。

　　赵在翰：黄石斋先生《杂图纬论·四始五际说》曰："《纬》之于《经》，犹《公》《谷》之解义，有口授而无笔证，沿积丛讹，其实圣言有线未绝。今考其法，二《雅》大小百一十一篇，亡篇者六，为百有五。上自文武，至于幽平，三百八十年。《文王》至《思齐》六篇，在文王庚寅火始之岁，日在癸亥。《鹿鸣》至《湛露》十四篇，应之癸亥。甲木之始，紫宫为治，天厩应之，是为一际。《皇矣》至《行苇》六篇，在成王丙午火盛之岁，日在辛丑。《彤弓》至《行野》十四篇，应之辛丑。水德之宅，太微为治，天市应之，是为二际。《既醉》至《卷阿》六篇，在穆王壬戌火之岁，日在己卯。《斯干》至《蓼莪》十四篇，应之己卯。木德之荣，天厩为治，太微应之，为三际。《民劳》至《云汉》六篇，在懿王戊寅火始之岁，日在丁巳，《大东》至《鸳鸯》十四篇，应之丁巳。木之再荣，紫宫为治，太微应之，是四际。《崧高》至《召旻》七篇，在宣王甲午火盛之岁，日在乙未。《頍弁》至《何草》十八篇，应之乙未。木德之宅，太微为治，五车应之，是为五际。五际不当其世，而意义可通，述事之作，或有因时而道古之篇。"在翰谓《纬》为绝学，石斋先生根极理数，学贯天人，即此一端，申明其恉，已轶唐宋诸儒而过之。顾如先生所说，则四始各有五际。《纬》所谓亥有二际，卯午酉三际，又分辰位为五际，惜不起先生而正之也。

　　陈乔枞：案四始者，五行本始之气也。亥地西北，坎水居之。寅地东北，震木居之。巳地东南，离火居之。申地西南，兑金居之。少阳见于寅，故寅为木始。少阴见于申，故申为金始。离，太阳也，太阳之气见于巳，故为火始。坎，太阴也，太阴之气见于亥，故为水始。卯、酉、午、亥、戌者，阴阳终始盛衰之际会，故为五际也。孔氏霁轩曰："始际之义，盖生于律。《大明》在亥者，应钟为均也；《四牡》，则太簇为均；《天保》，夹钟为均；《嘉鱼》，仲吕为均；《采芑》，蕤宾为均；《鸿雁》，夷则为均；《祈父》，南吕为均。汉初，古乐未湮者如此。故翼奉曰：'《诗》之为学，情性而已。五性不相害，六情更兴废。观性以历，观情以律。'古之作乐，每三诗为一终。

经传可考者，有升歌《文王》之三，升歌《鹿鸣》之三，间歌《鱼丽》之三。然《采薇》《出车》《杕杜》皆所以劳将士，《常棣》《伐木》《天保》皆所以燕朋友兄弟，《蓼萧》《湛露》《彤弓》皆所以燕诸侯，亦三篇同奏，确然可信者也。说始、际者，则以与三期相配，如《文王》为亥孟，《大明》为亥仲，《绵》为亥季，其水始独言《大明》，犹三期之先仲，次季而后孟也。故《鹿鸣》《四牡》《皇华》同为寅宫，举《四牡》以表之；《鱼丽》《嘉鱼》《南山》同为巳宫，举《嘉鱼》以表之；卯不言《伐木》而言《天保》，容三家诗次不尽与毛同耳。以次推之，《采薇》之三正合辰位，惟《采芑》为午，似《蓼萧》之三，彼倒在《六月》《采芑》《车攻》之后，而为未也。《吉日》《鸿雁》《庭燎》乃申也，《祈父》非酉之仲，又篇次之异，且其戌、子、丑为何等篇，不可推测矣。"

胡薇元：凡推数皆从亥之仲起。《大明》之诗，"明明在下，赫赫在上"，天命难忱，殷数将终，周运方始，如数之终于亥。"在洽""在渭"，亦水象也。《四牡》则"周道倭迟"，若日之寅，"骈骈""骁骁"，不可止遏。寅，木象也，《毛传》作历远之意。《韩诗》"倭迟"作"威夷"，《汉书·地理志》引作"郁夷"，意同。《嘉鱼》，《毛传》："江汉之间，鱼所产也。"巳属南方，故为火象。《鸿雁》，郑注"爰及矜人"："哀此鳏寡之流民。"《鸿雁》西征，酉，金之象，《鸿雁》知辟阴阳寒暑，喻民之去无道以就有道耳。此条见《诗·关雎》孔颖达正义。

廖平：《大明》：《大明》在《大雅》，与《四牡》等篇不类，当如《史记》《淮南》所称"岁阴左行从寅，岁星右转从亥始"。一顺一逆，互文起义。在亥：《大雅·文王》《大明》《绵》在亥，为水始，以下依次右转。水始也：《小雅》《夜如何其》（案：即《小雅·庭燎》）三篇为亥，水始。《行野》（案：即《小雅·我行其野》）《斯干》《无羊》为子，水终。以上三十篇自为终始。《节南山》以下，别自为局，所谓一毂三十辐也。《四牡》在寅，木始也：今考定《鹿鸣》之三为上方未辰，木，自《常棣》《伐木》《天保》始。《嘉鱼》：《采薇》《出车》《杕杜》三篇为卯。在巳，火始也：《鱼丽》

下编 《诗纬》校注

《嘉鱼》《南山有台》三篇属巳。鸿雁：《蓼萧》《湛露》《彤弓》三篇属午，《菁莪》《六月》《采芑》三篇与《鹿鸣》对，为下方，戌丑。在申：《车攻》《吉日》《鸿雁》属申。金始也：《祈父》《白驹》《黄鸟》属酉。《演孔图》："《诗》含五际六情，绝于申。"

> 卯酉为革政，午亥为革命。神在天门，出入候德。
> ——《后汉书》卷三十

【汇校】

见《诗·推度灾》"建四始五际而节通。卯酉之际为革政，午亥之际为革命，神在天门，出入候听"条。

【汇注】

陈乔枞：案卯酉为二八之门，卯主始，酉主终。故斗指卯则万物皆出，斗指酉则万物皆入。卯酉者，阴阳之气所交会，日月至此为中道，万物盛衰出入之所，故为革政。《北齐书·祖珽传》引《春秋元命包》云："乙酉之岁，除旧革政。"与《诗纬》说合。午者，阴气之始。亥者，阴气之终。亥，《乾》也。午，《离》也。乾为天位，人君之象，南面听政，益取诸《离》。天地之道，阴阳代嬗，治乱相承，阴生阳死，阴盛阳衰，极治则生乱，极乱则思治，故曰革命。天道用阳不用阴，在《易》，女壮勿用，必谨于微，履霜坚冰，必防其渐，此圣人之所重慎也。故《易》之上经，始《乾》终《离》。《乾》，亥际也。《离》，午际也。《易》之下经始《咸》终《未济》，《咸》于卦气为夏，主午际也；《未济》于卦气为小雪，亥际也。《易》以终始，《诗》以讽戒，其旨深矣。戌、亥为天门者，乾为天，戌、亥位在西北，乾处其间，故称天门。《周礼·大司徒》疏引《河图括地象》云："天不足西北，地不足东南。西北为天门，东南为地户。天门无上，地户无下。"《五行大义》引《兵书》云："阳生甲子，不足戌、亥，仍为天门。阴生甲午，不足辰巳，仍为地户。阳界甲寅，不足子丑，仍为鬼门。阴界甲申，不足午未，仍为人门。"戌、亥之间，乾之所据，故郎𫖮言"神在戌亥，司候帝王兴衰得失，厥善则昌，厥恶则亡也"。

廖平：卯酉之际，春分秋分、阴阳适均。为革正，去其太过不及，以归于正。午，阳谢阴兴。亥，阴阳终始。之际为革命，午对子而言，为阳之始，亥为阴之始，错举见义。宋均曰："神、阳气，君象也。天门，戌亥之间，乾所据者。"《佐助期》："角为无门，左角神名其名芳，右角神名其光泽。"按，角当巽辰，与乾亥同为出入之门。

按：陈氏于此条数有解说，悉录于上。

卯，《天保》也。酉，《祈父》也。午，《采芑》也。亥，《大明》也。

——《毛诗正义》卷一

【汇校】

《毛诗正义》此佚文前尚有"午亥之际为革命，卯酉之际为改正，辰在天门，出入候听"。《天中记》卷三十七无"亥，《大明》也"。《困学纪闻》卷三引此佚文，前尚有"午亥之际为革命，卯酉之际为改正，辰在天门，出入候听"。明清纬书辑佚无异词。

【汇注】

孙瑴：见"《大明》在亥，水始也。《四牡》在寅，木始也。《嘉鱼》在巳，火始也。《鸿雁》在申，金始也"条。

赵在翰：见"《大明》在亥，水始也。《四牡》在寅，木始也。《嘉鱼》在巳，火始也。《鸿雁》在申，金始也"条。

陈乔枞：见"《大明》在亥，水始也。《四牡》在寅，木始也。《嘉鱼》在巳，火始也。《鸿雁》在申，金始也"条。

胡薇元：宋均注："神，阳气，君象也。天门，戌亥之间，乾所据者。"《后汉书·郎𫖮传》章怀太子注引作"神在天门，出入候听"。《天保》赓《伐木》之章，木之属卯门。《祈父》定司马之职，酉司金革。《采芑》纪宣王之征，值中兴之午运。《大明》方文王之初，载当殷土之亥。交也，际会也。《前汉书·翼奉传》"诗有五际"

注:"《诗内传》曰:'五际,卯、酉、午、戌、亥也,终始际会之岁,于此有改革政变也。'"此条亦见孔颖达《正义》。

廖平:卯,《天保》也:今以《采薇》三篇为卯。酉,《祈父》也。午,《采芑》也:今以《蓼萧》《湛露》《彤弓》为午。此《小雅》首三十篇为四始例,合三十篇读为一篇之法也。考"六情"说,东方寅卯,怒;西方申酉,喜;北方亥子,好;南方巳午,恶;上方辰未,乐;下方戌丑,哀。四墓合二,仍如十干,每支三篇,故为三十篇。亥:亥承上文,为《小雅》阳局之终,而《大雅》之阴局从亥始,故下接《大明》。

然则亥为革命,一际也。亥又为天门,出入候听,二际也。卯为阴阳交际,三际也。午为阳谢阴兴,四际也。酉为阴盛阳微,五际也。

——《毛诗正义》卷一

【汇校】

《天中记》卷三十七"阳谢阴兴"作"阴谢阳兴"。明清纬书辑佚,《纬捃》"阳谢阴兴"作"阴谢阳兴"。

【汇注】

孙瑴:见"《大明》在亥,水始也。《四牡》在寅,木始也。《嘉鱼》在巳,火始也。《鸿雁》在申,金始也"条。

赵在翰:见"《大明》在亥,水始也。《四牡》在寅,木始也。《嘉鱼》在巳,火始也。《鸿雁》在申,金始也"条。

陈乔枞:案五际,据《汉书·翼奉传》注,孟康引《诗内传》谓"卯、酉、午、亥、戌,阴阳终始际会之岁",此《齐诗内传》说。应劭注以"君臣、父子、兄弟、夫妇、朋友"释之,亦非也。《毛诗大序》正义引《诗纬氾历枢》而释之,云:"亥为革命,一际也。亥又为天门,出入候听,二际也。卯为阴阳交际,三际也。午为阳谢阴兴,四际也。酉为阴盛阳微,五际也。"然《齐诗内传》并数戌,而冲远不及之,于义为疏。戌、亥皆为天门,亥为革命当一际。

则天门候听，宜以戌当一际矣。考《易纬通卦验》，以八卦炁配八节，始于《乾》，主立冬；终于《兑》，主秋分。始于《乾》者，《乾》在亥位，即《诗》四始之以亥为始也。终于《兑》者，《兑》居酉位，即《诗》五际之以酉为终也。周天三百六十五日四分日之一，一阴一阳分之，各得一百八十二日有奇，分为时，得九十一日有奇，四正分而成八节，节四十五日二十一分，八节各三分之，各得十五日七分而为一炁，《诗》之始际。

胡薇元：见"酉亥之际为革命"条。

廖平：然则亥为革命：革更阴阳之运。一际也。亥又为天门：《括地象》"西北为天门，东南为地户"。又《素问·五运行篇》："《太始天元册》文曰：'丹天之气经于牛女戊分，黅天之气经于心尾己分。'所谓戊己分者，奎壁角轸，则天地之门户也。"《撼龙经》以亥为天门。出入候听：《董子·阴阳出入篇》："春出阳而入阴，秋出阴而入阳。"二际也。卯为阴阳交际：《淮南·天文训》："阴阳相得，则刑德合门。二月、八月，阴阳气均，故曰刑德合门。"三际也。午为阳谢阴兴：子当曰阴谢阳兴。四际也。酉为阴盛阳微：卯当为阳盛阴微。五际也。

案：《诗纬集证》在《诗纬推度灾》"建四始五际而八节通"条注，内容与此相涉。然其"亥为革命"条，言出自《诗纬纪历枢》，但《诗纬集证·泛历枢》并无"亥为革命"一条。

候及东，次气发，鸡泄三号，冰始泮，卒于丑，以成岁。
——《太平御览》卷九一八

【汇校】

明清以来纬书辑佚，辑录正文无异词，但辑录宋均注文则颇多异词。《古微书》"泄"作"池"，"故鸣也"作"故能自鸣"。《诗纬集证》"承丑之季"作"承丑之年"，《纬捃》"及于寅也"作"次于寅也"，"承丑之季"作"承丑之气"，"故鸣也"作"故能自鸣"。

下编 《诗纬》校注

【汇注】

宋均：及东，及于寅也。承丑之季，故谓之次气也。鸡为畜，阳也。丑之季，向晨鸣，鸡得其气，感之而喜，故鸣也。

孙瑴：按《大戴礼》："虞史伯夷曰：'明，孟也。幽，幼也。明幽，雌雄也。雌雄迭兴，而顺至正之统也。'日归于西，起明于东；月归于东，起明于西。虞夏之历，正建于孟春，于时冰泮，发蛰，百草权舆，瑞雉无释。物乃岁俱生于东，以顺四时，卒于冬焉。① 于时鸡三号，卒明。载于青色，抚十二月节，卒于丑。日月成岁历，再闰以顺天道，此谓岁虞汁月。天曰作明，曰与，维天是戴；地曰作昌，曰与，惟地是事。人曰作乐，曰与，维民是嬉。民之动能，不远厥事；民之妃②色，不远厥德。此谓表里时合，物之所生，而蕃昌之道如此。"

赵在翰：《史记·历书》云："冰泮发蛰，百草奋兴，秭鴂先滜。物乃岁具，生于东，次顺四时，卒于冬分。时鸡三号，卒明。抚十二节，卒于丑。日月成，故明也。明者，孟也。幽者，幼也。幽明者，雌雄也。雌雄代兴，而顺至正之统也。"足证此节之义，又"鸡池三号"，池通彻，《檀弓》"填池"，郑读"窴彻"。

陈乔枞：案《大戴礼·诰志篇》云："某闻周太史曰：'政不率天，不由人，则凡事易坏而难成。'虞史伯夷曰：'明，孟也。幽，幼也。明幽，雌雄也。雌雄代兴，而顺至正之统也。'日归于西，起明于东；月归于东，起明于西。虞夏之历，建正于孟春。于时冰泮发蛰，百草权舆，瑞雉无释。"案《史记·历书》作"百草奋兴，秭鴂先滜"。"奋兴"，疑"权舆"之讹。权舆者，百草之萌也。此"瑞雉无释"，又"秭鴂先滜"之讹，"先"字近"无"，"滜"字近"释"，"鴂"字近"雉"，皆以形近，转写致讹也。物乃岁俱生于东，次顺四方，卒于冬方。于时鸡三号，卒明。载于青色，抚十二月节，卒于丑。日月成岁历，以顺天道，此谓虞汁月。"《大戴礼》传自后苍，苍治《齐诗》之学，《诗纬》亦

---

① 焉，原文作"分"。王聘珍：《大戴礼记解诂》，中华书局1983年版，第182页。
② 妃，原文作"悲"。王聘珍：《大戴礼记解诂》，中华书局1983年版，第183页。

皆《齐诗》说,《诰志》所载此节尤足证明纬说。

宋注读"候及东"句"次气发"句据《大戴礼》,则"次"字当属上读为是,东次谓东方之次。寅、卯、辰,木之乡,位于东方,故曰东次。东次者,少阳之气,物萌之始,不得以寅承丑之年,而谓之次气。《后汉书》郎𫖮对问曰:"方春东作,布德之始,元气开发,①养导万物。"此言"候及东次句,气发",即郎𫖮之说所本也。《五行大义》引《春秋考异邮》云:"鸡,火畜,鸣近寅,寅,阳,有生火,喜故鸣。"《说题辞》云:"鸡为积阳,南方之象,火阳精物炎上,故阳出则鸡鸣,以类感也。""池"当读为"彻",彻,通也。《檀弓》"填池",郑读为"奠彻",谓声近之误。一曰"池"是"泄"之讹。当作"气发泄,鸡三号","鸡泄"二字乙正之,文义始顺。"卒于丑,以成岁"者,正月,斗柄指寅,十二月,斗柄指丑。一岁而匝,终而复始。是自寅至丑,而岁功成也。

胡薇元:宋均注:"及东,及于寅也。承丑之季,故谓之次气。鸡为畜,阳也。丑之季,向辰鸣,鸡得其气,感之而喜,故鸣也。"《尚书纬》:"春为东皇,故候及于东方。"《周礼》:"鸡人呼旦以叫。"注:"夜漏未尽之时,呼旦以警起百官。"《淮南子》:"鸡知将旦,喔咿三声。"《吕览》:"夏二月,冰始泮。"《正义》:"十二月纳于凌阴,故终于丑而岁成。"此条见《太平御览》卷九百一十八。

廖平:候及东,次气发,鸡泄三号:《齐风》:"鸡既鸣矣。"《郑风》:"女曰鸡鸣。"《风雨》篇三言鸡鸣。冰始泮:《诗》:"迨冰未泮。"卒于丑,以成岁:《四牡》在寅,为木始。左旋,至丑而终。

按:佚文"候及东,次气发,鸡泄三号,冰始泮,卒于丑,以成岁"当读为"候及东次,气发泄,鸡三号,冰始泮,卒于丑,以成岁",合乎三言诗。

---

① "布德之始,元气开发",原文作"布德之元,阳气开发"。范晔:《后汉书》,中华书局1965年版,第1066页。

下编 《诗纬》校注

彼茁者葭，一发五豝。孟春，兽肥草短之候也。

——《说郛》卷五

【汇校】

此条最先见于《说郛》百二十卷本，此后辑佚纬书者率以《说郛》辑入，其中《七纬》"候"作"后"，《重修纬书集成》"豝"作"犯"。

【汇注】

陈乔枞：案《说文》："茁，草初生出地貌。"孟春之月，百草□□，萌芽始出，故云"草短之候"。"豝"与"犯"通。《说文》："犯，牝豕也。一曰二岁，能相把拿也。"二岁为豝，是兽之通称。此言兽肥，则知齐说不以豝为牝豕也。

廖平：彼茁者葭，一发五豝：喻北半球之五日。孟春：在北半球之甲位。

天霜树落叶，而鸿雁南飞。

——《说郛》

【汇校】

《五礼通考》卷二百作《记律枢》。此条最先见于《说郛》百二十卷本，此后辑佚纬书者率以《说郛》辑入，无异词。

【汇注】

陈乔枞：案《礼记·月令》"季秋之月，霜始降，草木黄落，鸿雁来宾。"《夏小正》云："九月遰鸿雁。遰，往也。"《御览》九百一十七引《春秋说题辞》曰："雁之言'雁雁'，起圣以招期，知蚤晚，故雁南北以阳动也。"注云："雁雁，音声貌也。圣人闻雁雁有音声，知为时节，雁随日南以常动。"雁者，向阳之鸟，畏寒，故南飞也。

蟋蟀在堂，流火西也。

——《说郛》

【汇校】

《五礼通考》卷二百作《记律枢》。此条最先见于《说郛》百二十卷本，此后辑佚纬书者率以《说郛》辑入，《重修纬书集成》"蟋蟀"作"蟠蟀"。

【汇注】

陈乔枞：案火者大火，心星也。《夏小正》："五月，初昏大火中。九月内火。"《礼月令》："季夏之月，昏火中。"火以六月之昏加于地之南方，自后下而过西，故《豳风》诗言"七月流火"也。蟋蟀在堂，于时为九月，其流极西，将伏之候矣。

廖平：蟋蟀在堂：《春秋潜潭巴》："蟋蟀集，天子无远兵。"流火西也：《诗》："七月流火"，东方心为大火，由西至东极。

立秋促织鸣，女工急促之候也。

——《说郛》

【汇校】

《五礼通考》卷二百作《记律枢》。此条最先见《说郛》百二十卷本，此后辑佚纬书者率以《说郛》辑入，《纬捃》无"立秋"二字，《七纬》无"也"字。

【汇注】

陈乔枞：案《文选·古诗十九首》注引《春秋考异邮》云："立秋趣织鸣。"宋均注曰："趣织，蟋蟀也。立秋女功急，故趣之。"《御览》九百四十九引《春秋说题辞》云："促织为言趣织也，织兴事遽，故促织鸣，女兼作。"《豳诗》言："七月流火，九月授衣。"宜先时而豫筹之，此时丝事当毕，麻事将始，故为女工急促之候。

蒹葭秋水，其思凉，犹秦西气之变乎。

——《说郛》卷五

【汇校】

此条最先见《说郛》百二十卷本，此后辑佚纬书者率以《说郛》辑入，《七纬》"气"作"风"，余同《说郛》。

【汇注】

陈乔枞：案秦地处仲秋之位，其音中商，得秋之气云云。然传曰："壮士悲秋，感其物化也。"何氏楷谓之兴也。诗歌苤苢，是春和之明景也，秦之兴也。诗歌蒹葭，是肃杀之萧晨也。据《毛诗叙》，以《蒹葭》为"刺襄公未能用周礼"。夫周礼行而以忠厚得祜，周礼废而以刻覈兆祸，风气之变殆由此也。

梅柳惊春，牛羊来暮。

——《五礼通考》卷二百

【汇校】

《五礼通考》卷二百作《氾律枢》。此条最先见《说郛》百二十卷本，此后辑佚纬书者率以《说郛》辑入。《重修纬书集成》"梅"作"杨"。

【汇注】

陈乔枞：案梅柳先春而发，故言"惊春"。牛羊已暮而归，故言"来暮"。《诗》云："昔我往矣，杨柳依依"，又云："日之夕矣，牛羊来下"，皆感物候之变，而吟咏性情也。

阴阳之会，一岁再遇。于南方者，以中夏；遇于北方者，以中冬。

——《说郛》卷五

《诗纪历枢》校注

【汇校】

此条最先见《说郛》百二十卷本，此后辑佚纬书者率以《说郛》辑入。《七纬》"于南方"前有"遇"字，其后无"遇于北方者，以中冬"八字。《纬捃》"会"作"气"，"遇"均作"通"，"于南方"前有"通"字，《重修纬书集成》从之。

【汇注】

陈乔枞：案《春秋繁露》第四十六篇云："难者曰：阴阳之会，一岁再遇，遇于南方者以中夏，遇于北方者以中冬。冬丧物之气，则其会于是何？如金木水火，各奉其所重①以从阴阳，相与一力而并功。其实非独阴阳也，然而阴阳因之以起，助其所主。故少阳因木而起，助春之生也；太阳因火而起，助夏之养也；少阴因金而起，助秋之成也；太阴因水而起，助冬之藏也。阴虽与水并气而合冬，其实不同，故水独有丧而阴不与焉。是以阴阳会于中冬者，非其丧也。"又第五十篇云："天之道，初薄大冬，阴阳各从一方来，而移于后。阴由东方来西，阳由西方来东，至于中冬之月，相遇北方，合而为一，谓之日至。别而相去，阴适右，阳适左。适左者其道顺，适右者其道逆。逆气左上，顺气右下，故下煖而上寒。以此见天之冬右阴而左阳也，上所右而下所左也。冬月尽，而阴阳俱南还，阳南还出于寅，阴南还入于戌，此阴阳所始出地入地之见处也。至于中春之月，阳在正东，阴在正西，谓之春分。春分者，阴阳相半也，故昼夜均而寒暑平。阴日损而随阳，阳日益而鸿，故为煖热。初得大夏之月，相遇南方，合而为一，谓之日至。别而相去，阳适右，阴适左。适左由下，适右由上，上暑而下寒，以此见天之夏右阳而左阴也。上其所右，下其所左。夏月尽而阴阳俱北还，阳北还而入于申，阴北还而入于辰，此阴阳之所始出地入地之见处也。至于中秋之月，阳在正西，阴在正东，谓之秋分。秋分者，阴阳相半也，故昼夜均而寒暑平。阳日损而随阴，阴日益而鸿，故至于季秋而始霜，至于孟冬而始寒，小雪而物咸成，大寒而物毕藏，天地之功终矣。"其言皆与《诗纬》相发明。盖

---

① 重，原文作"主"。苏舆：《春秋繁露义证》，中华书局1992年版，第334页。

阴阳之行，终各六月，远近同度，而所在异处。故或出或入、或左或右，春俱南，秋俱北，夏交于前，冬交于后。若行而不同道，交会而各代理，迹阴阳终岁之行，以观天道，而圣人之治亦从而然也。

廖平：阴阳之会，一岁再遇：《淮南子》："北斗之神有雌雄，雄左行，雌右行，五月合午谋刑，十一月合子谋德。"遇于南方者，以中夏；遇于北方者，以仲冬：此九宫下行法，阴阳二神同行。《董子·阴阳出入篇》："夏右阳而左阴，冬右阴而左阳。至仲冬之月，相遇北方，别而相去。大夏之月，相遇南方，别而相去。"

圣人事明义，以炤燿其所闻，故民不陷。《诗》云：示我显德行。

——《说郛》卷五

【汇校】

此条最先见《说郛》百二十卷本，此后辑佚纬书者率以《说郛》辑入。但文字略有差异，如杨履圆《纬书》"事"上有"因"、"阔"作"暗"，《七纬》"义"下有"著"字，《纬捃》"圣人"作"事人"、"闻"作"闇"，《重修纬书集成》引文从《纬捃》，且断句有误。

【汇注】

赵在翰：语见《繁露》第三十一篇。下云："先王显德以示，民乐而歌之以为诗，悦而化之以为俗。故不令而自行，不禁而自止，从上之意，不待使之，若自然矣。"

陈乔枞：案《春秋繁露》第三十一篇云："圣人事明义，以炤燿其所闻，故民不陷。《诗》云：'示我显德行。'先王显德以示民，民乐而歌之以为诗，悦而化之以为俗。故不令而自行，不禁而自止，从上之意，不待使之，若自然矣。今不示显德行，民闇于义不能炤，迷于道不能解，因欲大严憯之以必正之，直残天民而薄主德，其势不行。仲尼曰：'国有道，虽加刑，无刑也；国无道，虽杀之，不可胜也。'其所谓有道无道者，示之以显德行与不示尔。"董子去古未远，其说《诗》多与纬合，知纬说皆本于七十子之绪言矣。

《诗纪历枢》校注

廖平：圣人事明义以炤耀，故民不陷：《书大传》："主春者张，昏中可以种谷；主夏者火，昏中可以种黍菽；主秋者虚，昏中可以种麦；主冬者昴，昏中可以收敛盖藏。故天子南面而视四星之中，知民之缓急。急则不赋籍，则不举力役，故曰敬授人时。"《诗》云："示我显德行。"

摛雒谣曰：剡者配姬以放贤，山崩水溃纳小人，家伯罔主异哉震。

——《毛诗正义》卷十二

【汇校】
《古微书》辑入，此后纬书辑佚者从之。

【汇注】
孔颖达：剡、艳古今字耳。以剡对姬，剡为其姓，以此知非褒姒也。郑桓公幽王八年始为司徒，知非代番为之者。以番为司徒，在艳妻方盛之时，则艳既为后，番始为司徒也。《郑语》说桓公既为司徒，方问史伯，史伯乃说褒姒之事。其末云："竟以为后。"则桓公初为司徒，褒姒仍未为后，以此知桓公不得与番相代也。

钱熙祚：剡，指艳妻也。孔颖达曰："剡，艳古今字耳。"《诗·十月之交》疏以为《中候摛雒貮》文，已收入第五卷。

案：此条与下条"昌受符"俱为《尚书中候》佚文，孙瑴误辑入《诗纬》，后世如乔松年等已辨孙氏之误，但《重修纬书集成》等依然收入《诗纬》，同时又收入《尚书中候》。钱熙祚校勘将"中候摛雒戒"误作"中候摛雒貮"。

昌受符厉倡壁，期十之世权在室。

——《毛诗正义》卷十二

【汇校】
《古微书》最先辑录，"之"作"六"。

下编　《诗纬》校注

【汇注】

孔颖达：既言昌受符，为王命之始，即云"期十之世"。自文数之至厉王，除文王为十世也。

钱熙祚：《诗·十月之交》疏以为《中侯摘雒贰》文，"六"作"之"，"室"作"相"。

乐者，非谓金石之声、管弦之鸣，谓阴阳和顺也。
——《初学记》卷十五

【汇校】

《初学记》卷十五、《渊鉴类函》卷一百八十四作《记历枢》。明清纬书辑佚，《古微书》最先收入，《七纬》《玉函山房辑佚书》等承之，无异词。

【汇注】

孙瑴：按《路史》："《乐论》曰：'夫有恢荡之音者，有荣怀之庆；有和平之声者，有蕃殖之财。淫厉而哀，万宝常所以知隋之不久；宫出不反，王令言所以卜炀之无回；宫离不属，商乱而暴，而子宪识明皇之播宫不召；商角与徵戾，而嗣真明章怀之废王仁裕耳；黄钟有争斗之事，裴知古聆庙乐当庆赐之行。是故龙舟五更之声作，而国不可游；胡戎无愁之曲作，而君不可留；《除爰水》《断苦轮》之歌奋，而台城没；打沙锣、振铜钹之伎进，而屈茨怈。天地之间，温乎其和者，无非乐也，而得之者异取。夷则之羽不兴嘉庆之门，黄钟之宫不作庶人之室。故有乐备制矣，而德薄功小，有不足以作者。岂惟不足乐哉？鲁庄公国小钟大，而曹刿方请图之；齐桓公谋以大钟，而鲍叔且以为过，况不有功者乎？方晋侯之如宋也，享以《桑林》，晋侯惧而退入于房，至著雍而病，卜之，祟在《桑林》。及平公登施夷之台，欲作清角，师旷以为黄帝所作，今君德薄，不足以作之。瞑臣请辟（按：《路史》"辞"），公弗听。作之，飘瀑总至，发屋乱豆，平公恐伏，晋国大旱。夫清角非固能变，而《桑林》非固真能祟也。故曰乐也者始于惧，惧故祟；次之以怠，怠故遁；卒之于惑，惑故愚，愚故道，道可载而与之俱矣。重华聆钟石而传夏，伊挚在乐音而归亳。朱干玉戚，夏籥序兴，岂徒乐而已邪？'"

陈乔枞：案《汉书》注，晋灼引翼奉云："五行动为五音，四时散为十二律。"《五行大义》引《乐纬》曰："春气和则角声调，夏气和则征声调，季夏气和则宫声调，秋气和则商声调，冬气和为羽声调。"《初学记》引《乐纬汁征图》（案：《初学记》作"叶图征"）云："时元者，受气于天，布之于地，以时出入万物者也。四时之节，动静各有分职，不得相越，当以度行也，谓《调露》之乐。"宋均注云："以时出入，《月令》十二月政是也，从其出入则无灾祅也。《调露》，调和致于甘露，使物懋长之乐也。"七字从《文选·奉答敕示七夕诗》注引口。《续汉志》注引薛莹书，载马防奏言："圣人作乐，所以宣气致和，顺阴阳也。今乐官但有太族，皆不应月律，臣愚以为可作十二月均，各应其月气，顺上天之明，待因岁首令正。发太族之律，奏《雅》《颂》之音，以迎和气。"建初五年冬始施行十二月迎气乐，防所上也。《乐纬》说与《汜历枢》同义，翼奉、马防则皆治《齐诗》者，故其言乐律皆本齐说。

胡薇元：《乐纬动声仪》："冬至，阳气应，则乐均清；夏至，阴气应，则乐均浊。五音调和则和顺。"此条见徐坚《初学记》卷十五。

　　　　大角为天栋，以正纪纲。一曰大角为火，以其赤明也。
　　　　　　　　　　　　　　——《开元占经》卷六十五

【汇校】
《开元占经》作《纪历枢》。明清纬书辑佚，《玉函山房辑佚书》"大角"作"左角"，《七纬补遗》作"大角为天栋，正纪纲。一曰大角为帝席，以布坤厚德"，《重修纬书集成》"正纪纲"前无"以"字。

【汇注】
陈乔枞：案大角一星在摄提间，一名格。《史记·天官书》曰：

"大角者，天王帝廷。其两旁各有三星，鼎足句之，曰摄提。摄提者，直斗柄所指，以建时，故曰摄提格。"《占经》引《石氏》曰："大角，天栋也，明则天子威行。"又《星赞》曰："摄提六星携纪纲，建时立节伺禨祥。"《甘氏》曰："大角者，栋星也。其星光泽明大，扬芒奋角，强臣伏诛，天下安宁。芒之所指，兵所从往者，吉。"

胡薇元：《开元占经》六十五："房南众星，左角天栋，正纪纲。一曰大角，天王也。

廖平：大角：《天官书》："大角者，天王帝廷。其两旁各有三星，鼎足句之，曰摄提。摄者，直斗枓所指，以建时节，故曰摄提格。"为天栋，正纪纲：《晋书·天文志》："大角者，天王座也。又为天栋，正经纪也。"一曰大角为火，以其赤明也："七月流火"，流为服名。火：东方宿心，亦为火。

大角，一曰帝筵，成统理。

——《开元占经》卷六十五

【汇校】

《开元占经》卷六十五言出自《诗纬》，不分篇名，《诗纬集证》从之。赵在翰《七纬》曰："《占经》不分篇名，今以类附。"故归之于《纪历枢》，《玉函山房辑佚书》《重修纬书集成》等从之。

【汇注】

陈乔枞：案帝筵者，谓帝席也。《占经》引《春秋纬》曰："大角为坐候。一曰大角为帝席，以布坤厚德。"《石氏星赞》曰："大角帝席色欲明，光隆润泽德合同。"《甘氏·中官占》曰："帝席三星，在大角北。"又《星赞》曰："帝席设座，宴旅酢酬。"帝席星属于大角，故大角一曰帝筵。大角为天栋，以正纪纲，故云成统理也。

胡薇元：《占经》引《诗纬》："大角，帝廷，一曰帝筵，成统理。"

廖平：大角：《元命包》下："大角为坐候。"一曰："大角为帝席，以布坤厚德。"一曰："大角者，天王帝庭也。"一曰帝筵：《含文嘉》："师者，所以教人为君也；长者，所以教人为长也。大角为帝筵，摄提六星携纪纲以辅，大角有师长象也。"

　　织女内正纪纲。
　　　　　　　　　　　　　　——《开元占经》卷六十五
【汇校】
　　《开元占经》卷六十五作《纪历枢》。明清纬书辑佚无异词。
【汇注】
　　陈乔枞：案《占经》引《春秋合诚图》曰："织女，天女也，主瓜菜，收藏珍宝，以保神明，成衣立纪，故齐制，成文绣，应天道。"《石氏》曰："织女主经纬丝帛之事。大星皇圣之母，二小星者太子、庶子位也。三星俱明，天下和平。织女，在天纪东端。"《黄帝占》曰："天纪，天纬也，主正理冤讼。星齐王法正直，无有偏党，天下纲纪。"《荆州占》曰："纪星弛散，则国纲纪乱。"织女星近天纪，故言内正纪纲也。
　　胡薇元：《天官书》："婺北织女，天孙，主内，正纪纲。"此条见《开元占经》六十五所引。

　　狼星为野将。
　　　　　　　　　　　　　　——《开元占经》卷六十八

【汇校】
　　《开元占经》作《纪历枢》。明清纬书辑佚，《七纬》谓出自《石氏·外官占四》，在"野将"后有"郑氏注：'狼星主羊'"，再引宋均之注。《玉函山房辑佚书》谓出自《开元占经》卷二十六，无"宋均曰"三字，但在"羊角"后有"郑玄曰：'狼星主羊，狼在于未，未为羊也。'"案：《开元占经》卷二十六无此条，《石氏·外官占四》即《开元占经》卷六十八。
【汇注】
　　宋均：狼星为羊角。

下编　《诗纬》校注

陈乔枞：案《后汉书·杜笃传》注引宋均《春秋演孔图》注云："狼为野将，用兵象也。"《占经》引《石氏》曰："狼一星，在参东南。"《黄帝占》曰："狼星一名夷将，其星色欲黄白，无光芒，不动摇，天下宁，兵不起。其星色赤而大，光芒四张，动摇变色，天下乱，兵大起（案：《占经》作"大兵起"），盗贼起于道路，人主不安，百姓忧苦。"《荆州占》曰："狼星，西秦分也。狼者贼盗。弧者弓矢，备盗贼也，故弧射狼。矢端直者，狼不敢动摇，则无盗贼而兵不起。"宋均注以狼为羊角者，据《占经》引郑玄曰："狼星主羊。狼在于未，未为羊也。"

胡薇元：《天官书》："九游东有大星，为天狼，与羊刃相连。狼为变色，多盗贼，为野将。"宋均注："狼星为羊角。"郑玄曰："狼星主羊，在于未，为羊也。"此条见《开元占经》卷二十六。

《诗》无达话，《易》无达言，《春秋》无达辞。
　　　　　　　　　　　　——《说郛》卷五

【汇校】

此条最先见《说郛》百二十卷本，不言出处。其后纬书辑佚从之，《七纬》"话"作"诂"，《重修纬书集成》"话"作"诂"，言引自《纬捃》，然《纬捃》无此条。

【汇注】

赵在翰：语见《繁露》第五篇，"诗"字上有"所闻"二字。

陈乔枞：案语见《春秋繁露》第五篇。《说苑·善说》篇作"《诗》无通故，《易》无通占，《春秋》无通义"，达即通也。"《诗》无达诂"谓有四始五际也，"《易》无达占"谓有六日七分也，"《春秋》无达辞"谓有三科九旨也。《汉书·翼奉传》言："《易》有阴阳，《诗》有始际，《春秋》有灾异，皆列终始，推得失，考天心，以言王道之安危。"翼氏称师说以闻《诗》五际之要，与《易》阴阳，《春秋》灾异并论，合于□□□。《后汉书·儒林传》言："景鸾理《齐诗》《施氏易》，兼受《河》《洛》图，作《易说》及《诗

— 380 —

解》，文句兼取《河》《洛》，以类相从，名为《交集》。数上书陈救灾变之术。"明漳浦黄子作《三易洞玑·杂图经纬》，以《易》《诗》《春秋》合推际会之终始，亦此意也。

廖平：《诗》无达诂：《孟子》："不以文害辞，不以辞害志，以意逆志，是为得之。"《易》无达占，《春秋》无达辞。

古者剑在左，刀在右，钩在前。

——《说郛》卷五

【汇校】

明清纬书辑佚，《重修纬书集成》言此文引自《纬捃》，然《纬捃》无此文。

【汇注】

赵在翰：《繁露》第十四篇云："剑之在左，青龙之象也。刀之在右，白虎之象也。韍之在前，赤鸟之象也。冠之在首，玄武之象也。"纬文阙冠在首句。

陈乔枞：案《春秋繁露》第十四篇云："剑之在左，青龙之象也；刀之在右，白虎之象也；钩之在前，赤鸟之象也；冠之在首，玄武之象也。四者，人之盛饰也。夫能通古今，别然否然，乃能服此也。"此不言"冠在首"者，文不具耳。《文选》注引《春秋含汉孳》云："太一之帝居，左青龙，右白虎，前朱雀，后玄武。"然则古冠服，盖取法于天象也。

凡黍为酒，阳据阴力能动，故以曲酿黍为酒。

——《说郛》卷五

【汇校】

此见《说郛》百二十卷本，《诸纬拾遗》从之。

【汇注】

案：《说文》云："酉，就也，八月黍成，可为酎酒。"就亦成也。段玉裁注曰："黍以大暑而穜，至八月而成，犹禾之八月而孰也。不言禾者，为酒多用黍也。酎者，三重酒也。"

　　子者孳也，天地壹郁，万物孳蕃，上下接体，天下治也。
　　　　　　　　　　　　　　　　——《玉烛宝典》卷十一

【汇校】

《玉烛宝典》卷十一作《纪历枢》。《重修纬书集成》"蕃"作"番"，"壹"作"台（臺）"，误。

【汇注】

宋均："郁，温也。"

案：壹郁即氤氲，又作絪缊，元气混沌充塞貌。《说文》："壹，壹壹，《易》曰：'天地壹壹。'"字或又作"烟熅""氤氲"，蔡邕注《典引》曰："烟烟熅熅，阴阳和一相扶貌也。"《思玄赋》旧注曰："烟熅，和貌。"张载注《鲁灵光殿赋》曰："烟熅，天地之蒸气也。"因为子代表天地初判，阳气用事。明清《诗纬》注释，多据《推度灾》言之，于《纪历枢》则无说。又，《玉烛宝典》引《春秋元命包》曰："壮于子。子者孳也。"宋均注："蕃孳生物也。"

　　丑者，好也。阳施气，阴受道，阳好阴，阴好阳，刚柔相好品物厚，制礼作乐道文明也。
　　　　　　　　　　　　　　　　——《玉烛宝典》卷十二

【汇校】

《玉烛宝典》卷十二作《纪历枢》。

【汇注】

宋均：厚，犹盛也。

按：《玉烛宝典》引《春秋元命包》曰："丑者纽也。"宋均注："纽心不进，避阳之解纽当生也，于是纽合义。"

寅者,移也。阳气动从内戏,盍民执功,天兵修。

——《玉烛宝典》卷一

【汇校】
《玉烛宝典》卷一作《纪历枢》。
【汇注】
宋均:盍民执其农功之事,天兵修。

卯者,质也,阴质阳。

——《玉烛宝典》卷二

【汇校】
《玉烛宝典》卷二作《纪历枢》。《重修纬书集成》"卬"作"卯"。《玉烛宝典》文字多错讹,"卬"当为"卯","质"当作"贸"。
【汇注】
案:《玉烛宝典》引《春秋元命包》曰:"壮于卯,卯者茂也。"宋均注:"至卯益壮茂也。"

辰者,震也,雷电起,而万物震。

——《玉烛宝典》卷三

【汇校】
《玉烛宝典》卷三作《纪历枢》。《重修纬书集成》"霆"作"电"。
【汇注】
宋均:震,动。
按:《玉烛宝典》引《春秋元命包》曰:"衰于辰,辰者震也。"宋均注:"震惧于衰老形销去也,三月榆荚应此变也。"

巳者，巳也。阳气已出，阴气已藏，万物出，成文章。

——《玉烛宝典》卷四

【汇校】

《玉烛宝典》卷四作《纪历枢》。

【汇注】

案：《说文》云："巳，已也，四月阳气已出，阴气已藏，万物见，成文章。"与《诗纬》同。

按：《玉烛宝典》引《春秋元命包》曰："大阳见于巳，巳者物毕起。"

午，仵也。阳气极于上，阴气起于下。阴为政时有武，故其立字"十"在"人"下为午。

——《玉烛宝典》卷五

【汇校】

《玉烛宝典》卷五作《纪历枢》。

【汇注】

宋均：午，仵也，适也，皆相敌之言也。

按：《玉烛宝典》引《春秋元命包》曰："盛于午，午者物满长。"宋均注："午，五也，五阳所立，故应而谓满长也。"

未者，昧也，昧者盛也。

——《玉烛宝典》卷六

【汇校】

《玉烛宝典》卷六作《纪历枢》。

【汇注】

宋均：昧者，昧昧，事众多之类，故曰盛也。

— 384 —

按：《玉烛宝典》引《春秋元命包》曰："衰于未，未者昧也。"宋均注："昧，蒙昧，明少貌。"

申者，伸也。

——《玉烛宝典》卷七

【汇校】
《玉烛宝典》卷七作《纪历枢》。
【汇注】
宋均：阳气衰，阴气伸。
按：《玉烛宝典》引《春秋元命包》曰："土生金，故少阴见于申。申者，吞也。"宋均注："积土成丘生鸟，故曰生金，吞阳所生而成之也。"

酉者，老也。万物衰，枝叶槁。

——《玉烛宝典》卷八

【汇校】
《玉烛宝典》卷八作《纪历枢》。
【汇注】
按：《玉烛宝典》引《春秋元命包》曰："命壮于酉。酉者老也，物收殿。"宋均注："物壮健极则老，老则当殿。"

亥者，核也。

——《玉烛宝典》卷十

【汇校】
《玉烛宝典》卷十作《纪历枢》。根据文本书写状况，"亥者，核也"下有阙文。
【汇注】
按：《玉烛宝典》引《春秋元命包》曰："鸟兽饶训，子藏宝物

— 385 —

归其母。故大阴见于亥。亥者骇。"宋均注:"子为母,主藏宝物,亦还归其母,出入无畏惧之心,故鸟兽饶训,不可惊骇也。"

甲,押者也。春则阎,冬则阖,春下种,秋藏谷,万物权舆出萌。

——《玉烛宝典》卷一

【汇校】

《玉烛宝典》卷一作《纪历枢》,日文本《重修纬书集成》引"冬"不误,中译本误作"多"。

【汇注】

宋均:狎之为言苞,押言万物苞押也。口(阎)犹出口(阎)也,下犹投。(案:"犹出"前一字与后一字均不知何字。《重修纬书集成》均作"阎"。)

按:《玉烛宝典》引文缺"乙"释文,《五行大义》也缺"乙"释文,最大的可能是纬书对"乙"的解释与汉代其他典籍相同。如《白虎通·五行》:"乙者,物蕃屈有节欲出。"郑玄注《礼记·月令》:"乙之言轧也,时万物皆解孚甲,自抽轧而出。"《玉烛宝典》卷一引《春秋元命包》:"甲者,物始孛甲。乙者,物蟠诎有夕萌欲出,阳气含荣以一达。"《玉烛宝典》引文或有讹误,"夕"属衍笔,"萌"系"节"的讹文,亦或"有夕"为"者有"的误书。宋均注:"乙者,一之诘诎者。因物从孛甲一自达,含荣蟠诎而出。"

丙者,柄也。丁者亭。

——《玉烛宝典》卷四

【汇校】

《玉烛宝典》卷四作《纪历枢》。

【汇注】

宋均:亭犹止,阳气著止而止也。

按:《玉烛宝典》引《春秋元命包》曰:"其日丙丁。丙者物炳明,丁者强。"宋均注:"时物炳然且丁强,因以为日名也。"

  戊者,贸也。阴贸阳,柔变刚也。
——《玉烛宝典》卷六

【汇校】
《玉烛宝典》卷六作《纪历枢》。
【汇注】
宋均:贸,男也。《重修纬书集成》"男"作"易"。

  己者,纪也。阴阳造化,臣子成道。纪琮。
——《玉烛宝典》卷六

【汇校】
《玉烛宝典》卷六作《纪历枢》。"纪琮"二字不知何义,《重修纬书集成》当作正文,恐误。

  庚者,更也,阴代阳也。辛者,新也,万物成熟,始尝新也。
——《玉烛宝典》卷七

【汇校】
《重修纬书集成》引宋均注文"且"作"旦",《玉烛宝典》卷七作《纪历枢》。
【汇注】
宋均:新既辛螫,且兼物新成者也。
按:《玉烛宝典》引《春秋元命包》曰:"其日庚辛。物色更辛者,阴治成。"宋均注:"于是物更而成,因以为日名之也。"

壬者，任也。阴任事于上，阳任事于下，阴为政，民不与，阳持为政，王天下，故其立字，壬似土也。

——《玉烛宝典》卷十

【汇校】

《重修纬书集成》"壬似土也"作"壬似王也"。

【汇注】

宋均：民不与，则不能王者也。

癸者，揆也，度息阳持法者则也。度阴当消灭时，可施法则者。

——《玉烛宝典》卷十

【汇校】

《玉烛宝典》卷十作《纪历枢》，"度阴当消灭时，可施法则者"一句当为注文，《重修纬书集成》则当成正文。

【汇注】

案：《玉烛宝典》将"度阴当消灭时，可施法则者"作为注文，似有不妥。"度息阳持法者则也"抑或有脱文。《玉烛宝典》引《春秋元命包》："其日壬癸。壬者阴始任，癸者有度可揆绎。"宋均注："壬始任，云日至癸萌渐欲生，可揆寻绎而知。"

泛引《诗纬》校注

天下和同，天瑞降，地符升。
——《文选》卷四十六《曲水诗叙》注

【汇校】

《七纬》《诗纬集证》"同"作"平"，《玉函山房辑佚书》列入《诗纬含神雾》，《诗纬训纂》作"天下和平"，亦列此条入《诗纬推度灾》。

【汇注】

陈乔枞：案《白虎通·符瑞篇》云："天下太平，符瑞所以来至者，以为王者承天统理，调和阴阳，阴阳和，万物序，休气充塞，故符瑞并臻，皆应德而至。德至天，则斗极明，日月光，甘露降。德至地，则嘉禾生，蓂荚起，秬鬯出，太平感。德至八表，则景星见，五纬顺轨。德至草木，则朱草生，木连理；德至鸟兽，则凤凰翔，鸾鸟舞，麒麟臻，白虎到，狐九尾，白雉降，白鹿见，白乌下。德至山陵，则景云出，芝实成（案：《白虎通》"成"作"茂"），陵出黑丹，阜出萐莆，山出器车，泽出神鼎。德至渊泉，则黄龙见，醴泉涌，河出龙图，洛出龟书，江出大贝，海出明珠。德至八方，则祥风至。"《白虎通》所录多散见于《援神契》，盖皆据纬书之文。

胡薇元：《白虎通·符瑞篇》："天下太平，符瑞所以来至，以为王者承天统理。阴阳和，万物感德至，景星见，五纬顺轨。"此条见《文选·王融曲水诗序注》。

— 389 —

廖平：天下和同：《书经》"四方民大和会"，"和恒四方民"，是之谓大同。天瑞降，地符兴。

按：《文选·三月三日曲水诗序》李善注曰《诗纬》云云，天瑞乃五星连珠之属，地符则嘉禾、紫脱之属。陈琳《应机》曰："冶刃销锋，偃武行德。天瑞降，地符升，泽马来，器车出；紫脱华，朱英秀；佞枝植，历草挛。"与此同。

齐数好道，废义简礼。
————《文选》卷六十《吊魏武帝文》注

【汇校】
《文选》卷六十此条引文后尚有"宋均曰：简犹阙也"。《玉函山房辑佚书》列入《诗含神雾》。

【汇注】
宋均：简犹阙也。

陈乔枞：案《说文》云："惟初太始，道立于一，造分天地化成万物。"一者，数之始也。齐数好道者，合万物为一，方以与道为际而法自然也。废义简礼者，道德定于天下，而礼义有所不事也。《道德经》云："失道而后德，失德而后仁，失仁而后义，失义而后礼。礼义者，忠信之薄也。"《淮南·本经训》云："古之人，同气于天地，与一世而优游。当此之时，礼义不设，而万民犹在于混冥之中。逮至衰世，仁鄙不齐，比周朋党，设诈谞，怀机械巧故之心，而性失矣，是以贵义。阴阳之性，（按：原文"性"作"情"。）莫不有血气之感，男女群居杂处而无别，是以贵礼。礼义者，可以救败，而非通治之至也。夫义者，所以救失也；礼者，所以救淫也。是故知道德然后知仁义之不足行也，知仁义然后知礼乐之不足修也。"

廖平：齐数好道：《诗》："鲁道有荡，齐子翱翔。"《论语》："齐一变，至于鲁。"

陈，王者所起也。
——《文选》卷二十一《秋胡诗》注

【汇校】
明清以来纬书辑佚，《纬捃》"者"作"迹"，《玉函山房辑佚书》《诗纬训纂》列入《诗含神雾》。

【汇注】
陈乔枞：《汉书·地理志》："陈本太昊之虚。"《皇王世纪》云："太昊，帝庖牺氏，风姓也，有圣德，都陈，继天焉生，首德于木，为百王先。"故言王者所起也。

胡薇元：《王制》："巡守，命大师陈诗以观民风。"周、召分陕，风化南行，太王始有王迹。周之道起于太王、王季，文王其化自北而南，后世取于乐章，用之为乡乐、燕乐、射乐、房中之乐，所以彰王者之德美也。此条见《文选》颜延年《秋胡诗》李善注引《诗纬》。

君子息心研虑，推变见事。
——《文选》卷三十六《策秀才文》注

【汇校】
明清以来纬书辑佚，《玉函山房辑佚书》《纬捃》"息"作"悉"，"事"下有"也"字，且《玉函山房辑佚书》列入《诗含神雾》。《重修纬书集成》"事"后有"也"字。

【汇注】
陈乔枞：《汉书·翼奉传》云："臣闻之师曰，天地设位，悬日月，布星辰，分阴阳，定四时，列五行，以视圣人，名之曰道。圣人见道，然后知王治之象，故画州土，建君臣，立律历，陈成败，以视贤者，名之曰经。贤者见经，然后知人道之务，则《诗》《书》《易象》（按："象"字当为衍文）《春秋》《礼》《乐》是也。《易》有阴阳，《诗》有五际，《春秋》有灾异，皆列终始，推得失，考天心，以言王道之安危。"又曰："《诗》之为学，情性而已。五性不相害，六情更兴废。观性以历，观情以律，明王所宜独用，难与二人共也。"《匡衡传》云："《诗》者，原情性而明人伦也。传曰：'审好恶，理情性，而王道毕矣。'"然则治《诗》者必精通律历阴阳，而穷极乎性命之原，善推祸福，以著天人之应，斯乃告往知来，圣门言《诗》之微旨也。【（《尚书》）猷，亦训为用。《尚书》"猷，告尔四国多方"，"用，告尔四多方也"。"猷，告尔有方多士"，"用，告尔有方多士也"。《传》谓"顺大道告之"，非也。其他"猷"训为"用"，见于经者尚多，有不具载。盖"迪"与"由""猷"音义通，故"猷"亦"用"义也。】

胡薇元：《匡衡传》云："《诗》者，原情性而明人伦也。"故治《诗》必通律历阴阳，而穷极乎性命之原，善推祸福以著，斯乃告往知来，圣门言《诗》之微旨也。此条见《文选·永明九年策秀才文》注。

廖平：君子悉心研虑，推变见事也。

按：《诗纬集证》文字有舛乱，当有《尚书》注文舛入。

五际谓卯、酉、午、戌、亥。

【汇校】

明清纬书辑佚无异词。

【汇注】

案：此条当归入《推度灾》等说"五际"文中。

木神则仁，金神则义，火神则礼，水神则信，土神则智。
——《五行大义》卷三

【汇校】

明清纬书辑佚，《七纬》《通纬》等辑录此条佚文。陈乔枞在《齐诗翼氏学疏证》中有疏解。

【汇注】

陈乔枞：案《五行大义》云："郑注《礼记·中庸》篇言：'木神则仁，金神则义，火神则礼，水神则信，土神则智。'《诗纬》等说亦同。毛公及京房等皆以土为信，水为智。《汉书·天文志》云：'岁星曰东方春木，于人五常，仁也；荧惑曰南方夏火，于人五常，礼也；太白曰西方秋金，于人五常，义也；辰星曰北方冬水，于人五常，智也；镇星曰中央季夏土，于人五常，信也。'郑及《诗纬》于义为乖。"枞谓《诗纬》皆用《齐诗》说，翼氏治《齐诗》者，其言五性，以智属水，以信属土，则《诗纬》之说亦当与翼氏同。萧氏所见《诗纬》，盖文讹耳。今考《春秋元命包》云："脾者弁也，心得之而贵，肝得之而兴，肺得之而大，肾得之而化，肝仁、肺义、心礼、肾智、脾信。"《春秋纬》亦用《齐诗》，如《演孔图》言"《诗》含五际六情"，是其明验。据《春秋纬》以为肾智脾信，足证《诗纬》之说亦必以为"肾智脾信"也。又《河图》云："和厚笃信者，脾之精；智辨谋略者，肾之精。"是诸图纬并皆以智属水，以信属土。《素问》云："肾者作强之官，伎巧出焉。"肾为伎巧所出，其性非智而何？惟《孝经援神契》云"肾信，故窍写，脾智，故口诲"，此乃转写者讹其文，未可致詟。案《论语》言"智者乐水"，水性就下，故云窍写，写即泻字也。信从人从言，会意言出于口，故云口诲。文讹作"肾信脾智"，义遂难通。据此，则郑《中庸》注亦皆文讹《诗疏》引郑《礼记》说，作"水智土信"不误。可知也。又案：《易乾凿度》言北方阴气形盛，阳气含闭，信之类也，故北方为信。中央所以绳四方行也，智之决也，故中央为智。与诸纬说不合。然据《易乾凿度》云：运五行，先水，次木生火，次土及金。木仁，火礼，土信，水智，金义。又云：坤元有信，坤道有闭。则终以水智土信之说，为定论也。

五纬聚房，为义者受福，行恶者亡。

——《开元占经》卷十九

◆ 下编 《诗纬》校注

【汇校】

明清纬书辑佚，惟《七纬》《诗纬集证》《玉函山房辑佚书》《通纬》辑录此条佚文。《七纬》"房"作"群"，《诗纬集证》《诗纬训纂》辑入《含神雾》。

【汇注】

陈乔枞：《开元占经》引未详篇目，以类求之，知是《含神雾》文。案《艺文类聚·符瑞部》引《春秋元命包》曰："殷纣之时，五星聚于房，房者苍神之精，周据而兴。"注云："周起于房，而五星聚之，得天下之祥。"《开元占经》引《帝王世纪》曰："文王在丰，九州诸侯咸至，五星聚于房。""姬者，苍帝之精，位在房心。"《诗纬》言此，盖谓殷周改代之际也。又引《春秋运斗枢》曰："岁星帅五星聚于东方七宿，苍帝以仁良温让起；荧惑帅五星聚于西方七宿，赤帝以宽明多智略起；填星帅五星聚于中央，黄帝以重厚贤圣起；太白帅五星聚于西方七宿，白帝以勇武诚信多节义起；辰星帅五星聚于北方七宿，黑帝以清平静洁通明起，皆以所舍占国。"《河图》曰："岁星帅五纬聚房，青帝起；太白帅五纬聚，白帝起；辰星帅五纬聚营室，黑帝起。"《荆州占》曰："五星合于一舍，其国主应之，有德者昌，无德者亡，受其凶殃。"观于五纬聚房之验，则其他宿可以类推矣。

胡薇元：《艺文类聚》引《春秋纬元命包》："纣时五星聚房。房者，苍精，周以是兴。文王在丰，诸侯咸至。"《运斗枢》："岁星帅五星聚于东方。"姬得苍精，位在房。言殷周改代之际也。此条见《开元占经》。

　　岁星无光，进退无常，此仁道失类之应。
　　　　　　　　　　　　——《开元占经》卷二十三

【汇校】

明清以来纬书辑佚，惟《七纬》《诗纬集证》《玉函山房辑佚书》《通纬》辑录此条佚文，廖平辑入《含神雾》。

【汇注】

陈乔枞：案岁星，木之精也，位在东方，青帝之子，岁行一次，十二年一周天，与太岁相应，故曰岁星。人主之象也，色欲明润，视其进退左右，以占其妖祥。《洪范五行传》曰："岁星者，于五常为仁，于五事为貌，仁亏貌失，逆春令，则岁星为灾。"《占经》引《石氏》曰："岁星主仁。仁失者罚出，变见于岁星。岁星盈缩，故曰罚，此失仁政逆春气之所致也。以其宿，命其国，圣人观岁星所盈缩之宿，以知仁失之国也。"

胡薇元：岁星，木之精也，岁行一次，十二年一周天，与太岁应。《洪范五行传》："岁星，于五常为仁，逆春令，则为灾。"见《开元占经》二十二。

廖平：岁星：《天官书》："岁星曰东方木，主春，日甲乙。义失者，罚出岁星。"无光，进退无常，此仁道失类之应。

  贤者退，小人进，而谗言侈，阴贼行，而天下昏，荧惑数出，干主位。赤而芒，为火兵，黑而圆，为水丧。止舍为其邦，疾则事急，留则殃重。

——《唐开元占经》卷三十

【汇校】

明清纬书辑佚，《玉函山房辑佚书》列入《诗纬推度灾》，"谗"作"澹"，"干"作"于"。《重修纬书集成》"谗"作"诡"，"昏"作"背"，"殃"作"秧"。

【汇注】

陈乔枞：见《推度灾》。

廖平：荧惑黑圆，为水丧：《占经》卷三十引《推度灾》。

  政失于夏，则荧惑逆行。

——《开元占经》卷三十

◇ 下编 《诗纬》校注

【汇校】
明清纬书辑佚，惟《七纬》《通纬》辑录此条佚文。
【汇注】
案：《开元占经》卷三十谓出自《尚书纬》。

填星华，此奢侈不节，王政之失。
——《唐开元占经》卷三十八

【汇校】
明清纬书辑佚，《诗纬集证》"华"作"晕"，《玉函山房辑佚书》"节"作"事"，归入《诗含神雾》。《重修纬书集成》"此"作"者"，句读为"填星华者，奢侈不节"。
【汇注】
陈乔枞：案填星，常晨出东方，夕伏西方，其行岁填一宿，故名填星。填星，土之精也，位于中央，王于四季。《占经》引《礼斗威仪》云："君乘土而王，其政太平，则填星黄而辉多。"《春秋纬》曰："填星主德，德失，则宫室高，台榭繁，故填星盈缩。"巫咸曰："填星白晕，有土功。"是奢侈不节之失也。京房曰："人君内无仁义，外多华饰，则填星失度，东西叛逆。不救，必忧霜雪；其救也，治社稷明堂，近方直，亲厚重之人，则灾消矣。"

《春秋繁露》第六十一篇云："日冬至，七十二日木用事，其气燥浊而清。七十二日火用事，其气惨阳而赤。七十二日土用事，其气温浊而黄。七十二日金用事，其气坚凝而白。七十二日水用事，其气清寒而黑。七十二日复得木。今董子书"熔阳"作"惨阳"，"坚凝"作"惨淡"，此从《五行大义》引。木用事，则行柔惠，挺群禁。至于立春，出轻系，去稽留，除桎梏，开闭阖，通障塞，存孤幼，矜寡独，无伐木。火用事，则正封疆，循田畴。至于立夏，举贤良，封有德，赏有功，出使四方，无纵火。土用事，则养长老，存幼孤，矜寡独，赐孝悌，施恩泽，无兴土功。金用事，则修城郭，缮墙垣，审群禁，饬甲兵，警百官，诛不法，存长老，无焚金石。水用事，则闭门闾，大搜索，断刑罚，执当罪，饬关梁，禁外徙，无决池隄。"《史记·天官书》云："天有五星，地有五行。水、火、金、木、填星，此五星者，天之五佐，为经纬，见伏有时，所过行赢（《史记》作"嬴"）缩有度。凡天变，过度乃占。国君强大有德者昌，弱小饰诈者亡。太上修德，其次修政，其次修救，其次修禳，正下无之。为天数者，必通三五。终始古今，深观时变，察其精粗，则天官备矣。"

胡薇元："填星，土之精也，晨出夕伏，位于中央，王于四季。"《礼纬斗威仪》："君乘土而王，其政平，填星黄辉。"失德则失度。京房义同。见《开元占经》三十八。

廖平：填星：《天官书》："填星之位曰中央土，主季夏，日戊己，黄龙，主德。"晕，此奢侈不节，王政之失。

奎为女令。
——《唐开元占经》卷六十二

【汇校】

明清纬书辑佚，《玉函山房辑佚书》列入《诗纬纪历枢》，谓出自《开元占经》卷四十二。《通纬》列入《诗纬泛历枢》，"令"作"会"，出处与《玉函山房辑佚书》相同。并误。

【汇注】

陈乔枞：案《占经·岁星占》引《海中占》曰："岁星润泽出奎，有善令；变色入奎，有伪令来者。若出奎，有伪令，出使者。"金、木、火、土四星出入奎宿，若占皆然。《帝览嬉》曰："岁星之奎，有喜庆之事，若有赦令"，是奎主命令之验。《填星占》引《黄帝占》曰："填星出奎，女主摄政。国有女喜，若有女贵。"《辰星占》引《春秋图》曰："辰星之奎，天下贱人出贵女。"奎主女喜、女贵，及女主摄政之征，故为女令也。

胡薇元：《海中占》曰："岁星润泽出奎，有善；入奎，有伪令。"奎，王命令，"填星出奎，女主摄政"。见《开元占经》六十二。

下编 《诗纬》校注

按：胡薇元《诗纬训纂》另有"奎为女会"，谓出《开元占经》四十二卷"奎曰封豕，为女会"。有误。

天市主聚众。
——《唐开元占经》卷六十五

【汇校】

明清以来纬书辑佚，《玉函山房辑佚书》《通纬》列入《诗纬泛历枢》，"主"作"星"。

【汇注】

陈乔枞：案天市者，天子之市也，亦名天曹。见《荆州占》。曹，群也，众所群聚也。《石氏》曰："天市垣二十二星，主四方诸国。门左一星宋也，次星卫，次星燕，次星东海，次星徐，次星太山，次星齐，次星河中，次星九河，次星赵，次星魏，次星中山，次星河间。门右一星韩，次星楚，次星梁，次星巴，次星蜀，次星秦，次星周，次星郑，次星晋也。其星光芒，即其国有谋。若星色微小，其国邑弱，王者修德以扶之。"《石氏》曰："天市星众明则岁实，星稀则岁虚。"郗萌曰："天市中多小星，民富足。"《礼含文嘉》曰："王者于族人有次序，则天市正明。"宋均注曰："王者于亲疏有次序，族者非一人也，天市之应明，所感者多也。"

胡薇元：天市主聚众：天市星，天子之市，亦名天曹。曹，群也，众所聚也。《石氏》曰："天市垣二十二星，主四方诸国，门左一星宋，次星卫，次星燕，次东海，次徐，次齐，次九河，次赵、魏、中山；门右一星韩，次楚，次梁，次巴、蜀、秦、周、郑、晋。其星光芒则国强，星微小则弱，王者修德以扶之。明则岁实，稀则岁歉多，则小民富足。"此条见《礼纬含文嘉》并《占经》六十五。

胡薇元：《天官书》："旗中四星，曰天市。中聚众星者实，虚则耗。"此条见《占经》六十五引《诗纬》。

案：胡薇元《诗纬训纂》辑录有"天市主聚众"，列入《诗纬推度灾》。又有"天市星聚众"，列入《诗纬纪历枢》。姑两存之。

司命执刑行罚。

——《唐开元占经》卷六十九

【汇校】

明清以来纬书辑佚，《玉函山房辑佚书》《通纬》列入《诗纪历枢》。

【汇注】

陈乔枞：案《史记·天官书》云："斗魁戴匡六星曰文昌宫，一曰上将，二曰次将，三曰贵相，四曰司命，五曰司中，六曰司禄。"《索隐》引《春秋元命包》曰："上将建威武，次将正左右，贵相理文绪，司命主灾咎，司中主佐理，司禄赏功进士。"①《占经》引《元命包》曰："司命举过，灭除不祥。"《甘氏·中官占》云："司命二星在虚北。"郗萌说以司命与舆鬼同候。考《占经》六十三引《南官候》曰："舆鬼，一名天鈇锧，一曰天讼，主察奸，天目也。"《石氏》曰："舆鬼，一曰鈇锧，故主法，主诛斩。"司命主灾咎，是执刑行罚之象，以与舆鬼同候，故主刑罚也。

胡薇元：《天官书》"文昌宫四曰司命"，主执刑行罚。此条见《开元占经》卷六十九引《诗纬》。又，《史记·天官书》："斗魁戴匡六星曰文昌宫，一曰上将，二次将，三贵相，四司命，五司中，六司禄。"司命主灾咎，故执刑行罚。《春秋纬元命包》同此文。

按：《诗纬训纂》将此条列入《诗推度灾》。两说，详略不同。

枉矢流，天降丧乱。

——《开元占经》卷八十六

---

① 《史记·天官书》索隐引《元命包》作"上将建威武，次将正左右，贵相理文绪，司禄赏功进士，司命主老幼，司灾主灾咎也"，与此有异。司马迁：《史记》，中华书局1959年版，第1294页。

下编 《诗纬》校注

【汇校】

《玉函山房辑佚书》列入《诗推度灾》，《诗纬集证》《诗纬训纂》辑入《含神雾》。

【汇注】

陈乔枞：案《河图稽耀钩》曰："辰星之精，散为枉矢。"《春秋运斗枢》曰："玑星散，为枉矢。"《荆州占》曰："镇星之精变为枉矢。"并见《开元占经》。《说苑·辨物篇》曰："枉矢，五星盈缩之所生也。五星之所犯，各以金木水火土为占。春夏秋冬，伏见有时，失其时，离其常，则为变异；得其时，居其常，是谓吉祥。"《史记·天官书》曰："枉矢，类大流星，蛇行色仓黑，望之如有毛目[①]然。"《春秋合诚图》曰："枉矢主反萌，黑彗分为枉矢。枉矢者，射星也。水流蛇行，含明，故有毛目。阴合于四，故长四尺。水生木，其怒青黑。水灭火，其精沉。故以为谋反之征。在所流受者灭，皆为天子之祥。阴道于六，期六年，萌二十四年，天子以兵亡。"《春秋纬》又曰："枉矢或东或西，五谷不升，民流亡。"故为丧乱之征也。

胡薇元：《春秋纬运斗枢》："玑星散为枉矢。"《稽耀钩》曰："辰星之精散为枉矢。"《说苑》："枉矢，五星盈缩之所生也。五星所犯，各以金木水火土为占。失时离常，为变易；得时居常，为吉祥。"《天官书》："枉矢色黑，望之如有毛羽然，彗星也。"此条亦见《开元占经》。

廖平：枉矢流：《天官书》："枉矢，状类大流星，蛇行而苍黑，望如有毛羽然。"天降丧乱：语见《大雅·桑柔》。

　　填星入角中，行疾者国有急，今人心惊惶不定；行迟者政有废弛，臣下阴谋不测。各以入日占之。

——《开元占经》卷三十九？

[①] 目，原文作"羽"。司马迁：《史记》，中华书局1959年版，第1336页。

【汇校】

明清纬书辑佚，惟《通纬》辑录此条佚文。

案：《通纬》言此引文出自《唐开元占经》卷三十九，然文渊阁本《开元占经》卷三十九未引此条，安居香山云恒德堂本《开元占经》亦无，复旦大学藏成化阁本亦无此条。或所据版本不同。但《开元占经》版本系统比较复杂，异本较多。根据日本学者佐佐木聪的研究，《开元占经》大约有三个版本系统，即程明善本、东洋文库本和成化阁本。安居香山所用恒德堂本以及我们常用的文渊阁四库全书本都属于程明善本系统。所以文渊阁四库本及恒德堂本查不出黄奭所辑佚文，未必一定能证明黄氏误辑。下皆放此。

十月震电，山崩水溢，陵谷变迁，民生日促。后二年，幽王为犬戎所逐。

【汇校】

明清纬书辑佚，惟《通纬》辑录此条佚文。

案：《通纬》未注明出处，依例或当谓出《占经》。

星惟北辰不动，其余俱随极以转旋。小星不一其论，皆以顺度为吉。天下有逆事，乃流星之异。

——《开元占经》卷七十一？

【汇校】

明清纬书辑佚，《通纬》辑录此条佚文。《重修纬书集成》"小星不一其论"作"小星不以其伦"。

案：《通纬》言此引文出自《唐开元占经·流星占一》，然文渊阁本《开元占经·流星占一》未引此条，安居香山云恒德堂本《开元占经》亦无。或所据版本不同。

箕为天口，客星犯之，谗人肆毒。守其南，大臣受谗谤之

下编 《诗纬》校注

诛；守其北，后妃受口舌之祸。

——《开元占经》卷七十九？

【汇校】

明清纬书辑佚，惟《通纬》辑录此条佚文。

案：《通纬》言此引文出自《唐开元占经》卷七十九《客星占三》，然箕星属东方七宿，于《开元占经》在《客星占二》，然七十八亦未引此条，安居香山云恒德堂本《开元占经》亦无。

又案："箕为天口"或与"箕为天口，主出气"条同。

月离于毕，俾滂沱矣，言毕主雨。月离其舍，大雨必行，象人君心术慈和，有贤良之臣佐之，思膏下流，若甘霖之大沛也。

——《开元占经》卷九十二？

【汇校】

明清纬书辑佚，惟《通纬》辑录此条佚文。

案：《汉学堂丛书》言此引文出自《唐开元占经·雨占》，即卷九十二，然文渊阁本《开元占经》卷九十二未引此条，安居香山云恒德堂本《开元占经》亦无。《京房占》曰："月离毕之阴则雨，离毕之阳无雨"与"月离于毕"四字相似，但是其余皆不同。《开元占经》卷十三引《诗》曰："月离于毕，俾滂沱矣，谓大雨也"，其余亦不同。

虹蜺主阴晴，久雨而晚见于东则晴，久晴而朝见于西则雨。

——《唐开元占经》卷九十八？

【汇校】

明清纬书辑佚，惟《通纬》辑录此条佚文。

案：《通纬》言此引文出自《唐开元占经》卷九八，然文渊阁本卷九八未有此条，安居香山云恒德堂本《开元占经》亦无。《开元占经》卷九八引《春秋纬》曰"虹蜺见，雨即晴，旱即雨"。注云"谓久雨虹见即晴，久旱，蜺见即雨也"，文辞有相似之处。

> 井有寒泉，井入地深，其气本多暖，寒泉已失其常，冰则其变可知。
> ——《开元占经》卷一百

【汇校】

明清纬书辑佚，惟《通纬》辑录此条佚文。

案：《通纬》谓此引文出自《唐开元占经》卷一百，但文渊阁本《开元占经》卷一百未引此条，亦无相似之词，安居香山云恒德堂本《开元占经》亦无。

> 十周参聚，气生神明，戊午革运，辛酉革命，甲子革政。
> ——昌泰四年《革命勘文》

【汇校】

日本《革命勘文》多次引此条，佚文无异词，但所引宋均注文或有繁简差异。

【汇注】

宋均：天道三十六岁而周也，十周名曰天命大节。一冬一夏，凡三百六十岁一毕，无有余节。三推终则复始，更定纲纪，必有圣人改世，统理者始此。十周名曰大刚，则三基会聚，乃生神明，乃圣人改世欤。周文王戊午年，决虞、芮讼；辛酉年，青龙衔图出河；甲子年，赤雀衔丹书，而圣武伐纣；戊午日，军渡孟津；辛酉日，作泰誓；甲子日，入商郊。

案：昌泰四年文章博士清行《革命勘文》"改元"作"改世"，"统理者始此"作"统理者如此"，"乃圣人"前有"神明"，"欤"作"者也"，"圣武"之"圣"作"至"。清源真人教隆文应二年《革命勘文》"统理者始此"作"缘理者如此"，余同。而阴阳博士贺茂文应二年《革命勘文》"如此"作"始此"。

— 403 —

◈ 下编 《诗纬》校注

又案：翻检水上雅晴、石立善主编《日本汉学珍稀文献集成·年号之部》，则大抵"改元"当作"改世"，"始此"当作"如此"，"统理"作"缘理"者误，"圣武"当作"至武"，"至""武"当逗开。

又案：《易纬》："辛酉为革命，甲子为革令。"郑玄注："天道不远，三五而反。六甲为一元，四六、二六交相乘，七元有三变，三、七相乘廿一元为一蔀，合一千三百廿年。"《春秋纬》："天道不远，三五而反。"宋均注：三五，王者改代之际会也。能与此际自新如初，则道无穷也。日籍汉文文献《三革说》："《诗注》云：'大节者，大厄也。'又如《易流演说》者，三基者，君基、臣基、民基也。君基，三百六十年一小周，三千六百年一大周。臣基，三十六年一小周，三百六十年一大周。民基，十二年一小周，百廿年一大周。"又曰："一周三十六岁，十周三百六十岁，名曰王命大节。十周三千六百岁，名曰大刚。"

周起自后稷，历世相承久。

案：此出日佚文献《承历度》《建保度》《承久度》。

一如正元，万载相传。

案：此出日佚文献《宽元度》《延应度》《天福度》《延长度》《正嘉度》《正元度》。引宋均注："言本正则末理。"

以十周三百六十年为大变。
　　　　　　　　　　　　——《永亨十三年革命堪文》

案：此出《永亨十三年革命堪文》，当是对"十周参聚"的解说。

— 404 —

水神信。

——《新校群书类从》卷第四百六十二

案：此出日佚文献。当和郑玄注《中庸》文有关。

水精主信。

——《诸道勘文》

案：此出日佚文献。内容同上一条。

其他纬书《诗》说辑存

  缘天地之所杂,乐为之文典,文王之时,民乐其兴师征伐,而诗人称其武功。

——《春秋文耀钩》

  廖平:缘天地之所杂:《韩诗外传》:"《关雎》之事大矣哉!冯冯翊翊,自西自东,自南自北,无思不服,子其勉强之,思服之,天地之间,生民之属,王道之原,不外此矣。子夏喟然叹曰:大哉,《关雎》乃天地之基也。"乐为之文典:《论语》:子曰:"吾自卫反鲁,然后乐正,《雅》《颂》各得其所。"文王之时,民乐其兴师征伐:《诗·皇矣》,"伐密""伐崇"。而诗人称其武功:《诗》:"文王受命,有此武功。既伐于崇,作邑于丰。文王烝哉。"

  诗者,天文之精,星辰之度,人心之操也,在事为诗,未发为谋,恬淡为心,思虑为志,故诗之为言志也。

——《春秋说题辞》

  廖平:《诗》者,天文之精,星辰之度:十五国上应天宿,大小《雅》五际合于五星十二辰。人心之操也:操者,持也。故《含神雾》曰:"诗者,持也。"在事为《诗》:寄托往事,以为比兴。未发:《中庸》:"喜怒哀乐之未发,谓之中。"为谋:《小雅·旻天》多言谋。恬淡为心,思虑为志:在心为志,志主思虑,思出于脑。故

《诗》之为言志也：《书·帝典》（案：即《尧典》，《中庸》称为《帝典》）："诗言志。"《乐记》："诗，言其志也。"

案：此与《含神雾》之"天地之心"说同。

　　性者生之质，若木性则仁，金性则义，火性则礼，水性则智，土性则信，情者既有知，故有喜怒哀乐好恶。

——《孝经钩命诀》

廖平：性者生之质，若木性则仁：《翼奉传》注："肝性静，静行仁，甲己主之。"金性则义："肺性坚，坚行义，乙庚主之。"火性则礼："心性燥，燥行礼，丙辛主之。"水性则智："肾性敬，敬行智，丁壬主之。"土性则信："脾性力，力行信，戊癸主之。"情者既有知：《翼奉传》："《诗》之为学，性情而已。五性不相害，六情更兴废。观性以历，观情以律。"《五行大义》："五行在人为性，六律在人为情，性者，仁义礼智信也，情者，喜怒哀乐好恶也，五性处内御阳，喻收五藏；六情处外御阴，喻收六体。故情胜性则乱，性胜情则治，性自内出，情自外来，情性之交，间不容发。"故有喜怒哀乐好恶：《翼奉传》："北方之情，好也；好行贪狼，申子主之。东方之情，怒也；怒行阴贼，亥卯主之。南方之情，恶也；恶行廉贞，寅午主之。西方之情，喜也；喜行宽大，巳酉主之。上方之情，乐也；乐行奸邪，辰未主之。下方之情，哀也；哀行公正，戌丑主之。辰未属阴，戌丑属阳，万物各以其类应。"

　　远《雅》《颂》，著倡优，则玉衡不明，菖蒲冠环，雄鸡五足，李生瓜。

——《春秋运斗枢》

廖平：远《雅》《颂》，著倡优：《论语》："恶郑声之乱雅乐也。"《雅》《颂》为全《诗》之归宿，得天地之中和，不宜以邪说解《诗》。则玉衡不明：圣道不光。菖蒲冠环，雄鸡五足，李生瓜：

◈ 下编 《诗纬》校注

后世误解《诗》旨者，犹物之反常为妖。

　　上通无莫。
　　　　　　　　　　　　　　　　——《孝经援神契》

　　廖平：《诗》云："上天之载，无声无臭。"言人之精灵所感，上通于寂寞。

　　王者得其根核，帝者得其英华，霸者得其附枝。
　　　　　　　　　　　　　　　　——《礼纬斗威仪》

　　廖平：王者：读作"皇者"。得其根核：核读作"荄"，喻地中京师。《左传》："葛藟犹能庇其根本。"帝者得其英华：四帝均分天下无余地，犹英华之尽发，《诗》以木喻天下一统之世，当云帝得其干。《诗》"皇皇者华"，"常棣之华"，"苕之华"。霸者得其附枝：上当有"王者得其枝"一句。按：《诗》以樛木喻周公，乔木喻召公，灌木喻京城，条肄喻王后，皆从树木起例，故《雅》曰"枝叶未有害，本实先拨"，以为譬喻。

　　诗人感而后思，思而后积，积而后满，满而后作，言之不足，故嗟叹之始而，嗟叹之不足，故咏歌之，咏歌之不足，不知手之舞之，足之蹈之。
　　　　　　　　　　　　　　　　——《乐纬动声仪》

　　廖平：诗人：作《诗》之人，指孔子。感而后思：哲学思想。思而后积：由近及远，由小推大，由卑及高，由地及天。积而后满：天地六合，理想周至，充满于心。满而后作：《孟子》："王道之迹熄而《诗》作（案：《孟子》作"亡。"）。"《史记·年表》："周道缺，诗人本之衽席，《关雎》作。"《儒林传》："周室衰而《关雎》作。"皆谓孔子作《诗》。言之不足：《诗》为天学，言语不足形容。故嗟叹之：始而叹其高远。嗟叹之不足，故咏歌之；继而赞其美大。咏歌之不足：《论语》天不可阶而升。不知手之舞之，足之蹈之：说同《乐记》《孟子》。也。"仰之弥高，钻之弥坚。瞻之在前，忽焉在后。欲罢不能，虽欲从之，莫由也已"。

　　召伯贤者也，明不能与圣人分职，常战栗恐惧，故舍于树下而听断焉，劳身苦体，然后乃与圣人齐是以《周南》无美，而《召南》有之。

——《乐纬动声仪》

廖平：贤者为其易，圣人为其难。

　　以《雅》治人，《风》成于《颂》。有周之盛，成康之间，郊配、封禅皆可见也。

——《乐纬动声仪》

廖平：以《雅》治人：《小雅》五际，《大雅》五际，气交之中，人之居也；气交之分，人气从之。《风》成于《颂》：《含神雾》："《颂》者，王道太平，功成治定而作也。"有周之盛，成康之间，郊配：《孝经》："周公郊祀后稷以配天。"封禅：《左传》："山岳则配天，物莫能两大。"皆可见也。

　　黄帝之乐曰《咸池》，颛顼曰《五茎》，帝喾曰《六英》，尧曰《大章》，舜曰《箫韶》，禹曰《大夏》，殷曰《大濩》，周曰《勺》，又曰《大武》。

——《乐纬动声仪》

廖平：黄帝：首举黄帝，与《大戴》同，盖以中统四方为五天帝。之乐曰《咸池》，颛顼：下数至禹与《大戴》同，为五人帝。曰

◈ 下编 《诗纬》校注

《五茎》，帝喾曰《六英》，尧曰《大章》，舜曰《箫韶》，禹曰《大夏》，殷，殷周，但称国号，与上文称帝号者不同例。曰《大濩》，周曰《勺》，又曰《大武》：《周颂·大武》之诗。

  宋均：池音施，道施于民，故曰《咸池》。道有根茎，故曰《五茎》。道有英华，故有《六英》。五龙为《五茎》者，能为五行之道，立根本也。《六英》能为天地四时六合之道，废其菁华也。尧时仁义大行，法度章明，故曰《大章》。

——《乐纬动声仪》

  廖平：注：池音施，道施于民，故曰《咸池》。道有根茎，故曰《五茎》。《御览》作《六茎》。皇法天，天以六节，故用六相，建都地中，以为根茎。道有英华，《斗威仪》："帝者得其英华。"故有《六（《御览》作五）英》。地以五制，故帝有五帝，据地五极，尽发英华。五龙为《五茎》者，能为五行之道，立根本也。五行分中央戊己则为六，六相合天地二官则为五。《六英》能为天地四时，上下四旁为六宗，《大戴》六官、六辔。六合外十二州。说见《淮南》。之道，发其菁华也。五帝分方，归于一统，则皇道也。尧时仁义大行，法度章明，故曰《大章》。韶，继也，舜继尧之后，循行其道，故曰《箫韶》。禹承二帝之后，道重太平，故曰《大夏》。汤承衰而起，濩先王之道，故曰《大濩》，濩音護。周成（案：当为"承"）衰而起，斟酌文武之道，故曰《勺》《武》《象》，象伐时用干戈也。

  乐曰移风易俗，所谓声俗者，若楚声高、齐声下；所谓事俗者，若齐俗奢，陈利巫也。

——《乐纬动声仪》

  廖平：乐曰移风易俗：十五国之风俗。班《志》："凡民函五常之性，而其刚柔缓急，音声不同，系水土之风气，故谓之风；好恶取舍，动静亡常，随君上之情欲，故谓之俗。孔子曰：'移风易俗，莫善于乐。'言圣王在上，统理人伦，必移其本而易其末，此混同天下，壹之虖中和，然后王教成也。"所谓声俗者，若楚：二《南》汉广江渚即楚地。声高，齐声下；所谓事俗者，若齐俗奢：班《志》："初太公治齐，修道术，尊贤智，赏有功，故至今其土多好经术，矜功名，舒缓阔达而足智，其失夸奢。"陈利巫也：班《志》："陈本太昊之虚也，周武王封舜后妫满于陈，妻以元女太姬，妇人尊贵，好祭祀，周（《汉书·地理志》作《用》）史巫，故其俗巫鬼。"

先鲁后殷，新周故宋。

——《乐纬稽耀嘉》

廖平：先鲁：登鲁于《颂》，所谓王鲁。后殷：《商颂》殿末。新周：《周南》《周颂》，故宋：《振鹭》《白马》《白驹》之客。

殷商改制，易正，荡涤故俗。

——《乐纬稽耀嘉》

廖平：殷汤：《商颂》寄托于殷汤。改制：改革时制，更立新经。易正：行夏之时，用夏正。荡涤故俗：孔经以前无可取法，旧染污俗，概予涤除。

雌生九月仲节，号曰太始，雄雌俱行三节。

——《太平御览》卷一

俱行，起自戌仲至亥。

——《太平御览》卷一

陈乔枞：案《太平御览》引《乾凿度》云："雌生戌仲，号曰太始。"考《乾凿度》无此语，以类求之，知是《推度灾》之文，今本《御览》字讹舛耳。"戌仲"当作"九月仲节"，此缘注语有"起自戌仲至亥"而致误也。知雌生九月仲节者，《白虎通》云：

◇ 下编 《诗纬》校注

"九月律谓之无射何,射者,终也,言万物随阳气而终,当复随阴气而起,无终已也。"《孝经钩命诀》云:"元气始萌,谓之太初。气形之端,谓之太始。太始者,形之始也。形生于气,气辅形而行,故合气形而言之。"《诗纬》上文云雄行三节,此言雄雌具行三节,阳唱阴和,女随男行也。赵贡士在翰以雌生九月仲,亦行三节至亥仲,乃雌雄俱行。不知此注明言俱行自戌仲至亥。又上文注言"雄生物,行三节"者,须雄俱行,物乃著。须者,俟也。明俟雌生而俱行也。至于亥仲,则雄合物魂,非仅与雌俱行,且合而施化矣。

《小雅》讥己得失,及之于上也。

陈乔枞:案《荀子·大略篇》云:"《小雅》不以污上,① 自引同居下,疾今之政,以思往者,其言有文焉,其声有哀焉。"与《诗纬》说合。《汉书·司马相如传》赞云:"司马迁称'《大雅》言王公大人,而德逮黎庶;《小雅》讥小己之得失,其流及上。所言虽殊,其合德一也'。"注引张揖曰:"己,诗人自谓也。己小有得失,不得其所,作诗流言,以讽其上也。"皆用《诗纬》之说。

廖平:己:己为东,心为地中,京师政有得失。上:上指天,上合天道。

按:此条见《史记·司马相如传》索隐引文颖语,曰:"《小雅》之人材志狭小,先道己之忧苦,其末流及上政之得失也。故《礼纬》云:《小雅》讥己得失,及之于上也。"据此,此条出《礼纬》,而陈乔枞《诗纬集证》辑之于泛称《诗纬》。

《历代名画记》卷三有《诗纬图》。

按,其图或如干支图之类,解说"四始""五际"。

---

① 原文"污"上有"于"字。王先谦:《荀子集解》,中华书局1988年版,第511页。

凡谶皆云黄帝伐蚩尤,而《诗》谶独以为蚩尤败,然后尧受命。

——《后汉书·张衡传》

按:殷元正《集纬》单列《诗谶》目,辑录了这条佚文。

清河郡本《诗纬》辑存

按：清河郡本《纬书》来历不明，所附郑玄注、宋均注尤为可疑。其中少许注文，可与文献见存郑玄或宋均注比较，却又不同。如《河图括地象》"西北为天门，东南为地户。天门无上，地户无下"，传世文献所存郑玄注为"天不足西北，是天门；地不满东南，是地户"，而清河郡本《纬书》中郑玄注为"相传天门日行光不能至，常有龙神口吐火焰，名曰烛龙，开口为昼，闭口为夜"。缘此，将清河郡本《诗纬》佚文单列，以备参考。

《诗含神雾》：

黄帝座，一星在太微宫中，含枢纽之神，其精有四象。宋均注：四象谓青龙朱鸟白虎玄龟。

其东苍帝座，神名曰灵威仰，其精为青龙之类。宋均注：类，鳞属也。

其南赤帝座，神名曰赤熛怒，其精为朱鸟之类。宋均注：类，羽属也。

其西白帝座，曰白招矩，其精为白虎之类。宋均注：类，毛属也。

其北黑帝座，神名曰协光纪，其精为玄武之类。宋均注：类，介属也。

五帝并设神灵，集谋者也。宋均注：集度代相降精也。

《诗推度灾》：

蚀者，食也，如虫啮食，食于日，主人君，食于月，主人臣。从于东北，东北为灾，从于西北，西北为殃。灾者，该也。君不度德，臣不量功，该垦为灾。殃者，央也。土地非常，情性匪当，不遑为从，气患为殃，百姓空虚，水泥□□，鱼□不滋。五谷无收。

夫王者布德于子，治成于丑，与动于寅，施化于卯，成纪于辰，震威于巳，德王于午。故子者孳也，自是渐孳生也。丑者纽也，万物之生，已定枢纽也。寅者，演也。物演渐大，少阳之气也。卯者茂也，物茂渐成也。辰者震也，物震而动也。巳者次也，渐次而进也。午者甫也，其时可以晡也。未者味也，别其滋味、异其美恶也。丁者劲也，正强壮也。申者伸也，至是而万物大舒精也。酉者丑也，物至是而形不嘉，凋残老丑也。戌者灭也，物至是而衰灭也。甲者甲也，万物孚甲，犹苞幕也。乙者屈也，屈折而起也。己者起也，万物壮起也。丙者柄也，万物明见，无有所隐也。戊者富也，庶类富满也。庚者更也，物至是而改，将更之也。辛者兵也，物至是而残笃也。亥者太也，既灭既尽，将复，又有始者也。壬者任也，至精之专。癸者揆也，谓可度其将生之理也。

夫魃者，拔也，拔苗而薪。旱者，捍也，毒捍忍残。

气东北行于壁，壁主辟生。东而之营室，营室主含产。东而之危，危主垝危。东而之虚，虚主宛藏。东而之须女，须女主变胥。东而之牵牛，牵牛主牵冒。东至于建星，建主生出。南而之箕，箕主发演。南而之尾，尾主挥条。南而之心，心主叶荣。南而之房，房主门户。南至于氐，氐主抵触。南而之亢，亢主康见。南而之角，角主触动。西而之轸，轸主夭乔。西而之翼，翼主羽飞。西而之七星，七星主立阳。西而之张，张主普遍。西至于注，注主垂下。西至于弧，弧主柔落。西至于狼，狼主败毁。北而之罚，罚主削夺。北而之参，参主参杀。北而之浊，浊主死伤。北而之昴，昴主稽据。北而之胃，胃主藏伏。北而之娄，娄主内护。北而之奎，奎主毒螫。风气周通，形体匪顾也。

主要参考文献

古籍类（包括今人注、译，以出版时间为序）

陈耀文：《天中记》，光绪听雨山房本。
胡薇元：《诗纬训纂》，玉津阁丛书甲集，民国初年版。
陈奂：《诗毛氏传疏》，商务印书馆 1933 年版。
李淳风：《乙巳占》，丛书集成初编本，上海商务印书馆 1936 年版。
阮元：《诂经精舍文集》，丛书集成初编本，商务印书馆 1936 年版。
孙瑴：《古微书》，丛书集成初编本，商务印书馆 1939 年版。
杜台卿：《玉烛宝典》，丛书集成初编本，商务印书馆 1939 年版。
皮锡瑞：《经学通论》，中华书局 1954 年版。
钱大昕：《廿二史考异》，商务印书馆 1958 年版。
刘勰：《文心雕龙注》，范文澜注，人民文学出版社 1958 年版。
陈寿撰，裴松之注：《三国志》，中华书局 1959 年版。
司马迁：《史记》，中华书局 1959 年版。
李昉：《太平御览》，中华书局 1960 年版。
王明：《太平经合校》，中华书局 1960 年版。
郭庆藩：《庄子集释》，中华书局 1961 年版。
徐坚：《初学记》，中华书局 1962 年版。
班固：《汉书》，中华书局 1962 年版。
刘永济：《文心雕龙校释》，中华书局 1962 年版。
范晔：《后汉书》，中华书局 1965 年版。
永瑢等：《四库全书总目》，中华书局 1965 年版。

萧子显：《南齐书》，中华书局1972年版。
魏征：《隋书》，中华书局1973年版。
房玄龄：《晋书》，中华书局1974年版。
沈约：《宋书》，中华书局1974年版。
郭茂倩：《乐府诗集》，中华书局1979年版。
贾公彦：《周礼注疏》，中华书局1980年版。
孔颖达：《礼记正义》，中华书局1980年版。
孔颖达：《毛诗正义》，中华书局1980年版。
杨士勋：《春秋谷梁传注疏》，中华书局1980年版。
孔颖达：《春秋左传正义》，中华书局1980年版。
徐彦：《春秋公羊传注疏》，中华书局1980年版。
许维遹：《韩诗外传集释》，中华书局1980年版。
孔颖达：《尚书正义》，中华书局1980年版。
邢昺：《尔雅注疏》，中华书局1980年版。
袁珂：《山海经校注》，上海古籍出版社1980年版。
方诗龄等：《古本竹书纪年辑证》，上海古籍出版社1981年版。
段玉裁：《说文解字注》，上海古籍出版社1981年版。
欧阳询：《艺文类聚》，上海古籍出版社1982年版。
卢弼：《三国志集解》，中华书局1982年版。
王聘珍：《大戴礼记解诂》，中华书局1983年版。
陈鼓应：《庄子今注今译》，中华书局1983年版。
王先谦：《汉书补注》，中华书局1983年版。
王先谦：《后汉书集解》，中华书局1984年版。
常璩撰，刘琳校注：《华阳国志校注》，巴蜀书社1984年版。
章学诚：《文史通义》，叶瑛校注，中华书局1985年版。
唐晏：《两汉三国学案》，中华书局1986年版。
洪适：《隶释·隶续》，中华书局1986年版。
范家相：《三家诗拾遗》，文渊阁四库全书本，台湾商务印书馆1986年版。
萧统编，李善注：《文选》，上海古籍出版社1986年版。

主要参考文献

焦循：《孟子正义》，中华书局 1987 年版。

孙诒让：《周礼正义》，中华书局 1987 年版。

陈振孙：《直斋书录解题》，上海古籍出版社 1987 年版。

刘向撰，向宗鲁校证：《说苑校证》，中华书局 1987 年版。

王先谦著，吴格点校：《诗三家义集疏》，中华书局 1987 年版。

汪荣宝：《法言义疏》，中华书局 1987 年版。

陶宗仪等编：《说郛三种·说郛一百二十》，上海古籍出版社 1988 年版。

王先谦：《荀子集解》，中华书局 1988 年版。

马瑞辰：《毛诗传笺通释》，中华书局 1989 年版。

罗泌：《路史》，四部备要本，中华书局 1989 年版。

刘文典：《淮南鸿烈集解》，中华书局 1989 年版。

黄晖：《论衡校释》，中华书局 1990 年版。

饶宗颐：《老子想尔注校注》，上海古籍出版社 1991 年版。

苏舆：《春秋繁露义证》，中华书局 1992 年版。

程章灿：《西京杂记全译》，贵州人民出版社 1993 年版。

陈立：《白虎通疏证》，中华书局 1994 年版。

李光地：《榕村语录》，陈祖武点校，中华书局 1995 年版。

李光地：《榕村续语录》，陈祖武点校，中华书局 1995 年版。

朱彬：《礼记训纂》，中华书局 1996 年版。

张双棣：《淮南子校释》，北京大学出版社 1997 年版。

司马光：《太玄集注》，中华书局 1998 年版。

朱彝尊：《经义考》，中华书局 1998 年版。

何宁：《淮南子集释》，中华书局 1998 年版。

王先慎：《韩非子集解》，中华书局 1998 年版。

贾谊：《新书校注》，阎振益、钟夏校注，中华书局 2000 年版。

欧阳修：《欧阳修全集》，中华书局 2001 年版。

孙诒让：《墨子间诂》，中华书局 2001 年版。

崔适：《春秋复始》，续修四库全书本，上海古籍出版社 2002 年版。

连鹤寿：《齐诗翼氏学》，续修四库全书本，上海古籍出版社 2002 年版。

陈乔枞：《诗纬集证》，续修四库全书本，上海古籍出版社 2002 年版。

陈乔枞《齐诗翼氏学疏证》，续修四库全书本，上海古籍出版社 2002 年版。

虞世南：《北堂书钞》，续修四库全书本，上海古籍出版社 2002 年版。

王照圆：《列女传补注》，续修四库全书本，上海古籍出版社 2002 年版。

荀悦：《前汉纪》，中华书局 2002 年版。

洪湛侯：《诗经学史》，中华书局 2002 年版。

邓安生：《蔡邕集编年校注》，河北教育出版社 2002 年版。

陈奇猷：《吕氏春秋新校释》，上海古籍出版社 2002 年版。

魏源：《诗古微》，岳麓书社 2004 年版。

费振刚等：《全汉赋校注》，广东教育出版社 2005 年版。

郦道元注，陈桥驿校正：《水经注校证》，中华书局 2007 年版。

刘熙撰，毕沅疏证，王先谦补：《释名疏证补》，中华书局 2008 年版。

王应麟：《困学纪闻》（全校本），栾保群等校点，上海古籍出版社 2008 年版。

吴树平：《东观汉记校注》，中华书局 2008 年版。

程瑶田：《程瑶田全集》，黄山书社 2008 年版。

朱谦之：《新辑本桓谭新论》，中华书局 2009 年版。

曹旭：《诗品集注》，上海古籍出版社 2011 年版。

瞿昙悉达：《开元占经》，九州出版社 2012 年版。

赵在翰撰，钟肇鹏、萧文郁点校：《七纬》，中华书局 2012 年版。

徐传武、胡真：《易林汇校集注》，上海古籍出版社 2012 年版。

范祥雍：《山海经笺疏补校》，上海古籍出版社 2013 年版。

曹金华：《后汉书稽疑》，中华书局 2014 年版。

陈寿祺：《五经异义疏证》，中华书局 2014 年版。

黄道周撰，翟奎凤点校：《三易洞玑》，中华书局 2014 年版。

王引之：《经义述闻》，上海古籍出版社 2016 年版。

孔广森：《经学卮言》，张诒三点校，中华书局 2017 年版。

黄中松：《诗疑辨证》，陈丕武、黄海珊点校，广西师范大学出版社 2018 年版。

近现代人著述（包括外国学者著作，以时间为序）

廖平：《六译馆丛书·诗说》，民国七年（1918）四川存古书局印本。

胡朴安：《诗经》，商务印书馆 1930 年版。

新城新藏：《东阳天文学史研究》，沈璿译，中华学艺社 1933 年版。

童书业：《中国古代地理考证论文集》，中华书局 1962 年版。

竺可桢：《竺可桢文集》，科学出版社 1979 年版。

余嘉锡：《四库提要辩证》，中华书局 1980 年版。

翦伯赞：《秦汉史》，北京大学出版社 1983 年版。

朱维铮主编：《周予同经学史论著选辑》，上海人民出版社 1983 年版。

蒙文通：《古学甄微》，巴蜀书社 1987 年版。

许结：《汉代文学思想史》，南京大学出版社 1990 年版。

钟肇鹏：《谶纬论略》，辽宁教育出版社 1991 年版。

崔瑞德、鲁惟一主编：《剑桥中国秦汉史》，中国社会科学出版社 1992 年版。

李中华：《神秘文化的启示：纬书与汉代文化》，新华出版社 1993 年版。

李剑国：《唐五代志怪传奇叙录》，南开大学出版社 1993 年版。

上海古籍出版社编：《纬书集成》，上海古籍出版社 1994 年版。

安居香山、中村璋八：《重修纬书集成》，河北人民出版社 1994 年版。

蒙文通：《经史抉原》，巴蜀书社 1995 年版。

冷德熙：《超越神话：纬书政治神话研究》，东方出版社 1996 年版。

中国诗经学会编：《第二届诗经国际学术研讨会论文集》，语文出版社 1996 年版。

刘师培:《刘申叔遗书》,江苏古籍出版社1997年版。
刘小枫:《个体信仰与文化理论》,四川人民出版社1997年版。
葛兆光:《中国思想史》第一卷,复旦大学出版社1998年版。
中村璋八:《五行大义校注》,日本汲古书院1998年版。
黄侃:《文心雕龙札记》,上海古籍出版社2000年版。
于迎春:《秦汉士史》,北京大学出版社2000年版。
萧登福:《谶纬与道教》,台湾文津出版社2000年版。
李零:《中国方术考》,东方出版社2001年版。
徐复观:《两汉思想史(第二卷)》,华东师范大学出版社2001年版。
葛兆光:《中国思想史》(第一卷),复旦大学出版社2001年版。
冯时:《中国天文考古学》,社会科学文献出版社2001年版。
陈寅恪:《金明馆丛稿初编》,生活·读书·新知三联书店2001年版。
朱维铮:《中国经学史十讲》,复旦大学出版社2002年版。
姜亮夫:《姜亮夫全集》,云南人民出版社2002年版。
刘毓庆:《历代诗经著述考(先秦—元代)》,中华书局2002年版。
徐兴无:《谶纬文献与汉代文化构建》,中华书局2003年版。
黄一农:《社会天文学史十讲》,复旦大学出版社2004年版。
钱穆:《秦汉史》,生活·读书·新知三联书店2004年版。
傅斯年:《诗经讲义稿》,中国人民大学出版社2004年版。
史华兹:《中国古代的思想世界》,程刚译,刘东校,江苏人民出版社2004年版。
姜忠奎:《纬史论微》,上海书店出版社2005年版。
顾颉刚:《秦汉方士与儒生》,上海古籍出版社2005年版。
龚鹏程:《汉代思潮》,商务印书馆2005年版。
程勇:《汉代经学文论叙述研究》,齐鲁书社2005年版。
徐玉立:《汉碑全集》,河南美术出版社2006年版。
李剑国:《唐前志怪小说史》,天津教育出版社2006年版。
赵茂林:《两汉三家〈诗〉研究》,巴蜀书社2006年版。
邬国义、吴修艺编校:《刘师培史学论著选集》,上海古籍出版社2006年版。

刘立志：《汉代〈诗经〉学史论》，中华书局 2007 年版。

夏传才：《诗经研究史概要》，清华大学出版社 2007 年版。

杨树达：《汉书管窥》，湖南教育出版社 2007 年版。

毛远明：《汉魏六朝碑刻校注》，线装书局 2008 年版。

刘跃进：《秦汉文学论丛》，凤凰出版社 2008 年版。

李泽厚：《中国古代思想史论》，三联书店 2008 年版。

周德良：《〈白虎通〉谶纬思想之历史研究》，台湾花木兰出版社 2008 年版。

沈曾植：《海日楼札丛》，钱仲联辑，上海古籍出版社 2009 年版。

房瑞丽：《清代三家诗论稿》，陕西人民出版社 2009 年版。

陈槃：《古谶纬研讨及其书录解题》，上海古籍出版社 2010 年版。

徐建委：《〈说苑〉研究》，北京大学出版社 2011 年版。

任蜜林：《汉代内学：纬书思想通论》，巴蜀书社 2011 年版。

刘明：《两汉〈诗纬〉研究》，学苑出版社 2012 年版。

郜积意：《两汉经学的历史背景》，北京大学出版社 2013 年版。

张泽兵：《谶纬叙事研究》，社会科学文献出版社 2013 年版。

陈汉章：《陈汉章全集》，浙江古籍出版社 2014 年版。

吴从祥：《谶纬与汉代文学》，社会科学出版社 2015 年版。

任蜜林：《汉代"秘经"：纬书思想分论》，中国社会科学出版社 2015 年版。

罗建新：《谶纬与两汉政治及文学之关系研究》，上海古籍出版社 2015 年版。

徐兴无：《经纬成文：汉代经学的思想与制度》，凤凰出版社 2015 年版。

陈侃理：《儒学、数术与政治：灾异的政治文化史》，北京大学出版社 2015 年版。

廖平：《诗说》，潘林校注，华东师范大学出版社 2017 年版。

张树国：《楚骚·谶纬·易占与仪式乐歌》，清华大学出版社 2017 年版。

程苏东：《从六艺到十三经》，北京大学出版社 2018 年版。

论文（含学位论文）

任传薪：《齐诗说》，《制言月刊》第五十一期，1939 年。

邵瑞彭：《齐诗钤》，《儒效月刊》第二卷第五期，1946 年；第二卷第六、七合刊，1946 年；第二卷第八、九期合刊，1947 年。

顾颉刚：《〈穆天子传〉及其著作时代》，《文史哲》1951 年第 2 期。

谭其骧：《何以黄河在东汉以后会出现一个长期安流的局面》，《学术月刊》1962 年第 2 期。

马宏山：《论〈文心雕龙〉的纲》，《中国社会科学》1980 年第 4 期。

毕万忱等：《〈文心雕龙·正纬〉篇探微》，《文史哲》1981 年第 3 期。

林金泉：《齐诗学之三基四始五际六情说探微》，《成功大学学报》1985 年。

安居香山著，杨曾文译：《纬书形成问题和纬书思想研究的动向》，《孔子研究》1986 年第 2 期。

林金泉：《诗纬星象分野考》，《成功大学学报》1986 年。

徐公持：《〈正纬〉篇衍说》，《文学评论》1991 年第 6 期。

卓支中：《〈正纬〉意义试探》，《暨南学报》1993 年第 7 期。

王洲明：《汉代〈齐诗〉传授的特点》，《山东大学学报》1995 年第 2 期。

吴承学：《诗谶与谣谶》，《文学评论》1996 年第 2 期。

叶岗：《汉〈郊祀歌〉与谶纬之学》，《文学评论》1996 年第 4 期。

邓国光：《〈文心雕龙〉"假纬立义"初探》，《文心雕龙研究》第三辑，北京大学出版社 1998 年版。

黄金鹏：《纬书与汉魏六朝文论》，《北京大学学报》1999 年第 4 期。

吴正岚：《论刘向诗经学之家法》，《福州大学学报》2000 年第 2 期。

谭德兴：《齐诗诗学理论新探》，《兰州大学学报》2001 年第 4 期。

王承略：《论〈齐诗〉与王莽的关系及其在东汉的命运》，《孔子研究》2001 年第 6 期。

曹胜高：《论谶纬学说的文学价值》，《廊坊师范学院学报》2001 年第 5 期。

王承略：《论两汉〈鲁诗〉学派》，《晋阳学刊》2002年第4期。

刘跃进：《贾谊〈诗〉学寻踪》，《周口师范学院学报》2003年第1期。

郑杰文：《齐派今文经学与谶纬关系的初步考察》，《齐鲁学刊》2003年第5期。

徐公持：《论诗纬》，《求是学刊》2003年第3期。

张廷银：《谶纬及道教对玄言诗兴起的影响》，《西北师大学报》2003年第4期。

徐兴无：《释"诗者，天地之心"》，《岭南学报》第三辑，2015年6月。

周延良：《〈诗纬泛历枢〉"四始"之说考原》，《东方丛刊》2004年第1辑。

丁鼎：《试论"当涂高"之谶的作者与制作时代》，《烟台大学学报》2004年第1期。

孙蓉蓉：《刘勰论谶纬之"有助文章"》，《南京师范大学学报》2004年第3期。

孙蓉蓉：《论诗纬对〈文心雕龙〉诗论的影响》，《东南大学学报》2004年第4期。

曹建国：《〈诗纬〉论〈诗〉》，载《香港中文大学中国文化研究所学报》第24辑，2004年。

浅见洋二：《诗与"本事"、"本意"以及"诗谶"：论中国古代文学作品接受过程中文本与语境的关系》，《唐代文学研究》第10辑，广西师范大学出版社2004年版。

詹苏杭：《谶纬与汉乐府》，陕西师范大学硕士论文，2005年。

刘毓庆：《由人学到天学的〈诗〉学诠释：〈诗纬〉诗学研究》，《文学评论》2005年第11期。

陈苏镇：《两汉之际的谶纬与〈公羊〉学》，《文史》2006年第3期。

陈叙：《试论〈诗〉地理学观念在汉代的发生》，《南京社会科学》2006年第8期。

梁振杰：《汉代今文〈诗〉学兴衰探微》，《山西师范大学学报》2007

年第 1 期。

秦平：《浅析〈春秋谷梁传〉的"内鲁"思想》，《齐鲁学刊》2007年第 1 期。

张玖青：《〈诗〉纬论〈诗〉》，《中南民族大学学报》2007年第 7 期。

孙蓉蓉：《〈诗纬〉与汉魏六朝文论》，《文艺研究》2007年第 9 期。

跃进：《"鲁学"解》，《齐鲁学刊》2008年第 1 期。

万伟成：《诗谶说的文学批评价值》，《南昌大学学报》2008年第 6 期。

黄梓勇：《刘向〈诗〉学家法研究》，《湖南大学学报》2008年第 2 期。

冯维林：《论谶纬与汉赋创作的关系》，《兰州学刊》2008年第 4 期。

郜积意：《齐诗"五际"说的"殷历"背景：兼释〈汉书·翼奉传〉中的六情占》，《台大文史哲学报》第六十八期，2008年。

王长华、刘明：《〈诗纬〉与〈齐诗〉的关系考论》，《文学评论》2009年第 2 期。

刘毓庆、郭万金：《汉代三家诗的命运变迁》，《山西大同大学学报》2010 年第 1 期。

曹建国：《〈诗纬〉二题》，《文学遗产》2010年第 5 期。

张玖青：《论〈易林〉的〈诗〉说：兼论〈易林〉的作者》，《文学评论》2010年第 2 期。

阳清：《论汉魏六朝志怪的预叙叙事》，《广西社会科学》2010年第 3 期。

俞艳庭：《两汉政治与三家〈诗〉的命运》，《清华大学学报》2010年第 5 期。

曹建国：《谶纬叙事论略》，《文艺研究》2010年第 11 期。

吴从祥：《论谶纬对汉代七言诗发展的影响》，《贵州大学学报》2011年第 4 期。

曾德雄：《谶纬的禁毁与辑佚》，《云梦学刊》2011年第 5 期。

周勋初：《刘勰是站在汉代经学"古文学派"立场上的信徒么》，《文学遗产》2011年第 2 期。

许结：《西汉韦氏家学诗义考》，《文学遗产》2012 年第 4 期。

李梅训：《谶纬文献初步形成于汉成帝时期考》，《齐鲁学刊》2013 年第 1 期。

姜广辉、邱梦艳：《〈齐诗〉"四始五际"说政治哲学的揭秘》，《哲学研究》2013 年第 12 期。

张峰屹：《谶纬思潮与两汉辞赋创作》，《南开学报》2014 年第 1 期。

张玖青：《蛮夷、神仙与祥瑞：古代帝王的西王母梦》，《文史哲》2014 年第 5 期。

张峰屹：《谶纬佚文的文艺观念》，《文学遗产》2014 年第 6 期。

李菲：《齐诗考隅》，《鹅湖月刊》第 476 期，2015 年 2 月。

顾涛：《熹平石经刊刻动因之分析》，《史林》2015 年第 2 期。

王承斌：《谶纬与钟嵘诗论》，《许昌学院学报》2015 年第 5 期。

王洪军：《"天地之心"与谶纬〈诗〉学理论的会通》，《文学遗产》2015 年第 6 期。

曹建国、张莉莉：《韩诗与谶纬关系新考》，《武汉大学学报》2015 年第 6 期。

张峰屹、黄泰豪：《清人辑佚三家〈诗〉学佚文的方法和理据之检讨》，《长江学术》2016 年第 1 期。

郑杰文：《由谶纬说"神守文化"、"社稷守文化"对先秦文学的影响》，《文学评论》2016 年第 3 期。

郭全升：《论汉赋创作对谶纬的影响》，《和田师范学院学报》2016 年第 5 期。

吴卉：《从〈阅微草堂笔记〉的谶纬叙事看清代文人的精神世界》，《人文杂志》2016 年第 7 期。

马昕：《对三家〈诗〉辑佚的系统反思》，《江苏师范大学学报》2017 年第 3 期。

王伟：《学缘与血缘互涉背景下两汉韦氏诗学精神嬗衍论析》，《求是学刊》2017 年第 4 期。

刘小枫：《"诗言志"的内传解释：廖平的〈诗纬〉新解与中国的现代性问题》，《安徽大学学报》2018 年第 3 期。

曹建国、唐艺萌:《改制与革命:汉代齐诗兴废考论》,《上海大学学报》2018 年第 3 期。

任蜜林:《齐〈诗〉"五际"说新探》,《云南大学学报》2018 年第 5 期。

马士远:《鲁学研究的几个问题刍议》,《文史哲》2019 年第 3 期。

后　　记

时维八月，序属仲秋。敲下书稿的最后一个标点，珞珈山上秋色已起。

纬书是传统文化研究尤其是汉代文化研究绕不开的话题。时至今日，人们不再简单地用"迷信"或"荒诞"这样的词置评纬书，而是希望从思想史、文化史的角度剖析探究纬书的内涵意义和现代价值。

就《诗纬》而言，它一方面涉及《诗经》，但也不专门为《诗经》而作。与其他纬书一样，《诗纬》中也存在大量非《诗》的内容。我们统计《毛诗正义》中使用的纬书材料就会发现，涉及《诗纬》的只有十条，占比不到十分之一。或许，这反映的主要是魏晋到初唐时人们的经、纬观念及其阐释实践。但我们依然不禁要追问，《诗纬》究竟是什么？我想，要比较准确地回答这一问题，我们需要从两个方面入手。

首先是从文献的角度，我们先摸清楚家底，看看《诗纬》还剩下什么。事实上，所有的佚文献研究都需要解决这一问题。而对于纬书来说，这一问题尤其重要。因为历代的禁毁，纬书文献残缺错讹非常严重，辑佚又产生诸多新问题，这也是我所以对《诗纬》文献进行全面细致整理的原因。但因为纬书辑佚及疏解涉及文献众多，有些文献今天已经看不到，加上明清学者常檃栝文献，增加了复核校勘文献的难度。所以尽管这一部分工作比较辛苦，应该还会有不少错误。

其次从思想史、文化史的角度，我们需要研究《诗纬》讲什么，怎么讲的。这需要兼顾"《诗》"与"纬"两个维度，也需要从佚文

后　记

献和征引文献等不同的文本语境去研讨这一问题。所以从这一层意义上说，这本小书还有许多需要深化和完善的地方，包括文献失校之处。而《诗纬》以及其他的纬书研究还有许多工作要做，也期待有更多的同好一起来发掘纬书这座学术富矿。

　　我与纬书的缘始于2002年，当时正在复旦大学攻读博士学位。我选修蒋老师的一门专业课，写结课论文时就想以《诗经》纬为题，讨论它与汉代《诗经》学的关系，因为我一直对《诗经》比较感兴趣。后来文章投给了香港中文大学中国文化研究所学报，刊登在该刊的第44辑上，这也是我正式发表的第一篇和纬书有关的论文。2005年去西北大学开古代文论学术研讨会，我提交的论文是《谶纬与汉代的赋学批评》。在会上，澳门大学的邓国光先生知道我是蒋凡老师的博士以后，就叮嘱我要好好研究一下纬书。会议结束回到武汉，我在蒋老师给我的一本上海古籍出版社出版的《纬书集成》扉页上记下了这件事：

　　　　《纬书集成》上、下两册，上海古籍出版社荟聚明清纬书辑本影印。此仅有此下册，乃先生于旧书市场无意间搜得。余告别复旦诸师长，到江城武汉大学任教。一次电话中和老师说起有研究纬书的意愿，老师多有鼓励，并允赠此书。今岁春夏之交，老师因事与师母一起到江城，使余别后一载又得见老师、师母，无限心喜！同时老师又将此书带来，并示余研治纬书之门径。书虽半帙，而我以为宝。六月开文论会于西京，拜见澳门大学邓国光先生。偶尔谈起此事，邓先生详告，当年郭绍虞先生尝有意治纬书与文学，未果，交托于时为郭先生助手的蒋先生。邓先生因此嘱余努力钻研，定不负老师所托。余闻此言，实不胜惶恐，深恐有负师恩。是为记，亦以自儆！二〇〇五年八月。

　　从那时起，我投入纬书研究的时间渐渐多了，但主要还是《诗纬》。2014年以"《诗纬》文献整理与研究"为题，申报了教育部人文社科规划项目，这本小书便是课题的结项成果。

后　　记

　　项目研究和书稿撰写修改过程中得到许多师长、朋友的帮助，感激之情铭刻于心，非只言片语所能表达。我的博士导师蒋凡教授多年来一直关心我的教学与科研，我每有心得也会立刻打电话，向老师汇报。我的纬书研究也得到了老师多次指导，这次老师不顾八十高龄，冒着酷暑为小书赐序，多有褒奖鼓励，让我既感且愧！老师、师母待学生如子女，我们也敬重亲近老师、师母如自己父母！惟愿他们健康快乐！我的硕士导师孙以昭教授也已八十高龄，打太极，唱京剧，研究经学，一直乐此不疲，故名其书斋曰"三合斋"。每次电话问候，孙老师都特别高兴，也对我鼓励有加。当年跟随孙老师读书，老师特别强调文献。孙老师领我走上学术道路，我用这本小书向老师致敬！

　　因为纬书研究，结识了许多同道好友。在浙江大学人文高等研究院的支持下，2018 年我们举办了一次纬书研究工作坊。与会的徐兴无、李梅训、张峰屹、余欣、曹胜高、程苏东等诸位师友，围绕纬书的文献与研究贡献卓见。后来我们又陆续举办了几次纬书研究工作坊，旧雨新知，切磋琢磨，也让我获益良多。郜积意兄、张学谦兄为我提出了许多切实的建议，提供了许多珍贵的文献资料，我内心常怀感激。

　　在书稿撰写和修改过程中，唐艺萌、康乾、易子君、陈海霞、游卿、宋吉如、宋小芹等诸位同学都先后付出了辛苦劳动，或输录文档，或校对文稿，为师心中十分感谢！在复旦读博的陈媛同学为我查找资料，付出诸多辛苦，在此一并致谢！

　　爱人张玖青也是我纬书研究的同道，我们平时多就一些纬书问题召开家庭内的"小组研讨"，一起分享其间点点滴滴的快乐。这本小书也凝聚了她的心血，我也愿意把这本小书看作是我们俩的"学术孩子"。

　　感谢武汉大学文学院将本书纳入武汉大学文学院双一流学科建设经费资助计划，感激文学院领导和梁越老师的辛苦付出！

　　特别感谢中国社会科学出版社郭鹏老师，感谢他认真细致的编排校对，而他的敬业、热心与高效使这本小书最终能顺利面世！

曹建国

2021 年 8 月于武汉大学珞珈山下